21 世纪职业教育精品教材

高职体育教程

主 编 楚蕴源 叶 鹏 邓文才

中国医药科技出版社

内 容 提 要

本教材共分4篇27章，基础理论篇介绍了体育锻炼与身体健康、体育锻炼与心理健康、体育锻炼与保健康复、体育锻炼与营养、生活方式与健康，身体素质篇介绍了力量素质、速度素质、耐力素质、柔韧素质、灵敏素质的练习方法，技能篇介绍了篮球、排球、足球、乒乓球、羽毛球、网球、棒垒球、散打、健美操、瑜伽、定向运动、舞龙运动、轮滑、台球、野外生存，养生篇介绍了养生理论和传统运动养生项目。

本教材适合高等职业教育院校作为体育课理论教材使用。

图书在版编目（CIP）数据

高职体育教程/楚蕴源，叶鹏，邓文才主编 . — 北京：中国医药科技出版社，2013.9
ISBN 978 - 7 - 5067 - 6245 - 8

Ⅰ.①高…　Ⅱ.①楚…　②叶…　③邓…　Ⅲ.①体育—高等职业教育—教材
Ⅳ.①G807.4

中国版本图书馆 CIP 数据核字（2013）第 190341 号

美术编辑	陈君杞
版式设计	郭小平
出版	中国医药科技出版社
地址	北京市海淀区文慧园北路甲 22 号
邮编	100082
电话	发行：010-62227427　邮购：010-62236938
网址	www. cmstp. com
规格	787×1092mm ¹⁄₁₆
印张	19¾
字数	396 千字
版次	2013 年 9 月第 1 版
印次	2014 年 6 月第 2 次印刷
印刷	北京印刷一厂印刷
经销	全国各地新华书店
书号	ISBN 978 - 7 - 5067 - 6245 - 8
定价	**35.00 元**

本社图书如存在印装质量问题请与本社联系调换

编 委 会

主　编　楚蕴源　叶　鹏　邓文才

副主编　巩庆伟　邵　夏　陈建辉　魏金龙

编　者　(以姓氏笔画为序)

　　　　邓文才 (江苏建筑职业技术学院)

　　　　石茗茗 (苏州工业职业技术学院)

　　　　叶　鹏 (徐州工业职业技术学院)

　　　　巩庆伟 (徐州工业职业技术学院)

　　　　沈　铁 (苏州工业职业技术学院)

　　　　沈　贤 (苏州工业职业技术学院)

　　　　邵　夏 (苏州工业职业技术学院)

　　　　陈建辉 (苏州工业职业技术学院)

　　　　楚蕴源 (苏州工业职业技术学院)

　　　　魏金龙 (苏州工业职业技术学院)

目 录
contents

第四篇　养生篇

第一篇

基础理论篇

>>>

第一章　体育锻炼与身体健康

第一节　体育锻炼的原则

体育锻炼的原则是指在进行体育锻炼时必须遵守的基本要求和指导原理，是长期体育锻炼实践的客观规律的反应。为了使体育锻炼达到最佳效果，必须遵守以下原则。

一、自觉积极的原则

参加体育锻炼必须有一个明确的目的，才能调动其积极性和自觉性。"坚实在于锻炼，锻炼在于自觉，欲图体育之有效，非动其主观，促其对体育之自觉不可。"要达到锻炼身体的目的，必须积极的自觉的锻炼，达到事半功倍的效果。

二、因人制宜的原则

每个参加体育锻炼的人，应根据自己的实际情况（主要是身体状况），选定锻炼内容和方法。参加运动的人性别不同，年龄不同，健康状况不同，锻炼基础也不一样。因此，体育锻炼的内容和方法不应该是千篇一律的，应因人而异。根据自己的生理特点，身体的健康状况，并结合工作、学习、劳动等生活实际情况，有目的、有计划地选择和确定体育锻炼的内容和方法，合理安排锻炼的时间和运动量，才能收到良好的效果。

三、循序渐进，持之以恒的原则

体育锻炼的过程中，必须遵循人体功能活动规律，循序渐进科学地锻炼身体。因为人体各器官系统的功能，不是一下子可以提高的，它是一个逐步发展、逐步提高的过程。因此不能急于求成，必须逐步提高才能获得良好的锻炼效果，避免运动损伤和运动疾病的发生。

（1）学习动作要由简到繁，由慢到快逐步掌握。运动量的安排应由小到大逐步增加。开始锻炼时，强度要小，时间要短。等身体在各方面适应后再加大运动量。应按照提高—适应—再提高—再适应的规律有节奏地上升。

（2）在进行体育锻炼时，每次锻炼也应循序渐进并在锻炼之前做好充分的准备活动。因为人在相对安静状态下进入到较剧烈的运动时，身体需要一个适应过程。所以要把强度大，复杂的动作放在准备活动后进行。

进行锻炼时不仅要循序渐进，而且要持之以恒，才能收到良好效果。《体育之研究》中指出："凡事皆宜有恒，运动亦然。有两人于此，其于运动也，一人动作时辍，一人到底不懈，则效不效必有分矣。"就是说，两个人参加体育锻炼，坚持与不坚持，效果是不一样的。所以只有明确锻炼目的提高锻炼的自觉性才能真正做到坚持不懈，持之以恒，把体育锻炼作为日常生活的一部分。

四、适宜的运动量原则

在体育锻炼中，运动量是否合适，是一个很重要的问题，运动量太小，锻炼效果不佳，运动量太大，不仅不能增强体质而且还会给身体带来损伤。只有运动量合适了，才能达到锻炼身体、增强体质的目的，所以安排运动量时应注意以下问题。

1. 合理安排运动量的大小　安排运动量的大小时要根据参加锻炼者的年龄、性别、健康状况、天气情况等因素而确定。

2. 合理安排运动锻炼的间隔时间　根据"超量恢复"的原理，身体承担一定的运动量后就会产生疲劳—恢复—超量恢复的过程。锻炼间隔太短，疲劳没有消除，就会产生过度疲劳；间隔太长，功能消退就达不到良好的锻炼效果。

3. 逐步增加运动量　没有锻炼基础的人，开始锻炼时运动量要小一些，经过一段时间的锻炼后，身体健康状况有了改善，身体功能有所提高，可适当增加运动量。但如果运动量总是停留在一个水平上，人的有机体的功能能力也会停留在一个水平上。所以在锻炼的过程中，应根据身体的状况增加运动量，以促进机体的功能能力不断提高。

4. 加强体育锻炼过程中的医务监督

（1）一个人接近极限运动量的脉搏次数（假如是 200 次/分）减去安静时脉搏次数（假如是 60 次/分）的 70%，再加上安静时的脉搏基数 60 次，是对身体影响最好的（即能获得最大摄氧量和心输出量的）运动量。即（200 - 60）×70% + 60 = 98 + 60 = 158 次/分。

（2）以脉频 150 次/分以下（平均是 130 次/分）的超常运动量为指标，谋求提高有氧代谢能力。

（3）以 180 次/分减去锻炼者的年龄数，作为锻炼时的每分钟平均脉频数。

五、全面发展的原则

体育锻炼的目的是使人体的形态、功能以及各种身体素质和基本活动能力得到提高和发展。但是人体各功能系统的功能互相影响和制约，只有全面发展才能互相促进共同提高，否则会对身体健康有不利影响。全面发展一是要注意锻炼的形式、手段多样化，全面提高身体功能。二是锻炼项目多样化，全面发展身体素质。根据自身的条件、专业、兴趣爱好选择一些能弥补和发展自己所需素质的项目，作为日常锻炼的内容。另外，大学生应选择长跑、各种球类、游泳、体操、健美操、太极拳等项目，以促进全身血液循环，提高心血管系统功能，调节中枢神经系统的功能。全面发展还要注意锻炼条件变化多样，提高人体的适应能力。人体对环境的适应能力是人体健康状况、体质好坏的标志之一。工作与生活都要适应自然界的种种变化。所以，锻炼时要结合环境、气候进行。如春秋季节要多做一些野外旅游、登山活动，夏季进行游泳锻炼，冬季进行滑冰、长跑练习，使自己精力充沛，并锻炼自己勇敢顽强的思想品质。

第二节　体育锻炼的形式

1. 步行　步行是体育锻炼中最简便易行的锻炼方法，步行锻炼主要由步行的距离、速度决定其运动强度，锻炼者应根据本人的实际情况进行选择。常言到"百练不如一走"、"饭后百步走，活到九十九"，这足以见得步行是古今长寿的妙法之一。

2. 跑步　跑步是一种有关肌肉群反复活动的全身有氧运动，利用跑步可以消耗体内过剩的热量，有助于减少体内的脂肪和控制体重。

3. 游泳　游泳的锻炼价值与跑步非常相似。由于人在水中受到水的阻力和浮力及水温的影响，其游进同样的距离，所需的能量是跑步的 4 倍之多，但心率却处于较低水平，因此是一种更安全的健身方法。

4. 有氧操　有氧操是一种充满活力的锻炼方法，在提高心血管系统和呼吸系统的功能方面有明显作用。通过跳操，可以使体重得到有效控制，健美身材，愉悦身心。

5. 球类　球类包括篮、排、足、乒乓、羽毛、网、棒、垒球等，是深受学生喜爱的，并对身体全面锻炼有良好影响的体育运动项目。经常参加锻炼，能使身体素质增强、促进内脏功能的提高、全面增强体质。所以，不同性别、年龄和身体状况的人都可以参加。

6. 体操

（1）竞技体操　能改善和提高中枢神经系统能力，对发展力量和提高健康水平有很大作用。体操的锻炼方法很多，单杠、双杠、高低杠、技巧、山羊、平衡木、跳马等。但在练习时一定要加强保护与帮助，防止伤害事故的发生。

（2）广播操　我国推行的广播操，每一套、每一节都有它的实际锻炼价值，对增强体质和提高内脏功能有良好的作用。

7. 武术　武术是具有我国民族特色的传统体育项目，它是以健身和技击相结合的一项运动，不仅有利于培养勇敢顽强的品质而且运动量可大可小，不受场地、器材、气候条件的限制，不同年龄、性别和体质的人均可以参加，而受到广大人民群众的喜爱。

8. 跳绳　跳绳能提高心血管系统和呼吸系统的功能，提高肌肉长时间工作的能力，同时能使人的速度、灵敏、协调性等体能得到加强，跳绳锻炼是最好的减肥方法之一。据测定，以 120 次/分的速度连续跳 5min，其运动量不亚于中等速度跑步 750m，可消耗 179.75kJ（千焦耳）的热量，如果感到运动负荷大了，可采用间歇式的跳法，每次跳 30s，共跳 10 次，这样累计也就达到 5min 了。每天练习 2 次最好，如隔天练习 1 次，其效果只能达到预期的 90%。跳绳运动除增强人体内脏器官的功能外，对发展弹跳、灵敏、力量、耐力等素质也都有很好的作用。

第三节　体育锻炼的方法

1. 重复练习法　重复练习法是对某一锻炼方法按一定负荷要求，多次重复同一动作进行锻炼的方法。在重复刺激机体的过程中，加速新陈代谢，以达到增强体质的作用。

重复练习法要合理掌握重复次数和时间。两次练习之间的间歇时间原则上应使机体得到充分的恢复。强度可达到极限强度的 90%~100%，使其达到锻炼负荷的有效价值范围（大学生的脉搏频率达 150~170 次/分为好）。但不同的项目，不同的体质状况有所不同，过重负荷会造成身体过度疲劳，影响学习和工作；而负荷不足则影响锻炼效果。要不断调整并提出新要求，防止机械的重复练习，而产生厌倦情绪。

2. 间歇练习法　间歇练习法是在两次练习之间有一个按严格规定的间歇时间，在尚未完全恢复的情况下接着做下一练习的方法。是为了更有力地去完成较大锻炼负荷并以达到最佳效果为目的的一种常用方法。它是根据人体在运动时的心率保持在 120~140 次/分为最理想，在这幅度内的每搏输出量及氧气运载量均达到最佳效果。间歇时间的长短，要根据自己身体的实际状态和锻炼负荷而定。水平低，负荷大、间歇时间要长一些；反之，可缩短。一般在 40~90s 之间为宜。通过间歇不要使脉搏低于 120 次/分，即可再次锻炼。

3. 持续练习法　连续练习法是按一定要求，持续进行规定动作的身体练习的方法，常用于发展一般耐力。如较长时间的匀速跑；在非周期项目中常用于巩固某一技术动作和发展专门耐力。如篮球投篮训练中连续作原地的跳投练习等。

4. 变换练习法　变换练习法是在不断变换各种练习条件的情况下进行的一种锻炼方法。这些条件包括不同的动作要素、不同的运动负荷、不同间歇、不同外界环境、不同的器材重量等来有效地调节运动负荷，使机体产生适应性变化，并可激发练习者的兴趣，达到锻炼效果的目的。

5. 综合练习法　综合练习法是把不同性质的练习交替组合，使身体得到全面锻炼。也是各种练习法的综合运用，它能够灵活地调节运动负荷，适应多种训练任务的要求。

（1）各种练习法的综合运用要因人、因时、因任务而异　如运用重复练习法已经掌握了某种技术动作，而又感到有些厌倦，则可用重复和变换练习法合成综合练习法。又如用间歇练习法已使动作达到熟练程度，机体能力又有一定改善，而不想进一步提高要求时，则可运用间歇练习法和变换练习法合成综合练习法。

（2）循环练习法是综合练习法的一种形式　根据练习者的需要，按不同项目设立若干个"站"，每"站"规定一种练习动作，锻炼者按顺序进行循环练习的一种方法。

第四节　体育锻炼效果的评定

体育锻炼的自我评价，是对锻炼效果的评定，是科学锻炼身体的重要内容之一。评定的方法很多，目前常用的方法有以下几种。

一、对照评定法

对照评定法是把锻炼前后能够反映体质状况的内容与项目进行对比，观察身体锻炼对促进人体健康、增强体质效果的评定方法。要求锻炼者在每一阶段锻炼开始前先测定本人体质指标作为评定的基础数据，在每个阶段结束后，重新进行一次测定，同测得的前期数据对照，进行评定。

生理指数评定法，它是把锻炼前后的有关评定体质的生理指数进行对比的评定方法。

1. 体重身高指数（又称克托来指数）

$$体重（g）÷身高（cm）=评定指数$$

注：计算出的答案是无单位的绝对值。

标准指数：男子360，女子350。若男子超过450，女子超过420就为肥胖，低于300则为瘦弱。

2. 身高、胸围和体重指数

$$身高（cm）-[体重（kg）+安静时胸围（cm）]=评定指数$$

指数标准：当指数为0~10时为健壮；指数为11~20时为发育良好，指数为21~25时为发育中等，当指数26~35时为发育较弱，指数为35以上者为很差。

3. 胸围指数（又称艾利斯最指数）

$$胸围（cm）-身高1/2（cm）=评定指数$$

指数标准：男子应为1~3cm，女子应为0~2cm。若大于这个标准指数说明被查者胸廓肌肉发育良好，低于这个标准说明发育差。

4. 肺活量指数

$$肺活量（ml）÷体重（kg）=评定指数$$

指数标准：男子为60，女子为50。若低于此标准的为呼吸功能差。

二、综合评定法

它是全面检查与评定体质状况和锻炼效果的方法。采用综合评定法评定锻炼效果时，从身体形态、功能、身体素质、精神状态、食欲、对自然环境的适应能力、健康状况、克服疲劳的能力、思维活性的灵活性等，进行跟踪调查，进行定量与定性分析评定，如心肺功能、形态、身体素质等可以用客观标准进行定量分析。其他的内容只能用主观感觉和经验来判断其结果，可用优、良、差等判断词来表示，尽管这样，综合评定法仍不失为评定锻炼效果的较好方法之一。

第二章　体育锻炼与心理健康

第一节　心理健康的标准

心理健康是指一种生活适应良好的状态。心理健康包括两层含义：一是无心理疾病，这是心理健康的最基本条件；二是具有一种积极发展的心理状态，即能够维持自己的心理健康，主动减少问题行为和解决心理困扰。

心理健康的标准：

1. 智力正常；
2. 心理与行为符合年龄特征；
3. 人际关系和谐；
4. 了解自我，悦纳自我；
5. 面对和接受现实；
6. 能协调与控制情绪，心境良好；
7. 人格完整独立；
8. 热爱生活，乐于工作。

心理健康的标准是多层次、多方面的，要科学、正确判断一个人的心理是否健康，必须从多个角度进行考察，还要结合不同地区、不同民族、不同文化、不同时代的具体情况综合考虑。

第二节　学生心理特点与常见心理问题

一、大学生的心理特点

1. 年龄特点　我国大学生多数处于青年中期（18～24 岁）这一年龄阶段。在这个阶段，个体的生理发展已接近完成，已具备了成年人的体格及种种生理功能，但其心理尚未成熟。对大学生而言，所面临的一个重要任务就是促使心理日益成熟，以便成为一个心理健康的成年人。可以说：青年中期，是走向成熟的关键期。

人的成熟，应具备以下三个基本条件：

第一是身体的长成。以个体生理成熟为标志，尤其是以性成熟为重要指标。大学生一般都已具备这种条件。

第二是心理发展完善。即形成了完善的自我概念，形成了稳定的个性。

第三是社会化程度的提高。以人的社会成熟为标志，即个体对自己在社会中所处的角色及所担负的社会责任有正确的认识。

在这三个条件中，生理成熟是心理成熟的物质基础和依据，社会成熟是心理成熟的必要条件。而社会化程度的提高，取决于个体的社会实践活动。由于大学生在校学习时间长，与社会生活有着某种程度的隔离。他们身在校园，对真正的社会生活并没有直接的、深刻的了解，他们的社会实践活动比较表面和肤浅。因而，大学生的社会成熟期较长，在整个大学时代，他们都要为这种社会成熟的完成而付出努力。

2. 自我概念的增强与认知能力发展的不协调　自我概念是指人对自身的认识及对周围事物关系的各种体验。它是认识、情感、意志的综合体，是人心理发展过程中一个极为重要的方面。

自我概念从童年期就开始产生并逐步发展，青少年时期是自我意识发展最快的时期，它使人心理的各个方面都发生着深刻而广泛的变化；它使一个人能反省自身，有明确的自我存在感，从而以一个独立的个体来看待周围世界；它使人的心理内容得到极大的扩展和丰富。

自我概念的发展不仅与年龄有关，而且与人的知识水平有关。一个人的文化素质越高，其自我意识就可能越强。从这两点来看，大学时期是真正认识自我的时期。大学生所处的年龄阶段和所具备的文化水准，决定了他们不再像中学生那样眼光向外，对外界的事物感兴趣，急于去了解世界，把握外部环境，急于显示自己的独立，想做环境的主人；而是眼光向内，注重对自己进行体察和分析，把自我分化为主体的我和客体的我，以及理想的我和现实的我。注意内省，注重探求自己微妙的内心世界，力图理解自己情感、心理变化，自觉地从各方面了解自己，塑造自己的形象，设计自我的模式。大学校园这种特殊的环境，又是十分强调独立、注重自我确立的地方，许多大学生在较大的程度上按照自己的方式安排自己的生活，有一种宽松自由的氛围；同时，由于大学生所处的独特的社会层次及具有较高的文化素质，他们对社会上的事有着自己的见解，他们看问题的视野可能与一般人有所不同，有一种以天下为己任的抱负和心愿。一方面，他们关心社会发展，这种关心是抛开切身利益，以大视角来进行的，注重的是整个社会的提高与进步。他们热衷参与社会，对社会舆论愿意独立思考。然而，另一方面，由于生活阅历有限，与社会有一定的距离，社会实践能力不强，使他们在谈论、评价、思考社会问题时，往往带上幻想的色彩，不能十分切合实际。他们对事物的认识，表现出一定的片面性和幼稚性，还不能深刻、准确、全面地认识问题。这种不足与他们极强的自我概念不相协调，这种不协调可能会一直困扰着他们。

3. 概念丰富而不稳定　大学生是一群正在成长的青年，是一个极其敏感的群体，其内心体验极其细腻微妙。他们对与自身有关的事物往往体察得细致入微。随着文化层次的提高和生活空间的扩大，他们的思维空间急剧延伸，必然导致其情感越来越丰富和深刻。

由于大学生心理内部的需要结构发生变化，大学生的追求有其独特性，而他们的价值观念尚不稳定，时常处于波动、迷惘、抉择之中，其心理成熟又落后于生理成熟，因而大学生的情感是不稳定的，情绪变化起伏大，易受周围环境变化的影响，心境变化快。学业、生活、人际关系等等变化会引起情绪的波动，容易偏激、冲动，情绪冲突也较多。

4. 性意识的发展　大学生正处于青年中期，生理发育已基本完成，所以性意识的明朗化与进一步发展都是正常的。又由于大学校园是年轻人的世界，每个大学生都有充分的机会与同龄的异性接触，因而意识的发展以及与之相伴而来的恋爱问题是大学生心理发展过程中的一个重要内容。一方面，性意识的发展带来强烈的按照性别特征来塑造个性和形象的精神向往，每个大学生都会在心里产生一种愿望，即：成为什么样的男子或女子；另一方面，性意识的发展也带来了对异性的倾慕与追求，这是每一个青春萌动的大学生都会遇到的问题。而这种愿望，会与大学生还不善于处理异性之间的关系，或者他们的经济地位与心理成熟度还不足以应付这种问题相矛盾，从而带来种种不安和烦恼。

5. 智力发展达到高峰　大学生一般思维敏捷，接受能力强，通过专业训练、系统学习，抽象逻辑思维能力得到充分的发展，智力水平大大提高，分析问题解决问题的能力增强，其智力层次含有较多的社会性和理论色彩，这一显著特点，使大学生心理活动的内容得到极大的丰富。

6. 社会需求迫切　为了接受系统严格的专业训练，大学生在校园里的生活期限比同龄人长，这使他们与社会有一定距离。也正因为如此，他们渴望加入社会的愿望更为迫切。在校园里，他们关注着社会，评判着各种社会现象，并希望自己加入进去，按照自己的想法去改变各种令人不满意的现象，把自己的专业知识服务于社会，体现自己的力量，实现自身的价值。这种迫切的社会需求与大学生正在形成的价值观相互作用，是他们将来走向社会的重要心理依据。这一心理特点，支配、指导着大学生的学习态度，从而对大学时代的生活质量产生重要的影响。

二、大学生常见心理问题

1. 关于环境适应困惑的抑郁症　环境适应困惑的抑郁症大学生心理问题中最常见也最严重的要数抑郁症，因为由其导致的自杀可给家庭带来不可估量的伤害和损失。而抑郁症的产生多是因环境适应性差导致。跨越了几乎决定人生命运的高考独木桥来到令人羡慕的象牙塔，人生经历了一个重要转折；由两耳不闻窗外事，一心只读圣贤书到学着适应社会等等。生活环境、学习环境、学习方法、人际关系、身份角色的大幅度改变，使尚未成熟的大学生难以适应；面对生活中的种种境遇难于抉择而产生巨大的困惑。依赖性与独立性的矛盾，被动学习与自主学习的矛盾等等。"如果这些矛盾过于激烈和持久，则容易导致心理压抑，甚至引发心理疾病。

2. 关于学习、就业或考研抉择的焦虑症　高中时代，学校为了使学生努力学习，提高升学率，在鼓励学生时经常以"上了大学你们就轻松了"这类考上大学一了百了的言论误导学生，导致很多学生进入大学后，真的"轻松"，"想做什么就做什么"，完全把学习当作副业，沉迷于交友、网络、玩乐，然而又迫于学分压力，只在考试的前两星期或前几天突击，造成精神高度紧张。而另一种极端则是进入大学后，发现学习进度快、学习内容多、学习难度大，而且任课教授往往上完课就不见踪影，又迫于考研和就业的压力，无奈自己天天埋头苦读，比高三时更累，然而最终成绩却不甚理想，于是产生了自卑、厌学及精神不振的情况，严重则会自暴自弃。

3. 关于人际交往矛盾的恐惧症　社会心理的研究表明，人们心理矛盾乃至心理疾病的产生很大一部分是由于人际交往的不适造成的。大学生扮演着特殊的社会角色，生理年龄与心理年龄的不同步，使得他们一方面对于友情、爱情渴望心理及对社会的探奇心理强烈，另一方面由于缺乏社会生活经验和社交阅历，在人际交往方面难免存在问题，因此两方面因素交相作用使得大部分人在矛盾中恐惧着人际交往。同时，大学是个微型社会，学生与学生之间、学生与辅导员之间、学生与教授之间，都存在着一定的利益关系，对大学生的人际交往能力提出了更高的要求，高要求下的高压使得恐惧心理加重。

第三节 体育锻炼对学生心理发展的影响

1. 体育运动能促进大学生智力发展 体育运动是一种积极、主动的活动过程，在此过程中练习者必须组织好自己的注意力，有目的地知觉（观察）、记忆、思维和想象。因此，经常参加体育运动能改善人体中枢神经系统，提高大脑皮质的兴奋和抑制作用，使神经系统的兴奋和抑制的交替转换过程得以加强，从而改善大脑皮质神经系统的均衡性和准确性，促进人体感知能力的发展，使得大脑思维想象的灵活性、协调性、反应速度等得以改善和提高。经常参加健身活动还能使人的本体感觉、中立感觉、触觉和速度、高度等更为准确，从而提高脑细胞工作的耐受能力。

2. 体育运动的新需要与原心理水平的矛盾，是推动心理健康发展的一种动力 体育运动与日常自然的身体活动相比，内容和形式都不尽相同。所以，原有的心理水平不能满足学习运动项目的需要。比如，在足球比赛中，带球进攻由于要了解队员位置，注意的范围就比较广，既要高速带球又要防止被对方拦截，学生需要善于分配注意力，需要有勇敢、坚持、自制、不怕困难等良好的意志品质和乐观、友爱、愉快、同情等健康向上的多种感情。而一般的心理水平根本满足不了上述的运动学习和运动竞赛需要。学生在不断提高自己的运动水平和战胜对手所进行的运动过程中可以使原来的心理水平慢慢得到提高，即体育运动的新需要与原心理水平的矛盾可以推动心理的发展。

3. 体育运动能增强大学生人际关系和谐 体育运动有利于形成和改善人际关系。随着社会经济的发展和生活节奏的加快，许多生活在大城市的人越来越缺乏适当的社会联系，人与人之间的关系趋向冷漠。因此，体育运动就成为一个增进人与人接触的最好形式。参加体育运动可使人与人之间互相产生亲近感，使个体社会交往的需要得到满足，丰富和发展人们的生活方式，有利于个体忘却工作、生活带来的烦恼，消除精神压力和孤独感。

4. 体育运动能调节大学生的情绪状态 体育活动能直接给人带来愉快和喜悦，并能降低紧张与不安，从而调节人的情绪，改善心理健康。体育活动中的情感体验强烈而又深刻，成功与失败，进取与挫折共存，欢乐与痛苦、忧伤与憧憬相互交织，同时人的感情表现也相互感染、融合。这种丰富的情感体验，有利于学生情感的成熟，有利于情感自我调节的发展。

5. 体育运动能培养良好的意志品质 体育运动一般都具有艰苦、疲劳、激烈、紧张和竞争性强的特点。学生在参加体育锻炼时，总是伴随着强烈的情绪体验和明显的意志努力。因此，体育运动有助于培养学生勇敢顽强、吃苦耐劳、坚持不懈、克服困难的思想作风，有助于培养学生的友爱、集体主义和爱国主义精神，有助于培养学生机智灵活、沉着果断、谦虚谨慎等意志品质，使学生保持积极向上的健康心理状态。

第四节　体育锻炼与社会适应

体育活动对于发展学生的社会适应能力具有独特的作用，为他们走进社会提供良好的转机。

1. 经常性体育锻炼可培养众多有价值的社会行为　诸如：勇敢、勤奋、坚韧不拔、自尊自信、的品德；进取的意志倾向、激发竞争和创新的意识；对社会的责任感等等。

2. 体育锻炼强化人际交往意识　随着经济社会的发展，人类日趋社会化。一方面，社会分工越来越细，导致人们之间的依赖越来越紧密（再没有哪个人可以离开其他人而能生存下去）。但是与此同时，随着现代化的发展，人与人之间的隔离和孤独也在发展。虽然社会分工越来越细加强人们之间的依赖关系，但同时也使人施展自己能力、智慧的空间受到极大的限制。如，专业化、机械化的耕种，农民的互助互惠没有了，原先人数众多的车间由于高度的自动化只需几个人操作了；人们可以面对"传送带"工作，不需与别人打交道；住房条件改善，单元住宅，休息时间面对电视、电脑和家人，把周围人忘了；社会竞争激烈与残酷，人们为获得物质与地位而努力奋斗的时候也往往将爱和交往这种需要忽视了。于是，以往那种亲密的亲朋好友之间的关系越来越淡薄。然而，社会和人的要求与社会现实的反差，促使人们努力寻找新的途径，解决这些矛盾。这时，体育锻炼为解决这些人类社会矛盾开辟新的路径和发挥特殊作用。体育的魅力使人们冲破隔离和孤独，相聚在运动场，建立起平等、亲密、和谐关系。总之，体育活动不分地位、贫富、年龄、职业，任何人都可以参加，而且常超越世俗的界限，让人平等而又真诚地为进行身体文化的交流，重建人际关系。

3. 体育能培养人的应急处理问题意识、配合意识及人际交往能力　进行球类运动，在一定规则的限制和瞬息万变的情况下，更加迫使队员在霎时间作出技、战术的反应，这一过程充分体现出人的快速处理信息及应变能力，而所组成的战术及达到的效果，无不体现出个人或队友的正常发挥及密切配合的水平。在集体竞技比赛中，个人技术是基础，集体战术配合是个人技术得到有效发挥的保证。因此，要张扬自我、展现风采及发泄激情，就要摒弃封闭，彼此关心、密切配合，从而一种与人交往与做人做事的意识得到强化。此外，经常进行体育锻炼的人们，不仅能改善功能水平和提高运动能力，而且可以在共同切磋技艺、交流经验过程中营造了良好的情感交流气氛，以体育运动作为凝聚力和标尺影响着人们对人对事的态度，善待合作伙伴、促进感情联络，提高社会交际能力以提高社会适应性。

4. 进行经常性的体育锻炼能促进人的自我实现　自我实现实质上是竭尽全力将自己所作的事情做得更好。人们要适应社会就必须有所追求，竞争进取，自强不息，不断进行自我实现。在自我实现实践过程中使自己的身体、心理和社会承受性等方面都得到锻炼及良好素质的积累，提升适应水平。经常性的体育锻炼，是一种"天行健，君子以自强不息"（《周易大传》）精神的体现。体育锻炼中的这种精神不仅反映在健身方面，而且也在个人生存与发展中得到体现。如：大禹治水中得到足疾，一拐一瘸。为了驱赶病魔，他创造"禹步"，并将当时中国西部地区的"饮露吸气"之术融入其中，"三步作一闭气"，内外兼修，终于医愈疾病，继续跋山涉水，栉风沐雨，疏浚江河。体育锻炼所取得的点滴进步与积累，都在体力、机敏、意志等"人的素质"的标尺上记上了新的刻度，随着刻度的逐步增长，激励人们不断实现着身心的完善。进行经常性体育锻炼的精神与行为的深处往往体现出个人积极生活态度、理想和信念。青少年时代的毛泽东对体育很有研究，认为体育是"野蛮身体，文明精神；强筋骨，调意志和增感情"，对体育的爱好是出自于"身体是载知识之车，寓道德之舍，无体无德智也"的理性思考和实现革命理想的一种准备。

第三章　体育锻炼与保健康复

第一节　运动损伤发生的原因与预防

一、运动损伤发生的原因

1. 主观原因

（1）思想不够重视，麻痹大意，是所有损伤因素中的最主要因素。

（2）体质弱、身体素质差或功能状态不良。

（3）运动前准备活动不充分，特别是缺乏针对性准备活动。

（4）技术水平低、运动不熟练、做动作时违反人体结构功能及力学原理。

（5）运动情绪低下，伴有畏难、恐惧、害羞、犹豫以及过分紧张，致使注意力不集中。

2. 客观原因

（1）锻炼时缺乏保护帮助，或保护不及时，保护方法不正确。

（2）场地、器材及锻炼设施不合规范。

（3）运动负荷安排不当，局部负担过重。

（4）动作粗野或违反规则（对抗性强的项目）。

（5）内容安排不合理、不科学。

（6）不良气候影响。

二、运动损伤的预防

（1）加强运动安全教育，克服麻痹思想，提高预防损伤意识。

（2）认真做好准备活动，使身体处于良好的运动状态。

（3）改进技术动作，合理安排运动负荷。

（4）加强保护与帮助，特别是提高自我保护能力。

（5）做好医务监督工作，掌握运动损伤的预防与处置方法。

第二节　常见运动损伤的处理与康复

软组织损伤可分为开放性损伤和闭合性损伤两类。前者有擦伤、撕裂伤、刺伤等；后者有肌肉、肌腱、韧带关节囊的挫伤、损伤和扭伤等。

1. 开放性软组织损伤的处置　开放性软组织损伤容易发生伤口感染，要特别注意保护伤口，可暂用干净的纱布、绷带或毛巾等物覆盖、包扎以防感染。如出血不止，可选择适当的方法止血。轻度擦伤，可用生理盐水进行冲洗，再用20%的红汞药水或

1.2% 的龙胆紫药水涂抹，不需包扎。

2. 闭合性软组织损伤的处置 这些损伤的主要症状是疼痛、肿胀、活动受限。处置这些损伤时，应视受伤程度，减少或停止受伤肢体的局部活动，或局部固定。重者应及时采用冷敷，局部加压包扎，抬高患肢等方法处理。待 24h 后，可根据伤情采取综合治疗。如外敷药物、理疗、按摩等。如肌肉韧带严重断裂或关节严重扭伤，加压包扎急救后，应立即送医院手术治疗。

第三节 常见病的体育医疗康复

一、挫伤

1. 损伤机制 挫伤是钝性外力直接作用于人体局部而引起的一种急性闭合性损伤。

2. 症状 伤后局部有疼痛、肿胀、组织内出血、压痛和动功能障碍。

3. 处理 伤后 24～48h 内，局部冷敷，加压包扎，抬高伤肢并休息，较重者可内服镇静、止痛剂，24～48h 后，可拆除包扎进行热敷理疗和按摩。

二、肌肉损伤

1. 原因与机制 在完成各种动作时，肌肉主动猛烈收缩超过了肌肉本身的负担能力，或突然被动的过度拉长，超过了他的伸展性都可发生拉伤。常见的损伤部位是大腿后群肌、腰背肌、小腿三头肌、大腿内收肌。

2. 症状 局部疼痛、肿胀、肌肉紧张或痉挛，触之发硬，严重拉伤时，运动功能障碍。

3. 处理 损伤后立即冷敷，加压包扎并抬高伤肢，严重拉伤和肌纤维断裂者，送医院缝合治疗。

4. 预防 加强屈肌和易伤部位肌肉的力量和柔韧性练习，做好准备活动正确掌握各种技术动作。

三、关节、韧带损伤

1. 损伤机制和原因 在外力作用下，使关节发生超常范围的运动，关节内外韧带受到过度的或猛烈的牵拉而造成损伤。常见部位踝关节、膝关节、掌指关节和肘关节韧带损伤。

2. 症状 伤后局部疼痛、肿胀、关节血肿，关节活动受限，不能着力，关节不稳，松动，运动功能障碍。

3. 处理方法 伤后立即冷敷，加压包扎，抬高伤肢并休息，以减轻出血和肿胀。24～48h 后拆除包扎固定，痛点注射药物，理疗和按摩。

四、肩袖损伤

多见于标枪、排球、体操等项目。

1. 原因与机制 ①转肩或摔倒时上肢撑地用力较大所致。②当肱骨头急剧运转时，肱骨大结与肩峰及肩喙韧带突然或反复摩擦所致。

2. 症状 肩部反弓痛、外展痛、内收痛、内外旋痛及抗阻痛，肩部活动受限。

3. 处理方法 肩部休息、按摩理疗、针灸，痛点注射泼尼松龙与普鲁卡因，外敷跌打损伤药物，必要时进行手术修复。

五、关节脱位

1. 原因和症状 因受外力作用，使关节面失去正常的连接关系，称为关节脱位（或称脱臼）。严重的关节脱位，伴有关节囊撕裂。关节脱位后，常出现畸形，与健肢对比不对称，因软组织损伤而出现炎症反应，局部疼痛，压痛和关节肿胀，并失去正常活动功能，甚至发生肌肉痉挛等现象。

2. 处置 用长度和宽度相称的夹板固定伤肢。如果没有夹板，可将伤肢固定在自己的躯干或健肢上，防止震动，随后及时送医院治疗。必须指出，如果没有把握做整复处置时，切不可随意做整复处置，以免再度增加受伤。

第四章　体育锻炼与营养

第一节　平衡膳食

平衡膳食是指选择多种食物，经过适当搭配做出的膳食，这种膳食能满足人们对能量及各种营养素的需求，因而叫平衡膳食。

我们知道食物可分两类：一类是动物性食物，包括肉、鱼、禽、蛋、奶及其奶制品；另一类是植物性食物，包括谷类、薯类、蔬菜、水果、豆类及其制品、食糖类和菌藻类。

不同种类食物的营养素不同：动物性食物、豆类含优质蛋白质；蔬菜、水果含维生素、矿物盐及微量元素；谷类、薯类含糖；食用油含脂肪；肝、奶、蛋含维生素 A；肝、瘦肉和动物血含铁。

这些营养素之间能相互配合、相互制约。如维生素 C 能促进铁的吸收；脂肪能促进脂溶性维生素 A、维生素 D、维生素 E、维生素 K 的吸收；微量元素铜能促进铁在体内的运输和储存；糖类和脂肪能保护蛋白质，减少其消耗；而磷酸、草酸和植酸能影响钙、铁吸收。所以只有吃营养结构合理的混合膳食，才能满足人体对食物营养的摄取。

平衡膳食应满足下列条件：

（1）一日膳食中各种营养素应品种齐全，包括：供能食物，即蛋白质、脂肪及糖类；非供能食物，即维生素、矿物质、微量元素及纤维素。

（2）各种营养素的量必须合理，不能过多，也不能过少。

（3）营养素之间比例应适当。如蛋白质、脂肪、糖类供热比例为 1∶2.5∶4，优质蛋白质应占蛋白质总量的 1/2～2/3，动物性蛋白质占 1/3。三餐供热比例为早餐占 30%左右、中餐占 40%左右、晚餐占 25%左右、午后点心占 5%～10%。

（4）食物容易消化吸收。

第二节　健身运动与饮食

一、运动增加营养的需求

体育锻炼与合理营养是维持和促进健康的两个重要条件，两者对健康有协同作用，适量运动结合均衡营养，健康就有了很好的保障。以科学合理的营养为物质基础，以体育锻炼为手段，用锻炼的消耗过程换取锻炼后的超量恢复过程，可以使机体积聚更多的能源物质，提高各器官系统的功能，促进人体的健康。但是如果在运动后缺乏合理营养保证，消耗得不到及时补充，机体则处于一种负平衡状态。长期营养负平衡状态，会使锻炼者生理功能及运动能力下降，出现乏力、疲劳甚至疾病状态，对机体健康极为不利。因此，应该重视体育锻炼之后的营养补充，应根据不同运动项目的特点及不同人群的特点安排好运动后的营养补充。运动量大时出汗较多，汗液主要含水分和矿物质，故需要补充更多的水分，以防止脱水。运动时每隔15min就要补充半杯到1杯水，即使不感觉口渴也要补。运动后体重减少1斤需要补充3杯水。身体运动是通过肌肉的收缩与舒张，消耗能量来实现。高强度、爆发力强的运动项目主要靠肌肉糖原提供能量，需要摄入较多的糖类；长时间的运动项目开始时主要利用肌肉糖原供应能量，20min后主要由储存的脂肪提供燃料，故需要糖类和脂肪一起提供能量。糖类是肌肉的主要燃料，肌肉运动所需的能量主要靠糖原和血糖来提供。为了提供更多的能量，体内需要提高产能的效率，充当酶和辅酶的蛋白质、维生素和矿物质等营养素的需要量也要相应增加。多种维生素、矿物质有助于体内能量的释放和氧气的运输，经常运动的人也需要相应增加其供应。

二、不同性质运动项目的营养指导

1. 耐力性运动 如长距离步行、长跑、长距离游泳、长距离滑雪等。属于有氧运动，总能量消耗很大，以消耗脂肪为主。耐力运动对脂肪的利用和转换率高，膳食中脂肪的比例可略高于其他项目，达到总能量的30%~35%。为使机体具有较好的供氧能力，需摄入较多的铁、维生素 B_2 和维生素 C。耐力运动时间长，出汗较多，水和电解质的补充也十分重要。

2. 速度性运动 如短跑、跨栏、短距离游泳等项目，属于无氧运动，运动强度大。膳食中应供给丰富易吸收的糖类、维生素 C、维生素 B 等营养素。神经活动高度紧张，还应供给含蛋白质与磷丰富的食物。由于短时间内形成的酸性代谢产物在体内堆积，为使体内碱储备充足，应多吃蔬菜、水果等碱性食物。

3. 力量性运动 如举重、投掷、摔跤等项目，要求有很强的爆发力。为发展肌肉力量，要在膳食中增加蛋白质、维生素 B_2 的摄入量，特别在训练初期蛋白质供应可提高到2g/（kg·d）以上，其中优质蛋白质大于1/3，其占能量百分比可达18%左右。适当补充促进肌肉合成代谢的特殊营养品，如肌酸等；为保证神经肌肉的正常功能，钠、钾、钙、镁的补充也很重要。

4. 灵巧性运动 如瑜伽、普拉提、体育舞蹈、健美操、体操等。要求有良好的身体协调性，对神经系统也有较高的要求。所以膳食中需含较多的维生素 B_1、维生素 C 和磷。

5. 球类运动 对力量、速度、耐力、灵敏、柔韧等素质都有较高要求。乒乓球、羽毛球等小球项目运动时需要较强的视力，眼睛易疲劳。应补充充足的维生素 A，每日达到1800μg RE（6000IU）。篮球、足球和排球等大球项目，运动量较大，能量消耗也较多。膳食应以高糖为主，多数在神经高度紧张的情况下进行，应注意蛋白质的补充，蛋白质的需要量应占总能量的12%~15%，或1.2~2.0g/（kg·d），应选择优质蛋白质。运动后迅速补充蛋白质有助修复受伤的肌肉和组织。运动中要注意补糖补水。在运动结束后尽快补充50g糖，加快糖原储备的恢复。球类运动要补充丰富的维生素 B_1、维生素 C、维生素 E、维生素 A 等。

6. 游泳运动 由于水的阻力比空气大，而且游泳时水温一般在 20～26℃之间，低于体温，水的传热能力又比空气快 25 倍，使机体散热较多、较快，因此游泳运动对能量的需求较大。长时间处在水环境中，身体需要一定脂肪保持体温和保护皮肤，游泳结束后饮食中脂肪的含量应高于其他运动项目，达到总能量的 35% 左右，长距离游泳后需要补充较多的糖类、维生素和矿物质。

三、运动锻炼和恢复时应重点补充的营养素

1. 天然抗氧化剂 运动时需要大量能量，所以呼吸加深加快，以便吸入大量氧气，促进体内有氧代谢，提高产能效率，满足身体能量的需要。同时，氧化反应的副产品氧自由基的产生也大量增加，超过身体的清除能力，可能对身体造成伤害。因此，运动前后往往需要增加天然抗氧化剂的摄入量。常见的抗氧化剂有以下几种。小麦胚芽油，内含二十八碳醇，有抗疲劳作用；所含的维生素 E 是强抗氧化剂，有对抗氧自由基的作用，对身体起一个很好的保护作用。其他抗氧化剂，如维生素 C、维生素 A、类胡萝卜素、硒、锌等都有抗氧化、对抗氧自由基的作用，能保护身体免受自由基的伤害，防止肌肉损伤，提高运动效率。

2. 矿物质 运动时出汗多，需额外补充一些矿物质，以恢复体内电解质的平衡。钠、钾、钙、镁、锌等矿物质能防止疲劳的积累，延长运动时间，要适量补充。

3. 蛋白质粉 是氨基酸补充剂，能促进肌肉的增长、锻炼肌肉、减少脂肪。

4. 碱性饮料和碱性食品 剧烈运动时，体内会产生大量乳酸，降低肌肉和血液中的 pH，一般可使 pH 由 7.4 降到 7.0。而乳酸的大量积累和血液 pH 的降低是运动耐力的一个重要限制因素。故运动前后应多吃新鲜的水果蔬菜、蔬果汁，可服用碱性营养素如钙镁片等；运动时喝一些含碱性电解质如枸橼酸钾、枸橼酸钠、碳酸氢钠的运动饮料，也能对血液起缓冲作用，使血液的 pH 升高，保持内环境的稳定以及使与肌肉运动有关的酶功能维持正常。类固醇激素如睾丸酮，确能在短期内提高兴奋度，增加体力和体能，提高运动成绩，但副作用大、危害性大，一直被国际奥委会禁止使用。

第三节 体重控制与饮食、运动

控制体重的关键是要有正确的动机和积极的态度，没有强烈的动机、没有节制，减肥很难成功。减肥的速度不能太快，在 6 个月里减掉体重的 10%，或每周减半斤到 1 斤是安全的。要维持身体健康，每天至少要摄入 1500 千卡热量。要控制体重就是要控制能量的平衡，能量平衡对健康非常重要。若能量摄入等于能量消耗，体内能量将保持平衡；若每天能量摄入少于能量消耗，就可以减肥；若每天能量摄入大于能量消耗，就会增加体重，造成肥胖。能量的单位是千卡，1 千卡就是把 1000g 水升高 1℃所需的能量。给身体提供能量相当于给汽车加油，您的车和身体都需要能量来保证正常运转。人体的能量需求包括三个方面，一是基础代谢所需能量，即满足基本生命活动所需要的能量，占人体能量需求的 60%；食物的特殊动力作用，是指消化食物和吸收营养所消耗的能量，占一天能量需求的 10%；运动消耗的能量，占一天能量需求的 30% 左右。所以，营养瘦身的关键是控制摄入的总能量，增加能量的消耗；采用增加体力活动与

限制饮食相结合的措施，减肥效果优于单独限制饮食。

　　增加体力活动是减轻体重的有效措施，体力活动和膳食控制结合减肥有协同作用。因为活动或运动可以增加机体的氧消耗量，增强机体的能量代谢。提倡有氧运动，如：走路、骑车、登山、打球、慢跑、跳舞、游泳、划船等。中等或低强度运动可持续的时间长，主要靠燃烧体脂供能，有很好的减肥效果。短时间运动、剧烈运动是不利减肥的运动。

第五章　生活方式与健康

第一节　生活方式与健康

生活方式是人们受社会文化、经济状况、风俗和家庭影响而形成的生活意识和生活习惯。世界卫生组织研究发现，生活方式对人们健康的影响最大，占到60%。不良的生活方式损害身心健康，而良好的生活方式则有益健康。生活方式病包括心血管疾病、脑卒中、癌症、糖尿病和慢性肺病等，已是人类健康的头号杀手，全球至少有2/3的人死于与不良生活方式有关的疾病，并且这一比例还会不断增加。"冰冻三尺，非一日之寒"，对现代人构成重大威胁的慢性疾病常植根于青少年，发展于中年，发病于中老年，往往是十年、二十年不良生活方式累积造成的。在影响健康的诸多因素中，生活方式是我们普通人唯一能掌控的因素，我们可以通过改变生活方式，让自己生活得更美好。良好的生活方式包括生活规律、饮食节制、戒烟限酒、适量运动、不熬夜、不过度劳累、积极乐观和睡眠充足等。美国疾病控制中心研究发现，不吸烟、合理膳食、经常锻炼的男性公民寿命可以延长19年。这些生活方式说起来都是生活中的小节，但它们直接关系到我们生命的健康。所以，千万不要小看日常生活中点点滴滴的行为和习惯。知道这些道理的人多，但做到的人就很少了；但是如果想得到健康就必须做到，打折扣的人健康也肯定会打折。一个人如果有乐观的心态，他的抵抗力、免疫力会明显增强，从而有助于健康。科学研究显示，情绪低落时人体的抗癌能力衰退20%以上。人体的致癌基因每天产生3000多个癌细胞，如果免疫力强，体内的自然杀伤细胞等白细胞就可以很快杀死癌细胞；如果免疫力弱，癌细胞就可以生长繁殖，就会得癌症。故日常生活中要保持积极乐观，尽量不生气。不生闲气，不因鸡毛蒜皮的小事生气；不生怨气，抱怨解决不了问题；不生闷气，闷气对健康的影响最大。每天保证 $6 \sim 8h$ 高质量的睡眠，对健康非常重要。我们每天吸入很多污染空气，每天都有压力，经常吃到残留农药的蔬菜，吃到不健康的食物等，都会对我们的身体造成伤害，晚上睡眠的时间是修复身体的最好时间。中国有句老话"天天失眠，少活十年"，讲的就是睡眠的重要性。运动是一把双刃剑，长期不运动体质会下降；运动过量对身体也有害。运动完后精神更好、脸色更好、胃口大开，运动量就掌握的比较好。运动完后精神更差、脸色苍白、胃口不好，运动就可能过量了。世界卫生组织的一个研究发现，每周步行超过 $4h$ 与少于 $1h$ 的人相比，心血管病发病率减少69%，病死率减少73%，由此可见运动的作用有多大。钟南山院士说，如果您把锻炼看成跟吃饭、工作、睡觉一样，是生活中不可缺少的一部分，那么您的健康状况将会达到一个新的高度。

第二节　体育锻炼与环境

选择体育锻炼环境，首先要考虑安全问题，既要避免到人群喧闹、噪声较大、交通拥挤的地方去锻炼，也不要到自己不熟悉、人迹稀少的偏僻地方去锻炼。最好选择户外环境优雅、空气新鲜且又安全的地方进行锻炼，其次，应根据运动项目的自身特点，选择有利于该运动开展、适于提高运动情绪和锻炼效果的合适环境。

（1）跑步，可选择在地面平整的操场、公园、河边的人行道等地进行。如果不得已要到公路上跑步的话，也要早人车稀少的时间，靠人行道右边进行，最好身着鲜艳醒目的服装，避免穿越公路时发生交通事故。

（2）从事自行车、远足等运动，目的地最好选择在自然景点，行动路线尽量选在自然景色美、树木较多、地面较平坦的地段。

（3）体操、武术、气功等运动，可在空气新鲜、环境优美、噪声小的公园空地、树林、河边以及家庭庭院里进行。

（4）跳绳、踢毽、羽毛球等运动可选择在地势平坦的空地上进行。

（5）艺术体操、健美操、游戏等可选择在草地上进行。

选择体育环境锻炼，还要注意不同季节气候条件的变化。夏天天气炎热，阳光中的紫外线特别强烈，要避免长时间在户外阳光直射的地方运动，以免引起对身体的伤害和中暑现象的发生；冬季早晨有雾，能见度差，且雾中带有有害物质会给锻炼者带来不利影响，所以要避免在雾中运动。

"到阳光下，到操场上，到大自然中去"。为了使身体锻炼活动顺利开展，并能安全进行，我们必须选择合适的环境，使体育锻炼收到理想的效果。

第三节　突发情况下的自救与互救

一、一般性烧伤

（1）尽快使伤员脱离火源，用水浇灭或用棉被覆盖着火部位。

（2）立即脱去着火或热液浸渍的衣服，尤其是化纤衣料，它不仅易燃，且与皮肤紧贴，易使创面加深。化学物品污染的衣服（不论是酸性或是碱性），也应立即脱去，以免化学物品进一步渗透到皮肤，导致烧伤加深。

（3）用冷水冲洗或浸泡烧伤部位，以减轻伤员疼痛和促进热量消散或稀释化学物品的浓度，以减轻对组织的继续损害。

（4）用干净的衣物或毛巾包扎创面，以避免再受损伤或污染。

（5）到专科医院进行下一步的治疗。

民间有用酱油、白酒、牙膏、狗油等涂擦创面的方法，这是不科学的，容易造成创面污染及通过创面吸收引起中毒，使病情加重。有颜色物品附着在创面上，不利于医生清创，也会对烧伤深度及病员伤情的判断造成干扰。

二、化学性烧伤

1. 强酸类　如盐酸、硫酸、硝酸等。伤及皮肤时，因其浓度液量、面积等因素不同而造成轻重不同的伤害，如果通过衣服浸透烧伤，应立即脱去，并迅速用大量的清水反复冲洗创伤。充分冲洗后如有条件也可适当使用中和剂、肥皂水或小苏打水冲洗。

2. 强碱类　如石灰水等。一般对组织的破坏力比强酸重。因其渗透性较强，可深入组织使创面加深，所以应及早处理，立即脱去受污染的衣物，并用大量清水仔细冲洗伤处，充分清洗后可用硝酸（或食醋）中和。

3. 磷烧伤　在工农业生产中较常见，磷是一种毒性很强的物质，被身体吸收后，可引起全身性中毒，对肝脏具有很强的毒性，对肾脏、心肌及神经都有毒性。急救处理的原则是除磷，用大量的清水冲洗，冲洗后一定要检查局部是否有残留的磷质，有条件可用25%碳酸氢钠溶液冲洗，再用干纱布包扎。

4. 眼部烧伤　当眼睛遇到高热或化学物质时，眼睛会迅速反射性闭合，以避免烧伤，但极高的温度仍可使眼球烧伤。对眼睑烧伤，立即用大量水冲洗，尽量睁开眼睛冲洗，敷以抗生素眼膏。

经过上述处理后，迅速送往医院救治，最好到有条件的专科医院救治。烧伤的现场及时处理，对于伤者的生命、预后有着重要的关系，早期的急救处理，既可以止痛，也可以减轻创面的继发性损伤，所以早期的处理至关重要，轻症伤者离开有毒场所即可慢慢恢复。

三、一氧化碳中毒

一氧化碳是一种无色、无味，几乎不溶于水的气体，当发现有人一氧化碳中毒后，救助者必须迅速按下列程序进行救助：因一氧化碳的比重比空气略轻，故浮于上层，救助者进入和撤离现场时，如能匍匐行动会更安全。进入室内时严禁携带明火，尤其是开放煤气自杀的情况，室内煤气浓度过高，按响门铃、打开室内电灯产生的电火花均可引起爆炸。进入室内后，应迅速打开所有通风的门窗，如能发现煤气来源并能迅速排出的则应同时控制，如关闭煤气开关等，但绝不可为此耽误时间，因为救人更重要。然后迅速将中毒者背出充满一氧化碳的房间，转移到通风保暖处平卧，解开衣领及腰带以利其呼吸及顺畅。同时呼叫救护车，随时准备送往有高压氧仓的医院抢救。在等待运送车辆的过程中，对于昏迷不醒的患者可将其头部偏向一侧，以防呕吐物误吸入肺内导致窒息。为促其清醒可用针刺或指甲掐其人中穴。若其仍无呼吸则需立即开始口对口人工呼吸。必须注意，对一氧化碳中毒的患者这种人工呼吸的效果远不如医院高压氧仓的治疗。因而对昏迷较深的患者不应立足于就地抢救，而应尽快送往医院，但在送往医院的途中人工呼吸绝不可停止，以保证大脑的供氧，防止因缺氧造成的脑神经不可逆性坏死。

四、中暑

应立即离开高温环境，将患者移至阴凉通风处安静休息，补充清凉含盐饮料；如患者中暑倒地，还应按压"人中穴"；体温升高者予物理降温，冷水擦浴，按摩四肢皮肤，头部、腋窝、腹股沟放置冰袋；重者要及时送到医院进行救治，不能耽误。

五、溺水

溺水是常见的意外，溺水后可引起窒息缺氧，如合并心跳停止的称为"溺死"，如心跳未停止的则称"近乎溺死"。这一分类以病情和预后估计有重要意义，但救治原则基本相同，因此统称为溺水。

急救方法：

1. 将伤员抬出水面后，应立即清除其口、鼻腔内的水、泥及污物，用纱布（手帕）裹着手指将伤员舌头拉出口外，解开衣扣、领口，以保持呼吸道通畅，然后抱起伤员的腰腹部，使其背朝上、头下垂进行倒水。或者抱起伤员双腿，将其腹部放在急救者肩上，快步奔跑使积水倒出。或急救者取半跪位，将伤员的腹部放在急救者腿上，使其头部下垂，并用手平压背部进行倒水。

2. 呼吸停止者应立即进行人工呼吸，一般以口对口吹气为最佳。急救者位于伤员一侧，托起伤员下颌，捏住伤员鼻孔，深吸一口气后，往伤员嘴里缓缓吹气，待其胸廓稍有抬起时，放松其鼻孔，并用一手压其胸部以助呼气。反复并有节律地（每分钟吹 16～20 次）进行，直至恢复呼吸为止。

3. 心跳停止者应先进行胸外心脏按摩。让伤员仰卧，背部垫一块硬板，头低稍后仰，急救者位于伤员一侧，面对伤员，右手掌平放在其胸骨下段，左手放在右手背上，借急救者身体重量缓缓用力，不能用力太猛，以防骨折，将胸骨压下 4cm 左右，然后松手腕（手不离开胸骨）使胸骨复原，反复有节律地（每分钟 60～80 次）进行，直到心跳恢复为止。

六、电击

电击产生的危险取决于电压大小，电流以何种方式穿过人体，被电击人的身体状况以及被电击人能否得到及时处理。如有以下任何一种症状发生，请尽快拨打 120 或者当地急救中心电话。

医护人员到来前该采取的措施：留意一下四周情况，但不要马上碰触患者。患者可能还没有脱离电源，跟患者接触就会将电流引到你身上。尽可能切断电源。如果无法切断电源，先用纸板、木棍或塑料制品等不导电物品将患者与电源分开。检查患者是否出现血液循环迹象（呼吸，咳嗽或移动）。如果没有，应立即对患者进行心肺复苏术。防止震动。尽可能让患者平躺下，抬起患者的腿到稍高于其头部的位置。

警告：当患者尚未脱离电源时切勿用手与患者直接接触。在电源未切断时请不要靠近高压电线，高压电线冒电火花时最好保持 20 英尺以上的距离。不要轻易移动一个遭电击的受伤者，除非他正处在一个极度危险之中。

七、一般休克

（1）要专人守护，取抗休克体位，头部抬高 10°，下肢抬高 20°，避免不必要的搬动和翻身。

（2）保持呼吸道通畅。

（3）给予吸氧治疗，如用鼻导管和面罩法，氧流量以 6~8L/min 为宜。

（4）烦躁患者给予镇静药。

（5）补液增加有效循环血量。

八、地震发生时

在抢救生命的过程中，耽误的时间越短，人们生存的希望就越大，因此应当不等不靠，尽早尽快地开展自救互救。震时被压埋的人员绝大多数是靠自救和互救而存活的。大地震中被倒塌建筑物压埋的人，只要神志清醒，身体没有重大创伤，都应该坚定获救的信心，妥善保护好自己，积极实施自救。

1. 自救原则包括

（1）要尽量用湿毛巾、衣物或其他布料捂住口、鼻和头部，防止灰尘呛闷发生窒息，也可以避免建筑物进一步倒塌造成的伤害。

（2）尽量活动手、脚，清除脸上的灰土和压在身上的物件。

（3）用周围可以挪动的物品支撑身体上方的重物，避免进一步塌落；扩大活动空间，保持足够的空气。

（4）几个人同时被压埋时，要互相鼓励，共同计划，团结配合。

2. 必要时采取脱险行动

（1）寻找和开辟通道，设法逃离险境，朝着有光亮更安全宽敞的地方移动。

（2）无法脱险时，要尽量节省气力。如能找到代用品和水，要计划着节约使用，尽量延长生存时间，等待获救。

（3）保存体力，不要盲目大声呼救。在周围十分安静，或听到上面（外面）有人活动时，用砖、铁管等物敲打墙壁，向外界传递消息。当确定不远处有人时，再呼救。互救是指已经脱险的人和专门的抢险营救人员对压埋在废墟中的人进行营救。为了最大限度地营救遇险者，应遵循以下原则：先救压埋人员多的地方，也就是"先多后少"；先救近处被压埋人员，也就是"先近后远"；先救容易救出的人员，也就是"先易后难"；先救轻伤和强壮人员，扩大营救队伍，也就是"先轻后重"；如果有医务人员被压埋，应优先营救，增加抢救力量；找寻被压埋的人。

第二篇
身体素质篇

>>>

第六章 力量素质的练习方法

第一节 力量素质的概述

一、力量素质的概念

力量素质是指人体肌肉克服内、外阻力的能力。人体的各种活动都是在身体不同部位的肌肉作各种不同形式的收缩和紧张、克服各种阻力的情况下实现的。发展力量素质，对其他身体素质的发展有着十分积极的作用。它不仅直接影响运动技术的掌握和运动成绩的提高，还能增加大脑皮质兴奋过程的强度，促进运动器官的发展，发达肌肉，健美形体。

二、力量素质的分类

正确地认识力量素质的分类，能使教师和学生有效地选择和使用力量素质训练手段，提高力量素质训练效果。力量素质可按以下方式分类：

（1）按训练阶段与力量作用可分为：基础力量和相应力量。

（2）按力量与专项的关系可分为：一般力量、辅助专项力量和专项力量。

（3）按力量的性质可分为：动力性力量、静力性力量和反应力量。

（4）按力量的训练学作用可分为：最大力量、速度力量和力量耐力。

（5）按力量与体重的关系可分为：绝对力量和相对力量。

（6）按肌肉收缩的方式可分为：向心（克制）收缩力量、离心（退让）收缩力量、等长收缩力量和超等长收缩力量。

三、发展力量素质的意义

力量素质是人体运动的基本素质，对人体运动有极大影响。

（一）力量素质是进行一切体育活动的基础

我们进行的各种体育活动，都是由作为主动运动器官的肌肉，以不同的负荷强度、收缩速度和持续时间进行工作，并带动作为被动运动器官的骨骼移动来完成的。如果没有肌肉的收缩和舒张产生的力量牵拉骨骼进行运动，则连直立和行走也不可能，更不要说进行体育活动了，因此，跑、跳、投、攀登和爬越等各种体育运动以及体力劳动均离不开力量素质。

一个人想要跑得快就要有较好的腿部后蹬力；想要跳得高、跳得远就要有较好的弹跳力；想要投（掷、椎）得远就要发展上肢爆发力；攀、爬和提、拉重物等，也离不开上肢、腰腹部及腿部力量。所以说力量素质是人体最基本的身体素质，是进行一切体育活动和体力劳动的基础。

（二）力量素质影响并促进其他身体素质的发展

任何身体素质都是通过一定的肌肉工作方式来实现的，肌肉的力量是人体一切活动的基础。力量素质决定速度素质的提高、耐力素质的增长、柔韧素质的发挥和灵敏素质的表现。

首先，力量素质的增长有助于速度素质的提高。因为肌肉的快速收缩是以其力量为前提的。一名短跑运动员如果没有两条强有力的腿，那是不可能取得优异成绩的。我国优秀的百米赛跑运动员余维立曾取得 10 秒 2 的成绩，他负重深蹲达到 180kg。

其次，力量素质也有助于耐力素质的增长。从生活常识中可以得知，强壮的人总能比体弱者持续活动更长时间。

此外，力量、速度的提高会增加肌肉的弹性，促进柔韧素质和灵敏素质的发展。

（三）力量素质的水平直接影响技术动作的掌握和运动成绩的提高

运动员力量素质的增长，直接反映了对运动技术掌握的快慢及运动成绩提高的程度。例如体操运动员要是没有足够的上肢和肩背等部位的肌肉力量，就无法完成十字支撑、慢起手倒立等动作。球类运动中的各种急停、闪躲、变向和跃起等动作也都是以一定的肌肉力量为基础的。除技术因素之外，力量和爆发力是决定田径运动成绩的重要因素。除长距离跑运动成绩的主要决定因素是耐力之外，其他项目运动成绩都与力量素质的发挥紧密相关，尤其在投掷项目中更是如此。

（四）力量素质是衡量运动训练水平的重要指标，也是各运动项目选择人才的重要依据

在运动训练实践过程中，力量素质往往是判断运动训练水平、评定参加何等级比赛的一项重要指标，是判断某些专项运动潜力的一种手段，也是一些体能性运动项目选材的依据。体操运动员在完成各种动作时，虽然会借助外力的作用，但是在其做动作的所有阶段，都要按照动作技术的要求，协调地运用自身的力量完成动作。

因此，对力量素质的发展必须给予足够的重视，尤其是速度力量，往往是选拔运动员苗子的重要措施。在篮球比赛中，突然起动、快速奔跑、连续跳跃、传球、投篮、抢篮板球以及不可避免的身体接触，都要求运动员具有爆发性的速度力量。由于力量素质是篮球运动员的重要身体素质，为此我国各级篮球队，都将"仰卧起坐"、"原地纵跳摸高"、"助跑摸高"、"负重半蹲"等项目的测试成绩作为衡量运动员身体素质好坏和评价运动训练水平的指标。

四、力量素质的健身作用

大多数人认为，加强肌肉力量练习可增加肌肉体积和提高运动成绩，但并个真正知晓其健身价值，即减少脂肪和体重，改善骨骼状况以及加强关节周围的力量。

（一）力量练习可减少脂肪和体重

研究表明，随着年龄增加，人的基础代谢率下降，能量消耗减少，体重和体脂会慢慢地增加。由于肌肉总量呈下降趋势，人的基础代谢率每 10 年下降 3%。不喜欢运动的成年人每年减少约 0.25kg 肌肉，增加约 0.25kg 脂肪。60 岁的人比 20 岁的人基础

代谢率下降约 12%。处于休息状态时，60 岁的人比 20 岁的人每天少消耗约 280 千卡热量，即每 12～13 天少消耗相当于 0.5kg 脂肪的热量，则脂肪累积量为每月约 1.2kg。每年约 15kg：基础代谢率下降虽少，但脂肪和体重的增加却很明显。

比较两位体重相同、肌肉相差 5kg 的正常人，肌肉含量高的人基础代谢率明显高一些。专家研究指出，增加 0.5kg 肌肉每天消耗 30～40 千卡热量。换句话讲，增加 0.5kg 肌肉每年额外消耗的热量相当于 1.5～2kg 脂肪的热量。

通过节食和服用减肥药能迅速减轻体重，但并不利于健康，且皮肤会变得松弛。而力量练习不仅能达到减轻体重的目的，还可以使皮肤保持弹性。这种锻炼效果并非一日之功，应根据自己的年龄和身体状况，花 12 个月或更长时间，有计划地进行有氧练习、肌肉力量和耐力练习，同时注意合理饮食，这样才可以明显地减少体脂，皮肤才有足够的时间恢复弹性。所以，有规律地锻炼和合理的饮食比节食减肥更有利于健康。

（二）力量练习可改善骨骼状况

研究表明，有计划的力量练习可以改善骨骼的状况，对女子来说更是如此。因为女子的骨骼无机盐含量较少，骨密度较低，厚度较薄，并且女子流失钙的速率比男子快。而力量练习可以防止钙的流失，降低骨质疏松症的发生率。

（三）力量练习可加强关节周围肌肉的力量

力量练习可以加强关节周围肌肉的力量，防止肌肉、肌腱和韧带的损伤。困扰许多中年人的腰痛病，也可以通过增加腰部和背部肌肉的力量和柔韧性而得到缓解。

总之，肌肉力量的增加可以减少运动损伤，使骨质疏松症的发生率下降，缓解因年龄增加而引起的人体功能下降。

第二节 发展力量素质的方法与手段

一、发展力量素质的方法

（一）克服外部阻力的练习

发展力量素质的练习可以采用克服外部阻力的各种练习，如举重物练习和负重练习，带一定重量的练习，如在腿上绑上沙袋、抛接实心球等；对抗性练习，如双人对抗等；克服弹性物体的练习，如在沙滩上走、跑等。

（二）克服本身体重的练习

克服本身体重的练习有引体向上、双背屈伸、俯卧撑、悬垂、跳跃等。

二、发展力量素质的手段

发展力量素质应重视全面发展身体各部位的力量，包括上下肢力量、躯干力量等。因此，采用的练习手段应有多种组合。

（一）上肢、肩带肌肉群的力量练习

1. 各种方式的俯卧撑 练习时动作要由易到难，次数要由少到多。

（1）手触栏杆或其他支撑（高度在腰、胸之间）做屈伸推起动作。

（2）手高脚低的俯卧撑。

（3）手、脚处在同一水平的俯卧撑。

2. 利用双杠的练习

（1）在双杠上做支撑接行　由双杠的一端移至另一端，身体重心随两臂的交替支撑而移动。

（2）在双杠上做支撑摆动　摆动的幅度逐渐加大，髋关节展开，躯干与下肢尽可能成直线。

（3）在双杠上做双臂屈伸。

（4）在双杠上做支撑摆动臂屈伸。

3. 利用单杠的练习

（1）斜站立悬垂臂屈伸，反握杠。

（2）仰卧悬垂臂屈伸，正握杠。

（3）杠上屈臂悬垂：各种屈臂角度的静力练习。

（4）引体向上：颈前正、反握杠；颈后正握杠，两手正握杠间距离大于肩宽。

4. 利用杠铃的练习　双手持杠铃前平举，然后将杠铃举至头上（图6-1）；两手正握杠铃，斜上举，前臂在颈后作屈伸（图6-2）；两于体前反握杠铃，小臂屈伸（图6-3）。

图6-1　上肢杠铃练习1　　　图6-2　上肢杠铃练习2

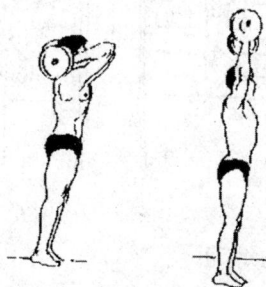

图6-3　上肢杠铃练习3

（二）腰、腹肌群力量练习

1. 利用垫上的练习

（1）直腿仰卧起坐。

（2）屈服仰卧起坐。

（3）仰卧举腿。

（4）仰卧两头起。

（5）仰卧左、右交叉举腿。

（6）俯卧向上抬体，初练者可由同伴压住小腿或踝关节练习。

（7）俯卧两腿交替后上举（图6-4）。

图6-4　俯卧两腿交替后上举

2. 利用肋木的练习

（1）背靠肋木，两手正握横木悬垂。大腿做屈伸动作、小腿放松下垂（图6-5a）。

（2）背靠肋木，两手正握横木成抬大腿屈小腿姿势。

①做伸小腿动作，上体与腿成直角（图6-5b）

②两腿侧分，再并拢，连续做（图6-5c）。

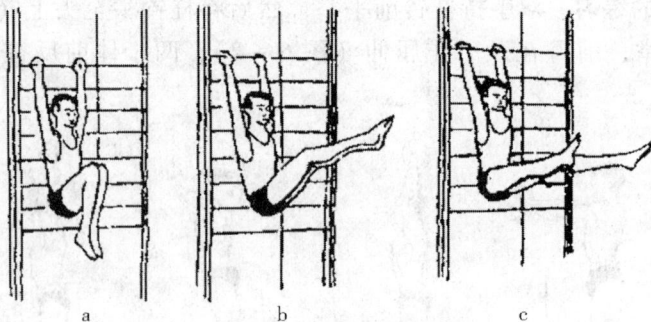

图6-5　肋木练习

3. 利用杠铃的练习

（1）肩负杠铃体屈屈伸。

（2）肩负杠铃转体（图6-6）。

（3）肩负杠铃体侧屈（图6-7）。

图6-6　腰腹杠铃练习1　　　　　　　图6-7　腰腹杠铃练习2

（三）下肢肌群的练习

1. 单足跳　跳跃时保持上体正直，用前脚掌着地连续做若干次，跳起时尽量屈膝前摆。

2. 立定跳远 跳跃时双脚掌同时蹬地并注意手臂的摆动（图6-8）。

图6-8 立定跳远

3. 蛙跳 即连续做立定跳远的动作。

4. 纵跳 垂直向上跳起，膝关节夹角约为90°~135°角。

5. 跨步跳 其特点是动作幅度大，有一定的腾空时间，全脚掌着地后迅速过渡到前脚掌蹬伸（图6-9），初学者易与后蹬跑混淆。

图6-9 跨步跳

6. 障碍跳 即跳跃不同高度、距离的栏架。

7. 深跳 即由一定的高度跳下后，迅速上跳起。

8. 跳跃台阶 根据练习者的实际情况，决定跳台阶的级数以及连续跳跃的次数。

第三节 发展力量素质的原则与运动处方

一、发展力量素质的原则

（1）发展力量素质的最佳时机是在17岁以后，学生身高的增长开始减缓，肌肉和横断面开始逐渐增大，可采取较大重量的力量锻炼，同时应根据个人自身的体质、健康和发育状况，科学合理地安排重量和重复次数。女学生一般以克服自身体重的练习为主，负荷量应小些。

（2）力量锻炼要全面，既要使大肌肉群和主要肌肉群得到锻炼，又要发展那些薄弱的肌肉群和小肌肉群的力量。大力量练习和小力量练习，缓慢力量练习和速度力量练习，局部力量练习和整体力量练习等应协调配合起来，各种动作交替进行，以达到全面发展的效果。

（3）各种力量练习，都要注意形成正确的姿势和掌握正确的动作，每次练习时，肌肉应先伸展，之后动作幅度逐渐增大，身体不同部位、各种不同动作均成交替穿插进行，使肌肉张弛结合。

（4）合理安排力量锻炼间隔时间，对锻炼效果有一定的作用。力量练习对人体的影响较大，恢复时间较长，因此开始阶段以隔日锻炼为好。随着锻炼水平提高，才能适应比较频繁的力量练习。

（5）采用极限或次极限强度负重练习时，必须注意呼吸的调节，练习前可做数次深呼吸，憋气的时间不可过长。另外，在两组练习之间还要注意有合理的间歇时间，一般以 2～3min 为宜。

（6）进行力量锻炼时．准备活动要充分，注意力要集中，重量由轻到重。动作速度由慢到快。力量练习应与其他性质的练习或放松练习交替进行，以提高肌肉的弹性。力量锻炼应掌握自我放松的方法，养成自我放松的习惯，有条件的可采用自我按摩和沐浴等恢复手段，使紧张的肌肉得到放松。

二、发展力量素质的运动处方示例

（一）处方示例1

（1）准备活动。

（2）负重仰卧起坐 10 次 ×3 组。

（3）单杠引体向上（8～12 次）×5 组（普通握 2 组、宽握 1 组、颈后拉 2 组、女生为斜身引体）。

（4）双脚跳上平台 8 次 ×3 组。

（5）双杠双臂屈伸（8～10 次）×4 组（其个摆动进行 1 组）

（6）负重俯卧挺身抢上体 8 次 ×3 组。

（7）蛙跳（连续向前立定跳远）10 次 ×3 组。

（8）实心球或投掷铅球 30～40 次。

（9）杠铃推举 8 次 ×4 组。

（10）俯卧撑（女）10 次 ×4 组。

（二）处方示例2

（1）准备活动。

（2）引体向上（男）10 次 ×4 组。

（3）负重下蹲 6 次 ×4 组。

（4）斜推 8 次 ×3 组。

（5）斜身引体（女）10 次 ×4 组。

（6）直立提拉 6 次 ×3 组。

（7）俯卧挺身抬上体 20 次 ×6 组。

（8）双臂屈伸（男）10 次 ×4 组。

（9）杠铃推举 8 次 ×4 组。

（10）俯卧撑（女）10 次 ×4 组。

第七章　速度素质的练习方法

第一节　速度素质的概述

一、速度素质的概念

速度素质是指机体或机体的某部位在最短时间内快速完成动作的能力。它是人的基本素质之一。在工作、学习、生活、劳动、军事和体育运动中都需要争取时间，争抢速度。特别是在田径运动的短跑及游泳运动的短距离项目中，速度素质对成绩起着决定性的作用。有的运动项目本身虽不是比速度，但速度素质的好坏，对其成绩有直接影响，如跳远、三级跳远等。此外，速度素质在其他体育运动中特别是球类运动同样具有重要的作用。

二、速度素质的分类

速度素质基本的表现形式有：反应速度、动作速度和周期性运动中的位移速度。

（一）反应速度

反应速度是指人体对各种信号刺激（如声、光、触等）的快速应答能力。这种能力取决于反应时间，反应时间长反应速度慢，反应时间短反应速度快。如短跑运动员听到枪声后快速反应到起动；又如乒乓球运动员能在 0.15s 内根据对方的击球动作和击球声音（通过视觉和听觉），非常迅速、准确地判断来球的落点和旋转性能，同时做出相应的技术回击，这些都是良好反应速度的表现。

（二）动作速度

动作速度是指人体或人体的一部分完成单个动作或成套动作的快慢以及单位时间内重复动作次数多少的能力。动作速度除了取决于信号在各环节中神经传递速度之外，还与神经系统对人体运动器官指挥能力关系密切。如兴奋冲动强度大，神经传递速度快，协调性好，即神经系统指挥能力强，动作速度必然快；此外，动作速度的快慢还与人体各器官系统的准备状态，速度力量、速度耐力水平，以及动作熟练程度有关。

（三）位移速度

位移速度是指在周期性运动中，单位时间内人体快速位移的能力。

构成速度素质的反应速度、动作速度、位移速度二者之间既有联系又有区别。位移速度是由各单个动作速度和动作速率组合而成的。反应速度是位移速度的开始（如起跑），在运动中，反应速度是第一个动作速度。因此，在发展位移速度时，要考虑三者之间的相生关系。就位移速度而言，反应速度是前提条件，动作速度则是基础。

三、速度素质的意义与健身作用

速度素质反映了神经系统对机体运动器官的指挥能力。速度练习对人体有较大影响，它可提高大脑皮质的兴奋性、抑制过程转换的灵活性和中枢神经系统的协调性，能更快地发挥呼吸、循环系统活动的能力。速度素质是人体的基本身体素质之一，在身体训练中占有重要的地位和作用。田麦久在《运动训练科学化探索》一书中提到，在现代体育运动中速度的作用更为突出，如"短跑强调不充分后蹬的快速摆动，长跑多采用高步频技术，跳跃从'可控速度助跑'变成以最快速度助跑，投掷则要求最后出手速度尽量快"，"中国排球各种各样的快攻战术有力地推动排球运动的发展，体操中空翻周数与转体度数越来越多，要求动作越来越快。可以说，所有竞技体育项目的运动员训练都应结合专项特点及技术变化，高度重视快速能力的训练"。

（一）速度素质是决定运动成绩的重要因素

在体育比赛中，有些项目的比赛成绩直接受到速度素质的制约，如田径中的短跑就是比运动员快速运动的能力，通过一定距离所用速度的快慢来决定胜负。还有一些项目虽然本身不是比速度，但速度素质的好坏对运动成绩有直接的影响。如跳远，首先要有快速的助跑产生良好的水平速度，然后要在 0.1s 左右的时间内完成起跳，将身体抛出 8m 多远的距离；又如跳高、推铅球等项目都是由动作的初速度决定运动成绩。又如拳击、击剑等项目，要在不停的运动中，伺机快速出击，既要击中对方，又要防止被对方击中，这要求快速和极敏捷的动作速度。球类运动中的快攻与快防，突然起动，快速改变方向，及时堵、截、抢、断等都要求速度领先一步，方能取得主动。

在现代训练中，教练员们应以提高速度来增大训练的难度与强度，提高专项能力，适应当今激烈竞赛的要求。速度素质的培养是各个运动项目竞技能力的重要内容，直接决定或影响运动员技、战术水平的发挥，是决定竞争能力强弱与比赛胜负的重要因素。

（二）速度素质是重要的身体素质之一，是衡量身体训练水平、竞技能力高低的客观依据

速度素质直接反映运动过程中的效果，提供改进技术、提高运动成绩的客观依据。竞技体育技术动作大多要求快速完成，良好的速度素质有助于运动员更好地掌握合理而有效的运动技巧。

速度素质练习不仅能提高人体的快速运动能力，而且能提高人体中枢神经过程的灵活性，提高人体三磷酸腺苷（ATP）和磷酸肌酸（CP）的储存量，促进供能能力的提高及改善代谢过程。

速度素质不但是某些运动项目作为选材的客观依据之一，而且良好的速度素质对其他身体素质发展有着积极的影响。肌肉快速收缩能够产生更大的力量，高度发展的速度素质又能为耐力的发展提供更大的空间。

第二节　发展速度素质的方法与手段

一、发展速度素质的方法

1. 发展反应速度　反应速度受遗传因素影响很大。人们通常所做的就是把遗传潜在的反应速度挖掘出来并稳定下来。外界刺激的强度对反应速度也起较大作用。在一定生理范围内，刺激强度越大，引起的反应也越快。注意力集中的程度也影响反应速度。

反应速度训练主要利用突然发出的信号提高练习者对简单信号的反应能力，如声信号（口令声、掌声、枪声等）与相应的动作。这种方法较适合初级练习者。对较高水平者，多采用运动感觉法、"移动目标法"等练习手段。

2. 发展动作速度　动作速度寓于某一个动作之中，如跳远起跳动作、掷标枪的出手"鞭打"动作等。培养动作速度，必须通过相应技术的提高与其他素质的发展才能实现。

动作速度练习的持续时间一般不宜过多，这是因为动作速度训练强度大，要使练习者保持较高的兴奋性，一般不应超过 20s。利用器械的动作速度练习，如推铅球的出手动作，器械重量应低于标准重量，才能有效地提高动作速度。同理，缩小完成练习的空间、时间界限，如球类利用小场地练习，也能提高练习者完成动作的速度。掌握正确的准备姿势，形成较大的工作距离。也可以采用徒手模仿或减轻器械重量的方法，练习单个动作的速度。

3. 位移速度　位移速度也是一种综合能力的表现，与力量、柔韧、协调素质等有着密切的关系。

位移速度的训练应通过两个基本途径来实现：一是发展力量素质；二是重复跑的练习。有研究发现在百米成绩由 10.9s 缩短到 10.0s 的诸因素中，爆发力的提高发挥了 20%～57% 的作用，最大力量的加大发挥了 12.34% 的作用。因此，通过发展力量提高位移速度时，要着重发展速度力量。例如，利用超等长类的力量练习。

重复跑练习则是提高移动速度最主要的手段，一般要求距离为 30～60m，时限在 20s 内，用 85%～95% 的强度，甚至 100%。主要是要保持 ATP 供能，强度不能固定，否则易出现"速度障碍"。

重复次数和组数以不降低强度为原则。次间间歇时间根据距离而定，一般为 1～2min，要保证体内高能物质水平的恢复。组间间歇可延长至 5min，并要用伸展练习进行积极性体息。

利用外界有利条件（如风力、斜坡、牵引）来发展位移速度。改变原有的动作节奏，可以提高动作的频率。通过反复的快速练习，可以提高力量耐力，从而加大步长。

二、发展速度素质的手段

（一）顺风及下坡跑或人为获得下坡或顺风跑的感觉

练习步骤：

1. 两人为一组，相距一步的距离。练习者提踵整个身体前倾 30°～40°角，保护者两脚前后站立，用双手掌抓住练习者的肩部并用力将练习者推回至正常站立，反复练习6～8次。然后交换练习。这种练习可以获得身体前倾时的肌肉感觉，减少怕摔倒的恐惧心理。

2. 接着练习者自己控制做快速起动的练习，即做好身体前倾的准备姿势后快速起动。

（二）紧张与放松交替的练习法

这种方法要快与慢结合。例如，摆臂练习、小步跑练习都可以采用先慢后快再慢再快的练习方式。在练习时要注意保持正确的动作相身体的协调性。

（三）跑台阶

台阶的高度要适宜。先进行正向跑，而后变为斜向跑，保持步频不变而增加步长。

（四）跑格子

在地上划格子或放标志物，沿着固定的格子或标志物固定步长跑，然后逐渐提高步频。

（五）追逐跑

前面的练习者先跑出5m，后面的练习者再跑，并尽量追赶前面的人，练习距离为50～60m，这种练习有游戏的性质，练习起来气氛好，兴奋性较高，动作较自然放松。

（六）障碍跑

练习者连续跑过5～6个放倒的栏架或以实心球做标志的障碍物。障碍间的距离，男生为7.5～8.8m，女生为6.5～8m，每个障碍物之间跑3步，进行这种练习的目的是提高步长及跑的节奏感。

（七）行进间计时跑

跑的距离为30～50米，重复跑4～6次，计时。

（八）反复跑

跑的距离为50～60米，重复跑4～6次。

第三节　发展速度素质的原则与运动处方

一、发展速度素质的原则

根据速度素质的生理机制和生物化学的变化来看，在发展速度素质时除了应遵循运动训练的基本原则外，还应遵循以下原则。

（一）练习的强度安排

速度项目特别是短距离项目，肌肉的活动达到最大强度，整个机体处在极为紧张的状态中，而大脑皮质、抑制过程迅速频繁地转换交替，同时不断接受来自骨骼肌的大量传入冲动，处于兴奋状态，这样会使皮质细胞很快疲劳，工作能力下降。因此练习中一是要将高速度大强度的练习放在训练后期，二是每次训练中不能反复出现多次高速度大强度运动，三是将速度素质作为其他项目素质练习时，最好安排在练习者精力充沛时进行。

（二）练习的顺序安排

实验结果表明，力量练习和重复跑顺序的安排，对训练效果也有影响。

二、发展速度素质的处方

（一）处方示例1

1. 准备活动　慢跑、游戏、徒手操、活动关节操或其他球类活动。

2. 听信号起动加速跑　慢跑中听到信号后，突然加速冲跑 10～15m. 做 3～4 组。

3. 小步跑、高抬腿跑接起动加速跑　做原地或行进间的小步或高抬腿跑，听到信号后突然加速冲 10～20m，做 3～4 组。

4. 悬垂高抬腿　两手握单杠成悬垂，两腿快速交替做屈膝高抬腿和下蹲伸直动作，速度越快越好。每次两腿各抬 20～50 次，重复 2～3 组，每组间歇 3～5min。

5. 单足跳或全蹲跳　单足跳男 30m×3，女 20m×2；身背沙包（男 10kg、女 5kg）全蹲跳 20m×2。

6. 重复跑　50m（中高速）×3，100m（中高速）×1，100m（全速跑）×1。

7. 整理活动

（二）处方内容2

1. 准备活动

2. 悬垂高抬腿　两手握单杠成悬垂，两腿快速交替做屈膝高抬腿和下蹲伸直动作，速度越快越好，每次两腿各抬 20～50 次，重复 2～3 组，每组间歇 3～5min。

3. 快速小步跑　小步跑 15～30m，两腿频率越快越好。要求以大腿工作，小腿放松，脚落地"扒地"。重复 4～6 次，每次间歇 5～7min。

4. 快速小步跑转高抬腿跑　快速小步跑 5～10m 后，转高抬腿跑 20m。小步跑要高而快，转高抬腿时频率不变，只是幅度加大。重复 3～5 次，间歇 5～7min。

5. 加速跑　逐渐加速至最高速度后保持一定距离，然后放松跑。加速跑 50m、80m、100m，每组 3～5 次，重复 2～3 组，每组间歇 5～10min。

6. 连续加速跑　逐渐加速跑至最高速度，然后随惯性高速度跑 3～4 步后随惯性放松至慢跑后再加速跑，连续练习（一般为 30m 加速跑，保持高速跑 5～8m，放松跑 15～20m，然后第二次加速跑）。每组 2～3 次，重复 2～3 组，每组间歇 5～7min。

7. 快速小步跑转加速跑　快速小步跑 10m 左右转入加速跑。加速跑时频率节奏不能下降跑出 20～30m 放松。重复次数及间歇 5～7min。

8. 整理活动

第八章 耐力素质的练习方法

第一节 耐力素质的概述

一、耐力素质的定义

耐力素质是指人体在长时间活动中机体克服疲劳的能力。疲劳是一种生理现象，机体经长时间活动会产生疲劳，这是一种自我保护现象。抗疲劳的能力越强，坚持工作的能力就越强，其耐力素质就越好。适度的疲劳刺激，能使锻炼者的耐力素质不断得到发展和提高。耐力素质是一般竞技能力的基础素质之一，加强耐力素质的锻炼，能有效地促进呼吸系统、血液循环系统功能的提高。大学阶段应根据青春发育成熟期体质发展的需要，采取各种有效手段，坚持经常锻炼，以提高耐力素质，增强心肺功能。

二、耐力素质的分类

从运动生理角度讲，耐力素质可分为有氧耐力、无氧耐力和肌肉耐力三类。在运动实践中，常将耐力素质分为一般耐力和专项耐力。

（一）有氧耐力

有氧耐力是指机体在供氧充足的情况下对抗疲劳的能力。有氧耐力锻炼的目的在于提高有机体供氧功能，促进肌肉新陈代谢能力。长跑是表现这种耐力的典型运动项目和锻炼手段。

（二）无氧耐力

无氧耐力是指机体在供氧不足（存在氧债）的情况下克服疲劳的能力。无氧耐力强度大，时间短，但恢复却较慢。无氧耐力锻炼的目的是提高有机体对氧债的承受能力。无氧耐力又分为非乳酸性无氧耐力和乳酸性无氧耐力。非乳酸性无氧耐力是指机体剧烈活动时，在负氧债情况下，其能源由三磷酸腺苷（ATP）、磷酸肌酸（CP）分解供应，并在没有乳酸进行活动的情况下，维持人体运动 $6 \sim 8s$ 的能力，它对短跑、跳跃、旋转、冲刺等运动十分有利。乳酸性无氧耐力指体内高能磷化物基本耗竭时，改由糖原酵解供能，并在缺氧情况下，使部分乳酸继续氧化，在数十秒内维持人体运动的能力。它对 400m 或 800m 跑特别有利。

（三）肌肉耐力

肌肉耐力是指肌肉长时间对抗疲劳的能力。发展肌肉耐力的目的在于提高肌肉中血液循环功能和改善神经系统的支配能力。肌肉耐力分为动力性耐力和静力性耐力。在运动实践中发展肌肉耐力通常采用超负荷增强力量锻炼的方法，促使肌组织产生变化，以增加肌肉的耐力。

三、发展耐力素质的意义

耐力素质是人体的基本身体素质之一。耐力素质在超长跑、中长跑、长距离游泳、自行车、滑冰、滑雪、划船等周期性运动项目中的意义是不言而喻的。耐力素质对其他项目，如摔跤、柔道等非周期性项目也有重要意义。

通过耐力训练，可提高运动员呼吸系统、血液循环系统的功能，从而提高抗疲劳的能力，抗疲劳能力越强，有机体保持持久的高水平运动的能力越强，这对创造优异成绩无疑是有利的。

通过耐力训练，呼吸及心血管系统功能得到发展，血氧供应充分，必定使机体能量物质的贮备增多，使有关生理、生化功能提高，这能促进及加速训练后消除疲劳的过程，机体快速恢复可以使训练间歇缩短，增加重复次数，有利于完成大强度大运动量训练任务。

经过合理的耐力训练，运动员提高了抗疲劳及疲劳后机体快速恢复的能力，使大脑皮质中兴奋与抑制过程有节奏的交替能力也很快恢复与提高，再加上有充足的能量物质的供应，这都成为其他素质（力量、速度、灵敏等）发展的物质基础，促进其他素质的发展。所以现代的运动训练中，在儿童、少年时期就逐步进行耐力素质的训练，改变了以往的传统观点。

耐力训练还可培养运动员坚毅、顽强、勇于克服困难的意志品质，这对运动员心理素质的培养及技术、战术的发挥很重要，随着科学技术的发展，竞技场上人才辈出，现代的运动竞赛更为紧张激烈，运动员消耗的体能比以往更多，所以比赛不仅仅是比技术、比战术，很大程度上也是比体力、比意志。

所以说运动员如果没有良好的耐力素质，无论在体力上、心理上以及技术、战术的发挥上，都很难适应当今激烈比赛的需要。因此，目前对运动员耐力素质训练的认识应提高到一个新的高度。

四、耐力素质的健身作用

温和锻炼以有氧起动为基础，即通过一定量的全身运动。全面提高人的功能，进而改善人的身体素质。在有氧运动时，人体吸入的氧是安静状态下的 8 倍。长期坚持有氧运动能增加体内血红蛋白的数量，提高机体抵抗力，延缓衰老；增强大脑皮质的工作效率和心肺功能，增加脂肪消耗，防止动脉硬化，降低心脑血管疾病的发病率。与其他锻炼方式相比，有氧运动更适合全民健身，其作用有以下几点。

（一）有氧运动可防癌

有些人知道，运动可以防癌，经常运动的人免疫功能较好，这是防癌的第一道防线。快走、慢跑、骑脚踏车、游泳等较温和的运动，长期坚持下来，不仅能降低体内的胆固醇和脂肪，减轻一些体重，更能强化免疫力，防癌、抗衰老。哈佛大学公共卫生学院研究发现，每天步行 1h，患大肠癌机会可以降低 50% 以上。但太过剧烈的运动反而会降低机体的免疫力。

（二）能提高肺脏的功能

耐力素质好的人稍用力即能吸入大量空气，激烈活动时比耐力差的人多吸入两倍的空气量，因而能充分供应氧气给身体各组织、器官使用。

（三）能增强心脏的功能

耐力素质好的人心脏每跳动一次，能输出更多的血液，心率减少，平时每分钟心跳次数比耐力差的人少20次左右，睡一夜（8h）共少跳一万多次，因而可使心脏得到充分休息。进行激烈活动时，耐力素质好的人用较少的心跳次数即可输出全部血量，而耐力差的人则需拼命努力才能供应所需氧量。

（四）能增加开放的血管的数量并增大其口径

血流量的增加使运氧更为顺利，从而能充分地把氧送到每个组织、器官，并维持其功能在最好状态。

（五）能使肌肉和血管的张力改善

软弱无力的肌肉和血管变得坚韧，有助于降低血压。

（六）能减肥

使胖人变得结实，有时体重变化不大，但体质增强了。

第二节　发展耐力素质的方法与手段

一、发展耐力素质的方法

发展耐力素质的锻炼应逐渐增加运动负荷。应当把运动量与强度、动作的次数与重量、动作的快与慢、距离与速度、练习的间歇以及每周锻炼的次数等有机结合起来，做到合理安排。一般情况下，应先完成一定运动量、动作次数、距离以后，再逐渐增加强度、重量、速度。发展耐力素质应当按照适应—提高—再适应—再提高的循环过程进行锻炼。通常采用周期性动作的项目（如跑步、游泳、自行车等）和长时间的某些身体练习。

（一）发展有氧耐力

提高有氧耐力能力，主要采用连续训练和间歇训练两种方法。

1. 有氧耐力的连续训练法　发展有氧耐力应在较低的负荷强度下。如用心率控制强度，对一般练习者可控制在130~150次/分，对训练有素者要控制在145~170次/分之间。在这种强度条件下，长时间运动可有效改善机体有氧系统的供能。芬兰生理学家卡沃宁提出了心率控制公式：心率（有氧耐力的强度）=安静时脉搏+（最高脉搏－安静时脉搏）×60%。

负荷量则要求尽量地多，如连续跑1.5~2h，至少也要在30min以上。练习时间长，负荷增大，才能使全身的血流量和红细胞增加，提高每搏输出量，达到发展有氧耐力的目的。

2. 有氧耐力的间歇训练法　间歇法的强度要求比连续法要大。总的要求是不超过

180 次/分，也不低于 140 次/分。

负荷量采用距离（m）和时间（s）来表示。距离在 80～120m 之间，时间为 30～120s。整个练习的持续时间在 30s 以上。

间歇时间的基本要求是，当练习者心率恢复到 120 次/分时进行下一次练习。但间歇中要采用积极性的休息方法，以便血液尽快流回心脏和排除肌肉中堆积的酸性物质。

（二）发展无氧耐力

提高无氧耐力，涉及两个方面。一是改善乳酸供能系统（糖酵解）；二是改善非乳酸供能系统（CP 机制）。

1. 乳酸供能无氧耐力训练法 这种训练强度在 80%～90%，或心率在 180～190 次/分。其目的是产生较多的乳酸，以便提高速度耐力。

因人体运动 35s 左右才产生乳酸，负荷的时间故应在 35～120s 之间，距离一般常为 250～600m。间歇时间要考虑负荷时间的长短。一般来说，练习时间和间歇时间的安排比例大致为 1:2。

练习次数和组数都不能过多。一般次数为 3～4 次，组数为 2～4 组。练习者既可采用段落相等的练习如 300m×4 次×3 组，也可采用段落不等的组合练习如（150m×2 次 +300m×2 次 +400m×1 次）×（1～2 组），原则是由短至长。

2. 非乳酸供能无氧耐力训练法 这种练习的强度应在 95% 以上，以此保证机体动用 CP 能源物质，发展非乳酸供能无氧耐力。

练习时间为 5～15s。重复次数为 4～6 次，组数视练习者自身情况而定，但以不降低强度为原则。

间歇时间有两种安排，一是短段落（30～60m）、短间歇，时间为 1min 或短于 1min，以保证动用 CP 能源；二是长段落（100～150m）、长间歇，时间为 2min 以上，以保证 CP 能源物质的恢复。组间间歇更长，达 5～7min，间歇方式为积极性休息。

二、发展耐力素质的手段

（一）肌肉耐力的练习

用最大负荷（或完成某一动作的极限次数）40%～60% 的强度，练习 2～4 组，每组练习 15～20 次，速度可快可慢，练习的时间应因人而异自动调节。

1. 上举杠铃 20～30kg 的重量，20 次×（3～4）组。

2. 负重屈腿跳 20～30kg 的重量，30 次×（3～4）组。

3. 多级跳 （20～30）级×（3～4）组。

4. 仰卧举腿 （30～40）次×（3～4）组。

5. 仰卧起坐 （30～40）次×（3～4）组。

（二）有氧耐力的练习

采用较小强度进行长时间持续工作的练习和采用较大强度进行间歇练习。以上两种手段可以交替使用。通常采用各种方式的跑步，这样可以提高练习的兴趣，避免枯燥乏味。

1. 变换环境的跑步 如到公园或野外跑 20～30min，跑步的动作要轻松自如。

2. 变速跑 即快跑与慢跑交替进行，一般可做如下练习。

（1）200m 快跑 +200m 慢跑，8～10 次。

（2）400m 快跑 +200m 慢跑，4～6 次。

（3）匀速跑 在一定速度要求下匀速跑 5～6min。可反复练习 2～3 次。

（三）无氧耐力练习

无氧工作耐力是在最大强度工作下所能持续的时间。发展无氧耐力时，大强度工作的时间以 18～60min 为宜。

1. 反复跑 可以采用以下方式进行练习。

（1）（60～80）m×（8～10）次；

（2）（300～400）m×（4～5）次。

2. 变速跑 100m 快跑 +100m 慢跑，8～10 次。

3. 间歇跑 以一定的速度跑一定距离后，休息片刻后，在还没有完全恢复的状态下进行下一次跑，但心率要保持在一定的阈限内（如每 10s 心率仍保持 20 次）。

如跑 200～400m 后，间歇 3～5min，再跑一次。反复练习 4～6 次。

第三节　发展耐力素质的原则与运动处方

一、发展耐力素质的原则

（一）发展耐力素质应以有氧代谢为基础

充分的有氧代谢是有氧耐力素质提高和发展的根本保证。无氧耐力的发展以有氧耐力的发展为基础，且有氧耐力练习，又可使机体输送氧气的能力和耗氧能力得到提高。因此，有氧耐力练习能有效地提高心肺功能水平。

（二）耐力练习中要注意合理使用呼吸技术

人体是通过提高呼吸频率或加深呼吸深度来摄取较多的氧气，而加深呼吸深度摄取氧效率更高，所以在耐力锻炼时应采用节奏性强、呼吸深度深的呼吸方法，以有效调节体内氧气的供应。

（三）耐力锻炼必须持之以恒，逐渐加大运动负荷

初练者应有一定的时间、距离和数量的要求，经一阶段锻炼后慢慢加长时间和距离，并提高负荷强度。

（四）采用力量练习来发展耐力素质

由于耐力与力量有着密切的关系，以采用较轻重量为宜，持续时间要长。

（五）控制体重

肌肉中过多的脂肪会增大肌肉收缩的内阻力，皮下脂肪过多又增加了运动的负担，机体摄氧量的相对值也因体重增加而下降。如两人最大摄氧量相等，体重轻的人因摄氧量相对值大，会有较好的耐力素质。

（六）注意改进动作技术技能

正确、合理的动作技术技能，能节省能量消耗，技术技能差的人比技术技能好的人多消耗几倍能量。使兴奋与抑制保持有节奏的交替，可以推迟疲劳的产生。

（七）及时消除疲劳，合理补充营养

机体长时间运动，会造成能量供应不足和代谢物质的堆积，使肌力减退，产生疲劳，所以要及时消除疲劳，合理地补充营养，恢复体力和精神。消除疲劳的方法很多，如：练习后及时进行放松性慢跑，徒手放松性体操；行进间的伸展运动；各种抖动肌肉的练习或自我及相互按摩练习；洗热水澡，加快全身血液循环等。耐力锻炼后体力消耗大，补充营养要注意供能物质的数量与比重，确保足够热量并保证适量的维生素、矿物质和水。

二、发展耐力素质的运动处方

内容包括：确定锻炼目的，选择运动项目，确定运动强度、运动时间和运动频度。确定目标和运动项目要从各人的年龄、性别、健康、体质和兴趣、爱好以及体育基础水平的实际出发，项目力求简单易行。一般采用中等强度，以有氧耐力锻炼为主。每次锻炼前做准备活动，锻炼后做放松活动。每次锻炼不少于 5min，一般控制在 15 ～ 60min。每周锻炼 4 ～ 6 次，并养成习惯，这样才能增强体项，终生受益。

（一）处方内容 1 （肌肉耐力锻炼）

1. 双杠支撑连续摆动 双杠上直臂支撑，以肩为轴做摆动，前后摆两腿要摆出杠面水平，两腿并拢，每组 40 次。做 4 ～ 5 组，每组间歇 3min，强度为 40% ～ 55%。

2. 双杠支撑前进 双杠上直臂支撑两臂交替前移，两臂各前移 5 次才返回。每组往返 3 ～ 5 组，每组间歇 5min，强度为 50% ～ 55%。

3. 仰卧起坐 仰卧两手抱头起坐，起坐时要快，仰卧时要缓和，连续进行，也可在起坐同时两腿屈膝抬成"元宝"，收腹。连续做 50 次为一组，重复 4 ～ 6 组，每组间歇 3min，强度为 40% ～ 50%。

4. 收腹举腿静力练习 在双杠、吊环或垫上做收腹举腿（直角支撑）动作，静止时躯干与大腿间的夹角不能大于 100°。每次静止 1 ～ 2min，做 3 ～ 5 次，每组间歇 5min，强度为 40% ～ 50%。

5. 半蹲静力练习 躯干伸直，屈膝约 90° 成半蹲姿势后，静止 30s ～ 1min。做 4 ～ 6 次，每次间歇 5min，强度为 40% ～ 50%。每次练习结束要放松肌肉，做些按摩摆腿或放松跑活动。

（二）处方内容 2 （无氧耐力锻炼）

1. 反复变向跑 在场地上听口令或看信号做向前、后、左、右的变向跑，每次进行 2min，重复 3 ～ 5 组，每组间歇 3 ～ 5min，强度为 65% ～ 70%。变向跑的每一段落均为往返跑后，即跑出去后，返回起跑位置，每一段落至少 50m。间歇后心率恢复到 120 次/分以下，再开始继续练习。

2. 反复连续跑台阶 在每组高 20cm 的楼梯或高 50cm 的看台上，连续跑 30 ～ 40 步台阶，如跑 20cm 高的楼梯，每步跑 2 级，重复 6 次，每次间歇 5min，强度为 65% ～

70%，要求动作不间断，也可定时完成。

3. 球场往返跑 篮球场端线站立，听口令起跑至对面端线后再转身跑回。每组往返4～6次，重复4～6组，强度为60%～70%。

4. 综合跑 在跑道上，做向前跑、倒退跑及左右滑步跑，每种方式跑50～100m，每次跑400m，重复3～5组，每组间歇3～5min，强度为60%～70%。

5. 法特莱克跑 在场地、田野或公路上，用不同的速度跑3000～4000m，强度为60%～70%，可以采用阶梯式变速方法，如50m快、100m慢，100m快、150m慢渐加式等等。

6. 跳绳跑 跑道上做两臂正摇跳绳跑，每次跑200m，做5～8次，每次间歇5min。强度60%～70%。要求每次结束时心率达160次/分，间歇恢复到120次/分以下时开始第2次练习。也可规定速度指标。

（三）处方内容3（有氧耐力锻炼）

1. 定时走 在场地、公路或其他自然环境中按规定时间做自然走或稍快的自然走。一般走30min左右，强度为40%～50%。

2. 3min以上跳绳或跳绳跑 在跑道上做两臂正摇原地跳绳3min或跳绳跑2min。做4～6次，每次间歇5min，强度为45%～60%。要求每次结束时，心率在140～150次/分，恢复至120次/分以下时开始下一次练习。

3. 5min以上的跳舞 如健美操、迪斯科等，不间断地跳5min以上。每组间歇5～8min，强度为40%～60%。心率控制在160次/分以下。

4. 匀速跑 男：1500m，时间为6min30s～7min30s。女：1000m，时间为5min20s～6min。

5. 变速跑 男：2400m（200m快跑+200m慢跑）×6组。女：1200m（100m快跑+100m慢跑）×6组。快跑段男200m控制在40s，女100m控制在25s；慢跑段男200m控制在1min30s，女100m控制在50s。

第九章　柔韧素质的练习方法

第一节　柔韧素质的概述

柔韧素质是人体的一种重要身体素质。武术、竞技体操、艺术体操、技巧、跳水、花样滑冰、蹦床、毽球、散打、游泳等运动项目，对运动员的柔韧素质都有很高的要求。发展柔韧素质不仅可以加大动作幅度，使动作更加优美、协调，而且能加大动作力量，减少受伤的可能性。因此，正确地进行柔韧素质练习，对提高运动技术水平具有重要的意义。

一、柔韧素质的概念

柔韧素质是指人体关节活动幅度的大小以及跨过关节的韧带、肌腱、肌肉、皮肤及其他组织的弹性和伸展能力。

柔韧素质包括两个方面的含义：一是关节活动幅度的大小，二是跨过关节的肌肉、肌腱、韧带等软组织的伸展性。关节的活动幅度主要取决于关节本身的装置结构。跨过关节的肌肉、肌腱、韧带等软组织的伸展性，则主要通过合理的训练获得。

体育运动中的柔是指肌肉、韧带拉长的范围，韧是指肌肉、韧带发挥的力量，控制关节不受损伤的最大活动幅度，柔和韧的结合便是柔韧，发挥的能力便是柔韧素质。

二、柔韧素质的分类

（一）柔韧素质从其与专项的关系上看，可分为一般柔韧素质和专项柔韧素质

一般柔韧素质是指为适应一般技能发展所需要的柔韧体能。专项柔韧素质是指专项锻炼所需要的特殊柔韧能力，由于专项柔韧素质具有较强的选择性，因此，同一身体部位具有的柔韧性由于项目的需求不同，在幅度、方向等表现上也有差异。

（二）柔韧素质从其外部运动状态上看，可分为动力性柔韧素质和静力性柔韧素质

动力性柔韧素质是指肌肉、肌腱、韧带根据动力性动作需要，拉伸到解剖学允许的最大限度范围，随即利用强有力的弹性同缩力来完成所要完成的动作。所有爆发力前的拉伸均属于动力性柔韧素质。静力性柔韧素质指肌肉、肌腱、韧带根据静力性动作需要，拉伸到动作所需要的位置角度，控制其停留一定时间所表现出来的能力。

（三）从完成柔韧性练习的表现上看，可分为主动性柔韧和被动性柔韧

主动性柔韧是人在主动运动中表现出来的柔韧水平。被动性柔韧则是在一定外力协助下完成或在外力作用下（如同伴协助做压腿练习）表现出来的能力。主动性柔韧不仅反映对抗肌的可伸展程度，而且也可反映主动肌的收缩力量。一般来说，主动性柔韧比被动性柔韧要差。而这种差距越小，说明柔韧性的发展水平越均衡。

三、柔韧素质在运动实践中的意义与健身作用

根据人体生理解剖结构，柔韧包括四肢和躯干各关节的柔韧。其主要关节有：肩、肘、腕、胯、膝、踝及脊柱等各关节；柔韧的训练就是对上述各关节灵活性的练习。在体育运动中，因项目不同，对各关节活动幅度要求的程度也不同；但各关节全面柔韧的发展是基础，只有在全面发展的基础上，才能突出专项需要的关节部位柔韧的重要。

投掷、体操、举重、游泳等项目要求运动员肩关节柔韧性较高，这些项目的运动员若肩关节柔韧性差，则会被列入淘汰之列。篮球、排球、小球项目的运动员腕部柔韧性要求较高。如排球运动员的扣球动作，首先要求腕部有良好的柔韧性，因为它是控制球的关键部位，可控制球的方向、速度。但扣球力量需要肩、胸、腰、胯的柔韧性都好才有利于体前肌群的拉长，然后发力传递于手，使球扣得有力。下肢柔韧性好，能充分发挥弹跳力以赢得空中发力的时间。如果腕部柔韧性差，扣球时将使球失去方向和全身传递于手应有的力量。因此对任何一个具体项目来说，全身各关节的柔韧性在每一个动作中都有其具体作用，哪一个部位差都会影响动作的掌握和技术的发挥。因此各关节柔韧性的发展是相互交替、相互促进的发展。还有的项目，因专项技术的需要，对全身各关节的柔韧性要求都很高。如竞技体操、技巧、艺术体操、跳水等项目，不仅对肩、腰、胸、胯、腿有较高的柔韧性要求，甚至对脚面的柔韧性也有较高的要求。

第二节 发展柔韧素质的方法与手段

一、发展柔韧素质的方法

（一）静力性拉长法

静力性拉长法也称慢性张力法，是相对静止地慢慢拉长肌肉与韧带，并持续一段时间。

（二）动力性拉长法

动力性拉长法也称爆发式振拉法，是一次次地重复振拉，以提高肌肉、韧带的弹性和关节的灵活性。

在肌肉拉长长度相同的条件下，快拉长时的肌张力比慢拉长时大两倍以上；而静力性拉长时一般不会超越肌肉韧带可承受的伸展限度，能有意识地逐渐放松对抗肌使之慢慢拉长，并能避免拉伤。两种方法各有所长，因此，练习者可以把两者结合起来。

二、发展柔韧素质的手段

（一）肩部柔韧性练习

1. 肩部内收、外展的练习。
2. 肩部绕环的练习。

3. 压肩、背向拉肩的练习。这种方法可利用栏杆或双杠等器械单人练习，亦可双人相互帮助练习（图9–1）。

图9–1　压肩和背向拉肩

（二）腰部及脊柱柔韧性练习

可进行立位体前屈（图9–2）、立位体后屈（图9–3）、侧屈和腰部绕环等练习。

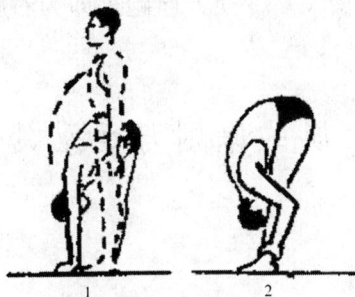

图9–2　立位体前屈　　　　　　图9–3　立位体后屈

（三）腿部柔韧性练习

1. 压腿　可做正压腿（图9–4）、侧压腿（图9–5）、弓箭步压腿、分腿坐压服、屈腿坐压腿、膝跪撑后倒体、纵叉及横叉等练习。

图9–4　正压腿　　　　　　图9–5　侧压腿

2. 踢摆腿　可进行正踢腿（图9–6）、侧踢腿（图9–7）、后摆腿等练习。

图9–6　正踢腿　　　图9–7　侧踢腿

（四）髋部柔韧性练习

1. 左、右转髋　手扶栏杆上体保持正直，两腿做 180° 的转动或跳转。两脚间隔 1m。

2. 髋绕环

3. 向前、侧踢摆腿　侧立于栏杆前，左腿支撑、左手扶栏杆，右腿做正踢腿（接近 90° 角时），接做向外侧踢摆腿动作。10 余次后换左腿做同样练习。

4. 提拉起跨腿　两腿交换练习。

5. 左、右转髋蛇形行进　画两条平行线，间距 0.8 ~ 1m。上体保持基本站立姿势，右脚向左侧线迈进一步、左脚再向右侧线迈进一步。如此循环连续向前行进 15 ~ 20m。

6. 交叉步跑　侧向跑进，左脚为横侧步，右脚向左脚前交叉一次，再向左脚后交叉一次。即横侧步→前交叉→横侧步→后交叉。变换方向跑进即为右脚横侧步、左脚做前、后交叉跑。

第三节　发展柔韧素质的原则与运动处方

一、发展柔韧素质的原则

（一）柔而不松、韧而不僵

柔韧不等于柔软无力。如果练习不当，肌肉消极地被动拉长，肌肉、韧带弹性减少，会导致柔而无力，并干扰力量素质的发展。因此，必须将静力性拉伸法和动力性拉伸法结合起来，将被动性练习与主动性练习结合起来，并进行反复锻炼，可使机体达到柔而不松、韧而不僵、柔中有刚。

（二）循序渐进

遵循循序渐进原则，必须掌握好练习的强度。强度太小不能产生效果，强度过大，有损健康。由于每个人的身体基础不同，功能关节的结构也不尽相同，因此在集体锻炼时，不能用一律的标准来要求，更不应操之过急。

（三）整体性锻炼

发展柔韧素质，应注意身体各个部位都得到相应的锻炼. 特别要重视颈、肩、腰、筋、膝等主要关节和肌群的锻炼。练习时一般从上至下依次进行，每个部位的练习一般重复 8 ~ 10 次后，再进入下一部位的练习。

（四）经常性锻炼

发展柔韧素质，见效快，但消退也快。如果长期中断练习，就会使已经获得的肌肉、肌腱、韧带的伸展能力减弱，甚至消失。因此，要保持经常性练习，每周锻炼不少于 2 次。

柔韧性与环境温度、人体疲劳程度有关。气温和体温升高时，柔韧性表现得好些。因此，练习时要做好充分的准备活动，在身体发热以后再进行柔韧性练习。

二、发展柔韧素质的运动处方

选用以下处方时，应由易到难掌握，在选择某一组练习锻炼数周后，再变换练习内容，也可几组练习轮流进行。

（一）处方内容示例1

1. 准备活动。
2. 两手五指交叉，直臂头上翻腕，掌心朝上，（6~8）次×4组。
3. 手扶一定高度体前屈压肩，（6~8）次×4组。
4. 双人背向两手头上拉住，同时作弓箭步前拉，（8~10）次×4组。
5. 两脚前后开立，向左后转，向右后转，来回转腰，（6~8）次×4组。
6. 俯卧背屈伸，练习者腿部不动，积极抬上体、挺胸，（8~10）次×4组。
7. 前后劈腿，可独立前后振压，也可以将腿部垫高，由同伴帮助下压，（8~10）次×4组。
8. 左右劈腿，练习者仰卧在垫子上，屈腿或直腿都可以，由同伴扶腿部不断下压（10~12）次×4组。

（二）处方内容示例2

1. 准备活动。
2. 左、右手指交替抓下落的棒球（或小铅球），（6~8）次×4组。
3. 两人互相以手搭肩，身体前倾，向下有节奏地肩压（6~8）次×4组。
4. 背向肋木屈膝站肋木上，双手头上握肋木．然后向前蹬直双腿，（8~10）次×4组。
5. 双人背向，双手头上握或互挽肘互相背，（6~8）次×4组。胸部用力前挺。
6. 练习者并腿坐在垫子上，臂上举，同伴在背后一边向后拉其双手，一边用脚蹬练习者者肩背部，向后拉肩振胸，（6~8）次×4组。
7. 弓箭步压腿，（8~12）次×4组。
8. 跪坐压脚面，（8~12）次×4组。
9. 交叉步30s×4组（原地–跳跃）。

第十章　灵敏素质的练习方法

第一节　灵敏素质的概述

一、灵敏素质的概念

灵敏素质是指人体在各种突然变换的条件下，快速、协调、敏捷、准确地完成动作的能力。因为各专项的每一个动作都不同程度地体现了力量、速度、耐力、柔韧等素质，所以灵敏素质是运动技能、神经反应和各种素质的综合表现。通过力量，特别是爆发力量，控制身体的加速或减速；通过速度，特别是爆发速度，控制身体移动、躲闪、变换方向的快慢；通过柔韧保证力量、速度的发挥；通过耐力保证持久的工作能力。

在球类、滑雪、武术、散打、拳击、摔跤、击剑、体操等许多运动项目中，都要求运动员在时空急剧变化的条件下能迅速表现出对动作的准确判断、灵活应变，快速敏捷的反应速度、高度的自我操纵能力以及迅速改变身体或身体某部位运动方向的能力。这些都是灵敏素质的表现内容，因此灵敏素质的提高与发展在体育运动项目中极为重要。

二、灵敏素质的分类

灵敏素质可分为一般灵敏素质和专项灵敏素质。通常把表现在运动锻炼各方面的基本身体方位、动作变化及其适应能力称为一般灵敏素质，如变向、躲闪等；把有关各种运动项目技术广的变化能力称为专项灵敏素质，如篮球运动中的各种变向、急停、转身、后退跑，足球运动员的躲闪、晃动，体操选手的快速转身、翻腾等等。专项灵敏素质与运动成绩有着密切的关系，而且各个运动项目之间不可互相代替。如有的人在球类项目锻炼时得心应手，从容自如，但做体操练习时就未必那么灵活。因此，灵敏素质的锻炼应根据实际需要，因人而异。

三、发展灵敏素质的意义

灵敏素质是协调发挥各种身体素质能力，提高技术动作质量和创造优异运动成绩的重要条件。它能保证准确、熟练、协调地完成动作，取得优异运动成绩；能保证灵活、巧妙地战胜对手，取得比赛的胜利；有助于积极有效地参与集体与公众生活，保证安全生存，避免和减轻意外事故的伤害。

四、灵敏素质的健身作用

灵敏素质能够提高健身活动的技能水平，有利于培养锻炼兴趣和增强体质。

（一）增强心肺血管的功能

按处方进行运动，可使心肌更强健有力，增加肺活量增强动脉血管的弹性，舒张血管，使动脉血畅流无阻。自然降低血压，增强血液循环，保证机体在工作或休息时都能通过血液循环系统向全身细胞提供更多的氧和营养成分。

（二）使肌肉更健美

实施运动处方能增加肌肉的力量、体积和弹性，有效地减少脂肪组织，提高肌肉的代谢能力。若配合减肥饮食计划，还能减少体重，使体型更健美。

（三）增强关节、骨骼和肌肉的功能

按运动处方锻炼能使关节、骨骼和肌肉得到加强；能使软骨、韧带、肌腱等结缔组织增厚，并富有弹力，减少运动或日常活动中受伤的可能性。由于运动的刺激，可促进长骨的生长，使人体增高，使身体结构、身体外型及平衡能力都有所改善，使骨骼更为致密、结实。

（四）使皮肤充满活力

运动能使皮肤更健康，因为运动促进了皮肤血液循环，增强了结缔组织的弹性，减少皱纹的形成，延缓皮肤的衰老。

（五）促进顺利度过更年期

运动能有效地促进雌雄激素的分泌，增加激素的利用率，减轻更年期整个生理、心理负担，消除紧张情绪，调节体温，减少潮热感和出汗症状。

（六）保持健康的心理

运动能有效地释放被压抑的情感. 使心理恢复平衡和愉快；能增强心理承受力，使工作、生活更轻松；能减轻疲劳，使运动者始终保持旺盛的精力。

（七）增加食欲，促进消化能力

运动能促进消化功能，提高营养的吸收和利用水平，提高糖代谢水平及排除废物的能力，可防治便秘等疾病。

第二节　发展灵敏素质的方法与手段

一、发展灵敏素质的方法

发展灵敏素质，应从培养各种能力入手。如掌握动作的能力、反应能力、观察判断能力、节奏感等等。在方法上要注意每次练习的时间不宜过长，练习的重复次数不宜过多，每组练习之间应有足够的休息时间，但以不影响神经系统的兴奋性为度，使练习与休息时间的比例控制在 1:3 左右。另外，要合理安排好锻炼顺序，一般来说，发展灵敏素质的练习应该控制在锻炼的前部分。

二、发展灵敏素质的手段

（一）带有附加条件的各种跑

1. 接受视觉或听觉信号突然改变方向的跑，如篮球教学中常常运用的各种变向跑、急停突起等，能有效地提高灵敏素质。

2. 6m往返跑，可以利用排球场两个3m线间的距离，且有球网作障碍，以手触3m线为标志进行往返跑，这对提高速度素质和灵敏素质都是十分有益的。

（二）球类游戏

1. 抛接球 利用篮球做各种方式的抛球练习。例如，将球抛起后击掌数次再接球，或者抛球后转体若干角度再接球，经常进行这些抛接球游戏，能有效地提高人体的灵敏素质。

2. 运球抢断 在半个篮球场内6～8人一组，每人一球，各自运球，在保证自己运好球的基础上，设法破坏其他人的运球。也可2人一组，一人运球，一人抢断，谁抢到球就谁运球，持续进行。

3. 传递球 利用实心球做各种方式的传递球练习，如左、右传递，上、下传递，在保证动作规格的前提下比速度。

（三）跳绳练习

1. 单摇双腿跳 向前、后摇绳双腿跳。

2. 单摇交换腿跳 向前、后摇绳单腿跳。

3. 体前交叉跳 臂在体前交叉摇绳，双腿或交换腿跳。

4. 双摇跳 摇两次绳跳一次。

5. 成组、队的摇长绳跳 下面介绍3种形式的摇长绳跳：

（1）3～5人组成一组，从摇动的长绳下快跑出去。摇绳者可适当控制摇绳的速度和幅度。

（2）摇绳者一人半蹲固定，另一人上下抖动绳子成"波浪型"。练习者快速从低点跳过，身体不得触及绳子。

（3）摇绳者以适当速度连续摇动绳子，第1个练习者跳入绳下，随摇绳节奏连续跳动，第2个、第3个练习者依次跳入绳下连续跳动。

第三节 发展灵敏素质的原则与运动处方

一、发展灵敏素质的原则

（一）掌握时机，持之以恒

灵敏素质的发展与年龄有关，一般来说7～13岁是发展灵敏素质的最佳时期，但20岁左右在灵敏性方面仍有一定潜力，只要安排得当，持之以恒，灵敏素质必然能够提高。

（二）综合锻炼，全面发展

如前所述，灵敏素质是人的活动技能和各种身体素质在活动过程中的综合表现，它有赖于其他素质的发展水平。因此，在选择内容，采用练习手段时，要充分体现这一特性，把灵敏素质与其他身体素质，尤其应与速度、力量等素质结合起来练习。

（三）区别对待，因人而异

不同的运动项目，对灵敏素质有不同的要求和表现方式。锻炼中，应根据活动内容和运动项目的需要，采用与其相一致的手段和方法：如球类运动员多采用躲闪跑、急停、急起等来提高灵敏性。平时讲的球感、水感、节奏感、空间感等，也是通过该专项的有关练习培养的。当然，对一般锻炼者而言，还应重视日常基本活动所需的灵敏性的提高。

二、发展灵敏素质的运动处方

（一）处方示例1

1. 准备活动　听信号或看手势急跑、急停、转身、变换方向的练习。

2. 原地、行进间或跑步中听口令做动作　如：喊数抱团成组；加、减、乘、除简单运算得数抱团组合，看谁最快等。

3. 双人侧手翻　双人同向重叠站立，后面人抱住前面人的腰，然后共同完成侧手翻。

4. 垫上运动　前滚翻跳起转体180°后滚翻接挺身跳×4组。

5. 篮球比赛　半场2打2，或半场3打3，20min。

（二）处方示例2

1. 准备活动

2. 旋转后接直线行走　跳转360°后，保持直线运行，或闭目原地连续转5~8周，然后沿直线走10m，再睁眼看自己走的方向是否准确

3. 双人前滚翻　一人仰卧，另一人分腿站在仰卧人的头两侧，双方互握对方两脚踝，然后做连续的双人前滚翻或后滚翻：

4. 往返运篮球　全场往返×4组。

第三篇
技能篇
>>>

第十一章 篮 球

第一节 篮球的起源

篮球运动起源于美国东部，是由马萨诸塞州斯普林菲尔德市基督教青年会干部训练学校的体育教师詹姆士·奈·史密斯（James. Nai. Smith）于 1891 年发明的。当时为了能使学生们能在冬季参与室内体育活动，詹姆士受启发于当地儿童在树上摘桃投入筐内，进而设计发明了用近似现在足球大小的球向桃筐内投球的游戏。由于游戏是向筐篮内投球，所以被当地人称为"篮球游戏"。在此基础上逐步充实内容、完善规则而发展成为今天风靡世界的篮球运动。

第二节 篮球基本技术

篮球技术是队员在篮球比赛中，为了进攻或防守的目的所运用的专门动作方法的总称。可分为进攻技术和防守技术两大类（图 11 – 1）。

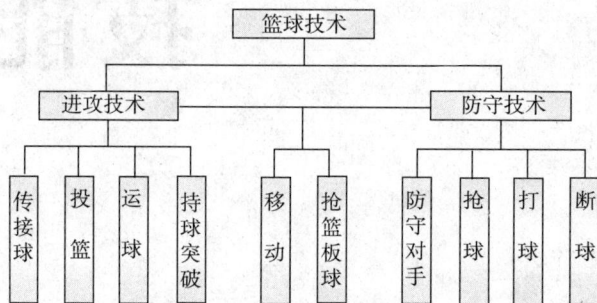

图 11 – 1 篮球技术分类

一、移动

移动是篮球运动中队员为了改变位置、方向、速度和争取高度、空间所采用的各种脚步动作方法的总称。移动技术是完成各项技术动作的基础，也是完成战术目的的前提。移动技术的分类如下（图 11 –2）。

1. 准备姿势（基本站立姿势） 是队员在起动前的基本准备姿势（图 11 – 3）。

动作方法：两脚前后或左右开立，与肩同宽，两脚着地，重心在前脚掌，两膝微屈，重心落在两脚之间，上体微前倾，两臂屈肘自然下垂置于体侧，两眼平视前场，随时准备起动、传球、投篮等。防守站立时，两脚开立略比肩宽，屈膝降低重心，含胸，两臂张开。

2. 起动 是队员在球场上由静止状态转为运动状态的一种脚步动作。

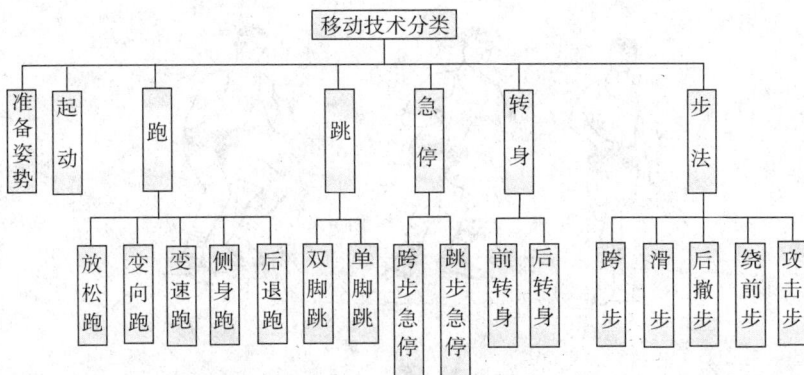

图 11-2　移动技术分类

　　动作方法：按基本站立姿势，向前起动时上体前倾向前移动重心，一只脚用力蹬地，另一只脚迅速向前跨出（图11-4）。向侧起动时，向起动方向一侧移重心，上体迅速转向起动方向，异侧脚用力蹬地，同时脚尖转向起动方向，并向起动方向跨出（图11-5）。

图 11-3　准备姿势　　　　　图 11-4　起动1　　　　　图 11-5　起动2

　　3. 变向跑　是指队员在跑动中突然改变方向来摆脱或超越防守者的一种跑动方法。

　　动作方法：变向跑时（以从右向左为例），落地最后一步用右脚的前脚掌内侧用力蹬地，脚尖转向左前方移动方向，同时使上体向左前倾移动重心，同时迅速转肩、转腰，左脚向左前方跨步并用力蹬地，右脚迅速跟随向左前方跨出，或右脚用力蹬地直接向左前方跨出，继续加速跑动。

　　4. 侧身跑　是指队员在跑动中为了抢位、摆脱防守接侧向或侧后方传来的球，而采用的一种跑动的方法。

　　动作方法：在跑动时，头部和上体转向侧面或有球的一侧，脚尖向着前进方向，既要保持奔跑速度，又要保持身体平衡，双手自然放在腰侧，密切注意观察场上情况。

　　5. 急停　是指队员在快速移动中，突然制动速度的一种方法。进攻队员可利用急停突然摆脱防守者并衔接其他脚步动作和进攻技术，掌握进攻的主动和优势。分为跨步急停和跳步急停。

　　（1）动作方法（跨步急停）　队员在快速跑动中，先向前跨出一大步，用脚跟先着地并迅速过渡到全脚抵住地面，降低重心，身体稍后仰，第二步落地的同时，两膝深屈并内扣，身体稍侧转，两脚尖自然转向侧前方，前脚掌内侧用力抵住地面，两臂屈肘自然张开，帮助控制身体平衡（图11-6）。

图 11 - 6　急停

（2）动作方法（跳步急停）　　队员在跑动中，用单脚或双脚跳起，使双脚稍有腾空。上体稍后仰，两脚平行或前后落地（略宽于肩），形成进攻基本站立姿势（图 11 -7）。

图 11 - 7　跳步急停

6. 转身　是指队员以一脚做中枢脚进行旋转，另一脚蹬地向前向、后跨出，改变原来身体方向的一种动作方法。它可与急停、跨步、持球突破结合运用，有效的摆脱防守创造传球、投篮机会。转身分为前转身和后转身。

（1）动作方法（前转身）　　移动脚向中枢脚脚尖方向跨出改变身体方向为前转身。转身时，中枢脚前掌用力碾地，移动脚蹬地迅速跨步，并同时转腰转肩，身体重心随着转移，跨步迅速，保持身体平衡（图 11 -8）。

图 11 - 8　前转身

（2）动作方法（后转身）　　移动脚向中枢脚跟方向移动为后转身。转身时，中枢脚碾地旋转，移动脚蹬地并向自己身后撤步，同时，腰胯主动用力旋转，身体重心随着转移，保持身体平衡。后转身可在原地或行进间运用（图 11-9）。

图 11-9 后转身

7. 滑步 是防守移动的一种主要方法。滑步有利于保持身体平衡，可向任何方向移动。滑步可分为侧滑步、前滑步、后滑步 3 种。

动作方法：侧滑步时，两脚平行站立，两膝较深弯曲，上体略前倾，两臂侧伸。向左侧滑步时，左脚向左迈出的同时，右脚蹬地滑动，向左脚靠近，两脚保持一定距离（图 11-10）。

图 11-10 滑步

前滑步时，两脚前后开立，前脚向前迈出一步，着地的同时，后脚紧跟着向前滑动，保持前后开立姿势，屈膝降低重心。后滑步时同侧滑步，只是方向向后。

二、传、接球

进攻队员在原地或移动中，用手将球互相传递称为传、接球。传、接球技术是篮球竞赛中运用最多的技术，其技术分类如下（图 11-11，图 11-12）。

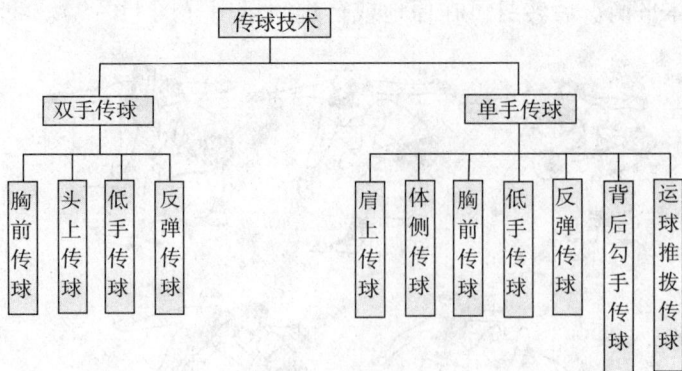

图 11-11 传球技术分类

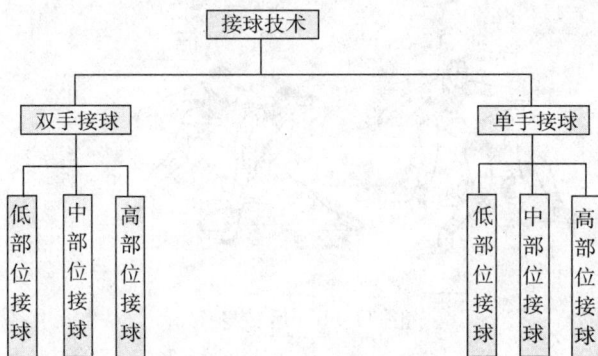

图 11-12 接球技术分类

（一）持球手法

持球手法是指手持握球的方法，分为双手持球和单手持球 2 种。

1. 双手持球方法 两手手指自然分开，拇指相对成"八字"形，用指根以上部位握球的两侧后下方，掌心空出、两臂屈肘、自然下垂，置球于胸腹之间（图 6-13）。

2. 单手持球方法 手指自然分开，用手掌外沿和指根以上部位托球，掌心空出（图 6-14）。

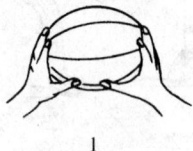

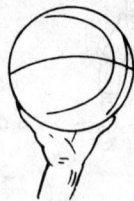

1　　　　2　　　　3

图 11-13 双手持球　　　　图 11-14 单手持球

（二）传球动作方法

1. 双手胸前传球 是一种最基本最常用的传球方法。具有准确性高、容易控制、便于变化的优点。

动作方法：双手持球于胸腹之间，两肘自然下垂靠近体侧，身体成基本站立姿势，眼睛平视传球目标。传球时后脚蹬地发力，身体重心前移，两臂前伸，两手腕随之旋内，用食、中指拨球，将球传出，球出手后，两手心向下，略向外翻（图 11 – 15）。

图 11 – 15　双手胸前传球

2. 单手肩上传球　这是一种常用于中、远距离的传球方法。传球时用力大，球飞行速度快，利于在抢到后场篮板球发动长传快攻时运用。

动作方法：双手持球于胸前，两脚平行开立，右手传球时，左脚向传球方向跨出半步，引球于右肩侧上方，传球时，右脚蹬地发力同时转体带动上臂，前臂，手腕前屈，食、中、无名指的拨球将球传出（图 11 – 16）。

图 11 – 16　单手肩上传球

3. 反弹传球　这是一种最常用的近距离隐蔽传球方法。可用单、双手胸前，单手体侧，单手背后等方法反弹传球给同伴。

动作方法：所用动作方法与各种传球相似，但要掌握好传球的击地点，一般应在传球者距接球者 2/3 的地方，反弹高度一般在接球者的腹部为宜。

4. 单手体侧传球　单手体侧传球是一种近距离隐蔽传球方法。外围队员传球给内线同伴时常用这种方法。

动作方法：两脚开立，双手持球于胸前。右手传球时，左脚向左侧前方跨步的同时将球引至身体右侧呈右手单手持球，出球前一刹那，持球手的拇指在上，手心向前，手腕后屈。传球时，前臂向前作弧线摆动，手腕前屈，食、中、无名指拨球将球传出（图 11 – 17）。

图 11-17　单手体侧传球

（三）接球动作方法

1. 双手接中部位的球　这是一种最基本的接球方法，中部位是指与胸部高度相平的部位。

动作方法：两眼注视来球，两臂迎球伸出，双手手指自然分开，拇指相对成八字，其他手指向前上方伸出，两手成一个半圆形。当手指触球时，双手将球握住，两臂顺势屈肘后引缓冲来球的力量，两手持球于胸腹之间，成基本站立姿势（图 11-18）。

图 11-18　双手接中部位的球

2. 双手接高部位的球　接高部位的球是指接头部以上部位的传球。动作方法和要点与双手接中部位高度的球相同；但要求两臂必须向前上方迎球伸出（图 11-19）。

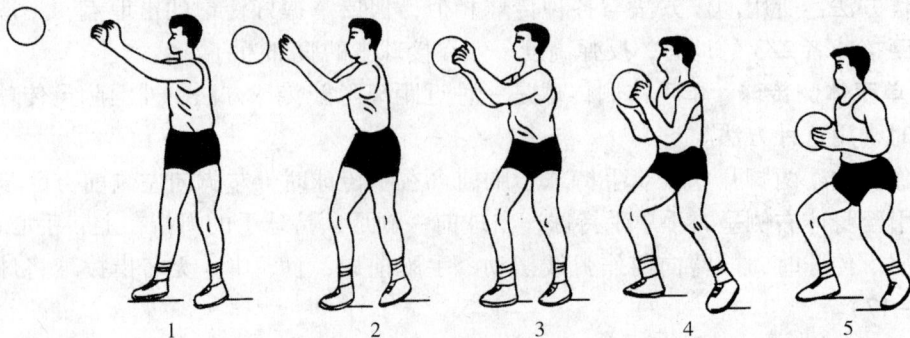

图 11-19　双手接高部位的球

3. 双手接低部位的球 双手接低部位的球可分为 2 种，一种是反弹球，另一种是地滚球。

动作方法：接球时要及时迎球跨步，上体前倾，两臂迎球向前下方伸出，五指自然分开，在球刚刚离地弹起时，手指触球将球接住，并顺势将球引至胸腹之间，保持身体平衡（图 11 - 20）。

图 11 - 20 双手接低部位的球

4. 单手接球 单手接球范围大，能接不同方向和部位的来球，有利于队员快速地攻击。

动作方法：在原地右手接球时，两眼注视来球，右手伸向来球方向，五指自然分开，掌心正对传来的球，腕、指放松。当手指触球时，顺球的来势迅速收臂，置于身体前方或体侧，左手迅速扶持球，保持身体平衡，做好下一个进攻动作的准备（图 11 - 21）。

图 11 - 21 单手接球

三、投篮

持球队员运用各种正确的手法，将球从篮圈上方投入球篮所采用的各种动作方法称为投篮。投篮主要由持球方法、瞄准点、出手力量、出手角度、出手速度、抛物线及入篮角、球的旋转等环节组成。

投篮技术的方法很多，可归纳为单手投篮和双手投篮 2 种，将其分类如下（图 11 - 22）。

```
                              投篮技术
          ┌──────────────────────┴──────────────────────┐
        单手投篮                                      双手投篮
   ┌──────┼──────────────────┐              ┌──────────┼──────────┐
  原地   行进间             跳起            原地       行进间      跳起
 ┌──┴┐ ┌──┬──┬──┐ ┌───┬───┬───┬───┬──┬──┐ ┌──┴┐      │        ┌──┴┐
 肩  头 肩 低 反 勾 单 转 接 运 补 扣 胸  头      低        补  扣
 上  上 上 手 手 手 手 身 球 球 篮 篮 前  上      手        篮  篮
 投  投 投 投 投 投 肩 肩 急 急          投  投      投
 篮  篮 篮 篮 篮 篮 上 上 停 停          篮  篮      篮
                   投 投 肩 肩
                   篮 篮 上 上
                         投 投
                         篮 篮
```

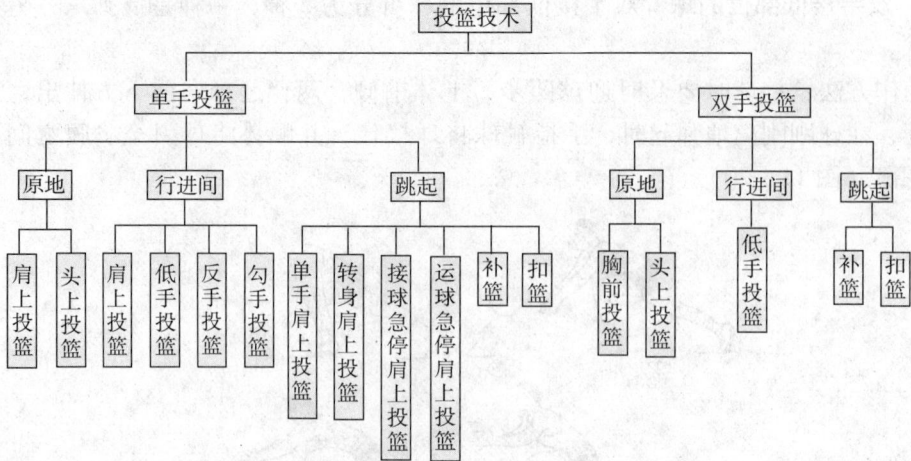

图 11 – 22   投篮技术分类

1. 原地单手肩上投篮   这是各种投篮方法的基础，它具有出手点高，便于结合和转换其他攻击动作，及在不同距离和位置上均可应用的优点。

动作方法：以右手投篮为例，右手五指自然分开，手心空出，用指根以上部位持球，大拇指与小拇指控制球体，左手扶球的左侧，右臂屈肘，肘关节自然下垂，置球于右肩前上方。两脚左右或前后开立，两膝微屈，重心落在两脚上。投篮时，下肢蹬地发力，右臂向前上方伸直，手腕前屈，食、中指用力拨球，通过指端将球投出。球出手的同时，身体随投篮动作向上伸展，脚跟微提起（图 11 – 23）。

图 11 – 23   原地单手肩上投篮

2. 行进间单手肩上高手投篮   是在比赛中切入到篮下时常用的一种投篮方法。

动作方法：以右手投篮为例，右脚向前跨一大步的同时接球，左脚迅速蹬地起跳，右腿屈膝上抬，双手举球于右肩前上方，腾空后，上体稍后仰，当身体跳到最高点时，右臂向前上方伸展，手腕前屈，食、中指用力拨球，通过指端将球投出（图 11 – 24）。

图 11-24 行进间单手肩上高手投篮

3. 行进间单手肩上低手投篮 是在快速跑动中超越对手或强行突破时使用的一种投篮方法。

动作方法：以右手投篮为例，跑动步法与行进间单手肩上高手投篮基本相同，接着要继续加速向前上方起跳，右手将球引至右肩的侧前上方。持球手五指自然分开，手心朝上，托球的下部。投篮时，借助身体上升的惯性，手臂向前上方伸展，用屈腕、挑指的动作，使球由食、中指端向前柔和的投出（图 11-25）。

图 11-25 行进间单手肩上低手投篮

4. 原地跳起单手肩上投篮 是在原地单手肩上投篮基础上的一种投篮方式。

动作方法：以右手投篮为例，两手持球于胸前，两脚左右或前后开立，两膝微屈，重心落在两脚之间。起跳时，迅速屈膝，前脚掌用力蹬地，向上起跳，双手举球至肩上，右手持球，左手扶球左侧，当身体接近最高点时，左手离球，右臂向前上方伸直，手腕屈，食、中指拨球，通过指端将球投出。落地时，屈膝缓冲（图 11 - 26）。

图 11 - 26　原地跳起单手肩上投篮

四、运球

持球队员在原地或移动中，用单手连续按拍借助地面反弹起来的球的技术叫运球。运球主要由身体姿势、手臂动作、球的落点和手脚协调配合 4 个环节构成。运球的方法很多，分类如下（图 11 - 27）。

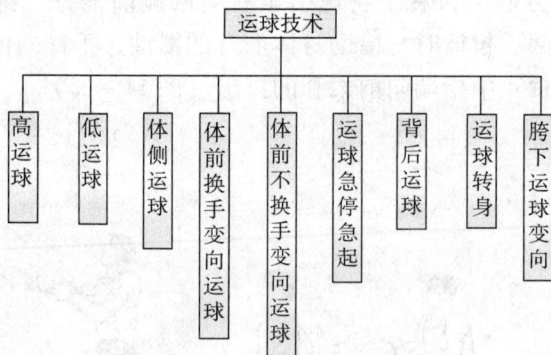

图 11 - 27　运球技术分类

1. 高运球　进攻队员在远离防守时，观察场上情况力求寻找进攻机会，调整战术配合以及后场向前场运球推进时，常采用高运球技术。其特点是按拍球的力量大、反弹高度高、便于控制、行进间速度快。

动作方法：两脚前后开立，两膝微屈，运球的手臂自然弯曲，以肘关节为轴，随球上下摆动，上体稍前倾，目视前方，手按拍球的上方，使球落于身体侧前方。行进间高运球时，手腕后屈按拍球的后上方，加上跑的速度，使球往前推进（图 11 - 28）。

图 11 – 28 高运球

2. 运球急停急起 在运球推进时，进攻队员利用速度变化来摆脱防守而采用的一种运球方法。

动作方法：急停时，利用跨步急停动作，右手按拍球的前上方，然后短促有力的按拍球的上方，变为暂时的原地运球；急起时，身体重心迅速前移，后脚用力蹬地跨出，同时按拍球的后上方，推球前进（图 11 – 29）。

图 11 – 29 运球急停急起

3. 体前换手变向运球 当对手堵截运球前进的路线时，突然向左或向右改变运球方向，借以摆脱防守的一种运球方法。

动作方法：运球队员从对手右侧突破时，先向对手左侧运球，当对手向左侧移动时，运球队员突然向右侧变向。用右手按拍球的右侧上方，同时，右脚向左前方跨出，用肩挡住对手。接着，换左手按拍球的后上方，从对方的右侧运球超越对手（图 11 – 30）。

图 11 – 30　体前换手变向运球

4. 运球转身　多用在对手逼近，不能直线或变向突破时，用转身来突破防守。

动作方法：以右手运球为例，左脚前跨一步为中枢脚，右手按拍球右侧前方，随着后转身动作，将球拉向身体的后侧方，然后换左手运球，从对手的右侧突破后加速前进（图 11 – 31）。

图 11 – 31　运球转身

五、持球突破

突破是控制球队员运用脚步动作和运球技术相结合，快速超越对手切入篮下的一种进攻技术。突破可分为交叉步持球突破和同侧步持球突破2种。

1. 交叉步持球突破 动作方法：以右脚做中枢脚为例。突破时，左脚向左前方跨出，做向左突破的假动作，当对手重心向右移动时，左脚前脚掌内侧迅速蹬地，向对手左侧跨出一大步，同时上体右转探肩，贴近对手；球移至右手，迅速推放球加速超越对手（图11-32）。

1   2

3   4   5

图11-32 交叉步持球突破

2. 同侧步持球突破 动作方法：以左脚做中枢脚为例，突破时，左脚内侧蹬地，右脚迅速向对手左侧跨出一大步，同时向右侧转体探肩，重心前移，球移至右手推运，然后左脚迅速蹬地运球超越对手（图11-33）。

六、抢篮板球

比赛中双方队员在空间争抢投篮未中的球称为抢篮板球。当进攻队投篮未中，自己或本方队员争抢在空间的球，称为抢进攻篮板球或前场篮板球。当对方投篮未中，防守队员争抢空间的球，称为抢防守篮板球或后场篮板球。

抢篮板球是一项复杂的组合技术，它由抢位、起跳、空中得球动作和获球后动作四个子技术组合而成。

（一）动作方法

1. 抢位 抢位是指抢占有利位置，这是抢篮板球组合技术的关键环节。

在抢占位置的同时，必须密切注视球的反弹方向和落点，并利用自己与对手接触着的身体或两臂去感觉对手的动向，通过调整自己的移动步法，积极抢占球篮与对手

图 11－33 同侧步持球突破

之间的有利获球的位置，与此同时要善于判断不中篮时球反弹的方向和落点，以便迅速合理的抢占位置。

2. 起跳 起跳是抢位后紧随进行的一个连续动作。在抢防守篮板时，多采用原地上步、撤步或跨步的双脚起跳方法；在抢进攻篮板时，多采用助跑单脚起跳或跨一两步双脚起跳的方法。

3. 空中抢球动作 根据场上所处位置，球反弹的方向，高度以及个人特点，可运用以下 3 种不同的方法。

（1）双手抢篮板球 起跳后身体在空中充分伸展尽量扩大制空范围，两臂同时伸向球的落点方向，当手触到球时，立即用双手将球抢握在手，腰腹用力，迅速收臂将球持于胸前。

优点：空间占据面积大。

缺点：制高点和抢球范围不及单手抢篮板球。

（2）单手抢篮板球 起跳后身体向着球的一侧伸臂，充分向球的落点方向伸展，当触球时，用力屈腕屈指迅速抓住球，随之屈臂拉球于胸前，另一手迅速扶球，将球握住。

优点：触球点高，在空间抢球的范围大。

缺点：不如双手抢球牢固。

（3）点拨球 动作方法与单手抢篮板球相似，只是运用手指将球点拨给同伴。

优点：可缩短传球时间。

缺点：较难掌握与同伴的配合。

4. 获球后动作 抢篮板球获球后可在空中直接补篮，或空中传球给有利位置上的同伴继续攻击。如没有机会做补篮或空中传球，落地时要两膝微屈，两肘外展，护球于胸腹之间，高大队员可将球置于头上来保护球。

（二）练习方法

（1）每人一球，向篮板抛球后上步起跳，用双手或单手抢反弹起来的球。

（2）三人一组背对球篮站立，当教师向篮板抛球后，三人同时转身拼抢篮板球，抢到者立即投篮，其余二人防守。如投篮不中，则继续拼抢，投中为止。

第三节　篮球基本战术

篮球战术指在比赛中队员所运用的攻守方法的总称。可分为进攻战术和防守战术，其分类如下（图11-34）。

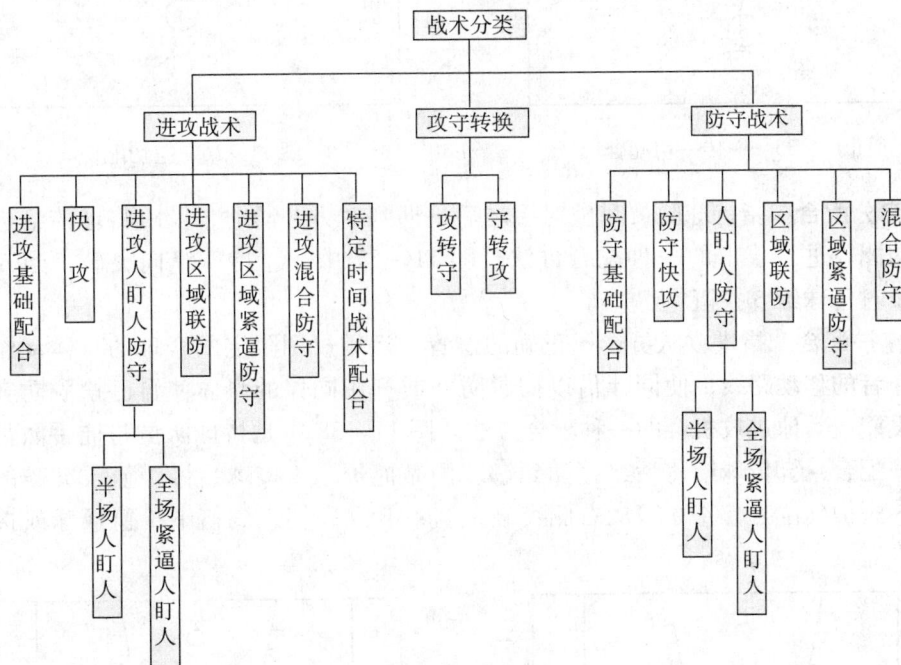

图11-34　战术分类

一、进攻战术基础配合

进攻战术基础配合指进攻队员两三人之间为了创造进攻机会以特定的方式所组成的简单配合方法。

它是组成全队战术配合的基础，也是实现个人技术的重要手段。进攻战术基础配合包括传切、突分、掩护、策应等配合。

（一）动作方法

1. 传切配合　是指队员之间利用传球和切入技术所组成的简单配合。它包括一传一切和空切2种。

（1）一传一切配合　是指持球队员传球后，利用起动速度或假动作摆脱对手，向篮下切入接回传球投篮的配合。图11-35中，⑤传球给⑥，⑤向左侧作切入假动作，同时观察❺移动情况，然后突然从右侧切入，侧身面向球，接⑥的传球投篮。

（2）空切配合　是指无球队员掌握时机，摆脱对手，且向防守空隙区域接球投篮或作其他进攻配合。图 11 - 36 中，④传球给⑤时，⑥利用❻未及时调整位置的机会，突然横切或沿底线切向篮下接⑤的传球投篮。

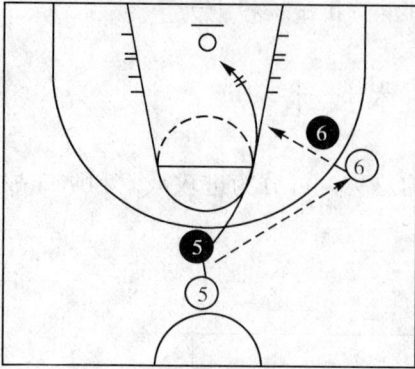

图 11 - 35　一传一切配合

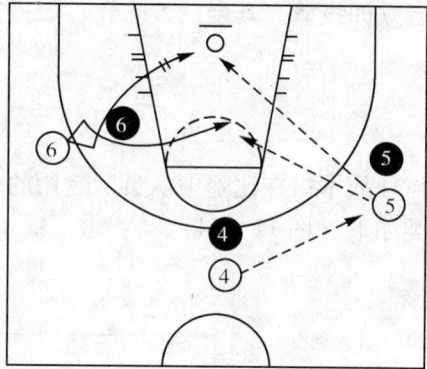

图 11 - 36　空切配合

2. 突分配合　指持球队员突破对手之后，遇到对方补防时，及时将球传给进攻时机最好的同伴进行攻击的一种配合方法。图 11 - 37 中，④持球纵向突破，当⑤补防时，④及时传球给⑤投篮。

3. 掩护配合　指进攻队员选择正确的位置，运用规则限定的合理的身体动作挡住同伴防守者的移动路线，使同伴借以摆脱防守或利用同伴的身体使自己摆脱防守，获得接球投篮或其他进攻机会的一种配合方法。图 11 - 38 中是持球队员与徒手队员之间的侧掩护配合，⑤传球给④后，移动到❹左侧做掩护，④接球后做瞄篮或突破的假动作，当⑤掩护到位时，④立即从右侧突破上篮，⑤立即切入到篮下抢篮板球或接④的回传球投篮。

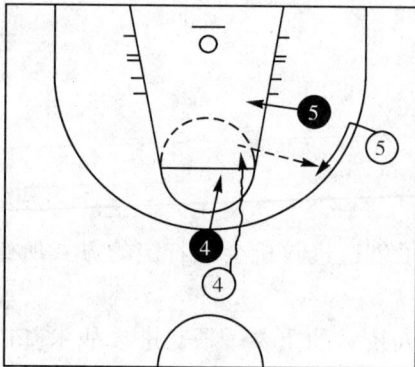

图 11 - 37　突分配合

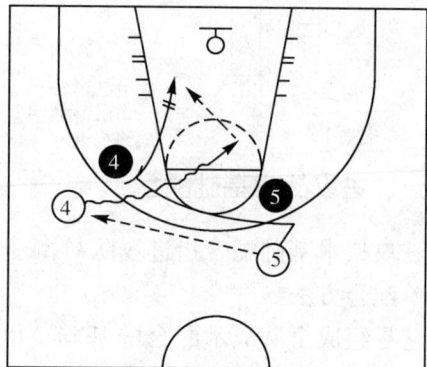

图 11 - 38　掩护配合

4. 策应配合　指进攻队员背对或侧对球篮接球，以他做枢纽，与同伴的空切、绕切相结合，创造各种进攻机会的配合方法。图 11 - 39 中是中锋队员内策应的配合方法。⑦向左移动接⑥的传球，⑥传球后与④在策应队员⑦身前做交叉绕切，⑦可将球传给④或⑥投篮，也可以自己转身进攻。

（二）练习方法

1. 传切配合 图 11 – 40 中，④传球给⑦后作向左切入的假动作，然后变向从右侧切入接⑦的回传球投篮。⑦传球后跟进抢篮板球，④、⑦交换位置，依次练习。

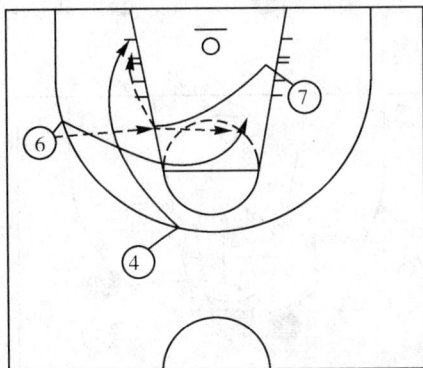

图 11 – 39 策应配合

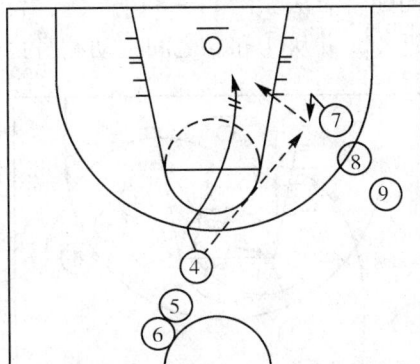

图 11 – 40 传切配合练习方法

2. 突分配合 图 11 – 41 中，⑦接④的传球沿底线突破，当遇到的堵截时及时传球给④投篮，⑦跟进抢篮板球后与④交换位置，依次练习。

3. 掩护配合 图 11 – 42 中，⑦传球给④后给④做掩护，当⑦掩护到位置④突破投篮后传球给⑦，⑦转身跟进接回传球投篮或抢篮板球。

4. 策应配合 图 11 – 43 中，当④上提到罚球线时，⑦传球给④，然后向左虚晃再从右侧绕切接④的传球。④策应传球后转身至篮下，⑦可投篮或传球给④，④、⑦交换位置，依次进行。

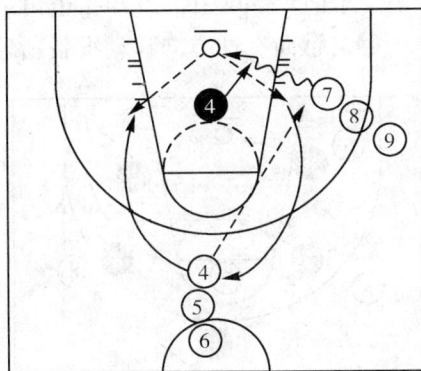

图 11 – 41 突分配合练习方法

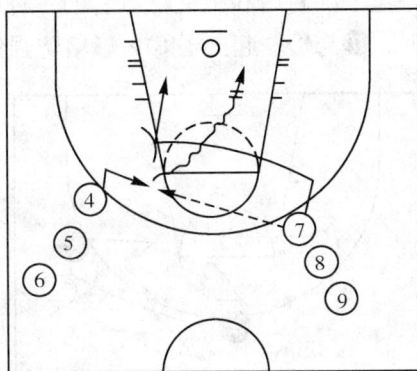

图 11 – 42 掩护配合练习方法

二、防守战术基础配合

防守战术基础配合是指防守队员两三人之间为了破坏对方的进攻部署所采用的协同防守的配合方法。包括抢过、穿过、绕过、夹击、关门、补防、交换防守、围守中锋等配合方法。

（一）动作方法

1. 抢过配合 是指对方进行掩护时，防守队员在掩护队员接近自己的一刹那，迅速抢前横跨一步贴近自己的对手，并从两个进攻队员之间侧身挤过去，继续防守自己对手的配合方法。图 11－44 中，⑤给④作掩护，当⑤接近的❹一刹那，❹抢钱横跨一步贴近⑤，并从④和⑤之间主动侧身抢过去继续防守④。

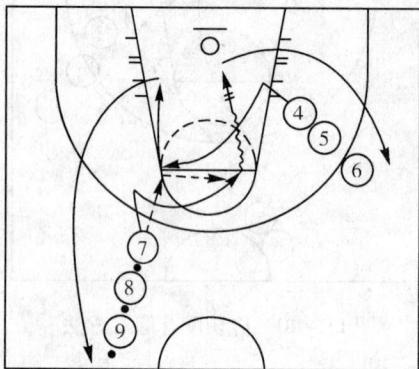

图 11－43 策应配合练习方法

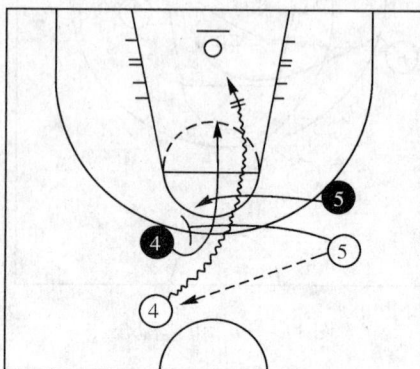

图 11－44 抢过配合

2. 交换配合 是指进攻队员做掩护配合时，防守掩护着的队员与防守被掩护着的队员主动交换自己所防对手的配合方法。图 11－45 中，⑤将球传给④，⑤给④做侧掩护，④运球突破。此时❺发出交换防守信号后立即防守④，❹随之后撤调整位置，堵住⑤的切入，并准备抢断④的传球。

3. 夹击配合 是指两个以上的防守队员，利用对手在场地边角运球或运球停止时，突然快速上前封堵和围夹持球者的一种防守配合方法。图 11－46 中，当⑧在边角运球停止时，❼与❽一起夹击⑧，❹堵防强侧的回传球，❺与❻向有球方向移动准备断球。

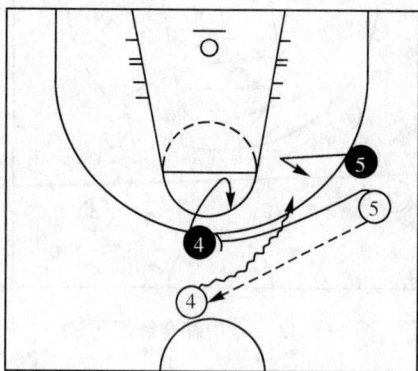

图 11－45 交换配合

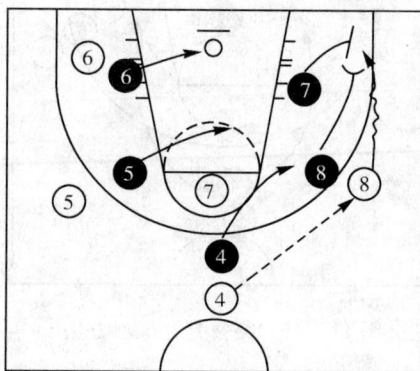

图 11－46 夹击配合

（二）练习方法

1. 抢过配合 图 11－47 中，⑥给④做掩护，❹抢过防守到右路排尾，❺到左路排尾，④、⑥掩护后，④防⑦，⑥防⑤，⑦给⑤做掩护，依次练习。

2. 交换配合 图 11－48 中，⑥传球给⑧后给④做掩护，❻及时提示与❹换防，

⑧将球传给④或⑥投篮，进攻结束后④和⑥回原位防守⑤和⑦，依次练习。

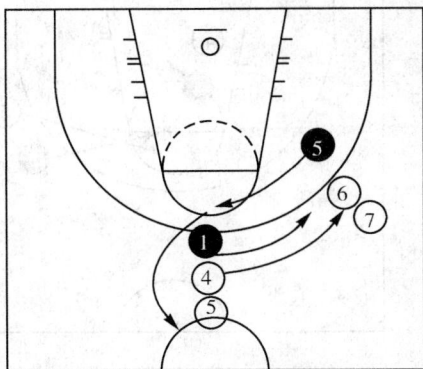

图 11 – 47　抢过配合练习方法

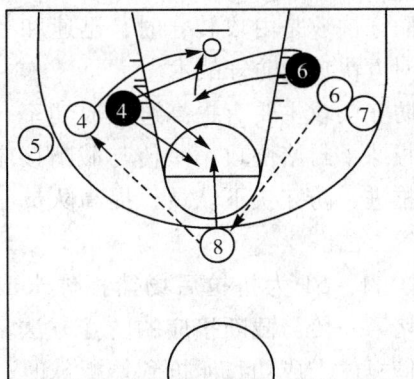

图 11 – 48　交换配合练习方法

3. 夹击配合　图 11 – 49 中，④传球给⑤，⑤传球给⑥后⑥向底线运球，❻与❺上前夹击⑥，❹即使补防⑤，⑥传球给④防守回到原位，依次练习数次后攻防交换。

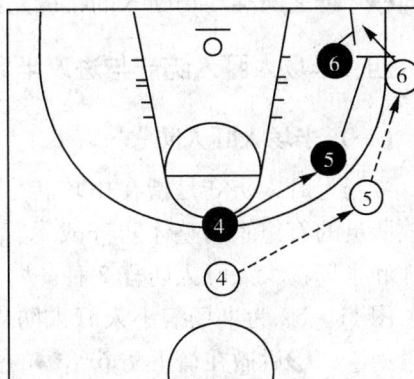

图 11 – 49　夹击配合练习方法

三、快攻与防守快攻

（一）快攻战术

快攻是由守转攻时，以最快的速度、在最短的时间内，争取在对方防守尚未部署好之前，创造人数和位置上的优势，果断而有组织的进行攻击的一种速决性进攻战术。

发动快攻的时机有：抢获后场篮板球时，抢、打、断球时，开始第一节的跳球时以及对方中篮后掷端线界外球时均是发动快攻的时机。

快攻的组织形式主要有长传快攻、传球与运球结合的快攻和个人突破快攻 3 种形式。

图 11 – 50 中为抢获篮板球后通过接应发动的长传快攻。当⑤抢到篮板球后⑦和⑧前场快下，⑤由于受到❺的防守立即将球传给⑥，⑥接应后再传给快下的⑦或⑧投篮。

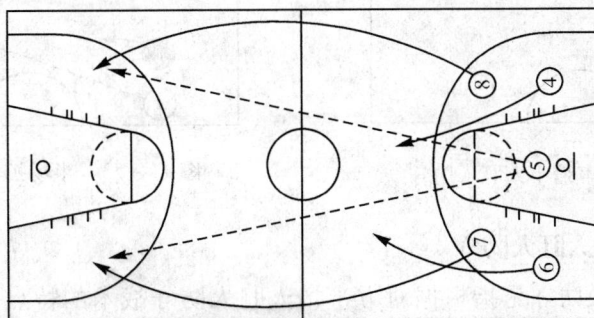

图 11 – 50　快攻

（二）防守快攻

防守快攻是由攻转守时，迅速和有组织的破坏对方快攻的防守战术。

防守快攻主要有提高进攻成功率、拼抢前场篮板球、封堵快攻第一传与截断接应、控制对手推进、防守快下队员、提高队员已少防多能力等方法。

图 11－51 为拼抢后场篮板球未成功时积极封堵第一传与截断接应的防守方法。当❹抢后场篮板球未成功，④抢到篮板球时，邻近的❹立即上前封堵④的第一传，⑤在防守❺的同时向❹和❺之间移动切断❺的接应路线，其他队员退回后场各自防守对手。

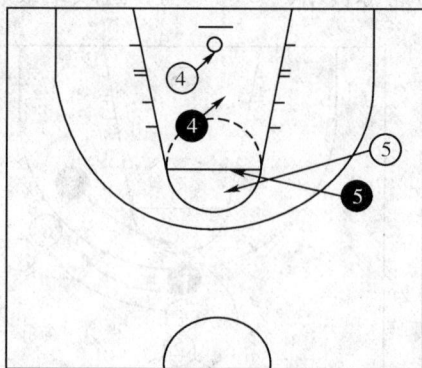

图 11－51 防守快攻

四、半场人盯人防守与进攻半场人盯人防守

（一）半场人盯人防守

半场人盯人防守是指在由攻转守时，在半场范围内，每个防守队员负责盯住一个进攻队员的有组织的整体防守战术。根据防守的策略和范围，可分为半场缩小人盯人防守和半场扩大人盯人防守 2 种。

图 11－52 为半场缩小人盯人防守的方法。⑥持球时，❻紧逼⑥，❼侧前防守⑦，❹紧逼④，❽后撤在篮下防⑥给⑦的高吊球和⑧的横切，❹、❺分别防守④和⑤。

图 11－53 为半场扩大人盯人防守的方法。❹紧逼④，如果④传球给⑤，❼紧逼⑦防止其接球，并注意④的掩护。❻侧前防守⑥，❽在防守⑧注意⑧的横切的同时注意④给⑥的高吊球。

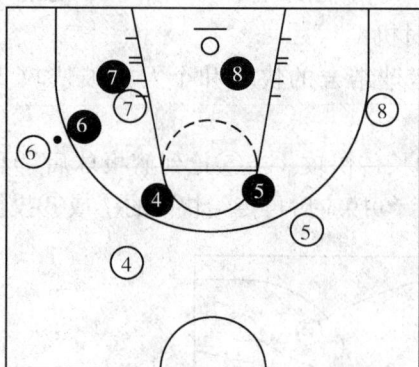

图 11－52 半声缩小人盯人防守

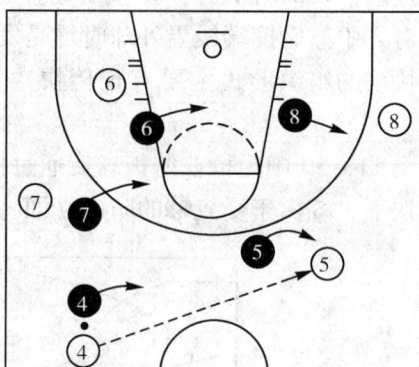

图 11－53 半场扩大人盯人防守

（二）进攻半场人盯人防守

进攻半场人盯人防守是指根据对方半场人盯人防守战术的特点，合理的选择进攻队形，打乱或制约对手的防守战术，争取在进攻上的主动的进攻战术。

进攻半场人盯人防守是由传切、突分、掩护、策应等进攻战术基础配合所组成的全队进攻战术，常见的进攻落位阵形有：单中锋"2－3"进攻阵形和"2－1－2"进攻队形，双中锋"1－2－2"进攻阵形，无固定中锋的"1－2－2"进攻阵形，中锋落位高策应区的"1－4"进攻阵形，双中锋纵向落位的"1－3－1"进攻阵形。

图11－54中，是以中锋掩护为主，以"1－2－2"进攻阵形落位的配合方法，④传球给⑤后，⑥上提与④做后掩护，⑤可将发球传给④上篮，或传球给⑥，④与⑦在篮下做交叉掩护后接⑥的传球投篮，⑥也可以自己进攻。

五、区域联防与进攻区域联防

（一）区域联防

区域联防是由攻转守时，防守队员迅速退回到后场，每一队员负责防守一定的区域，形成一定的阵形，把每个区域有机的结合起来的全队防守战术。区域联防的阵形有"2－1－2"阵型、"2－3"阵型、"3－2"阵型、"1－3－1"阵型、"2－1－2"阵型。图中阴影区域为该阵型薄弱区域。

图11－55为区域联防最基本的"2－1－2"站位阵型，当球在右侧时，❼防守持球队员⑥，❺随球移动准备协防，❻错位防守⑤，防止接球或纵切，❹回缩防⑦横切和随时准备抢断球，⑧移至篮下防⑧横切和准备补防。

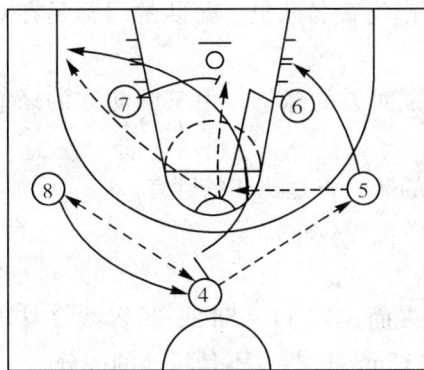

图11－54 进攻半场人盯人防守　　　图11－55 区域联防

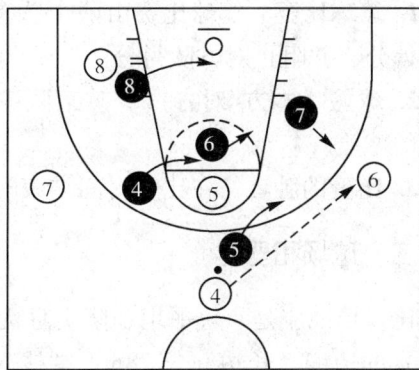

（二）进攻区域联防

进攻区域联防是针对对手区域联防阵型的特点，组织相应的落位阵型，有目的的转移球和结合各种战术配合，打乱和破坏对方的防守部署，创造良好进攻机会的阵地形进攻战术。进攻区域联防常用的落位阵型有"1－2－2"阵型、"1－3－1"阵型、"2－1－2"阵型、"2－3"阵型等。

图11－56和图11－57为"1－3－1"阵型落位进攻"2－1－2"联防。④传球给中锋⑥，⑥接球后有三个攻击点，第一点传给横切队员⑧，第二点传给空切队员⑦，第三点传给后卫④，同时也可以自己进攻。

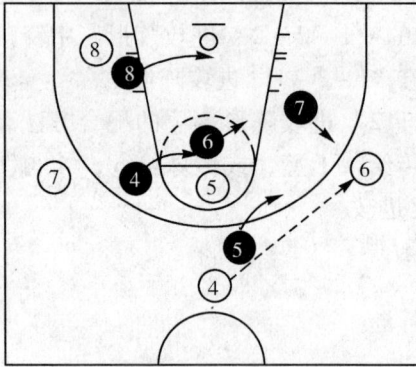

图 11-56　进攻区域联防1　　　　图 6-57　进攻区域联防2

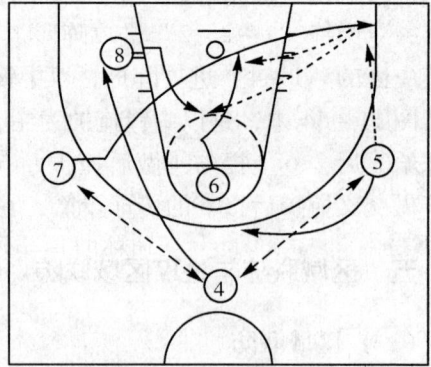

第四节　篮球主要规则

一、比赛

1. 篮球比赛　篮球比赛由两个队参加，每队出场5名队员。每队的目标是在对方球篮得分，并阻止对方队得分。

2. 球篮（本方/对方）　被某队进攻的球篮是对方的球篮，由某队防守的球篮是本方的球篮。

3. 比赛的胜者　在比赛时间结束时得分较多的队，将是比赛的胜者。

二、球场和器材

比赛场地应是一块平坦、坚实且无障碍物的表面（图 11-58）。其界线（从内沿丈量）的边线（长边）长28m，端线（短边）长15m，这些线不是场地的部分。

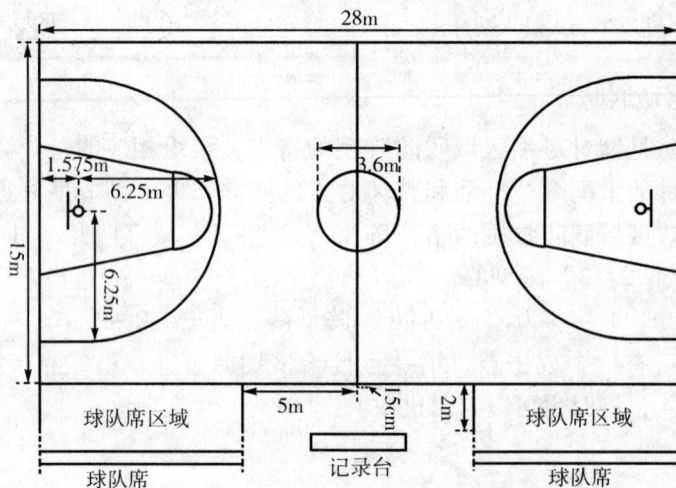

图 11-58　篮球场地

中线应从两边线的中点标出并平行于两端线，它向每条边线外延伸15cm。中圈应标在比赛场地的中央，半径为1.8m（从圆周的外沿丈量）。

罚球线应画成与每条端线平行，从端线内沿到他的最外沿应为5.8m，其长度为3.6m。

限制区是在比赛场地上标出的地面区域（图11-59）。它由端线、罚球线和两条起自端线（画线的外沿距离端线中点3m）终于罚球线外沿的线所限定。除端线外，这些线都是限制区的一部分。罚球时留给队员们的沿限制区两侧的抢篮板球位置，应按图所示标出。

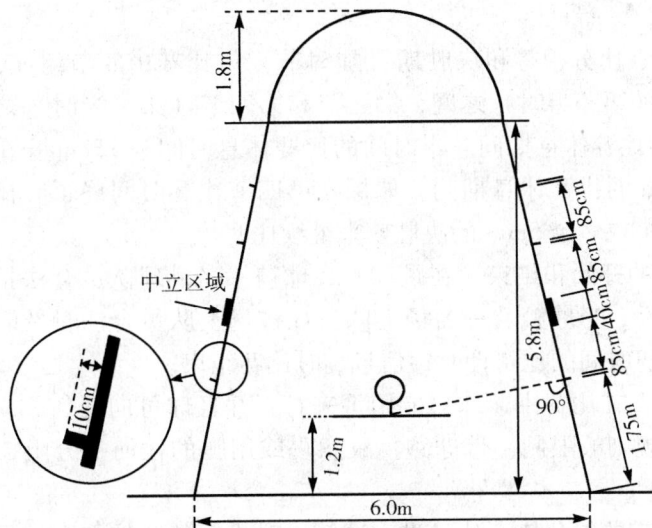

图11-59 限制区

3分线距离球篮的中心垂直线与地面的交点6.25m。某队的三分投篮区如图6-60所示。

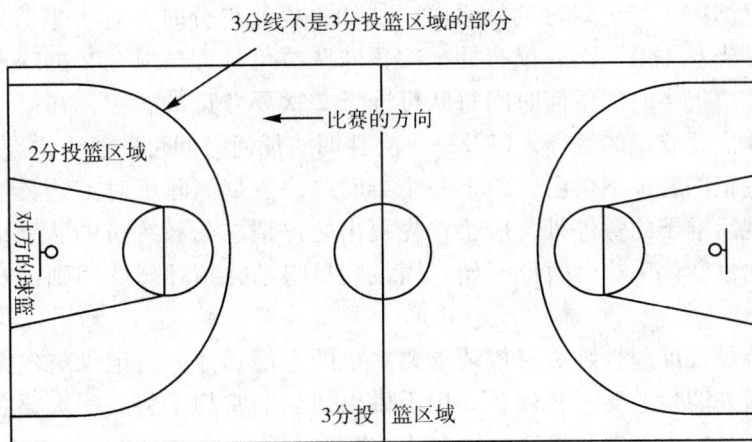

图11-60 三分投篮区

所有的线应用相同的颜色（最好白色）画出，宽5cm并清晰可见。任何障碍物包括在球队席就座的人员距离比赛场地应至少2m。

比赛用球应是国际篮联批准的单一的暗橙色或是橙/浅棕结合色，带有 8 个或 12 个黑色接缝，宽度不超过 6.35mm。充气到使球从大约 1.8m 的高度（从球的底部量起）落到比赛地板上，反弹起来的高度在 1.2～1.4m 之间（从球的顶部量起）。

对于所有级别的男子比赛，球的圆周不得小于 749mm，不得大于 780mm（7 号）。并且球的重量不得少于 567g，不得多于 650g。

对于所有级别的女子比赛，球的圆周不得小于 724mm，不得大于 737mm（6 号），并且球的重量不得少于 510g，不得多于 567g。

三、比赛通则

1. 比赛时间、比分相等和决胜期（加时节）　　比赛由 4 节组成，每节 10min。在第一节和第二节（第一半时）之间，第三节和第四节（第二半时）之间以及每一决胜期之前有 2min 的比赛休息期间。半时间的比赛休息时间为 15min。在比赛预定的开始之前，应有 20min 的比赛休息期间。如果在第四节比赛时间终了时比分相等，为打破平局，需要有一个或多个 5min 的决胜期来继续比赛。

2. 比赛或节的开始和结束　　在跳球中，球被一名跳球队员合法拍击时第一节比赛开始；掷球入界后，当球触及一名场上队员或被场上队员合法触及时，所有其他的节开始；当结束比赛时间的比赛计时钟信号响时比赛结束。

3. 如何打球　　在比赛中，球只能用手来打，并且球可向任何方向传、投、拍、滚或运，但要受到规则的限制。带球跑，故意踢或用腿的任何部分阻挡球或用拳击球是违例。

4. 球中篮和它的得分值　　球已进入球篮，对投篮的队按如下记得分：一次罚球中篮计 1 分；从 2 分投篮区域中篮计 2 分；从 3 分投篮区域中篮计 3 分。

5. 要登记的暂停　　在比赛中教练员或助理教练员可以请求要登记的暂停。每次要登记的暂停应持续 1min。一次暂停机会开始，当：①球成死球，比赛计时钟停止，以及当裁判员已结束了与记录台的联系时。②如果投篮得分时，对于非得分队。一次暂停机会结束，当：①第一次或仅有的一次罚球队员可处理球时。②掷球入界的队员可处理球时。在第一半时的任何时间每队可准予 2 次要登记的暂停，在第二半时的任何时间可准予 3 次要登记的暂停，以及每一决胜期的任何时间可准予 1 次要登记的暂停。未用过的要登记的暂停不得已留给下一个半时或决胜期。除了对方队员投篮得分并且没有宣判犯规后准予的暂停外，应给首先提出暂停请求的教练员的队登记暂停。当裁判员鸣哨并给出暂停手势时暂停开始。当裁判员鸣哨并招呼球队回到比赛场地时暂停结束。

只有教练员或助理教练员有权请求要登记的暂停。他应与记录员建立视觉联系或亲自到记录员处清楚的要求暂停，并用手做出适当的常规手势。一次要登记的暂停请求只可在记录员发出该次暂停请求的信号之前被撤销。

6. 替换　　替补队员请求中断比赛是替换。在替换机会期间球队可以替换队员。一次替换机会开始，当：①球成死球，比赛计时钟停止，以及当裁判员已结束了与记录台的联系时。②在第四节的最后 2min 以及每一决胜期的最后 2min 内，投篮得分时，对于非得分队。一次替换机会结束，当：①第一次或仅有的一次罚球队员可处理球时；

②掷球入界队员可处理球时。

只有替补队员有权请求替换。他（不是教练员或助理教练员）应到记录台清楚要求替换，用手做出适当的常规手势或坐在替换椅子上。他必须立即做好比赛准备。以此替换请求只可在记录员发出该此替换请求的信号之前被撤销。

四、违例

违例是违犯规则。其罚则是将球判给对方队在最靠近发生违例的地点掷球入界。

违例包括：队员出界和球出界违例、运球违例、带球走违例、3s 违例、被严密防守的队员违例、8s 违例、24s 违例、球回后场违例、干涉得分和干扰违例以及在跳球和罚球时的违例。

五、犯规

犯规是对规则的违犯，含有与对方队员的非法身体接触和（或）违反体育道德的举止。

犯规包括：侵人犯规、双方犯规、违反体育道德的犯规、取消比赛资格的犯规、技术犯规和打架。对发生犯规的队员要登记一次相应类型的犯规，并在随后相应的处罚。

队员 5 次犯规：当一名队员发生了 5 次侵人犯规和（或）技术犯规，必须立即离开比赛并在 30s 内被替换。

全队犯规：在一节中某队已发生了 4 次全队犯规时，该队是处于全队犯规处罚状态，所有随后发生的对未作投篮动作队员的侵人犯规应被判罚 2 次罚球，代替掷球入界。

六、罚球

一次罚球是给一名队员从罚球线后的半圆内的位置上，在无争抢的情况下得 1 分的机会。

当宣判了一起犯规，其罚则是罚球时，受到侵犯的队员应执行罚球。

第十二章 排 球

第一节 排球的起源与发展

一、排球运动的起源

排球运动 1895 年起源于美国，19 世纪末美国盛行篮球、橄榄球等项目，由于这些项目比较紧张激烈，适合青年人参加，对多数中老年人不适合，于是就想寻找一种运动量适中，又具趣味性的运动。美国马萨诸塞州霍利沃克城的基督教青年会干事威廉·摩根创造了一种新游戏，即在网球场上把球网挂在高处，然后用篮球内胆隔着网来回拍打，使其在空中飞来飞去，这就是排球运动的雏形。1896 年在美国马萨诸塞州首次举行了这种比赛，当时观看比赛的哈尔斯戴特博士将此游戏定名为 "volleyball" 即 "空中截击" 之意，一直沿用至今。在 1897 年 7 月，美国杂志公开介绍了排球比赛的打法及简单规则。最初的排球比赛场上没有人数的限制，只要双方人数相等即可。因此排球比赛受到各界人士的欢迎并很快得到发展和重视。

二、排球运动的传播

排球运动由美国的传教士和驻外国的军队带到了世界各地，由于排球运动传入的时间及采用的规则不同，所以排球运动形式也不同。

美国是排球的故乡，因此六人制排球传入欧洲的时间较早，1900 年首先传入加拿大，1905 年传入古巴，1912 年传入乌拉圭，1914 年传入墨西哥。

排球传入亚洲的时间也比较早，约在 1900 年。先后传入印度、中国、日本和菲律宾等国。排球传入亚洲后采用的规则与美国排球规则有很多不同之处，经历了由十六人制、十二人制、九人制、六人制的演变过程。

欧洲的排球是第一次世界大战时，由美国士兵带去的。1917 年最早出现在法国，以后才传到前苏联、捷克斯洛伐克、波兰等诸国。排球传入欧洲虽晚，但传入的是六人制，其竞技性已渐成熟，所以发展较快。

第二节 排球基本技术

排球技术是指在比赛规则允许的条件下，运动员采用的各种合理的击球动作和其他配合动作的总称。它是排球运动的基础和重要组成部分，发球、传球、垫球、扣球和拦网是排球运动中五项完整的击球动作，又称有球技术。凡是没有触及球的各种准备姿势、移动、起跳及各种掩护动作均为配合动作，又称无球技术。

一、准备姿势与移动

准备姿势和移动是完成发球、垫球、传球、扣球、拦网等各项击球技术的前提和基础，并对各项技术动作的运用起串联作用。准备姿势和移动是紧密相连，不可分割的。准备姿势主要是为了便于移动，而移动是为了更有效地完成一传、防守、二传、接应、扣球、拦网等击球的动作。

（一）动作方法

1. 准备姿势 准备姿势是为了迅速起动，快速移动，以便于完成各种击球动作。按身体重心的高低分为稍蹲准备姿势、半蹲准备姿势和低蹲准备姿势3种（图12-1，图12-2，图12-3）。运用最多的是半蹲准备姿势，其动作方法如下。

（1）下肢姿势 两脚左右开立应比肩稍宽，一脚在前，两脚尖适当内收，脚跟稍提起，膝关节保持一定的弯曲度。

（2）身体姿势 上体前倾，重心靠前，膝部的垂直线应在脚尖前面。

（3）手臂的位置 两臂放松，自然弯曲，双手置于腹前，这样为了起动时便于摆臂，也便于随时伸臂做各种击球动作。

图12-1 稍蹲准备姿势　　　　图12-2 半蹲准备资势　　　　图12-3 低蹲准备资势

（4）全身动作 应适当放松，两眼注视来球，两脚始终保持微动。根据球飞行的变化，随时调整身体的位置、方向和重心，使之更有利迅速向需要的方向移动和做相应的动作。

2. 移动 移动的目的主要是及时接近球，保持好人与球的位置关系以便击球，同时也为了迅速占据场上的合理位置。常用的步法有以下几种。

（1）并步与滑步 当来球距离身体1m左右时，可采用并步移动。如向前移动时，后脚蹬地，前脚向来球方向跨出一步，后脚迅速跟上，做好击球前的准备姿势。连续并步移动称为滑步。

（2）交叉步 当来球在体侧3m左右时，可采用交叉步移动。如向右侧交叉步时，上体稍向右转，左脚从右脚前面向右交叉跨出一步，然后右脚再向右跨出一大步，同时身体转向来球方向，保持击球前的姿势（图12-4）。

4　　　　3　　　　2　　　　1

图12-4 交叉步

（3）跨步　跨步时，一腿用力蹬地，另一腿向来球方向跨出一大步，膝部弯曲，上体前倾，身体重心移至跨出腿上（图 12 - 5）。

图 12 - 5　跨步

（二）练习方法

（1）学生随教师一起徒手试做各种准备姿势和移动。

（2）教师发口令后，学生自己做，教师进行个别指导和纠正。

（3）学生分成两组，对面站立，教师发口令后，学生自己做，两人互相纠正动作。

（4）教师发口令或手势，学生根据口令和手势，进行各个方向的移动。

（5）两人一组相距 4m，两人同时在地上把球滚到对方体侧 2m 左右处，两人移动接球。

二、垫球

垫球是排球的基本技术之一，是比较简单易学的一种击球动作。它是在全身协调用力的基础上通过手臂的迎击动作，使来球从垫击面上反弹出去的一项击球技术。垫球前要做好准备姿势，判断来球的落点，迅速取位，使身体对正来球。其次，整个垫击过程必须连贯、协调、自然、规范，防止用力分解。

正面双手垫球教学口诀：两臂夹紧插球下，提高送臂腕下压，蹬地跟腰前臂垫，轻球重球有变化，撤臂缓冲接重球，轻球主动抬臂击。

（一）动作方法

1. 正面双手垫球（图 12 - 6）

图 12 - 6　正面双手垫球

（1）准备姿势　准备姿势分半蹲和深蹲两种。半蹲主要用于接轻球及中等力量的来球；而深蹲则用于垫重球。比赛中应根据不同情况采用相应的准备姿势。初学垫球时，由于是垫一般的轻球，故可采用半蹲准备姿势。做准备姿势时应正面对准来球方向，两脚前后开立，两脚距离稍宽于肩，后脚跟提起，前脚掌着地，两脚和两膝内收，膝部垂直面应超出脚尖。上体前倾，重心降低，并置于前脚掌的脚指根部，两肩的垂直面超出膝部。两臂微屈内靠，两臂自然下垂，两手置于腹前。两眼注视来球，两脚要保持"静中待动"的状态，随时准备移动。

（2）手型　目前常用的击球手型有两种。一种是叠指式，两手手指上下重叠，掌根紧靠，合掌互握，两拇指朝前相对平行靠压在上面一手的中指第二指节上，两臂伸直夹紧（图12-7）。另一种是抱拳式，两手抱拳互握，两拇指平行朝前，两掌根和两前臂外旋紧靠，手腕下压，使前臂形成一个垫击平面（图12-8）。

（3）击球部位　当来球距腹前一臂距离时，两臂夹紧前伸，插到球下，向前上方蹬地抬臂，垫击球的后下部。身体重心随击球的动作前移。用两小臂腕关节以上10cm左右桡骨内侧平面击球为宜（图12-9）。

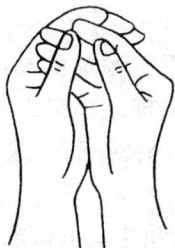 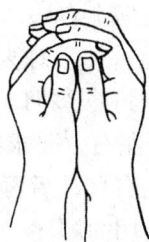 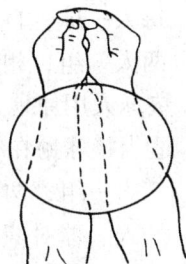

图12-7　叠指式　　　　图12-8　抱拳式　　　　图12-9　击球部位

（4）击球动作　在判断来球移动取位的同时，应根据来球情况和击球的需要变化身体重心，使击球点保持在腹部高度的正前方，并将两臂迅速插入球下。击球时蹬腿提腰，重心随之前移，同时含胸抬臂、压腕，将球准确垫在击球部位上。垫击瞬间，两臂应保持平稳固定，身体重心和两臂要有自然的随球伴送动作，以便控制球的落点和方向。

（5）用力　主要靠手臂上抬力量增加球的反弹力，同时配合蹬地、提腰动作，使重心向前上方移动。两个手臂要适当放松，便于灵活控制垫球的方向和力量。

2. 体侧垫球　球向体侧飞来，队员来不及对正球时，可采用体侧双手垫球。如球向左侧飞来，右脚前脚掌内侧蹬地，左脚向左跨出一步，重心移动至左脚上，保持两膝弯曲，同时两臂向左侧伸出，左臂高于右臂，右肩微向下倾斜，用向右转体收腹动作，配合提肩抬臂在身体左侧稍前的位置接住来球，用两前臂垫球的后下部（图12-10）。

3. 背向垫球　背向垫球时，要判断好球的飞行方向，迅速移动到球的落点上，背向垫出球的方向。垫球时，两臂夹紧伸直，利用蹬地、抬头后仰、挺胸、展腹的动作带动两臂向后上方迎击球。击球时要抬臂压腕触球的前下方，将球向后上方击出。击球点要适当，一般击球点高，垫出的球弧度平；击球点低，则垫出球弧度较高（图12-11）。

图12-10　体侧垫球　　　　　　　　　　图12-11　背向垫球

（二）练习方法

（1）垫球手型的练习，集体原地试做，教师检查纠正。注意垫球动作要准确；小臂要夹紧；手臂要伸直；垫击面要平整。

（2）原地徒手模仿完整的垫球动作，要做到正确、协调、用力合理。

（3）两人一组，一人持球固定在腹前高度，另一人从准备姿势开始，做垫击动作，但不将球垫出，只体会击球的动作。击球手型和触球部位要正确，注意全身协调用力。

（4）每人一球，自己抛球后，连续向上自垫球。

（5）两人一组，相距 3～5m，一抛一垫。球要抛准，尽量固定抛球的高度、速度及落点，垫球人用原地正面垫球的动作将球垫回。当初步学会垫球动作后，再逐渐加大难度，适当将球抛在练习人的前后、左右，要求练习者移动后仍作正面垫球。

（6）三人一组，两人抛球，一人左右移动后再正面垫球。

（7）一人一球对墙自垫。认真体会用力顺序，击球动作要领和注意击球部位。

（8）两人一组，一人向另一人左右 1m 处抛球，另一人采用侧垫的方式把球垫回。

（9）两人一组，相距 5～6m，一人抛球，一人转身后快跑背对同伴垫回高球。

三、传球

双手传球是排球运动中的一项最基本的技术，是串联各项基本技术的媒介，是进行比赛与组织进攻战术的基础。随着规则的不断修改与日益完善，排球技术迅速的提高，双手传球的重要作用也就更加明显地体现出来了，在组织各种进攻战术中有着及其重要的意义。双手传球的优点是便于控制球，传球的准确性比较高。

（一）动作方法

1. 正面双手传球（图 12 - 12）

图 12 - 12　正面双手传球

（1）准备姿势　近似稍蹲姿势，但上体稍挺起，抬头看球，两手自然抬起屈肘仰腕，放松置于脸前。

（2）手触球　十指应自然张开成半球状，手腕稍后仰，以拇指内侧、食指全部和中指的二三指节触球的后下部，无名指和小指在球两侧辅助控制传球方向，两拇指相对近"一"字形，两手间要有一定距离。

（3）击球　在脸额前上方约一球距离处击球。

（4）用力　传球动作首先是由伸膝、伸髋使身体重心升高开始的，紧接着再屈踝、抬臂、伸肘、送肩，在身体重心上升的同时两手迎向来球；在手和球即将接触前，手腕和手指有前屈迎球的动作；手和球接触时，各大关节继续伸展，手指手腕最后用力将球传出。

技术要领：蹬地伸臂对正球，额前上方迎击球；触球手型成半球，指腕缓冲控制球。

口诀：手型"一字"相对"八字"分开，背屈后仰两肘架开。蹬伸用力弹击球，迎击送臂稳相传，屈蹲收臂把迎球。

易犯错误及纠正方法：①手型不正确，大拇指超前。纠正方法：明确正确手型概念，用传球手型接球，然后检查手型和球是否相吻合，传小篮球或实心球，强化手感形成正确手型。②击球点不正确，主要由于移动慢，取位不准造成。纠正方法：多做快速反应、移动练习；在移动到们后传球手型在击球点接住球，逐步提高移动到位率。③两手臂外展过大，出现漏球现象。纠正方法：自抛自传，把球停住，两臂夹角成90°。

2. 背传　传球前背对传球目标，上体保持正直或稍后仰，击球点比正面传球要高，迎球时，微仰头挺胸，在下肢蹬地的同时，上体向后上方伸展，击球时，手腕适当后仰，掌心向后上方击球的底部，利用抬臂、送肘的动作和手指、手腕的弹力主动向后上方传出（图12-13）。

动作要领：蹬腿、展腹、抬臂、伸肘；拇指发力手腕后仰。

3. 侧传　传球前的准备姿势手势与正面传球相同，迎球时，通过下肢蹬地使身体重心向上伸展，但上体和手臂应向侧上方用力，触球下方，传球方向的异侧手臂的动作幅度和用力的程度要大于同侧手臂（图12-14）。

图12-13　背传

图12-14　侧传

（二）练习方法

（1）学生原地徒手做传球动作，教师边示范边纠正动作。

（2）两人一组，相距4~5m，对面站立，一抛一传。

（3）一人一球，原地自传，体会正确的击球手型与手指手腕控制球动作。

（4）两人一组，相距5m左右，自抛球离手1m高度后传给对方。

（5）两人一组，相距4~5m对传。

四、发球

发球是指队员在发球区内自行抛球，用一只手将球直接击入对方场区的技术动作。发球是比赛的开始，也是进攻的开始。准确而有攻击性的发球可以直接得分或破坏对方进攻战术的组成，减轻本方防守压力，为反击创造有利条件，同时能振奋精神，鼓舞全队士气，在心理上给对方造成压力。发球按照发出球的性能主要分为发飘球和发旋转球。发飘球有正面上手发飘球和勾手发飘球。发旋转球有正面上手发球、勾手大力发球、正面下手发球、侧面下手发球、高吊球和跳发球。

（一）动作方法

1. 正面下手发球　面对球网，两脚前后开立，左脚在前，两膝微屈，上体稍前倾，左手持球于腹前，将球轻轻抛起在体前右侧，离手高约20cm，在抛球的同时右臂伸直，以肩为轴向后摆动，借助右腿蹬地力量，身体重心随着右手向前摆动击球而移至前脚上，在腹前用掌根或虎口击球后下方（图12－15）。

2. 侧面下手发球　侧对球网，两脚左右开立，约与肩同宽，两膝微屈，上体稍前倾，左手持球于腹前，将球垂直上抛至胸前，距体前约一臂远，球离手高约30cm，在抛球的同时右臂摆至右侧后下方，借助右腿蹬地向左转体的力量，带动右臂向前上方摆动，在腹前以掌根或虎口击球后下方（图12－16）。

图12－15　正面下手发球　　　　　　　　图12－16　侧面下手发球

3. 正面上手发球　面对球网，两脚自然开立，左脚在前，左手持球于身前。用抬臂和手掌的平托上送，将球平稳地垂直抛向肩的前上方，高度适中，同时右臂抬起，屈肘后引，肘与肩平，上体稍向右侧转动，抬头、挺胸、手掌自然张开。击球时，利用蹬地，使上体向左转动，同时收腹，带动手臂挥动。在右肩前上方伸直手臂的最高点，用全手掌击球的中下部。击球时手指自然张开吻合球，手腕紧张并迅速做主动推压动作，使击出的球呈上旋飞行，击球后随着重心前移，迅速入场比赛（图12－17）。

4. 正面上手发飘球　准备姿势同正面上手发球，但抛球比正面上手发球稍低稍靠前。击球前，左臂自后向前做直线挥动。击球时，五指并拢，手腕稍后仰，用掌根平面击球的中下部，在击球瞬间，手指手腕紧张，手型固定，不加推压动作，手臂并有突停动作（图12－18）。

图 12 – 17 正面上手发球　　　　　　图 12 – 18 正面上手发飘球

（二）练习方法

（1）徒手模仿发球练习。

（2）抛球练习，左手持球练习向上抛起，抛球的高度和落点要合适。

（3）对墙发球练习，距离由近到远。

（4）隔网发球，两人一组隔网相距 10m 左右，进行对发练习。

（5）人数相等，规定个数和性能的发球，每人发十次，看哪一方成功率高。

（6）三对三接发球对抗练习。

五、扣球

扣球是指队员跳起在空中，用一只手将本方场区上空高于球网上沿的球击入对方场区的一种击球方法。扣球是排球技术中攻击性最强的一项技术，在比赛中占有十分重要的地位。

（一）动作方法（图 12 – 19）

1. 准备姿势　扣球助跑前采用稍蹲姿势，两臂自然下垂，站在离网 3m 左右处，身体转向来球方向，观察来球，做好向各个方向助跑起跳的准备。

2. 助跑　助跑开始时，左脚先向前迈出一步，紧接着右脚再快速跨出一大步，左脚及时跟上，踏在右脚之前，两脚尖稍向右转准备起跳。

图 12 – 19 扣球

3. 起跳　在助跑跨出最后一步的同时，两臂绕体侧后引，左脚跟上踏地制动过程中，两臂由后积极向前摆动，随着双腿蹬地向上起跳，两臂配合起跳有力的向上摆动。

4. 空中击球 起跳后，挺胸展腹，上体稍向右转，右臂向后上方抬起，身体成反弓形。挥臂时，以迅速转体、收腹动作发力，依次带动肩、肘、腕各部位关节向前上方成鞭甩动作挥动。击球时，五指微张，以全手掌包住球，在手臂伸直的最高点的前上方击球的后中部，同时主动用力屈腕屈指推压球，使扣出的球呈上旋。

5. 落地 落地时两脚前脚掌先着地再迅速过渡到全脚掌着地，同时顺势屈膝、收腹，以缓冲下落的力量，做好下一动作的准备。

（二）练习方法

（1）学生成横队散开，按照教师的口令做原地起跳，一步助跑起跳、两步助跑起跳。

（2）网前助跑起跳练习，学生成横队站于进攻线后，听口令做两步助跑起跳。

（3）集体徒手挥臂练习，要求挥臂放松自然，有鞭打动作。

（4）两人一组，一人手持球高举，另一人扣固定球。

（5）面对墙站立，手持一垒球，做正面扣球挥臂动作，将球甩出。

（6）距墙 3~4m，连续对墙扣反弹球。

（7）自抛自扣练习。

（8）教师站在网前高台上，一手托球于网上沿，学生助跑起跳扣固定球。

六、拦网

靠近球网的队员，将球伸向高于球网处阻挡对方的来球，并触及球，称为拦网。拦网是排球比赛中的第一道防线，也是第一道进攻线。

（一）动作方法（图7-20）

1. 准备姿势 队员面对球网，两脚左右开立稍与肩宽，两膝微屈，两臂屈肘于胸前。

2. 移动 为了对正对方的扣球点起跳，需要及时移动，常用的移动步法有并步、交叉步、跑步等，无论采用哪种步法，都要做好制动动作，以保证向上起跳，避免触网和冲撞同队队员。

3. 起跳 原地起跳时，两腿屈膝，重心降低，随即用力蹬地，两臂以肩发力，在体侧近身处，做划弧或前后摆动，迅速向上跳起。

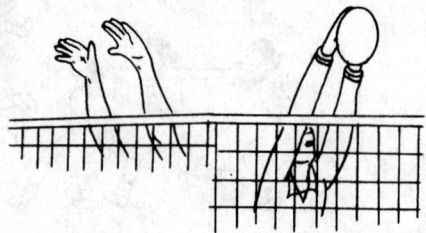

图 12-20 拦网　　　　　　　　　图 12-21 拦网空中动作

4. 空中动作 起跳时，两手从额前沿球网向上方伸出，两臂伸直并保持平行，两肩上提。拦网时，两臂应伸过网去接近球。两手自然张开，屈指屈腕成半球状。当手触及球时，两手要突然紧张，手腕下压盖在球的前上方（图 12 –21）。

5. 落地 拦球后，要做含胸动作，以保持身体平衡。手臂要先后摆或上提，从网上收回至本方上空，再屈肘向下收臂，以免触网。同时屈膝缓冲，双脚落地，随即转身面向后场，准备接应来球或做下一个动作。

（二）练习方法

1. 拦网手型练习 两人一组相对站立，一人双手举球主动向前移动，另一人伸臂拦网，以正确的手型屈腕拦击球。

2. 移动起跳拦网练习 学生听口令在网前向左、右移动起跳拦网。

3. 结合球的拦网练习 学生轮流从 3 号位向 2 和 4 号位移动拦高台扣球。

第三节　排球基本战术

排球战术是指运动员在比赛中，根据排球规则和排球运动的规律及临场竞赛情况的发展变化，有意识的运用合理技术和互相配合所采取的有目的、有针对性的行动。

一、阵容配备

（一）阵容配备的定义

阵容配备是指参赛队根据比赛的任务、本队战术组织的特点及队员的身体情况，有针对性的、合理的安排出场队员及位置分工，充分的调配力量，科学的组合人员的筹划过程。

（二）阵容配备的目的

在于把全队的力量有效的组织起来，扬长避短，最大限度的发挥每一个队员的作用和特长。

（三）阵容配备的原则

1. 择优原则 选择心理品质好、作风顽强、技术全面、身体素质好、临场经验丰富的队员，组成主力阵容。

2. 攻守均衡原则 每个轮次力争做到攻守力量相对均衡，尽量避免弱轮次的出现。

3. 相邻默契原则 要注意把平时合作默契的传、扣队员安排在相邻的位置上，使之能更好的组成战术配合，发挥各自的特长。

4. 轮次针对原则 根据对方队员的位置，轮次安排要有针对性。如拦网能力强的队员对准对方攻击力强的队员，以遏制对方的进攻。

（四）阵容配备的形式

1. "四二"配备（图 12 –22） 由四名进攻队员（两名主攻队员与两名副攻队员）和两名二传队员组成，他们分别站在对角的位置上。这样某个轮次前后排都能保持有一名二传队员，两个进攻队员，便于组织和发挥本队的攻击力量。目前在水平一般的球队中，采用这种配备形式的较多。

2. "五一"配备（图 12 –23） 由五名进攻队员和一名二传队员组成。队员位置的站立与"四二"配置基本相同，只是一名二传队员作为接应二传主要承担进攻任务。这样可以加强拦网和进攻力量。接应二传也可弥补主要二传队员有时来不及传球所出现的被动局面。目前在水平较高的球队中普遍采用这种配备形式。

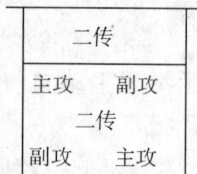

二传	
主攻　　副攻	
二传	
副攻　　主攻	

图 12 - 22　"四二"配备

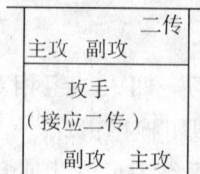

二传	
主攻　副攻	
攻手	
（接应二传）	
副攻　主攻	

图 12 - 23　"五一"配备

二、交换位置

（一）交换位置的定义

为了最大限度的发挥每个队员的特长，调动一切积极因素，加强攻防力量，弥补阵容配备上的某些缺陷，在规则允许的条件下，交换场上队员的位置用以组织战术的方法。

（二）交换位置的目的

（1）充分发挥每个队员的特长，以取得扬长避短的效果。

（2）便于进攻和防守战术的组织，发挥攻、防战术的优势。

（3）采用专位分工的进攻与防守，以提高攻防战术的质量。

（三）交换位置的方法

1. 前排队员之间的换位

（1）为了便于组织进攻战术，把二传队员换到 2 号位或 3 号位。

（2）为了加强进攻力量，把进攻力量强的队员换到便于扣球的位置上，如右手扣球队员换到 4 号位，左手扣球队员换到 2 号位，扣快球的队员换到 3 号位。

（3）为了加强拦网，抑制对方的重点进攻，把身材高大或弹跳力好及拦网能力强的队员换到 3 号位，或与对方主攻队员相对应的位置上。

2. 后排队员之间的换位

（1）为了发挥个人特长，后排队员各自换到自己熟悉的防守区进行专位防守。

（2）为了在比赛中便于运用行进间"插上"战术，把二传队员换到 1 号位或 6 号位，以缩短插上时的距离。

（3）根据临场情况，把防守能力强的队员换到防守任务较重的区域，把防守能力弱的队员换到防守任务较轻的区域。

3. 前、后排队员之间的换位　后排的二传队员插上时，可从 1 号位、6 号位、5 号位插上到 2、3 号位之间的位置，准备作二传，前排的 2、3、4 号位队员则后退，准备接球或进攻。

（四）交换位置时应注意的事项

（1）换位前的站位，既要防止"位置错误"犯规，又要考虑缩短换位距离。

（2）当发球队员击球后，即开始换位，应力求迅速的换到预定位置，立即准备做下一动作。

（3）当对方发球时，应首先准备接对方发球，然后再换位，避免造成接发球混乱。

（4）换位时，队员之间要注意配合行动，防止互相干扰，做到互相弥补。

（5）换位后，当该球成死球时，应立即返回原位，各自做好下次接发球或进攻的准备。

三、"自由防守队员"的运用

1. 自由防守队员的定义　自由防守队员指不经裁判员允许、不受换人次数的限制，可以替换后排任何一名队员完成防守任务，并在规则允许条件的范围内可以自由进出比赛场地参加比赛的队员。

2. "自由防守队员"的目的　主要目的是加强后排防守和一传，促进攻守平衡，使排球比赛更加精彩激烈。

3. "自由防守队员"的运用

（1）替换场上进攻能力强而防守能力弱的队员。

（2）替换因进攻、拦网而体力消耗大的主力队员。

四、接发球及其进攻战术

接发球及其进攻，简称"一攻"。是指接起对方发过来的球，并力争垫到位，组成进攻战术。

（一）接发球的站位阵型

当采用"中一二"进攻战术时，如果对方发球速度较快，弧线较平，落点一般靠后场，接发球时可站成"一三二"形式（图12-24）；如果对方发球弧度较大，落点有前有后，则可站成"一二一二"形式（图12-25）。由于位置轮换，当二传队员在二号位或四号位时，可采用换位的防法，在对方发球击球后，及时换到三号位，但必须注意不要发生位置错误。

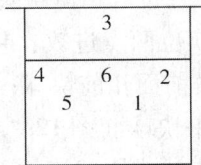

图12-24　"一三二"形式　　　　图12-25　"一二一二"配备

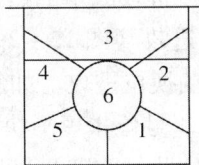

当采用"边一二"进攻战术时，可站成"边一三二"形式。

当采用"插上"进攻战术时，有以下3种站位方法（图12-26）。

（1）1号位队员插上的站位法。

（2）6号位队员插上的站位法。

（3）5号位队员插上的站位法。

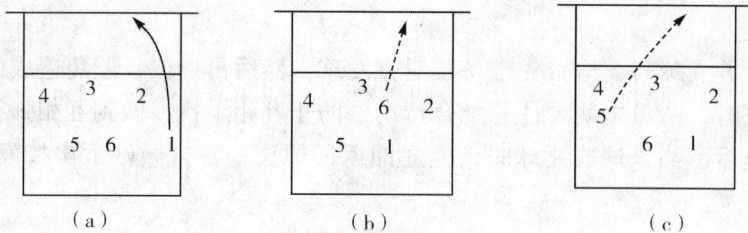

图 12 - 26 "插上"进攻战术站位法

（二）接发球进攻战术

接发球进攻战术是指在接起对方的发球后，通过各种进攻战术阵形，运用多种战术配合打法，达到突破对方拦网、防止失分的目的。进攻战术形式有"中一二"、"边一二"和"插上"3 种。

1. "中一二"进攻阵型 由 3 号位队员担任二传，其他 5 名队员将来球垫给二传队员，再由二传队员将球传给 4 号位或 2 号位队员进攻的一种组织形式，称为"中一二"进攻阵型（图 12 - 27）。

（1）采用"中一二"进攻形式时应注意的问题 ①当二传队员轮换到 4 号位或 2 号位时，应采用换位的方法，把二传队员换到 3 号位，以便于组织进攻（图 12 - 28）。②3 号位二传队员如果向两边都采用正面传球时，可以居中站位；如果二传队员利用正面长传或背后短传时，站位可靠近 2 号位区。

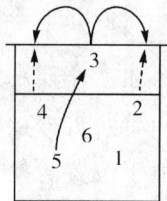
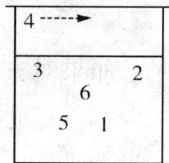
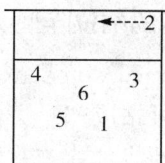

　　　图 12 - 27　"中一二"进攻阵型 1　　图 12 - 28　"中一二"进攻阵型 2

（2）"中一二"进攻战术的运用 ①定位进攻：3 号位二传队员传给 2 号位或 4 号位队员集中或拉开进攻（图 12 - 29）。②定位与跑动换位两点进攻：4 号位队员定点进攻，2 号位队员跑动换位进攻。如斜线助跑到二传队员前面扣前快球；在二传身后扣背快球；助跑换位到 3 号位扣短平快球；向右助跑扣背平快球（图 12 - 30）。③两点跑动的活点进攻：2 号位队员跑到 3 号位二传队员体钱扣快球或快球掩护，4 号位队员扣平拉开或短平快球（图 12 - 31）。

2. "边一二"进攻战术 由 2 号位队员担任二传，将球传给 3 号位或 4 号位队员进攻的一种组织形式，称为"边一二"进攻阵型（图 12 - 32）。

（1）采用"边一二"进攻形式时应注意的问题 ①当二传队员轮换到 4 号位或 3 号位时，应采用换位的方法把二传队员换到 2 号位（图 12 - 33）。②二传队员应在 2、3 号位之间，不要紧靠边线站立，以便运用背快球战术。

（2）"边一二"进攻战术的运用 ①定位进攻：3 号位队员扣一般集中球，4 号位

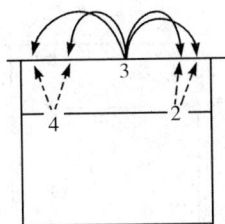
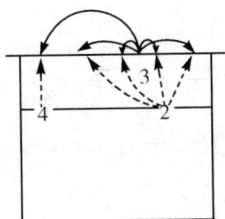
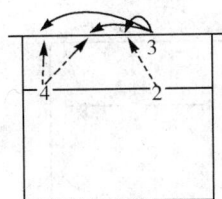

图12-29 "中一二"　　图12-30 "中一二"　　图12-31 "中一二"
进攻战术1　　　　　进攻战术2　　　　　进攻战术3

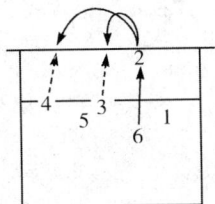
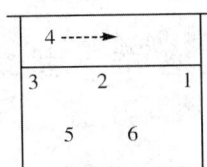
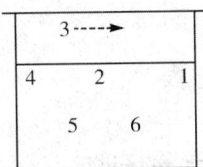

图12-32 "边一二"进攻阵型1　　　　图12-33 "边一二"进攻阵型2

队员扣拉开球（图12-34）。②定位与跑动换位两点进攻：4号位队员扣定位球，3号位队员围绕跑动到2号位二传队员身后扣背快球或半高球（图12-35）。③两点跑动的活点进攻：4号位队员与3号位队员作交叉进攻（图12-36）。

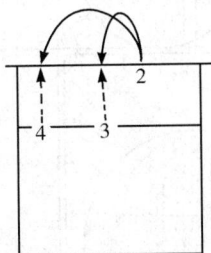
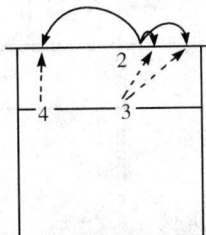
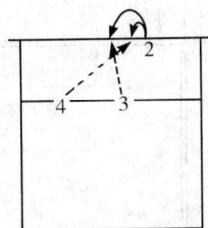

图12-34 "边一二"　　图12-35 "边一二"　　图12-36 "边一二"
进攻战术1　　　　　进攻战术2　　　　　进攻战术3

3. "插上"进攻战术　由后排队员插到前排2、3号位之间担任二传，将球传给前排3名队员进攻的组织形式，称为"插上"进攻阵型。其特点是能保持前排三点进攻，可充分利用球网长度，有利于发挥队员的多种掩护配合，加上后排的两点进攻，形成多方位、前后交错的立体化进攻，更具有突然性和攻击性。

（1）采用"插上"进攻形式时应注意的问题　①接发球时，后排队员在插上过程中不要影响其他队员的接发球。②插上时要以最短的距离、最快的速度插上。③应掌握好插上时机。

（2）"插上"进攻战术的运用　①3号位队员扣快球，2、4号位队员两边拉开进攻（图12-37）。②2号位队员定点强攻，4、3号位队员作"前交叉"进攻（图12-38）。③4号位队员定点强攻，2、3号位队员作"背交叉"进攻（图12-39）。

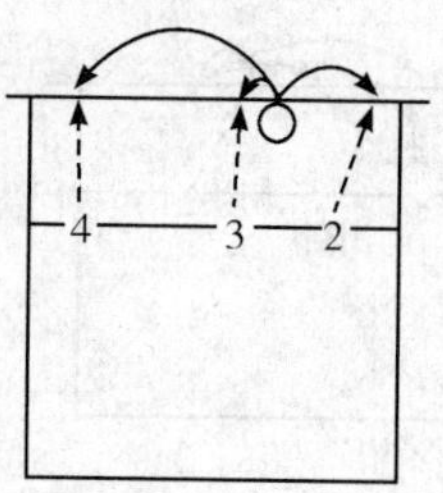

图 12 – 37	图 12 – 38	图 12 – 39
"插上"进攻战术 1	"插上"进攻战术 2	"插上"进攻战术 3

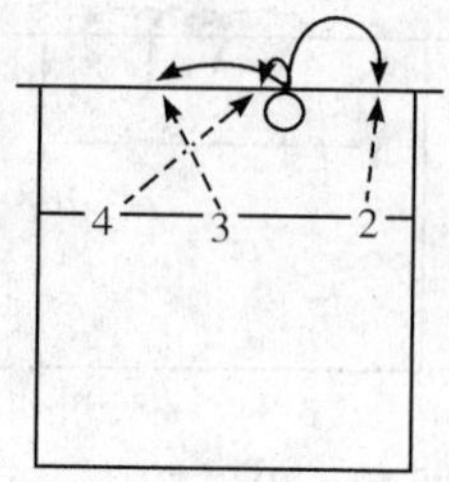

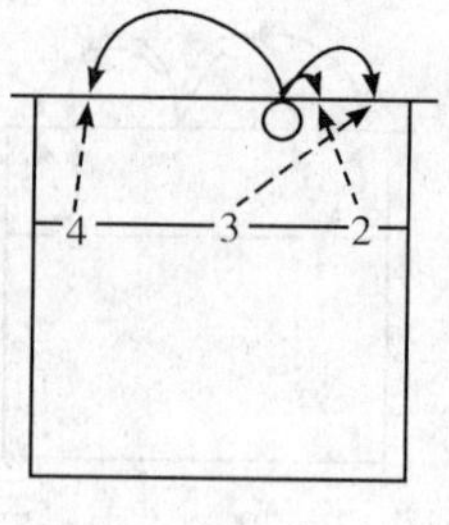

第四节 排球主要规则

一、比赛场地

比赛区域包括比赛球场和无障碍区，而且是对称长方形。比赛球场是一个 18m × 9m 的长方形场地，四周设有相互对称且至少 3m 宽的长方形无障碍区域（图 12 – 40）。

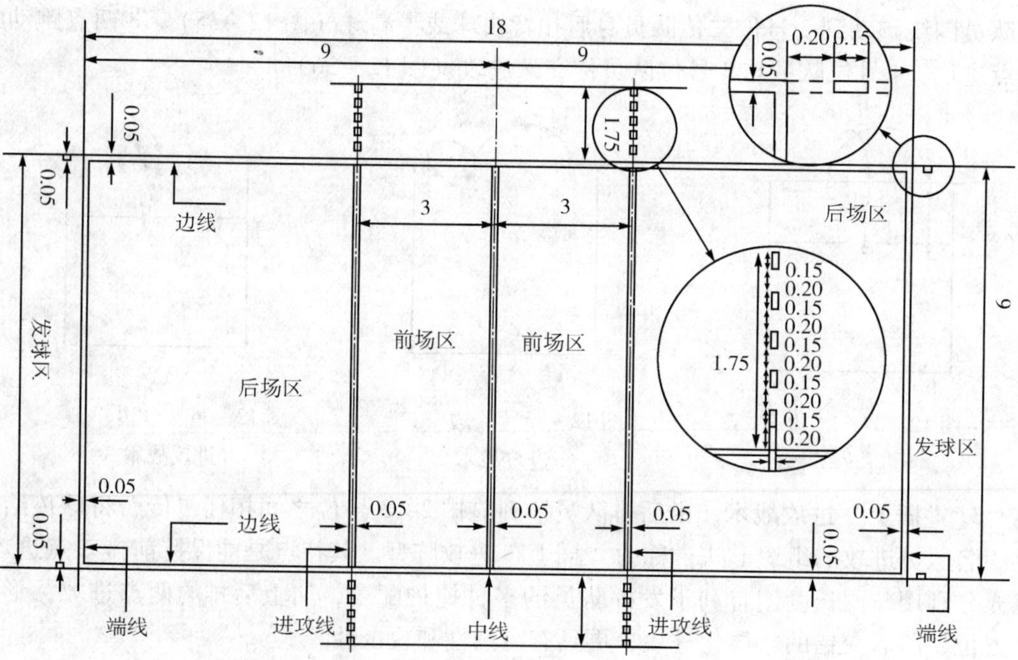

图 12 – 40 排球比赛场地

（一）球场界线

（1）所有的球场界线皆为 5cm 宽，并与地面及其他线条颜色不同。

（2）比赛球场由两条边线及两条端线所构成。边线与端线均包含在比赛球场范围内。

（二）球网和网柱

1. 球网高度　球网位于中线垂直上方，男子网高 2.43m，女子网高 2.24m。

2. 标志带　两条宽 5cm、长 1m 的白色带子垂直紧系于两边线上方球网上。

3. 标志竿　标志竿是一支具有弹性的竿子，长度为 1.80m，直径为 10mm。两支标志竿紧系于标志带的外缘，两边各一支标志竿上部 80cm 的长度超出网顶，每 10cm 涂以对比鲜明的颜色，以红白相间为佳。标志竿应视为球网的一部分且作为有效穿越空间的两侧界限。

二、主要竞赛规则

（一）球队上场阵容

（1）各队必须始终保持 6 名队员在场比赛。

（2）每局开始时所决定的球员位置轮转顺序均须维持到该局结束。

（3）若球队选择登记自由防守队员，则自由防守队员的球衣号码必须在第一局时与 6 位先发球员的号码一同标示在阵容单上。

（4）在每局比赛开始前，教练必须将球队上场的阵容写在阵容单上，签字后交给第二裁判或记录员。

（5）凡未列在上场阵容单内的球员即为替补球员。

（6）上场阵容单一经提出，即不得更改。

（二）位置

1. 球员位置

（1）三名沿着球网排列的球员为前排球员，应站在 4 号位置（左）、3 号位置（中）及 2 号位置（右）；另三名为后排队员，站在 5 号位置（左）、6 号位置（中）及 1 号位置（右）。

（2）每一名后排球员的位置均须比其所对应的前排球员离球网更远。

2. 球员位置的判定　球员的位置是以他们足部接触地面的位置来判定。

（1）"每一名前排队员至少有一只脚的一部分，比同列后排队员的双脚距中线更近"的规定站位（图 12-41）。

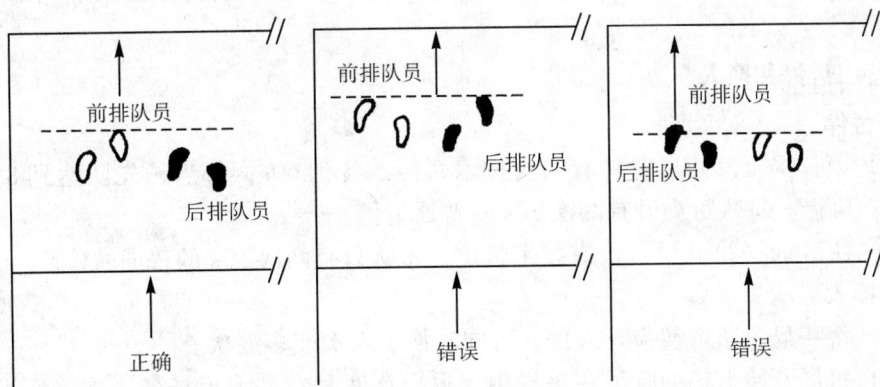

图 12-41　球员位置判定 1

（2）"每一名右边（左边）队员至少有一只脚的一部分，比同排中间队员的双脚距左（右）边线更近"的规定站位（图12-42）。

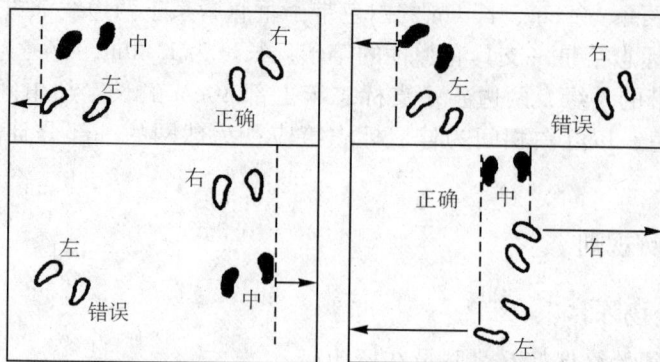

图12-42 球员位置判定2

（3）球一旦发出，队员即可在己方的场区及无障碍区域任意移动。

3. 位置错误

（1）当发球队员击球的瞬间，若有队员未按其规定位置站立，则判该队员位置错误犯。

（2）若发球队员击球时犯规先于位置错误之前，判发球犯规。

（3）若发球队员是击球后的犯规则判轮转错误犯规。

4. 轮转

（1）整局比赛的轮转顺序，发球顺序，球员位置都依阵容单来决定。

（2）当接发球队取得发球权时，该队球员必须依顺时针方向轮转一个位置2号位置的球员轮转到1号位置发球，1号位置球员则轮转到6号位置，依此类推。

5. 轮转错误 当发球未按轮转顺序进行时，即为轮转错误。而产生下列结果。

（1）轮转错误的球队应判丧失发球权并由对方得一分且拥有发球权。

（2）纠正队员轮转次序。

（3）除此之外，记录员应即判定犯错的正确时间。犯规队在错误期间所得的分数必须取消，其对方分数则依然有效。若无法确定错误时间则分数不取消，仅判犯规球队失一分。

（三）暂停和换人

1. 暂停

（1）第一局至第四局每局有两次技术暂停，各为60s，每当领先队达到8分或16分时自动执行。每队每局另有两次30s的普通暂停。

（2）决胜局（第五局）没有技术暂停，每队只有两次30s的普通暂停。

2. 换人

（1）每一局每队可替换6人次，可同时换1人次或多人次。

（2）每局开始上场的队员在该局中可退出比赛和在替换上场各一次，而且只能回到原比赛位置上；替补队员每局仅可上场一次替换开始上场的球员，而且他只能由被他替换下场的队员来替换。

（四）得一分，胜一局，胜一场

比赛采用每球得分制，胜一球即得一分。第一局至第四局，先获得 25 分并至少领先 2 分则胜一局（第五局除外）若比数为 24：24 时，则必须领先对方 2 分为止（例：26：24，27：25）。比赛是五局三胜制，先获胜三局的球队为该场比赛的胜队。若局数为 2：2 时，在决胜局（第五局）比赛中先获 15 分并领先对队 2 分为胜。

（五）发球

1. 首先发球

（1）第一局与决胜局（第五局）由抽签决定发球权的队首先发球。

（2）其他各局则由前一局未先发球的球队开始发球。

2. 发球顺序

（1）队员发球的次序按位置表登记的顺序进行。

（2）当发球队胜一球时，原发球队员或替补队员继续发球。

（3）当接发球队胜一球时获得发球权并轮转，由前排右球员移到后排右位置进行发球。

（4）发球的允许：第一裁判确认队员已拿好球，且双方球员已做好比赛准备时，鸣哨允许发球。

3. 执行发球

（1）球抛起或离手后，应以单手或单臂的任何部位将球击出。

（2）发球队员在击球时或跳跃发球起跳时，发球员不得触及球场场区（含端线）或发球区以外的地面。击球后，可踏入或落于发球区外或场内。

（3）第一裁判鸣笛指示发球后，发球员必须在 8s 内将球击出。

（4）裁判鸣笛前所发出的球无效，应重新发球。

4. 发球掩护

（1）发球队球员不得以个人或集体掩护方式妨碍对方观察发球者或球的飞行路线。

（2）在发球时，发球队个人或集体以挥动手臂、跳起或侧移，遮挡了球的飞行路线，即构成发球掩护犯规。

5. 发球犯规和位置错误

（1）如果发球犯规与对方位置错误同时发生，应判发球犯规。

（2）如果发球击球后的犯规与对方位置错误同时发生，应判位置错误。

（六）击球的犯规

1. 四次击球 一个队连续击球 4 次。

2. 持球 球被接住和（或）抛出，而不是被弹出。

3. 连击 球员连续击球二次或球连续触及身体不同部位。

（七）进攻性击球

1. 进攻性击球的限制

（1）前排球员可以对任何高度的球完成进攻性击球（高于球网上沿的发球除外）。

（2）后排球员可在后区的任何高度完成攻击动作。但在击球起跳时，其单足（或双足）不得触及或越过攻击线。击球后，则可落入前场区。

（3）若在触球的瞬间，球的任何一部分低于球网上沿，则后排球员也可在前区完成攻击。

（4）接发球队队员不能对处于前场区内高于球网上沿的对方发球完成进攻性击球。

2. 攻击的犯规

（1）后排球员在前区完成进攻性击球并且击球时球的整体高于球网的上沿。

（2）对处于前场区内高于球网上沿的对方发球完成进攻性击球。

（3）自由防守球员将高于球网上端的球完成进攻性击球。

（4）队员将球在高于球网处，接同队自由防守球员在前场区用上手传的球完成攻击性击球。

第十三章 足 球

第一节 足球的起源与发展

　　足球运动是一项古老的运动，追逐其历史则源远流长，几经波折终以自身的魅力，赢得了"世界第一运动"的美誉。关于足球运动的起源可谓众说纷纭。国际足联认为，足球运动起源于中国。《水浒传》中的高俅自然不用提，在中国古代史料中曾有"蹴鞠"运动的记载。"蹴鞠"运动类似于现在的颠球，它并不是真正的足球运动，也不具备足球运动的雏形。所以在国际上认同"足球起源于中国"一说者很少。还有一种比较流行的说法，认为现代足球运动起源于英格兰，据说11世纪时英格兰与丹麦之间发生战争，无聊＋仇恨使英格兰人将一名丹麦俘虏的人头踢来踢去，他们发现踢这种东西很有趣，于是开始踢其他球状或类球状物品，足球从此诞生。还有说法，认为中世纪以前，希腊人和罗马人已经从事一种足球游戏。他们在一个长方形场地上，将球放在中间的白线上，用脚把球踢滚到对方场地上，当时称这种游戏为"哈巴斯托姆"。这种传说中的"哈巴斯托姆"也不是真正的足球，它更像用脚打排球，而且没有球网。

　　1863年10月26日，英格兰足球协会的成立，为欧洲其他足球运动发达地区和国家作出了榜样。它的诞生，标志着足球运动的发展进入了一个崭新的阶段。因此，人们公认1863年10月26日，即英格兰足球协会成立之日为现代足球的诞生日。英格兰足协的成立带动了欧洲和拉美一些国家足球运动的蓬勃发展，各国陆续成立了足球组织。当时，欧洲是足球运动发展的中心。荷兰足协秘书希斯霍曼和法国体育运动协会秘书罗伯特·盖林是创建国际足联的积极倡导者。1904年5月21日，国际足协协会（简称国际足联，英文缩写为FIFA）在法国巴黎法国体育运动协会联盟驻地的后楼正式成立，法国等7个国家的代表在有关文件上签了字。1904年5月23日，国际足联召开了第1界全体代表大会，法国的罗伯特·盖林被推选为第一任主席。1905年4月14日，英格兰足协宣布承认并要求加入国际足联，苏格兰、威尔士、北爱尔兰亦相继加入。国际足联的创建，标志着足球作为一项世界性的体育运动项目登上了世界体坛，使足球运动在更广泛的范围内开展起来，影响愈来愈远。现有会员协会158个，总部设在瑞士苏黎士国际足联大厦。国际足联的宗旨是促进国际足球运动的发展，发展各足球协会之间的友好联系。我国1931年加入国际足联。

　　1896年，第一届现代奥运会在希腊举行时，足球就列为正式比赛项目，丹麦以9：0大胜希腊，成为奥运会第一个足球冠军。因为奥运会不允许职业运动员参加，到了1928年（第九届奥运会）足球比赛已无法持续。1928年奥运会结束后，国际足联召开代表会议，一致通过决议，举办四年一次的世界足球锦标赛。这对于世界足球运动的进一步发展和提高起到了积极的推动作用。最初这个新的足球大赛称为"世界足球锦标赛"。1956年，国际足联在卢森堡召开的会议上，决定易名为"雷米特杯赛"。这是为表彰前国际足联主席法国人雷米特为足球运动所作出的成就。雷米特担任国际足联主席 33 年（1921～1954），是世界足球锦标赛的发起者和组织者。后来，有人建议将两个名字联起来，称为"世界足球锦标赛—雷米特杯"。于是，在赫尔辛基会议上决定更名为"世界足球锦标赛—雷米特杯"，简称"世界杯"。为了培养后备力量，国际足联还从 1977 年起，举办两年一届的世界青年足球锦标赛；从 1981 年起，举办世界少年足球锦标赛。现代女子足球运动于 16 世纪初始于英格兰。1890 年，英格兰首次举办了有一万多人观看的女子足球赛，并于 1894 年建立女子足球俱乐部。

第二节　足球基本技术

足球技术是指运动员在比赛中，有目的的采用身体合理部位处理球的动作方法的总称。包括踢球、接球、运球、头顶球、抢截球、掷界外球、假动作和守门员技术。

一、踢球

踢球技术由助跑、支撑脚站位、踢球腿的摆动、脚触球和踢球后的随前动作 5 个环节，其中以支撑脚站位、踢球腿摆动和脚触球 3 个环节为决定踢球力量及准确性的重要因素。

常用的踢球脚法有脚内侧踢球、脚背正面踢球、脚背内侧踢球、脚背外侧踢球等。

（一）技术动作要领

1. 脚内侧（脚弓）踢球　它的特点是脚与球接触面积大，出球平稳准确，且易于掌握。在中近距离传球和射门时采用，但力量小。

（1）踢定位球　直线助跑，支撑前的最后一步稍大些，支撑脚站在球的侧面约 15cm 处，脚尖正对出球方向，膝关节微屈。支撑脚着地的同时，踢球腿由大腿带动小腿由后向前摆动，膝关节外转，小腿做爆发式摆动。踢球脚脚尖稍翘起使脚底与地面平行，脚内侧正对出球方向，击球的后中部。踢球后腿随球前摆，增大击球力量（图13－1）。

(a)　　　　　　　　　　　　　　(b)

图 13－1　踢定位球（脚内侧）

（2）踢空中球　身体根据来球移动到位，踢球腿大腿抬起，小腿拖后。击球时利用小腿的前摆击球的中部（图 13－2）。

2. 脚背正面踢球　踢球腿的摆幅大，摆速快，脚与球接触面积大，踢出的球力量大且准确，是射门的主要技术。

图 13 - 2 踢空中球（脚内侧）

（1）踢定位球（图 13 - 3，图 13 - 4） 正面助跑，最后一步要大并积极着地支撑，在球的侧面 10 ~ 15cm 处，脚尖正对出球方向，膝关节微屈。踢球腿随跑动后摆，以髋关节为轴，大腿带动小腿由后向前摆动。当膝关节接近球的上方时，小腿做爆发式摆动，同时含胸收腹。踢球脚脚背绷直，脚趾紧抓鞋底，用脚背正面击球后中部，击球后踢球腿随球提膝前摆。

（2）踢反弹球 根据来球速度、方向选择支撑脚位置，在球反弹离地时，小腿加速前摆，由脚背正面击球的后中部，并收腹提膝（图 13 - 5）。

图 13 - 3 踢定位球
（脚背正面）1

图 13 - 4 踢定位球
（脚背正面）2

图 13 - 5
踢反弹球

3. 脚背内侧踢球 踢球腿摆幅大、摆速快，踢球力量大且可以随时改变球的方向和力量。在比赛中多用于角球、任意球、长传和射门。

（1）踢过顶球 斜线助跑与出球方向的反向延长线成 45°角，支撑脚踏在球的侧后方 20 ~ 25cm 左右，膝关节微屈，脚尖正对出球方向。身体向支撑脚一侧倾斜，踏立足的同时踢球腿完成后摆，大腿带动小腿快速前摆。当大腿摆至与支撑腿接近同一平面时，小腿爆发式前摆，脚面绷直，脚尖插入球的下部，以脚背内侧触击球。击球后踢球腿及身体继续随球向前保持身体平衡（图 13 - 6）。

（2）踢弧线球 动作方法基本与踢过顶球一致。踢球的施力方向不通过球的重心，使球在飞行中产生旋转，划出美妙的弧线（图 13 - 7）。

图 13 - 6 踢过顶球

图 13 - 7 踢弧线球

4. 颠球 颠球是初学者熟悉球性的一种手段。不断地进行这种练习，可以逐步建立良好的"球感"。

（1）挑球 支撑脚踏在球侧后方 25～30cm 处，挑球脚脚掌轻轻放在球顶部位。小腿回拉，挑球脚随着球的向回滚动前脚掌迅速着地并伸到球下，当球滚至脚趾上方时，翘脚尖，微伸小腿，并向前上方轻轻用力将球挑起。

（2）脚背颠球 支撑腿微屈，当球下落至踢球腿膝关节以下时，脚面端平，踝关节保持适度紧张，过于放松球颠不起来，过于紧张则颠起的球太靠近身体。膝关节放松，小腿前摆，脚背搓击球的中下部将球颠起，使球向回旋转（图 13－8）。

（二）练习方法

1. 各种踢球技术动作的模仿练习 一步助跑过渡到几步助跑，慢速过渡到快速，做踢球动作模仿练习。

2. 距墙 5m 左右进行踢球练 主要强调小腿的快速前摆、脚触球、支撑脚位置环节准确。练习一段时间后将距离加长到 25m 左右，强调大腿带动小腿的摆动。当踢定位球有一定基础后，逐步增加踢个人控制的活动球和从墙弹回的活动球。整个练习要注意技术环节的准确和要求踢向预定目标。

3. 各种脚法的两人练习 两人进行任意距离、任意脚法的传球和射门练习。

二、接球

接球是指运动员有目的的用身体的合理部位将运行中的球停在自己所控制的范围之内。接球不是目的，是为了衔接你的下一个动作而做的准备。

图 13－8 脚背颠球

常用的接球方法有脚内侧、脚底、脚背正面、脚背外侧、胸部和大腿等部位的接球技术。

（一）技术动作要领

1. 脚内侧接球 脚与球的接触面积大，停球稳，便于改变方向和下一个动作的连接。

（1）接地滚球 支撑脚脚尖正对来球，膝关节微屈。接球脚提起，脚尖翘起，膝关节外转，脚内侧正对来球并前迎。当脚与球接触的一刹那，接球脚稍后撤或下切缓冲来球力量（图 13－9）。

（2）接反弹球 根据球的落点移动到位。支撑脚踏在球落点的侧前方，膝关节弯曲，身体向接球后球将运行的方向偏移。当球反弹离地瞬间，接球腿放松，脚尖微翘，脚内侧对准球的反弹角度，推压球的中上部，缓冲来球力量，将球控制住（图 13－10）。

（3）接空中球 根据来球位置选择接球点。接球腿大腿抬平，脚内侧正对来球，在球与脚接触的一瞬间，小腿后撤缓冲来球力量，将球停稳（图 13－11）。

图 13 - 9 接地滚球   图 13 - 10 接反弹球

2. 脚底接球

（1）**停地滚球** 身体正对来球，支撑腿膝关节微屈。停球脚提起，膝关节放松，脚尖翘起高于脚跟，踝关节放松，用前脚掌触球的中上部。

图 13 - 11 接空中球

（2）**停反弹球** 判断来球落点，支撑脚踏在球落点的侧后方，当球着地反弹的一刹那，用前脚掌触球的后上部（图 13 - 12）。

3. 脚背正面接球 方法简单易于掌握，适用于停空中下落的球。停球时，面对来球，停球脚提起，用脚背正面迎空中球的底部，踝关节和膝关节放松。当球与脚面接触的一瞬间，接球脚下撤缓冲球的力量，将球接到需要停的位置（图 13 - 13）。

图 13 - 12 停反弹术   图 13 - 13 脚背正面接球

4. 大腿接球 可用于接高空下落球和低平球。接球腿大腿抬起，用大腿前侧接触球的中下部，触球瞬间大腿下撤，使球落在所需要的位置（图 13 - 14）。

图 13 – 14　大腿接球

（二）练习方法

（1）个人将球踢高，或者接从墙反弹回来的球，开始接到脚下，过渡到把球接到设想的预定位置。

（2）两人一组，练习接各种性质（地滚、空中、反弹）的球，可逐渐增加距离和力量。

三、运球

运球是指运动员在跑动中用脚推拨球的动作技术，是个人进攻和控制球能力的集中体现。运球的方法包括脚内侧运球、脚背正面运球、脚背外侧运球等。

（一）技术动作要领

1. 脚内侧运球　多在改变方向和用身体掩护球时使用。运球时，支撑脚微屈并且先于球的运行方向，身体放松，重心放在支撑脚上，另一条腿提起屈膝，用脚内侧推球前进，然后运球脚着地（图 13 – 15）。

2. 脚背正面运球　为了争取进攻时间，在快速进攻情况下使用。运球时的身体姿势与正常跑动姿势相同，步幅不宜太大，运球腿弯曲，脚尖下指，在向前迈步着地前，用脚背正面向前推球（图 13 – 16）。

图 13 – 15　脚内侧运球　　　　　　　　图 13 – 16　脚背正面运球

3. 脚背外侧运球　多在快速奔跑时和向外改变方向时使用。运球时，身体自然放松，上体稍前倾，两臂自然摆动，步幅不要太大，运球脚提起时，膝关节弯曲，脚跟提起，脚尖稍内转，脚背外侧正对运球方向，在运球脚着地前用脚背外侧推拨球（图 13 – 17）。

4. 其他

（1）拨球 利用脚腕向侧的旋转，从对手的一侧经过（图13-18）。

图13-17 脚背外侧运球 　　　　　图13-18 拨球

（2）拉球 指用前脚掌放在球的上部，将球向后拖或向侧拖动，另一只脚在球的侧后方支撑（图13-19）。

（3）扣球 指运用转身和脚腕急转压扣的动作，用脚内侧或外侧触球，将球迅速停住或改变方向（图13-20）。

图13-19 拉球 　　　　　　　　图13-20 扣球

5. 运球过人

（1）利用速度强行过人 持球者以突然的快速推拨球（力量较大）并与快速的奔跑相结合，越过对手的阻拦。

（2）运球假动作过人 运球者利用腿部、上体的晃动使对手产生错觉，在对手做抢球动作时，使其重心产生错误的移动，运球者则抓住时机从另一方向越过对手。

（3）人球分路过人 运球者在跑动运球时，抢先把球推（拨）到前方，趁防守者认为可以触到球重心移动时，运球队员迅速从防守的另一侧越过去控制球，防守队员再转身起动很难追上。

（4）穿裆球过人 当运球者遇到对手从正面阻拦时，发现对手两脚开立较大，而且重心在两脚之间，运球者应将球从对手两脚之间推（拨）过，身体也随着从防守者侧面越过控制球。若防守者两脚开立不大，可引诱对手伸脚抢球，看准时机使球穿裆而过。

（二）练习方法

（1）在慢跑中分别用脚内侧运球，脚背正面运球，脚背外侧运球，运球方向沿直线进行。

（2）拨球、扣球、拉球变向练习。在一定范围内运球，听哨声或遇到标志物做变向运球。

（3）假动作过人练习。直线运球过程中，左（右）腿从球的前（上、后）方向右（左）晃动，着地后变支撑脚，接着用右（左）脚脚背外侧或者左（右）脚脚内侧过人，身体跟上。

四、头顶球

它是一项争夺空中球的重要基本技术。进攻时可传球和射门，防守时可抢断和破坏对方传球。头顶球包括前额正面顶球和前额侧面顶球。

（一）技术动作要领

1. 前额正面顶球

（1）原地头顶球　身体正对来球，两脚前后开立，膝关节微屈，上体后仰，收下颌，两眼注视来球，两臂自然张开，扩大自己控制空间。当球到身体前上方时，两脚用力蹬地，身体迅速前摆，摆体收腹动作协调一致，颈部紧张，用前额正面击球的后中部，上体继续随球前摆（图 13 – 21，图 13 – 22）。

图 13 – 21　前额正面顶球 1   图 13 – 22　前额正面顶球 2   图 13 – 23 前额正面顶球 3

（2）原地双脚跳起头顶球　观察来球，选择起跳时机。两脚用力蹬地跳起，上体后仰成背弓，两眼注视来球，两臂自然张开。当球运行至身体前上方时，迅速收腹，上体前摆，同时双腿向前振摆，用前额将球顶出。球顶出后两腿自然弯曲，缓冲落地（图 13 – 23）。

2. 前额侧面顶球　与前额正面顶球要领相同，不同的是身体向将要出球方向反方向侧摆，用前额侧面触击球，同时向击球方向甩头（图 13 – 24，图 13 – 25）。

图 13 – 24　前额侧面顶球 1   图 13 – 25　前额侧面顶球 2

（二）练习方法

（1）做各种头顶球的模仿动作练习。

（2）两人或两人以上做抛球—头顶球练习。

（3）争顶球练习。三人一组，一人抛球或传高球，另两人一人进攻一人防守争顶球。这个练习可在中圈附近，进攻后蹭防守解围；也可在罚球区内，一人射门一人向外顶。

五、抢截球

抢截球技术是指运动员在规则允许范围内，使用身体的合理部位把对手对球的控制权夺过来或破坏掉。抢截技术包括正面跨步抢截、侧面合理冲撞抢截球和铲球等。

（一）技术动作要领

1. 正面跨步抢截　是对方从正面运球而来时，防守者采用的一种抢截方法。当对方控球时，应靠近对方，两脚前后开立，两膝微屈，身体重心下降。当运球者脚触球后即将落地时，防守者后脚用力蹬地，抢球脚内侧正对球并向球跨出一步，将球堵截。当双方同时触球时，抢球脚应迅速将球向上提拉，使球从对方脚面滚过。身体迅速跟上将球控制好（图 13-26）。

图 13-26　正面跨步抢截

2. 侧面合理冲撞抢截球　当双方同向平行跑动抢球时，身体重心适当降低，靠近对手一侧的手臂要贴紧身体，用肩和上臂冲撞对方的同样部位，使对方身体重心失去平衡，从而将球控制（图 13-27）。

图 13-27　侧面合理冲撞抢截球

3. 铲球　在双方不能用正常动作触球或对方运球越过自己时，防守者为了抢球或者破坏对方球权，才使用铲球动作。在跑动过程中，一只脚用力蹬地使身体跃出，铲球腿向前沿地面对着球滑出，脚底将球铲出，然后小腿外侧、大腿外侧、手依次着地，身体向铲球腿一侧翻转，手撑地后立即起身（图 13-28）。

图 13-28　铲球

（二）练习方法

（1）两人一组，相向 2m，一人踩球，另一人上步脚内侧堵抢。有一定基础后，可在行进间进行此练习。

（2）两人同时出发争夺教师抛（踢）出的球，利用合理冲撞抢球，没有控制球的人继续抢下球权。

六、掷界外球

掷球时，掷球队员必须面向球场，两脚均应有一部分站立在边线上或边线外，用双手将球从头后经头顶掷入场内。

掷界外球有原地掷界外球和助跑掷界外球 2 种方法。

（一）技术动作要领

1. 原地掷界外球　面对出球方向，两脚左右或前后开立，两手自然张开、拇指相对，持球的侧后方，把球举过头后，上体后仰成背弓。掷球时，脚用力蹬地，两腿迅速伸直，收腹屈体，两臂同时快速前摆，当球摆至头上时，用力压腕把球掷出。两脚不得全部离地（图 13－29）。

2. 助跑掷界外球　双手持球于胸前，面对出球方向，助跑 3～5m，在助跑迈出最后一步时，两脚前后站立，同时将球举至头后经头顶掷出。掷球方法与原地掷界外球方法相同。

图 13－29　原地掷界外球

（二）练习方法

（1）两人一球，相距 15m，原地对掷界外球。

（2）两人一球，相距 25m，两端设两条平行线，助跑对掷界外球。

七、假动作

在足球比赛中，运动员为了控制好球以达到射门的目的，常常采用一些虚假的动作掩盖自己的真实意图，这些动作都称为假动作。假动作渗透在各项技术中，能熟练、合理的运用假动作是运动员技术水平的充分体现。

1. 传球的假动作　传球前为了使对手闪开传球路线，可先用眼神或假踢动作诱使对手堵截，再突然改变踢球脚法将球从另一方向传出。

2. 接球的假动作　如对手在体侧紧逼的情况下，可先做向一侧假接球动作，当对手犹豫或重心发生不适当的移动时，突然改变向另一侧接球。

3. 运球过人的假动作　利用身体和腿部的虚晃动作，或者减速和停顿，使防守队员发生重心偏移，伺机甩开对手的防守。

4. 射门的假动作　当对手冲上来奋力堵截射门时，用假射真扣或假射真拨闪开对手封堵，闪开角度传球或射门。面对门前只有一名防守队员时，假装射球门一侧，在脚接触球瞬间改变脚法。

5. 抢球假动作　先用假动作去堵截某一方向，待对手从另一侧运球通过时，正是真抢截动作的实施方向，就可将球截获。也可在占据防守位置的基础上假装上抢，使对手乱中出错，失误丢球。

假动作的实施成功在于假动作的逼真性，真假动作的衔接太慢不易收到意想的效果，需练习者体会其中的真谛。

第三节 足球基本战术

足球战术是比赛中为了战胜对手，根据主客观的实际所采取的个人和集体配合的手段的综合表现。

足球战术可分为进攻战术和防守战术两大系统，其中又分别包含着局部和全队战术两类。成功的组织战术和巧妙的运用战术是夺取比赛胜利的重要因素。足球比赛的原则：进攻原则是制造宽度，传切渗透，机动灵活，随机应变；防守原则是延缓进攻，对口平衡，收缩保护，紧盯控制。

一、局部进攻配合

指在局部区域两人以上的战术配合行动。下面介绍几种"二过一"的练习方法。

(1) 斜传直插二过一（图 13-30）。

(2) 直传斜插二过一（图 13-31）。

(3) 撞墙式二过一（图 13-32）。

(4) 交叉掩护二过一（图 13-33）。

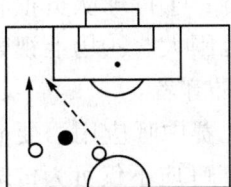 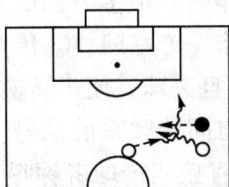 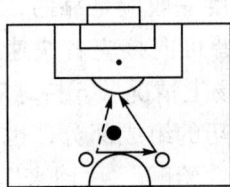 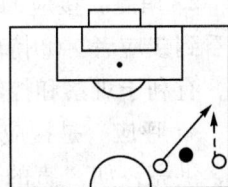

图 13-30　　　　　图 13-31　　　　　图 13-32　　　　　图 13-33
斜传直插二过一　　直传斜插二过一　　撞墙式二过一　　交叉掩护二过一

二、局部防守方式

在比赛中，局部地区相邻近的几名防守队员互相协作，相互补位，交换防守，有效的遏制或破坏对方的进攻，从被动的局面转化为有利的局面。

1. 补位 当附近同伴被传球或运球突破时，或者当附近同伴离开自己防守位置去执行其他任务时，应迅速上去保护补位（图 13-34）。

2. 夹击 对方队员运球突破时，马上对控球队员进行包夹，切断他和其他队友的联系，以人数优势断球或破坏球（图 13-35）。

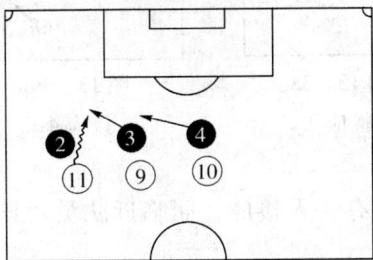 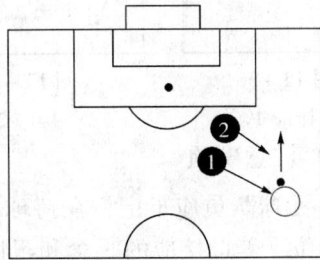

图 13-34　补位　　　　　　　　　图 13-35　夹击

三、接应技巧

接应是一种无球的战术行动。它是在局部地区旨在以多打少瓦解对方牢固防守的有效手段，能为本队创造更多的进攻点，促进进攻战术的灵活多变。

（一）接应的作用

1. 进攻作用 由于接应者所处位置，允许他有更广阔的场上视野，视察并弥补持球队员不能看到的场上动态和发展局势。

2. 防守作用 一旦持球队员失去控球权，他可迅速转换职能作为有球区域的第一防守者。

3. 精神作用 由于他在持球者附近，可以依靠呼应使持球队员增强了把球处理好的信心。同时，由于他的呼应，也分散了防守队员对持球队员的注意力，为持球队员的进攻创造了更有利的条件。

（二）接应的要点

1. 距离 接应的距离与接应时的场区、防守压力、个人习惯有密切关系。在前场，距离一般为 4~5m；在中场，一般为 8~12m；在后场，由于对手的减少，接应者的距离为 10~25m。

2. 角度 接应的角度一般应是靠内，这样则有很多方面的好处：①持球队员很容易看到接应者。②持球者可向接应者快速传球、传好球。③传球范围大。④场上视野广，有利于观察和控制场上情况。⑤持球者一旦丢球，便于转换成防守者。

3. 呼应 是接应技巧的组成部分，也是与同伴联系的信号。比赛中呼应用语要简练、洪亮，如"直的"、"给啊"、"回来"或直接叫传球者称呼等。呼应不仅可为传球者提供信息和技术指示，也可增强同伴的信心和勇气。

（三）接应方法

根据场上形势，可以采取能动的牵扯性跑位切入门前区域，对防守形成直接威胁。接应队员对持球队员的接应可通过第三个同伴的跑动实现（图 13-36，图 13-37，图 13-38，图 13-39）。

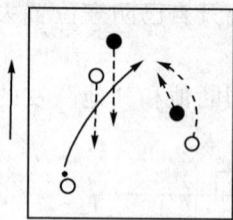 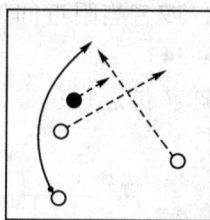 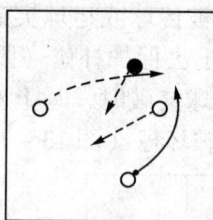 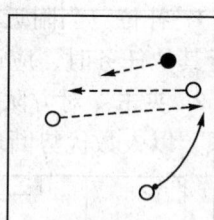

图 13-36　　　　　图 13-37　　　　　图 13-38　　　　　图 13-39
接应 1　　　　　　接应 2　　　　　　接应 3　　　　　　接应 4

（四）注意事项

（1）无球队员应牢记，在持球队员附近至少应有一人接应，而临近队员对该位置要及时部位，养成接应的观念和习惯。

（2）接应队员既要有积极向前突破的观念，又要有随时可能变成防守者的准备。

四、全队战术

（一）常见的进攻打法

1. 边路传中　是指在对方半场两侧地区发展的进攻，以传中制造射门得分为目的。由于两侧地区防守队员相对较少，空隙较大，攻方在这一地区便于发动进攻，突破防线。创造边路传中的方式有两种：个人运球突破（图 13–40）和传球配合（图 13–41）。

2. 中路渗透　一般有后场发动进攻（图 13–42）和前场发动进攻（图 13–43）2 种。

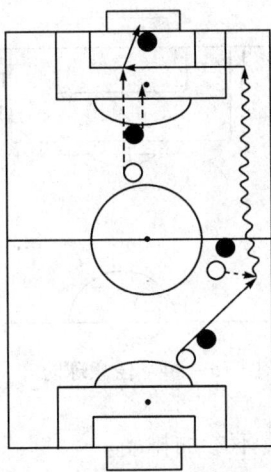

图 13–40 个人运球突破　　　图 13–41 传球配合　　　图 13–42 后场发动进攻

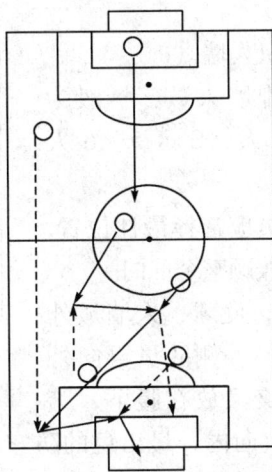

（二）常见的防守打法

1. 中前场逼迫式防守　一般在势均力敌或实力高于对方时运用。在本方中前场一旦丢球，丢球者马上反抢，其他队员对前来接应的进攻队员实行紧逼盯人，行动要协调一致，注意 3 条线之间不要脱节。这种防守要有压倒对手的气势，在这种气势压力下，有时本方队员并未抢球，对手也会出现失误。

2. 逐步回撤防守　这种防守是在中前场由攻转守时运用。本方靠近对方控球者的队员及时上

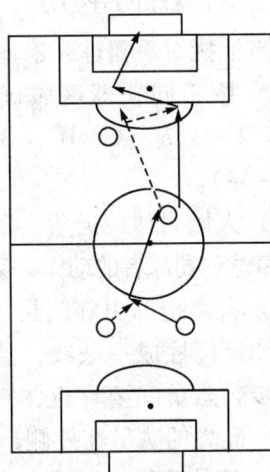

图 13–43　前场发动进攻

前封堵，不让他向前传球或运球突破，争取时间，其他队员迅速将防区由前场逐步撤到本方的中后场。防守方组织有层次的纵深防守，层次间要保持好适合前后夹击和保护的距离，缩小防区，适当内收，严守中路要害区域。

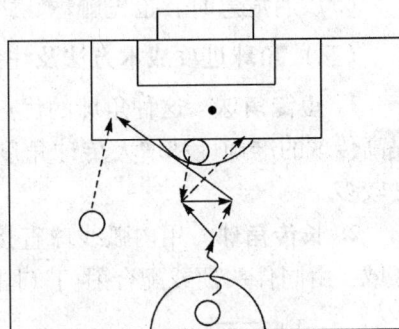

3. 快速回收密集防守　这种防守一般多用于敌强我弱，或以"稳固防守，快速反击"为指导思想的球队。它的主要特点是将防守重点部署在禁区前沿，形成严密的防守网络。防守队员相互之间保持一定距离，形成稳固的保护状态，给对方进攻造成极大困难。注意对前插队员要及时跟盯，不能放松，不能让近射、远射者从容起脚。

五、定位球战术

（一）前场任意球进攻方法

前场任意球，特别是对方罚球区附近的任意球进攻是当今比赛破门得分的锐利武器之一。一支队伍必须培养和拥有高水平的罚球队员。注意：①前场任意球的机会不多，应珍惜、充满自信。②能直接射门就不打配合，即使配合也应简练，越简练的配合成功的可能性就越大。③罚球时要敢于投入足够的队员进攻，发挥各队员的特点，与此同时应部署快速有序的回防，有效阻止对方的反击。

（二）任意球防守方法

适当干扰对手罚球，迅速组织人墙。

（1）按不同罚球区域确定排墙人数：一般为A、B区2~3人，C、D区3~4人，E区5~6人（图13-44）。

（2）人墙封球门近角，守门员应选择最佳位置，既能看清球和罚球者的动作，又能兼顾整个球门。

（3）人墙指挥由守门员担任，使球、人墙最外侧队员和近门柱成一条线，然后最外侧队员再向外横跨一步。队员间要靠近，双手交叉放在腹下，踮起脚尖。最高的队员在外侧，依次向内，最出色的防守队员不参加排墙。

图 13-44 任意球防守

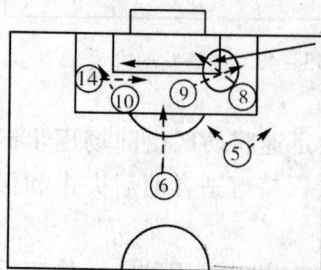

（4）其他队员控制要害区域和占据有利位置，合理运用身体把对方队员和本方球门隔开并紧贴跟随。

（5）遇危急时，抢先触球、踢远、踢高、向边线界外踢。

（三）角球进攻战术方法及注意事项

1. 短传角球 这种角球的优点是快，在角球弧处能形成人数优势，缩短传中距离，提高传球的准确性和增大传球角度。队员身材不高、争夺空中球能力较弱的队用此方法较多。

2. 长传角球 用内弧线球直接射门，运用者较少。多数长传角球是将球传至门前区域，由同伴头顶或配合射门（图13-45，图13-46，图13-47）。

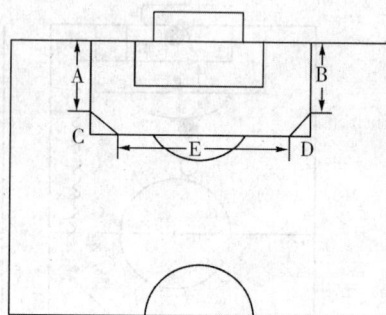

图 13-45 长位角球1　　　　　图 13-46 长位角球2　　　　　图 12-47 长位角球3

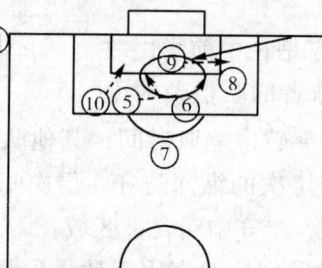

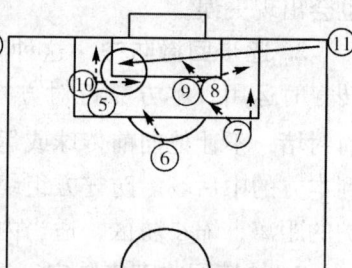

（四）角球防守战术方法及注意事项

（1）对方罚角球时，应有8~9名本方队员布置防守（图13-48）。

（2）注意事项 ①所有队员的注意力应高度集中，切忌盯人不看球或看球不看人。②防守者应抢占有利位置，始终处在球、对手、球门之间。③对方有高度、头球好的队员应重点盯防，罚球弧附近应安排队员防止对方冷射。④守方将球解围时，防守队员应全线快速压上至罚球区附近，注意后插上进攻队员。⑤争抢第二落点，一旦抢到球则可发动快速反击。

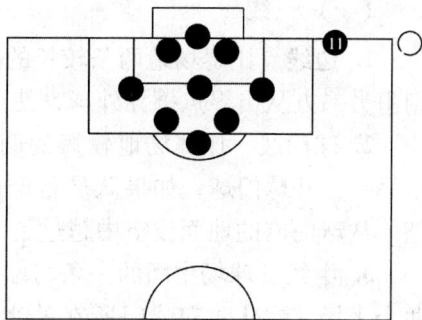

图 13－48 角球防守

六、比赛阵形

比赛阵形是指比赛场上队员的位置分布。场上的位置包括守门员、中后卫、边后卫、中前卫、边前卫、中锋、边锋。现代足球比赛比较常见几种比赛阵形是："4312"、"532"、"352"、"3421"。

第四节 足球主要规则

一、比赛场地

足球比赛场地必须是长方形的平坦场地，且硬度合适。长度为90～120m，宽度为45～90m。场地长度必须大于宽度。世界杯决赛阶段比赛场地长105m，宽68m。场地各线宽不得超过12cm，线宽所占面积包括在场地面积之内。足球门（立柱内沿）宽7.32m，高2.44m。两根球门柱和横梁具有不超过12cm的相同的宽度与厚度。球门应为白色。

比赛场地分为三线、三区、两点、一弧、一圈（图13－49）。

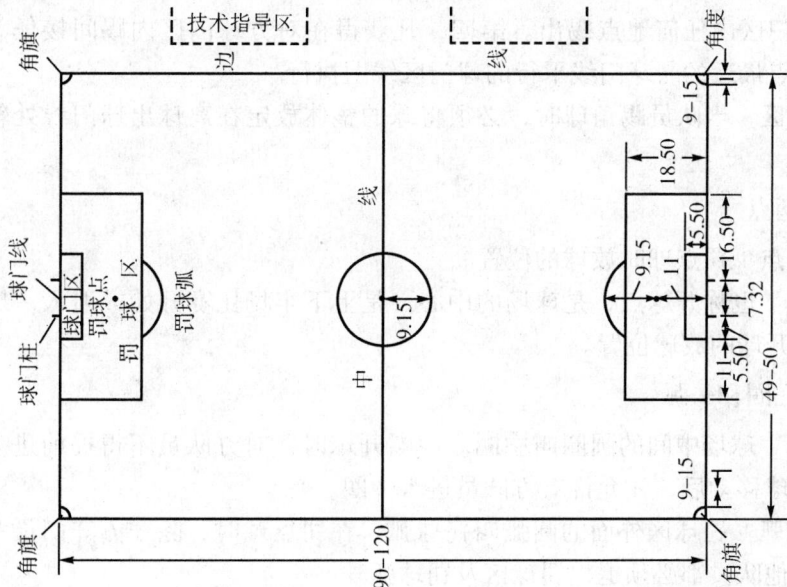

图 13－49 足球比赛场地

（一）三线

1. 边线 比赛场地两条较长的边叫做边线。当球的整体在地面或空中越出边线时，则由另一方从出界点掷界外球，使比赛重新开始。

2. 球门线 比赛场地较短的两条边界叫球门线。当队员将球碰出前场球门线时，由另一方开球门球；如果队员将球碰出后场球门线，则由对方在角球区踢角球。球的整体从球门内的地面或空中越过了球门线，而此前未违反竞赛规则，即为进球得分。

3. 中线 球场中间的一条与端线平行的线为中线。它将足球场地平均分为前、后两个半场。本队防守球门所在的半场称为本方半场，也叫"后场"，对方的"后场"即为"前场"。中线的作用是：①在中圈开球时，双方队员在开球前必须站在本方半场内，不得超过中线。②队员在本方半场内无越位犯规。

（二）三区

1. 罚球区

（1）守方队员若在罚球区内犯规，其犯规性质若应被判罚直接任意球时，则应由攻方罚点球。

（2）守方在本方半场罚球区内罚任意球和球门球时，主罚队员必须直接将球踢出罚球区，才为比赛进行。如果球在滚出罚球区前被任何一名队员碰触或停止行进，则仍要拿回去重新罚球。对方队员应退出罚球区直至比赛进行。

（3）球在本方罚球区内允许守门员用手触球。

（4）在罚点球时，只允许守方的守门员和攻方的主罚队员在罚球区内。双方的其余队员都必须在罚球前退出罚球区（但应站在场内）。

2. 球门区 第一，在球门区内，守门员手中无球又无阻碍对方队员行动时，对方队员不得对其进行身体接触和冲撞。第二，踢球门球时，必须将球放在离球出界较近的半边球门区内。第三，如守方队员在本方球门区获得任意球，可从对方犯规发生所在的半边球门区内任何地点踢出。第四，凡获得在对方球门区内踢间接任意球时，应在离犯规地点最近的与球门线平行的球门区线上执行。

3. 角球区 当队员踢角球时，必须将球的整体放定在离球出球门线处较近的角球区内。

（三）两点

1. 罚球点 罚点球时放球的位置。

2. 中点 也称开球点，是球场的中心。是上下半场比赛开始或射入一球后比赛重新开始进行开球的放球位置。

（四）一圈和一弧

1. 中圈 球场中间的圆圈叫中圈。中圈开球时，对方队员不得提前进入中圈。当开球队员将球移动后，才允许对方队员进入中圈。

2. 罚球弧 罚球区外面的圆弧叫罚球弧。在罚点球时，除守方守门员和主罚队员外，双方其他队员都必须退出罚球区及罚球弧外。

二、球

球的圆周不得多于70cm或少于68cm。球的重量，在比赛开始时不得多于450g或少于410g，充气后球的压力相等于0.6～1.1个大气压力。未经裁判员许可，不得更换比赛用球。

三、比赛时间

比赛分为上下两个半场，每半场45min，半场比赛中损失的时间应给予补足。中场休息不得超过15min。必须分出胜负的比赛可根据竞赛规程规定进行加时赛或直接点球决胜。

四、队员人数

每队上场的队员不得多于11名，其中必须有一名为守门员。如果任何一队少于7人，则比赛不能开始或继续。任何场上队员都可与守门员互换位置，但必须经裁判员同意在死球时互换，否则有关队员将被警告并出示黄牌。替补队员应在比赛成死球时，经裁判员同意，待被替补队员出场后，从中线处进场参赛。被换下的队员可就近退场，不得重新上场。

五、队员装备

上场队员必需的装备为运动上衣、短裤、护袜、护腿板和足球鞋。同队队员服装颜色必须一致，守门员的服装颜色必须有别于其他上场队员、裁判员及助理裁判员。队员不得穿戴有可能伤害他人及自己的任何物件（包括各种饰物）。如需穿紧身护腿短裤，必须与短裤主色相同。

六、裁判员

每场比赛指定一名裁判员，自进入比赛场地时行使其职权。裁判员与助理裁判员及第四官员一起控制比赛，执行竞赛规则，对故意犯规要判罚，但应贯彻"有利"条款（如果犯规情节严重，应在死球时对犯规队员追加判罚）。裁判员决定比赛用球和检查队员装备，记录比赛时间和比赛成绩，有权停止、推迟或终止比赛。比赛中有队员受伤，裁判员可以根据其受伤情况选择停止或继续比赛直到成死球。如果受伤严重，应召唤医护人员将受伤队员抬出场外，接受治疗。裁判员所作出的决定是最终的，对队员、官员或观众的任何受伤及财产损坏不承担法律责任。

七、助理裁判员

每场比赛有两名助理裁判员。比赛进行中，助理裁判员旗示由哪一队踢角球、球门球或掷界外球，以及示意越位犯规；还应对裁判员咨询的任何问题提供意见，但最终由裁判员决定。

八、比赛开始和重新开始

通过掷币，猜中的队选择上半场比赛的进攻方向，另一队开球。下半场交换场地，由猜中队开球。开球时，球放在开球点上，所有队员在本方半场内，开球队的对方队员不得进入中圈，当开球队员将球移动时比赛即为开始，开球队员在球未经其他队员触及前不得再次触球。开球可以直接得分。需要中场开球的几种情况：在比赛开始时；在进球得分后；在下半场比赛开始时；在决胜期两个半场开始时。

九、比赛进行及死球

比赛成死球是指球出界时或者比赛被裁判员鸣哨停止时，其他所有时间均为比赛进行中，包括球从横梁、球门柱、角旗杆或站在场内的裁判身上弹回场内。

十、计胜方法

当球的整体从球门柱间及横梁下越过球门线，而此前攻进球的队未违反竞赛规则，即为进球得分。在比赛中进球数较多的队为胜者。如两队进球数相等或均未进球，则比赛为平局。

十一、越位

当同队队员踢或触及球的一瞬间，队员处于越位位置，并且裁判员认为该队员正在干扰比赛、干扰对方或利用越位位置获得利益，则被判罚越位。

队员处于下列所有情况时即为处于越位位置：在对方半场；较球更接近对方球门线（手臂除外）；较对方倒数第二名队员更接近于对方球门线。

将被判罚越位犯规的情况示例（图13-50，图13-51，图13-52，图13-53）。

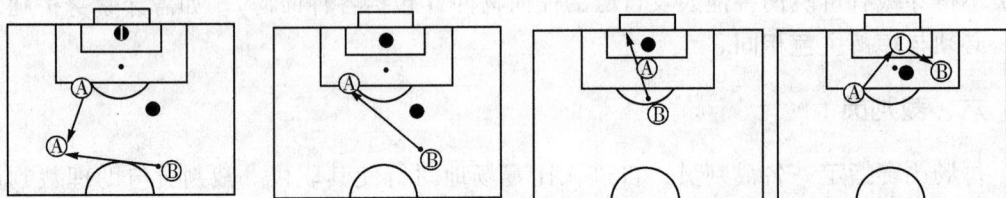

图13-50 越位1   图13-51 越位2   图13-52 越位3   图13-53 越位4

将不判罚越位犯规的情况示例（图13-54，图13-55，图13-56，图13-57）。

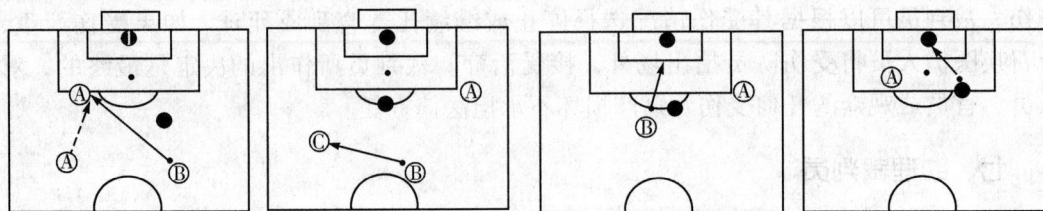

图13-54 非越位1   图13-55 非越位2   图13-56 非越位3   图13-57 非越位4

如果队员直接接到球门球、掷界外球和角球则没有越位犯规。对于任何越位犯规，裁判员应判给对方在犯规发生地点踢间接任意球。

十二、犯规与不正当行为

1. 下列10种犯规将判罚直接任意球 ①踢或企图踢对方队员。②绊摔或企图绊摔对方队员。③跳向对方队员。④故意冲撞对方队员。⑤打或企图打对方队员。⑥推对方队员。⑦拉扯对方队员。⑧为了争夺球权在触球前触及对方队员。⑨向对方队员吐唾沫。⑩故意手球。

2. 下列 8 种犯规将判罚间接任意球 ①危险动作。②阻挡守门员发球。③阻挡对方队员。④守门员持球 6s。⑤两次持球。⑥用手接回传球。⑦接同队队员掷的界外球。⑧因足球规则第十二章和其他章节未提及的犯规而被裁判员警告或罚令出场。

3. 下列 7 种犯规将被警告并出示黄牌 ①非体育道德行为。②以语言或行动表示异议。③连续违反规则。④延误时间。⑤不退出规定距离。⑥未得到裁判员许可进入或重新进入比赛场地。⑦未得到裁判员许可故意离开比赛场地。

4. 下列 7 种犯规将被出示红牌罚令出场 ①严重犯规。②暴力行为。③向对方或其他任何人吐唾沫。④故意手球破坏对方的进球或明显的得分机会。⑤用可判为任意球或球点球的犯规破坏对方明显得分机会。⑥使用辱骂性的语言及动作。⑦在同一场比赛中得到第二次警告。

十三、任意球

任意球分为直接任意球和间接任意球两种，在对方的犯规地点执行。直接任意球可直接踢入对方球门得分，踢入本方球门判给对方踢角球；间接任意球不可直接得分，除非踢出的球触及其他队员的身体，如果直接踢入对方球门，由队方发球门球。

罚任意球时，所有对方队员距球至少 9.15m 直到球被踢并移动。在本方罚球区内的任意球，当球被直接踢出罚球区时才为比赛进行。

十四、罚球点球

当比赛进行中，一个队在本方罚球区内由于违反了可判为直接任意球的十种犯规任意一种，将被判罚点球。

罚点球时，球应放在点球点上，除主罚队员及对方守门员外其他所有队员应站在比赛场地内、罚球点后、罚球区及罚球弧外，点球被踢出前，对方守门员应停留在本方球门柱间的球门线上，面对主罚队员。

十五、掷界外球

球出边线后由最后触球队员的对方在出界地点掷界外球，不得违例，不能直接得分。掷界外球的队员应用双手将球从头后经头上掷出，在掷出球的一瞬间任何一只脚的部分站在边线上或站在边线外的地上，否则将判为违例。所有对方队员距掷球者所在地点不能少于 2m。

十六、球门球和角球

球触攻方队员出对方球门线，则由守方踢球门球，当球被直接踢出罚球区，比赛即为进行。球触守方队员出本方球门线，由对方踢角球。球门球和角球可以直接射入对方球门得分。

第十四章   乒乓球

第一节   乒乓球的起源与发展

乒乓球起源于英国。欧洲人至今把乒乓球称为"桌上的网球",由此可知,乒乓球是由网球发展而来。19世纪末,欧洲盛行网球运动,但由于受到场地和天气的限制,英国有些大学生便把网球移到室内,以餐桌为球台,书作球网,用羊皮纸做球拍,在餐桌上打来打去。

20世纪初,乒乓球运动在欧洲和亚洲蓬勃开展起来。1926年,在德国柏林举行了国际乒乓球邀请赛。后被追认为第一届世界乒乓球锦标赛。同时成立了国际乒乓球联合会。

乒乓球运动的广泛开展,促使球拍和球有了很大改进。最初的球拍是块略经加工的木板。后来有人在球拍上贴一层羊皮。随着现代工业的发展,欧洲人把带有胶粒的橡皮贴在球拍上。在50年代初,日本人又发明了贴有厚海绵的球拍。最初的球是一种类似网球的橡胶球,1890年,英国运动员吉布从美国带回一些作为玩具的赛璐珞球,用于乒乓球运动。

在名目繁多的乒乓球比赛中,最负盛名的是世界乒乓球锦标赛,起初每年举行一次,1957年后改为两年举行一次。

1904年,上海一家文具店的老板王道午从日本买回10套乒乓球器材。从此,乒乓球运动传入中国。

乒乓球运动大约在19世纪末期起源于英国,随后传到美国、欧洲中部、日本、中国及韩国等地。乒乓球运动起初被很多人视为娱乐活动,但发展至今,已成为一项世界性的主要运动之一。乒乓球运动于1988年获得奥林匹克运动会承认,正式成为比赛项目,其中包括了男子单打、女子单打、男子双打及女子双打。

第二节   乒乓球基本技术

一、推、拨、近台攻球技术

(一) 推挡球

推挡球具有站位近、动作小、速度快变化多的特点。在比赛中常用快速推压,结合力量,落点和旋转变化,为进攻创造条件。直板快推、直板加力推、减力挡、推下旋和推挤技术共同构成了直板所特有的推挡技术。

1. 挡球(以下以右手持直拍为例)

(1)方法   两腿微屈,稍含胸收腹,小臂向前伸,球拍由后向前,拍触球时,拍面和台面近乎垂直,在上升期击球的中部,借来球的力量将球挡回。击球后,迅速还原，准备下一次击球。

（2）特点　速度慢，力量轻，动作简单，容易掌握。

2. 减力挡

（1）方法　站位同挡球，击球时，触球瞬间手臂前移的动作突然停止，并调节好拍面角度，把球拍轻轻后移，以消减来球的反弹力。击球后，迅速还原。

（2）特点　回球弧线低，落点短，力量轻，能减弱来球的力量，是一项控制性较强的技术。

3. 正手挡

（1）方法　在正手挡球的过程中，身体重心略提高，前臂稍抬起拇指用力，前臂略内旋，把球拍固定住，盖住来球右侧的中上部，球拍角度约为70°。

（2）特点　正手挡球是小巧的过渡，不以力量取胜，常常以逸待劳控制对手以取得先机。

4. 快推

（1）方法　近台站位，两脚平行开立或右脚稍后，大臂和肘关节靠近身体右侧。击球前，小臂稍向后引。击球时，小臂向前推出，食指压拍，拇指放松，拍面前倾，在来球上升期击球中上部。击球后，手臂迅速前送（图14-1）。

图14-1　快推

（2）特点　站位近，速度快，变化多，是推挡球中最常用的一种技术。一般用于对付旋转较弱的拉球、推挡球和中等力量的突击球。

5. 加力推

（1）方法　击球前，小臂上提球拍后引肘部贴近身体，拍面前倾，在球的上升期击球的中上部，击球的瞬间用力推压并配合转腰加大力量。击球后手臂随势前送。

（2）特点　回球力量重，球速快，有落点的变化，是推挡技术中最有威力的一种方法。推压时中指要顶住球拍背，向前用力。

6. 推下旋

（1）方法　击球时，拍面与台面接近垂直，在来球上升期或高点期击球，触球瞬间小臂手腕向前下方用力，同时拇指压拍，使拍面稍后仰，摩擦球的中下部。

（2）特点　回球落点长，弧线低。落到对方台面时下滑。

7. 直板推挤技术（侧切）

（1）方法　在看清来球的情况下，手臂稍迎前球拍接触球的中上部，向左下方摩擦尤其要注意，球拍在接触球的时候要有向侧面摩擦的力量。

（2）特点 这种技术用于对付加转弧圈球效果是非常好的，因为球拍接触球的旋转轴越近球和球拍的摩擦力越小。

（二）拨球（右手横板）

方法：两脚平行开立与肩同宽，身体约离台40cm，将球拍引至腹前，拍面稍前倾，手腕要微内屈，在来球的上升期，击球的中上部，向前上方发力，前臂手腕前伸外展拨球，拨球后迅速还原。横板反手拨球的时机和直板推球是一样的，在球反弹的上升期，也就是还没弹到最高点时拨球为好。

特点：速度慢，力量轻，动作简单，容易掌握。

（三）近台正手攻球

正手攻球是乒乓球最基础的技术，也是最主要的技术，有条件的情况下可以做多球的练习，逐步提高步伐和手法的协调程度。

1. 直板正手近台攻球（右手）

（1）方法 左脚稍前，右脚稍后，身体距台50cm，手臂自然放松，保持一定弯度，不要小于90°，也不要大于120°，拍面稍前倾随身体的移动，手臂向身体后方引拍，当球跳到高点期时，手臂迅速向上方挥动，击球的中上部，重心由右脚移向左脚，击球后迅速还原（图14-2）。

（2）特点 站位近，动作小，速度快，常借用对方的来球力量进行回击，掌握好这项技术，可以争取主动，克敌制胜为取得胜利创造先机。

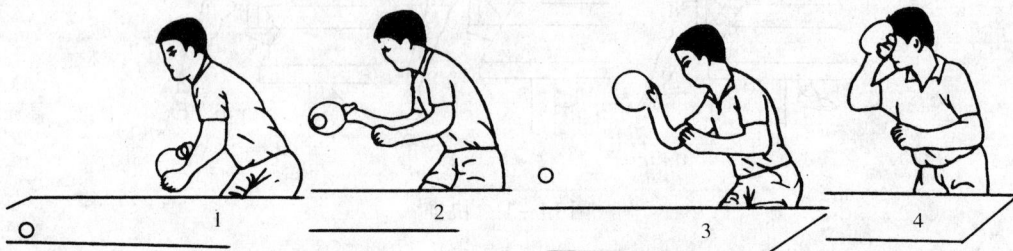

图14-2 直板正手近台攻球

2. 横板近台正手攻球

（1）方法 横拍正手近台攻球时，小臂和手腕呈直线与台面接近平行，拍柄略朝下，击球时间，部位，动作基本与直板正手攻球相同。

（2）特点 站位近，动作小速度快。

3. 直板反手近台攻球

（1）方法 站位中近台，右脚稍前，向左腹前引拍，拍形保持横状，拍面接近垂直。在来球的高点期击球的偏上位置，手臂向右前上方挥动，以前臂发力为主，击球后迅速还原（图14-3）。

图14-3 直板反手近台攻球

（2）特点 球速快，进攻性强。

4. 横板反手近台攻球

方法 站位离球台约 50cm 右脚稍前，左脚稍后，身体向左偏斜，向左引拍，拍面稍前倾，略收腹，在来球的上升期击球的中上部，击球时以前臂发力为主，上臂辅助发力，手腕控制好板型，向右前上方发力击球，同时要借助腰腿的力量，击球后迅速还原（图 14-4）。

图 14-4 横板反手近台攻球

5. 直板反手反面进攻 直板反手反面进攻又称直板横打，是直板运动员提高反手进攻能力的方法之一，用直板反面击球。

（1）方法 站位离球台 40~50cm，左脚稍前，收前臂于左腹前，身体重心稍下降，手腕内屈，前臂内旋，拍面前倾，再来球的上升期向右前上方击打摩擦球的中上部（图 14-5）。

（2）特点 增强直板进攻能力。

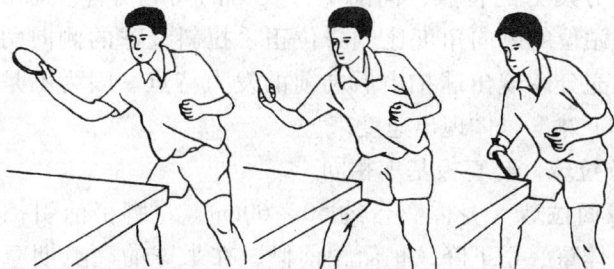

图 14-5 直板横打

三、中台攻球、正手扣球

1. 直板正手中台攻球

（1）方法 站位离台约 1m，左脚稍前，右脚稍后，手臂自然弯曲，拍面接近垂直，腰髋向右转扭动，手臂引拍至身体的右后方，在来球的下降前期，击球中部，以击打为主略带向上摩擦，上臂带动前臂向左前上方加速挥动，腰髋向左转动，重心由右脚移至左脚，击球后迅速还原，准备下一拍。

（2）特点 离台稍远动作较大，力量较重，以自己发力为主，与近台的最大区别是重心转动大，由后向前的力量要明显。

2. 直板正手侧身中台攻球 站位：左脚在前，右脚在后，身体基本保持侧向，手臂自然弯曲，拍面接近垂直，在来球的下降前期击球中部，以向前发力为主。

3. 横板中台攻球、横板中台侧身攻球 与直板基本相同。

4. 直板正手扣球

（1）方法 击球时，前臂带动上臂由后方向左前方加速挥击，击球前用右脚蹬地，配合转腰力量形成一股合力击球的高点期。

（2）特点 扣球的动作幅度大，力量重，是得分的主要手段。

5. 横板正手扣球 与直板正手扣球基本相同。

三、拉球和挑球

在实践中拉球可以直接得分，为突击和快攻创造机会，因此在练习拉球时要注意掌握好线路、落点、轻重力量的变化。

（一）拉球

1. 直板正手位拉球 左脚稍前，右脚稍后，身体离球台约 60cm，向后下方引拍，拍面接近垂直，在来球的高点期击球的中下部，手臂向左前上方加速挥动，重心由右脚移向左脚。在拉直线时手臂向前上方加速挥动。

2. 横板正手位拉球 与直板拉球基本相同，左脚稍前，右脚稍后，身体离球台约 60cm，向后下方引拍，击球时快速收缩前臂和手腕，在来球的高点期击球的中部，拉斜线时手臂向右上方挥动，拉直线时向前上方挥动。

3. 直板侧身位正手拉球 侧身位正手拉斜线球时，身体的向右偏斜稍大，要体现出球拍由后向前上方发力的特点，向前上方发力的同时身体重心由右脚向左脚移动。在拉直线时，身体站位的侧向角度比侧身位正手拉斜线球的侧向角度要适当变小，球拍面对正前方，要充分体现出球拍由后向前的发力特点。因为不是弧圈球，所以在摩擦的时候要撞击一下球，以体现出速度来。

4. 横板侧身位拉球 与直板基本相同。

5. 直板反手反面拉球 身体离台约 50～60cm，左脚稍前引拍于左腹前，前臂内旋，手腕微屈，身体重心稍下降，拍面稍前倾，在来球的高点期摩擦和击打球的中部偏上的位置，拍面正对对方反手位置，向斜上方发力。

拉直线的要领与拉斜线的要领基本相同，所不同的是拍面正对对方正手的位置，向正前方发力摩打。

（二）挑球

1. 直板正手位挑球

（1）正手位挑斜线球 当来球时，右脚向前迈一步，伸向台下，手臂迎前，球拍伸入台内，在来球的高点期，球拍面对左前方，手臂向左上方挥动，如果来球是下旋球接触球的中部偏下稍加摩擦，如果来球是上旋球，撞击球中部偏上，多用击打动作，保持球的速度。

（2）正手位挑直线 与挑斜线基本相同，当来球时，右脚向前迈一步，手臂迎前，球拍伸入台内，在来球的高点期，球拍面对正前方，手臂向前上方挥动，以手腕和前臂发力为主，挑接下旋球时，接触球的中下部，挑接上旋球时接触球的中上部。

2. 横板正手位挑球

（1）正手位挑斜线球　横板正手位挑斜线球与直板正手位挑斜线球是相同的，站位靠近球台，右脚向前迈一步，手臂迎前，球拍伸入台内，在来球的高点期，球拍面对左前方，手臂向左上方挥动，如果来球是下旋球，接触球的中部偏下稍加摩擦，如果来球是上旋球，撞击球中部偏上，多用击打动作，保持球的速度（图14-6）。

图14-6　正手挑球

（2）正手位挑直线　右方大角度来球时，上右脚，手臂弯曲迎前伸向台内，当来球下旋时，在来球的高点期击球的中下部，前臂手腕向前上方发力摩打，如果来球是上旋球，撞击球中部偏上，多用击打动作，保持球的速度。

3. 直板侧身位正手挑球

（1）挑斜线　挑斜线时，步伐调整是关键，位置合适时，只上左脚，球拍面对右前方，向右前上方发力击球。如果来球是下旋球接触球的中下部，稍加摩擦，如果来球是上旋球接触球的中部偏上，多用击打，保持球的速度。

（2）挑直线　侧身挑直线与挑斜线的方法基本一致，先上左脚，右脚跟进。右脚跟进的同时用正手挑球，位置合适时只上左脚，同时挑球，所不同的是球拍面向正前方，向前上方发力。如果来球是下旋球接触球的中下部，稍加摩擦，如果来球是上旋球接触球的中部偏上，多用击打，保持球的速度。

4. 横板侧身位正手挑球

（1）挑斜线　先上左脚，右脚跟进，位置合适时只上左脚，在来球的高点期，球拍面向斜前方，手臂向右上方挥动，如果来球是下旋球接触球的中下部，稍加摩擦，如果来球是上旋球接触球的中部偏上，多用击打，保持球的速度。

（2）挑直线　先上左脚，右脚跟进，位置合适时只上左脚，与挑斜线不同的是在来球的高点期球拍面对正前方，手臂向上方挥动，如果来球是下旋球，接触球的中下部，稍加摩擦，如果来球是上旋球接触球的中部偏上，多用击打，保持球的速度。

5. 横板侧身位挑球

（1）挑斜线　在来球角度大时，可以上左脚到位，当角度相对不大时，可以上右脚到位，站位时身体离球台较近，上体贴近球台，前臂迎球伸进台内，击球的高点期，击下旋球时拍面稍后仰，击上旋球时拍面稍前倾，击球中上部，由后向前发力如果来球是下旋球接触球的中下部，稍加摩擦，如果来球是上旋球接触球的中部偏上，多用击打，保持球的速度。

（2）挑直线　挑直线时，上体贴近球台，击球时手腕由内屈至外展，拍面面对正前方，由后向前发力。

四、弧圈球技术

弧圈球技术包括前冲弧圈球、加转弧圈球和侧旋弧圈球。弧圈球旋转强、冲力大，极具杀伤力，可以对付各种出台球，具有进攻性和稳健性，是普遍流行的进攻技术。

（一）直板正手位正手拉前冲弧圈球

1. 拉斜线　直板正手位正手拉前冲弧圈球时，左脚在前，站在中台前后，身体向右偏斜，手臂伸展接近直线，手腕微屈，引拍至身体右后方稍下的位置，在来球的高点期时，拍面前倾稍大，球拍面对斜前方，击球中上部，腰髋左转，在上臂带动下，前臂加速向前，并略带向上发力（图14-7）。

2. 拉直线　左脚稍前，身体向右偏斜，手臂伸展接近直线，手腕微屈，来球至高点期时，拍面前倾，面向正前方，击球中上部，在上臂带动下，前臂加速向前，并略带向上发力，手腕由屈变伸，身体重心由右脚移至左脚。

（二）横板正手位正手拉前冲弧圈球

1. 拉斜线　横板正手位正手拉前冲弧圈球斜线时，左脚稍前，站在中台前后，身体向右偏斜，引拍至身体右后方稍下，在来球的高点期时，拍面前倾，击球中上部，球拍面向斜前方，在上臂带动下，前臂加速向前，并略带向上发力（图14-8）。

2. 拉直线　横板正手位正手拉前冲弧圈球直线与拉斜线基本相同，左脚稍前，站在中台前后，身体向右偏斜，引拍至身体右后方稍下，在来球的高点期时，拍面前倾，击球中上部，球拍面向正前方，在上臂带动下，前臂加速向前，并略带向上发力。

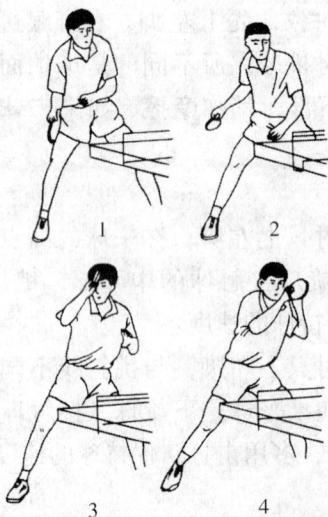

图14-7　直板正手位正手拉前冲弧圈球

图14-8　横板正手位
正手拉前冲弧圈球

（三）直板侧身位正手拉前冲弧圈球

1. 拉斜线 左脚稍前，身体向右偏斜较大，向右后侧方引拍，在来球的高点期时，球拍外展，击球中上部，重心由右脚移向左脚，要充分体现出向前发力的特点。

2. 拉直线 左脚稍前，身体向右偏斜较大，向右后侧方引拍，在来球的高点期时，球拍面对正前方，击球中上部，重心由右脚移向左脚，要充分体现出向前发力的特点。

（四）横板侧身位正手拉前冲弧圈球

1. 拉斜线 左脚稍前，右脚稍后，身体向右偏斜较大，向右后侧方引拍，拍面接近垂直，在来球的高点期时，球拍外展，击球中上部，重心由右脚移向左脚，要充分体现出向前发力的特点。

2. 拉直线 左脚稍前，右脚稍后，身体向右偏斜较大，向右后侧方引拍，拍面接近垂直，在来球的高点期时，球拍外展，击球中上部，要充分体现出向前发力的特点。

（五）横板反手拉前冲弧圈球

站位时右脚稍前，上体稍前倾，向腹部的左下方引拍，上臂、肘部靠近身体，拍面前倾角度稍大，前臂向右上方加速挥动，手腕外展，击球的中上部（图14-9）。

（六）直板正手位拉加转弧圈球

1. 拉斜线 加转弧圈球也叫高调弧圈球，直板正手位拉加转弧圈球与拉前冲弧圈球的不同之处是，稍向下引拍，在来球的下降期，拍面面对斜前方，击球的中部或中部偏上，以向上用力摩擦为主，略带向前用力。

图14-9 横板反手拉前冲弧圈球

2. 拉直线 左脚稍前，右脚稍后，身体向右偏斜，稍向下引拍，在来球的下降期，球拍面对正前方，击球的中部或中部偏上，以向上发力为主，略带向前用力，第一弧线的顶部较高，第二弧线的顶部相对较低，两者的落差较大，球落台后迅速向下滑落。

（七）横板正手位拉加转弧圈球

1. 拉斜线　与直板要领基本相同，左脚稍前，右脚稍后，身体向右偏斜，手臂自然下垂，球拍后引的幅度较小，拍面稍前倾，在来球的下降期击球，摩擦球体中部或中部偏上的位置，发力方向以向上为主，略带向前用力。

2. 拉直线　与拉斜线基本相同，不同之处是身体向右偏斜相对较小，球拍面对正前方，同样是在下降期击球，摩擦球体中部或中部偏上的位置，发力方向以向上为主，略带向前用力。

（八）直板侧身位拉加转弧圈球

1. 拉斜线　与正手位拉加转弧圈球基本相同，主要区别是身体的侧向角度更大，球拍外展，步伐要及时到位，要大胆侧身，移动位置，不要顾虑右方的空当，否则会影响发力和准确。动作要点是，拍面稍前倾，在下降期击球，摩擦球体中部偏上的位置，发力方向以向上为主，略带向前。

2. 拉直线　与拉斜线相比身体的侧向位置相对要小，同样要步伐到位，要大胆侧身移动位置，在击球时，拍面稍前倾，球拍面对正前方，在下降期击球，摩擦球体中部偏上的位置，发力方向以向上为主，略带向前。

（九）横板侧身位拉加转弧圈球

1. 拉斜线　与直板基本相同，身体的侧向角度较大，球拍外展，步伐要及时到位，不要顾虑右方的空当，在击球时拍面稍前倾，球拍面对正前方，在下降期击球，摩擦球体中部偏上的位置，发力方向以向上为主，略带向前。

2. 拉直线　与拉斜线基本相同，身体的侧向角度相对要小，步伐要及时到位，拍面接近垂直或稍前倾，在下降期击球，摩擦球体中部或中部偏上的位置，发力方向以向上为主，略带向前。

（十）横板拉反手加转弧圈

1. 拉斜线　球拍引至腹部下方，腹内收，，肘关节略向前，屈腕，拍下垂，拍面前倾，球拍面对斜前方，在高点期或下降前期击球，以肘关节为轴，前臂迅速向上挥动，接触球的中上部，发力的刹那，手腕向前上方抖动，两腿向上蹬伸，以辅助发力。

2. 拉直线　球拍引至腹部下方，拍面前倾，在高点期或下降前期击球，球拍面对正前方，前臂迅速向上挥动，接触球的中上部，以向上发力为主，略带向前。

（十一）直板正手拉侧旋球

左脚稍前，右脚稍后，重心放在右脚上，向右后下方引拍，拍面保持垂直，手臂由右后向侧外上内上做弧形运动，在来球的下降期接触球的中部，向左侧上部摩擦，使球产生侧旋效果，身体重心由右脚移向左，借助腰髋的转动辅助发力。

（十二）横板正手拉侧旋球

侧旋球的特点是第一弧线向对方的右侧偏折，第二弧线急速向右侧下滑落，对方不易回击。要领与直板基本相同。

3 种弧圈球的技术介绍完了，我们要牢记 3 种弧圈球的区别，前冲弧圈球是向前发力为主，略带向上。加转弧圈球是向上发力，略带向前。侧旋弧圈球是从球体外侧向内勾拉，向前发力。

五、回接弧圈球

弧圈球技术包括前冲弧圈球、加转弧圈球和侧旋弧圈球。弧圈球旋转强、冲力大，极具杀伤力，下面我们利用我们所学到的技术回击弧圈球。

1. 正手挡弧圈球　击球前，身体迎前，前臂提起，重心升高，在上升期击球，手臂内旋，拇指稍用力，球拍盖住球的中上部，触球时手腕和手臂发力很少，拍面角度固定，稍前倾击球的上升期。

正手挡弧圈球主要是对付右方近网的加转弧圈球，当遇到对方击过来的速度较快的上旋球时或离网较近的加转弧圈球时，如果位置不合适就可以用挡球来回击。

2. 正手攻打弧圈球　在上升期或高点期击球，拍面前倾，盖住球体，以前臂发力为主，球拍相对固定，接触球的中上部向前发力为主，略带向下击出。

3. 正手快带弧圈球　左脚稍前，站位近台，手臂弯曲内旋，拍面稍前倾，将拍引至身体侧方，手臂手腕向前迎球，腰髋向左转动，球拍高于来球，击球中上部，借助腰髋的转动，将球击出，手腕相对稳定，不宜发力。

4. 正手反拉弧圈球　正手反拉弧圈球是形成对拉的第一拍球，站位时比快带稍远，引拍弧度较大，拍面前倾，在高点期或下降期，接触球的中上部，向斜前上方发力回击，以摩擦发力为主。凭借力量大，旋转强的前冲弧圈球，来与对方的弧圈球对抗。在反拉时，要认准第二弧线，选择正确的击球点，反拉弧圈球接触球的旋转方向与来球的旋转方向刚好相反，这种方式叫逆转，用逆转的方式接球一定要注意要主动发力。

5. 直板反手推挡弧圈球　身体离台约40cm，引拍至身体前方，拍面前倾，当来球跳至上升起期时，击球中上部，前臂、手腕借力迅速向前上方推出。

6. 反手快带弧圈球

（1）直板反手快带　站位近台，引拍至腹前，身体重心下降，在来球的上升期，盖住球体，球拍迅速，球拍迅速向前下方带击。

（2）横板反手快带弧圈球　球拍高于来球，盖住球体，在来球的上升期，大臂靠近身体以肘部为轴，手腕相对固定，前臂迅速迎前带击。

7. 直板反手推挤弧圈球　在上升期击球，手臂要先迎前，触球左侧中上部，向左前下方用力。变直线时，手腕要内屈，拍面朝直线方向，触球的左侧中后部，向前发力。推挤技术是推挡弧圈球的一种，它是用来对付较强弧圈球的有效技术。用推挤对付弧圈球，可以使球侧下旋、弧线低、角度大，加大了对方进攻的难度。

8. 直板反手弹打弧圈球

（1）斜线　站位近台，在来球反弹的上升期，拍面盖住球体，球拍向斜前方，以小动作向前，并略带向下，弹打敲击，动作短而有力。

（2）直线　与弹打斜线基本相同，这时球拍面对正前方，具有动作幅度小，击球速度快的特点。在来不及用大动作攻打弧圈球时，用来迅速回击，是争取主动的一项进攻技术，常以速度和落点取胜。

9. 横板弹打

（1）弹打斜线 与直板基本相同，站位近台，在来球反弹的上升期，拍面盖住球体，球拍面向斜前方，以小动作向前，并略带向下，弹打敲击，动作短而有力。

（2）弹打直线 站位近台，身体与球台约40cm，引拍至腹前位置稍高，拍面稍前倾，在来球的反弹上升期。拍面盖住球体，与弹打斜线不同的是拍面面对正前方，用小动作向前，以前臂、手腕发力为主，并略带向下弹打敲击，动作短而有力，身体重心不要跟进。

10. 直板反手反面拉弧圈球 是直板反打新技术之一，这项技术可以增强直板运动员左半台的攻击力，能有力回击反手位的弧圈球，常可变被动为主动。反拉时站位尽量以近台为主，退至中台可使左推右攻的打法受到影响。

11. 横板反手削弧圈球（长胶） 引拍至腹前，拍面接近垂直，在下降后期，击球中下部，向前下方用力，先压，后削、再送，同时身体重心由左脚移至右脚。

12. 横板反手挡弧圈球（长胶） 是过渡性小技术，站位近台，拍面垂直，在来球的上升期击球的中上部偏上，球拍快速向下磕击，将球挡回，不易撞击和摩擦。

回接弧圈球练习，是各种技术的综合练习，在直板回接弧圈球技术中，有反手推挤、正手快带、直板反手反面快带、直板反手反面弹打、正手攻打、正手反拉、加力推、减力挡。在横板回接弧圈球技术中有正手快带、正手攻打、正手挡、正手反拉、正手削、反手快带、反手弹打、反手反拉、反手削等技术。练习时要突出练习好积极主动的攻打弧圈球技术，如：正手攻弧圈、侧身攻弧圈、正手对冲等。要针对自身特点，熟练掌握一套对付弧圈球的技术，只有这样才能在遇到冲力大、弧线长、旋转强的弧圈球时应付自如。

六、发球与接发球

发球是一项重要的技术，它不受对方的制约，可以选择最合适的站位，按自己的战术意图把球发到对方球台的任何位置上，为自己创造发球抢攻的机会，发球的方法有以下几种（以右手持拍为例）。

（一）平击发球

平击球是一般上旋球、一般速度。不仅能发斜线还能发直线。

（1）直板正手发斜线平击球 发球时，左脚稍前，右脚稍后，身体稍向右转，左手掌心托球，于体前偏右侧，右手持拍在身体右侧，当球向上抛起时，右臂稍向后引拍，接着从身体右后方向左前挥拍，在球降至近于网高时击球，拍面稍向前倾，触球中上部，第一落点在本方球台中间稍后的位置。

（2）横板正手发斜线平击球 与直板正手发球基本相同。

（3）直板正手发直线平击球 发球时，左脚稍前，右脚稍后，向身体右后方引拍，在球降至近于网高时向左前上方挥拍迎球，击球中上部，方向以向前发力为主。

（4）横板正手发直线平击球 与直板正手发球基本相同。

（5）直板反手发斜线平击球 发球时，右脚稍前，左脚稍后，向身体左后方引拍，在球回落至近于网高时，向前上方挥拍迎球，击球中上部。

（6）横板反手发斜线平击球 与直板反手发球基本相同。

（7）直板反手平击发直线球 发球时，右脚稍前，左脚稍后，向身体左后方引拍，在球回落至近于网高时，向前上方挥拍迎球，击球中上部。

（8）横板反手发直线平击球　与直板反手发球基本相同。

（二）发下旋球与不转球

1. 直板正手位发下旋球　方法：发球时左脚在前，右脚在后，身体稍向右偏斜，上体略前倾，持拍手位于持球手后方。抛球时，尽量垂直上抛，高度要超过16cm，持拍手向后上方引拍，当球回落到比网稍高时，前臂迅速向左前下方挥动，击球中下部向底部摩擦，前臂伴有外旋动作。

2. 横板正手位发下旋球　方法：发球时，左脚在前，右脚在后，挡球抛起时，持拍手向后上方引拍，当球回落到比网稍高时，前臂迅速向左前下方挥动，击球中下部向底部摩擦，手腕由外展到内收。与直板不同的是在接触球的瞬间要加速手腕的内收和屈腕。

3. 直板侧身位发下旋球　方法：与正手位动作基本相同，所不同的是，身体的侧向位置比正手位角度要大，在发球的过程中利用腰、髋转动的力量，增加球的旋转。

4. 横板侧身位发下旋球　方法：与直板侧身位发球基本相同。

5. 直板正手位发不转球　方法：动作和直板正手位下旋球结构是一样的，所不同的是，不转发球是击球的中部，以推击为主，而下旋球是击中下部向底部摩擦，以摩擦为主，二者应有效的结合，做到尽可能的相似。也就是说在发转与不转球的时候，推击之后要做一个摩擦的假动作，以迷惑对手。

6. 横板正手位发不转　方法：左脚在前，右脚在后，身体向右偏斜，推击球的中部，随后做出向底部摩擦的假动作，做到与发下旋球尽可能地相似。在发不转球时，用球拍撞击球的瞬间，手腕要有一种震动的感觉。

7. 直板正侧身位发不转球　方法：与正手位发不转球的要领基本相同，所不同的是身体，身体站位的侧向角度更大。我们一定要注意，在击球的时候，击球的中部以撞击为主，略带摩擦，使球的转速不超过20转/s。

8. 横板正侧身位发不转球　方法：动作要领与横板正手位发不转球基本相同，只是身体站位的侧向角度更大。

另外，我们在练习发下旋球时，一定要结合发不转球。发不转球时，撞击球后作出摩擦的假动作，发下旋球时，摩擦球之后做出撞击的假动作以迷惑对方，真正做到转与不转相结合，争取主动。

球的转与不转是这样区分的，每秒20转以上为转球，20转以下为不转球。

（三）接下旋球技术

搓球是近台还击下旋球的一种基本技术，其特点是，动作幅度小，出手较快，弧线底，落点变化丰富。比赛中常用搓球技术搓出转与不转、快与慢的变化，为攻球，拉弧圈球创造有利条件。同时它也是学习削球的基本技术。搓球是通过球拍摩擦球体，使球产生旋转。它的发力方向是从后上方向前下方，触球点在球的中下部或下部，所以，球的旋转呈下旋，有时也带侧旋。搓球站位近台，动作幅度小，因此触球时应加快挥拍的速度，注意加长球拍和球的摩擦时间，有利于加强球的旋转强度。

1. 慢搓

（1）直板反手慢搓斜线　方法：身体靠近球台，左脚在前，右脚在后，球拍适当后引，拍面后仰，向右前下方用力，在来球的下降前期或高点期，接触球的中下部，向底部摩擦。在击球的过程中手腕略有摆动，以增加搓球的下旋力，搓球后迅速还原，以准备下一板击球。

特点：慢搓与其他搓球不太一样，手臂动作一定要柔一些，不要过于突然加速，造成失误。

（2）横板反手慢搓斜线　要领与直板正手基本相同。

（3）直板反手慢搓直线　方法：与慢搓斜线的要领基本相同，同样是拍面后仰，向前下方用力，在来球的下降前期或高点期接处球的中下部，向底部摩擦。搓直线的用力方向是多向前用力，而搓斜线方向是向右前下方。

（4）横板反手慢搓直线　动作要领与直板反手慢搓直线基本相同。

（5）直板正手慢搓斜线　方法：身体靠近球台，左脚在前，右脚在后，身体的侧向位置要大于反手慢搓，向右后方引拍，拍面后仰，向左前下方用力，在来球的下降前期或高点期，接触球的中下部，向底部摩擦。搓球后迅速还原，以准备下一板击球。

（6）横板正手慢搓斜线　与直板正手慢搓斜线要领相同（图14－10）。

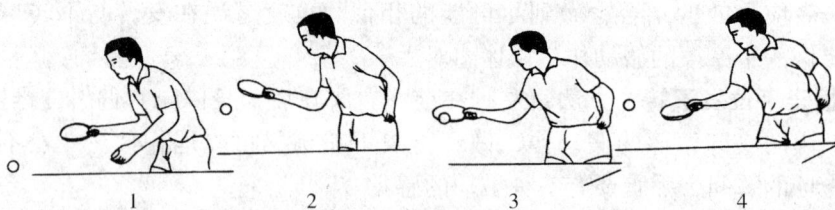

图14－10　横板正手慢搓

（7）直板正手慢搓直线　要领与前面基本相同，但是身体的侧向位置要大于慢搓斜线，向前下方用力，我们要体会用力方向有哪些不同。

（8）横板正手慢搓直线　与直板正手慢搓直线要领基本相同。

以上我们学习了正手、反手位的慢搓，慢搓是接下旋球的一项技术，它能有效的对付正、反手位的下旋球，对台内短球更加适用，我们在学习慢搓的基础上学习快搓。需要注意的是，快搓是指的击球的时期，而不是手臂运动的快慢。

2. 快搓

（1）直板正手快搓斜线　身体靠近球台，左脚稍前，右脚稍后，身体重心适当提高，上体迎前，球拍适当后仰，在来球的上升期拍面面对斜前方，向左前下方用力，接触球的中下部，向底部摩擦，搓球后迅速还原，准备下一板击球。

（2）横板正手快搓斜线　站位近台，身体重心适当提高，上体迎前，球拍适当后仰，在来球的上升期拍面面对斜前方，向左前下方用力，接触球的中下部，向底部摩擦，搓球后迅速还原，准备下一板击球。

（3）直板正手快搓直线　身体靠近球台，身体重心适当提高，上体略迎前，球拍适当后仰，拍面稍后仰，在来球的上升期，拍面面对正前方，向前下方用力，接触球的中下部，向底部摩擦，搓球后迅速还原，准备下一板击球。

（4）横板正手快搓直线　与直板正手快搓直线基本相同。

（5）直板反手快搓　身体靠近球台，左脚稍前，右脚稍后，身体重心适当提高，球拍适当后仰，在来球的上升期向前下方用力，接触球的中下部，向底部摩擦，搓球后迅速还原，准备下一板击球（图14－11）。

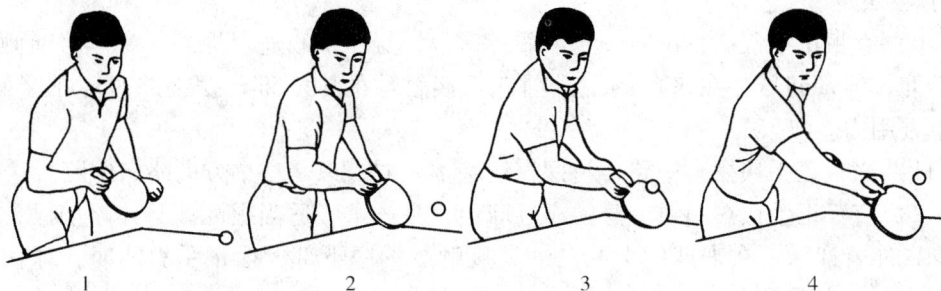

图14－11　直板反手快搓

（6）横板反手快搓　站位近台拍面稍后仰，在来球的上升期向前下方用力，接触球的中下部，向底部摩擦，搓球后迅速还原，准备下一板击球。

快搓是在球的上升期搓球，具有动作小，球速快，旋转强，落点变化多的特点。慢搓是在高点期或下降前期击球，有利于加强球的旋转。快与慢是指击球的时期而不是手臂运动的快慢。在实践中要将快搓与慢搓紧密结合起来，就能变化击球节奏，牵制对方，争取主动，为进攻创造先机。

3. 搓不转球和快摆技术

（1）不转搓球　身体靠近球台，左脚稍前，向身前引拍，拍面稍后仰，在来球的高点期击球，先撞击球的中部，随后做向前摩擦的假动作。直板与横板搓不转球的动作要领基本相同。

（2）直板反手快摆直线　身体靠近球台，身体重心适当提高，身体迎前，球拍稍后仰，伸臂迎球，当球在上升前期时，接触球的中下部，直接向前下方发力，球拍保持半横状。

（3）横板反手快摆直线　动作与快搓相似，只使用力小一些，多借助来球的前进力。

（4）直板反手快摆中路　身体靠近球台，身体重心适当提高，身体迎前，球拍稍后仰，伸臂迎球，当球在上升前期时，接触球的中下部，直接向前下方发力，球拍保持适当倾斜。

（5）横板反手快摆中路　身体靠近球台，身体重心适当提高，左脚在前，位置移动时及时调整步伐，球拍稍后仰，伸臂迎球，向对方的中路轻摆。

（6）直板反手快摆斜线　身体靠近球台，身体重心适当提高，身体迎前，球拍稍后仰，伸臂迎球，在摆斜线的时候，球拍面向右前方向右前下方用力。

（7）横板反手快摆斜线　身体靠近球台，身体重心适当提高，引拍与身体左前下方，手臂前伸，球拍稍后仰，球拍面向右前方，球在上升前期时，接触球的中下部，向右前下方发力轻摆。

（8）直板正手快摆直线　身体靠近球台，身体重心适当提高，身体略前倾，球拍稍后仰，伸臂迎球，在来球的上升前期，接触球的中下部，摆直线时球拍稍竖起，向前下方发力击球。

（9）横板正手快摆直线 身体靠近球台，身体重心适当提高，上体前迎，手臂前伸，球拍稍后仰，拍面正对前方，及时调整站位，再来球的上升期接触球的中下部向正前方轻摆。

（10）直板正手快摆直中路 身体靠近球台，身体重心适当提高，身体略前倾，球拍稍后仰，伸臂迎球，在来球的上升前期，接触球的中下部，摆中路时球拍半斜状，向前下方用力。

（11）横板正手快摆直中路 与摆直线基本相同，只是球拍方向略向中路。

（12）直板正手快摆斜线 身体靠近球台，身体重心适当提高，身体略前倾，球拍稍后仰，伸臂迎球，在来球的上升前期，接触球的中下部，摆正手斜线时，球拍面对左前斜方，向左前下方用力。

（13）横板正手快摆斜线 身体靠近球台，身体重心适当提高，球拍稍后仰，伸臂迎球，拍面向对方正手。

在来球的上升前期，接触球的中下部，向左斜前下方用力。

（14）搓侧旋 身体靠近球台，左脚稍前，右脚稍后，拍面稍后仰，在来球的上升期或下降前期接触球的中下部，向左前下方摩擦，搓出的球为左侧下旋球，搓球后迅速还原，准备下一板击球。

慢搓、快搓、快摆、搓侧旋这四种搓球技术介绍完了，在实战中，要在稳健的基础上，搓得快、搓的低、搓的短、变化多，运用合理这样才能从分发挥搓球的积极性和主动性，为进攻创造机会。

（15）乒乓球小知识（怎样增强球的旋转） 在拉球、削球、搓球和发旋转球时我们要牢记两点，一是球拍切球要薄一些，只要不打滑，切得越薄就越转。经验告诉我们，转球不响，响球不转。二是击球的力量要大，只要击球的力量不通过圆心，力量越大，球就越转。

（16）乒乓球小知识（长球和短） 长球是靠近端线的球，短球是靠近球网的球，打好乒乓球不仅要有线路的变化，也要有长短的变化。

（四）发左侧上旋球

1. 直板侧身位正手发左侧上旋斜线长球 站位左半台，身体向右偏斜，在球上抛时，向右后上方引拍，拍面稍后仰，当球回落至网高时，手臂向左侧下方挥动，接触球的左侧中下部，向左侧面摩擦，击球的瞬间手腕稍有抖动，这样可以加强手腕的力量，使球产生侧上旋，球的第一落点在本方球台一侧靠近端线，第二落点在对方球台一侧靠近端线。

2. 直板侧身位正手发左侧上旋斜线短球 与直板侧身位正手发左侧上旋斜线长球的动作要领基本相同，不同之处是第一，发左侧上旋斜线短球时第一落点在本方球台一侧靠近球网，第二落点在对方球台一侧靠近球网。第二发短球时，球拍与球的撞击声小于发长球时。

3. 横板侧身位正手发左侧上旋斜线长球 与直板相同。

4. 横板侧身位正手发左侧上旋斜线短球 与横板侧身位正手发左侧上旋斜线长球

基本相同，不同之处是，第一发左侧上旋斜线短球时第一落点时在本方球台一侧靠近球网，第二落点在对方球台一侧靠近球网。第二发短球时，球拍与球的撞击声小于发长球时。

另外，无论是发直板或横板侧上旋球，都要注意在摩擦球的瞬间，身体重心稍向上提起，球拍触球时手腕向球体左侧上方快速抖动。

5. 直板侧身位正手发左侧上旋直线长球　站位左半台，身体向右偏斜，在球上抛时，向右后上方引拍，拍面稍后仰，当球回落至网高时，手臂向左侧下方挥动，接触球的左侧中下部，向左侧面摩擦，使球产生侧上旋，身体向右偏斜适当变小，调整到适宜直线球的方位。

6. 直板侧身位正手发左侧上旋直线短球　与直板侧身位正手直线长球基本相同，不同之处在于，第一发左侧上旋直线短球时第一落点时在本方球台一侧靠近球网，第二落点在对方球台一侧靠近球网。第二发短球时，球拍击球的摩擦力大于发长球时。

7. 横板侧身位正手发左侧上旋直线长球　与正手发左侧上旋直线长球基本相同。站位左半台，身体向右偏斜，在球上抛时，向右后上方引拍，拍面稍后仰，当球回落至网高时，手臂向左侧下方挥动，接触球的左侧中下部，向左侧面摩擦，使球产生侧上旋，不同点在于，身体向右偏斜适当变小，调整到适宜发直线球的方位。

8. 横板侧身位正手发左侧上旋直线短球　与横板侧身位正手发左侧上旋直线长球基本相同，不同之处在于第一，发左侧上旋直线短球时第一落点时在本方球台一侧靠近球网，第二落点在对方球台一侧靠近球网，发长球时的第一落点在本方球台一侧靠近端线，第二落点在对方球台一侧靠近端线。第二发短球时，球拍击球的摩擦力大于发长球时。从击球的声音上来判断，发短球的撞击声小于发长球时。

9. 乒乓球小知识（左侧上旋球触拍后的反弹方向）　由于球的旋转，左侧上旋来球触拍对球产生静摩擦，同样球拍胶皮对球产生相反方向的摩擦力，使球向右上方反弹。

（五）接左侧上旋球

1. 接反手位左侧上旋短球　正手发出的左侧上旋球在球拍上的反弹方向是右侧方，所以我们在接这个球的时候，球拍可以稍前倾，球拍的方向不要过于向右，要充分体现向前的用力方向，要根据个人接发球的特点进行，可以用搓、撇、挑、推的方法接球。

2. 接反手位左侧上旋长球　接反手位左侧上旋长球时，可以反手攻、侧身正手拉、侧身攻、反手推挡、直板反手反面拉、反手削球。

3. 接正手位左侧上旋短球　接正手位左侧上旋短球是可采用：正手挑直线、斜线、正手搓、正手摆。

4. 接正手位左侧上旋长球　接正手位左侧上旋长球时可采用正手拉、正手攻打、正手削。

（六）发左侧下旋球

1. 直板侧身位正手发左侧下旋斜线长球　站位在侧身位，当球向上抛起时，手臂向右后侧方引拍，身体稍向右转，当球回落到网高时，手臂由右侧后方向左前下方加速挥动，击球中下部向左侧底部摩擦，第一落点靠近球台端线，第二落点靠近对方球台端线。

2. 直板侧身位正手发左侧下旋斜线短球　直板侧身位正手发左侧下旋斜线短球与发长球基本相同，不同点是，第一落点在本方球台一侧靠近球网，第二落点在对方球台一侧靠近球网。

3. 横板侧身位正手发左侧下旋斜线长球　与直板侧身位正手发左侧下旋斜线长球基本相同。

4. 横板侧身位正手发左侧下旋斜线短球　与横板侧身位正手发左侧下旋斜线长球基本相同。在发短球时要以旋转为主，不要求速度，球的第一落点在本方球台一侧靠近球网，第二落点在对方球台一侧靠近球网，球反弹以后以不出台为好，这样可以增加对方接球的难度。

5. 直板侧身位正手发左侧下旋直线长球　直板侧身位正手发左侧下旋斜线长球基本相同。在发直线球时要注意两点一是用身体转动的力量辅助手臂发力。二是手腕、前臂向前下方用力多一点，这样有利于发出直线球，球的第一落点在本方球台一侧靠近端线，第二落点在对方球台靠近端线。

6. 直板侧身位正手发左侧下旋直线短球　直板侧身位正手发左侧下旋直线短球与发长球基本相同，不同点是，第一落点在本方球台一侧靠近球网，第二落点在对方球台一侧靠近球网。球反弹以后以不出台为好，这样可以增加对方接球的难度。

7. 横板侧身位正手发左侧下旋直线长球　站位在侧身位，当球向上抛起时，手臂向右后侧方引拍，身体稍向右转，当球回落到网高时，手臂由右侧后方向左前下方加速挥动，击球中下部向左侧底部摩擦，第一落点靠近球台端线，第二落点靠近对方球台端线。要想发得很转有两点需要注意：第一，球拍触球瞬间，要加速屈腕动作；第二，球拍与球接触时要使摩擦力大于撞击力，声音越小摩擦越好。

8. 横板侧身位正手发左侧下旋直线短球　同样是站位在侧身位，当球向上抛起时，手臂向右后侧方引拍，身体稍向右转，当球回落到网高时，手臂由右侧后方向左前下方加速挥动，击球中下部向左侧底部摩擦。在发短球时要以旋转为主，不要求速度，球的第一落点在本方球台一侧靠近球网，第二落点在对方球台一侧靠近球网，球反弹以后以不出台为好。

9. 乒乓球小知识（左侧下旋球触拍后的反弹方向）　由于球的旋转，左侧下旋来球触拍对球产生静摩擦，同样球拍胶皮对球产生相反方向的摩擦力。使球向右下方反弹。

（七）接左侧下旋球

1. 接反手位左侧下旋短球

（1）直板反手搓接　由于左侧下旋球触拍后的反弹方向是向右下方，所以为了避免接球时球向右下方运动不能过网要注意：第一，拍面要后仰；第二，拍面不能向右偏斜过大，搓球时可以搓斜线、直线。

（2）横板反手搓接　当对方发左侧下旋球不出台时，较难运用接发球抢攻技术，这时可以选择搓接，其作用是为了控制对方发球抢攻，可搓直线、斜线。

（3）直板反手摆接　作用是摆短，抑制对方先上手，通过短球过渡来争取下一步的主动。可摆直线、斜线和中路。

（4）横板反手摆接 作用是以短回短，实施反控制。可摆直线、斜线和中路。

（5）直板侧身位正手搓接左侧下旋反手位短球 可以在以下几种情况下运用，侧身站位本来有利于抢攻、抢拉，对方突然发来左侧上旋短球，这时可以利用侧身正手搓接。它是一种应变的技战术，一是争取到了回击的时间，二是有利于下一步强攻、可以搓直线、斜线。

（6）横板侧身位正手搓接左侧下旋反手位短球 与直板基本相同，对于大多数人来说正手的发力技术好于反手，特别是正手比反手更有把握得分的情况下运用这项技术。

（7）直板侧身位正手摆接左侧下旋反手位短球（侧身摆接） 是为了用短球过渡，以控制比赛局面，争取下一板主动，可摆直线、中路、斜线。

（8）横板侧身位正手摆接左侧下旋反手位短球 横板侧身位正手摆接左侧下旋反手位短球与直板基本相同。

（9）直板侧身位正手挑接左侧下旋反手位短球 是一项争取主动的技术，争取打在前面，虽然力量不重但是以速度和落点来为下一板进攻创造机会。动作要点是在触球的瞬间又摩擦又击打，使球有适当的弧度过网，又有适当的速度和线路，可挑直线、斜线。

（10）横板侧身位正手挑接左侧下旋反手位短球 无论是直板挑接还是横板挑接，这项技术是在台内对付短球的主动技术之一，动作要点是在触球的瞬间又摩擦又击打，使球有适当的弧度过网，又有适当的速度和线路。

（11）直板反面挑球 动作要点是右脚向前跨一步，重心略下降，手腕内屈，前臂手腕迎前，在球的高点期击球的中上部，挑直线时球拍面对正前方，向前上方发力击球。挑斜线时由于左侧下旋球的反弹方向是右下，球拍稍向右倾斜向前上方发力。

（12）横板反手挑接左侧下旋短球 同样是以速度和落点来为下一板的进攻创造机会，动作要点是：上体前倾，手臂迎前，前臂手腕向前上方发力，又摩擦，又击打。

2. 反手位接左侧下旋长球

（1）直板反手搓接左侧下旋长球（反手搓长球） 是在来球的上升后期和高点期，向前下方用力，以搓转球为主。一般情况下，搓一板作为过渡，然后转入进攻，可搓直线、斜线。

（2）横板反手搓接左侧下旋长球（反手搓长球） 与直板反手搓接左侧下旋长球一样是对付左侧下旋长球的方法之一，是在来球的上升后期和高点期，向前下方用力，以搓转球为主。一般情况下，搓一板作为过渡，然后转入进攻，可搓直线、斜线。

（3）直板侧身位正手拉接左侧下旋长球 要点是步伐到位，以便于正手发力，触球时机以来球的高点期和下降前期为宜，可拉直线、斜线。

（4）横板侧身位正手拉接左侧下旋长球 同直板一样是接发球技术中的进攻技术，步伐到位，让够位置，便于正手发力，触球时机以高点期和下降前期为宜。

（5）直板反面拉接左侧下旋长球 站位中近台，身体重心略下降，引拍于腹前，手腕内屈，拍面稍前倾，在来球的下降前期，击打球的中部偏上位置，向前上方发力，摩擦拉打。

（6）横板反手拉接左侧下旋长球　是接发球中一项积极主动的技术，拉直线时球拍面对正前方，拉斜线时球拍面对斜前方，以向上发力摩擦为主，略带向前拉打。

3. 正手位接左侧下旋短球

（1）直板正手位搓接左侧下旋短球　是直板正手位接发球技术中的常用技术，当来球不宜挑打时，搓接就是强攻的一项重要技术可慢搓、快搓，可以搓直线，也可以搓斜线。

（2）横板正手位搓接左侧下旋短球　接球时，步伐要到位，手腕不要晃动，球拍相对固定拍面稍后仰，在来球的高点期搓球。

（3）直板正手位摆接左侧下旋短球　直板正手位摆接左侧下旋短球时，步伐到位，上体前倾，手臂迎前，保持合适的击球点，在手法上要将球拍相对固定好，不要过于后仰，在来球的上升前期触球、以快、短和落点刁钻来控制对手抢攻，另外还要注意掌握摆直线、中路、斜线的板型和用力方向。

（4）横板正手位摆接左侧下旋短球　与直板搓接基本一致，要注意的是摆接和搓接都是过渡性的技术，主要为了控制对手的进攻，这些过渡性技术虽然要熟练掌握，但在意识上要争取主动，争取上手进攻，不宜多搓、多摆。

（5）直板正手位挑接左侧下旋短球　在战术上是一种积极、主动的、进攻性的战术，这项技术运用得好，就能把接发球的被动局面转化为主动进攻的局面。步伐到位，上体前倾，手臂迎前，动作小，速度快，又摩擦又击打，挑直线的方向是向正前方，挑斜线的方向是斜前方。

（6）横板正手位挑接左侧下旋短球　步伐到位，上体前倾，手臂迎前，动作小，速度快，又摩擦又击打，挑直线的方向是向正前方，挑斜线的方向是斜前方。

（7）直板正手位拉接左侧下旋长球　是对付左侧下旋长球的重要技术。站位近台，拍面接近垂直，在来球的最高点击球，以向上发力为主，向前发力为辅，也就是以摩擦为主，击打为辅。

（8）横板正手位拉接左侧下旋长球　横板和直板的正手位拉球是比赛中抢先上手的重要技术，拉接以动作小、速度快、线路活抢先上手，争取主动。拉接时要判断下旋程度，下旋强时向上摩擦的力量要大一些，拍面角度和触球的部位要根据来球下旋的强弱进行适当调整。

（9）横板正手位削接左侧下旋长球　是削为主，削攻结合打法常用技术，要及时调整好站位，向右侧上方引拍，拍面稍后仰，在来球的下降前期，以前臂发力为主削接。削直线时向正前方发力为主，削斜线时向斜前方发力为主。

削接侧下旋长球是以旋转和落点来控制对方也就是说削球要转，弧线要低，落点要远离对手，身体重心不要太低，要借助身体的转动力量削送。

接发球是一个关键的环节，在比赛中我们尽量选择进攻性的技术，养成积极进攻争取主动的意识。

（八）发右侧下旋球

1. 直板发反手右侧下旋斜线长球　右脚稍前，左脚稍后，身体向右侧偏斜，当球向上抛起时，向左后上方引拍，拍面稍后仰，当球回落到网高时，手臂迅速向右前下方挥动，击球的中下部，向右侧底部摩擦，同时重心由右脚移向左脚。第一落点靠近本方球台端线，第二落点靠近本对球台端线。

2. 直板发反手右侧下旋斜线短球　与发长球基本相同。两者不同之处是：第一，发右侧下旋短球时，第一落点在本方球台一侧靠近球网；第二，发短球时球拍击球的侧向摩擦力大于发长球时，球拍与球的撞击声小于发长球时。

3. 直板正手反面发右侧下旋球

（1）直板正手反面发右侧下旋斜线长球　侧身站位，身体向右偏斜，重心在左脚上，让够位置，当球向上抛起时，向身体右后上方引拍，持拍手臂外旋，握拍手拇指放松，亮出球拍的反面，拍面稍后仰，当球回落到网高时，手臂迅速由右后向前快速伸展，击球的中下部，向右侧底部摩擦，第一落点在本方球台端线，第一落点在本方球台端线，第二落点在对方球台靠近端线。

（2）直板正手反面发右侧下旋斜线短球　与发长球基本相同，不同之处是第一落点在本方球台一侧靠近球网，第二落点在对方球台一侧靠近球网，球拍击球的摩擦力大于发长球时。

（3）直板正手反面发右侧下旋直线长球　与发斜线长球相比，身体向右侧偏斜的角度要小，重心同样在左脚上，当球向上抛起时向身体右后上方引拍，拍面稍后仰，当球回落到网高时，击球的中下部，向右侧底部摩擦，第一落点在本方球台端线，第二落点在对方球台靠近端线。

（4）直板正手反面发右侧下旋直线短球　与发长球基本相同，要注意的是第一落点在本方球台一侧靠近球网，第二落点在对方球一侧台靠近球网。

直板正手反面发球是一项新技术，在乒乓球的发展史上是有了直板横打以后才逐渐形成的新技术。

4. 横板反手发右侧斜线长球　站位左半台，身体向左偏斜，向左后上方引拍，拍面稍后仰，手腕适当内屈，拍柄朝下，便于手腕发力，当球回落到网高时，手臂迅速向右前下方挥动，击球中下部，向右侧底部摩擦，同时重心由右脚移向左脚。第一落点在本方球台靠近端线，第二落点在对方球台靠近端线。

5. 横板反手发右侧斜线短球　站位左半台，右脚稍前，左脚稍后身体向左偏斜，向左后上方引拍，拍面稍后仰，当球回落到网高时，手臂迅速向右前下方挥动，身体重心在右脚上，左脚稍抬起，击球中下部，向右侧底部摩擦，同时左脚踏地，身体向右偏摆。以辅助发力，第一落点在本方球台一侧靠近球网，第二落点在对方球一侧台靠近球网。

6. 直板反手发右侧下旋直线长球　左脚稍前，右脚稍后，身体向左侧偏斜的角度大于斜线发球，当球向上抛起时，向左后方引拍，拍面稍后仰，当球回落到网高时，手臂迅速向右前下方挥动，击球中下部，向右侧底部摩擦，向下的力量稍大一些，便于发出直线长球。

7. 直板反手发右侧下旋直线短球　左脚稍前，右脚稍后，身体向左侧偏斜的角度大于斜线发球，当球向上抛起时，向左后方引拍，拍面稍后仰，当球回落到网高时，手臂迅速向右前下方挥动，击球中下部，向右侧底部摩擦，与发长球的不同之处在于摩擦的力量要稍大一些，第一落点在本方球台一侧靠近球网，便于发出直线短球。

8. 横板反手发右侧下旋直线长球　左脚稍前，右脚稍后，身体向左侧偏斜的角度大于斜线发球，当球向上抛起时，向左后方引拍，拍面稍后仰，拍柄朝下，当球回落到网高时，手臂迅速向右前下方挥动，击球中下部，向右侧底部摩擦，向下的力量稍大一些，便于发出直线长球。

9. 横板反手发右侧下旋直线短球 左脚稍前，右脚稍后，身体向左侧偏斜的角度大于斜线发球，当球向上抛起时，向左后方引拍，拍面稍后仰，拍柄朝下，当球回落到网高时，手臂迅速向右前下方挥动，击球中下部，向右侧底部摩擦，不同之处是摩擦的力量要大一些，第一落点在本方球台一侧靠近球网，便于发出直线短球。

10. 乒乓球小知识 右侧下旋球触拍后反弹方向是左下方，接这种球时拍形不要过于偏左，接触球的中部偏下一点尽量向前用力。

（九）接右侧下旋球

在接发球时我们一定要根据来球的线路和落点，选用合理的接发球技术，并根据球触拍后的反弹方向调整拍形和用力方向。

1. 接反手位右侧下旋短球 在接右侧下旋短球时可采用正手侧身撇、反手挑、反手摆、正手侧身搓长、反手搓长、侧身正手挑等方法。

2. 接反手位右侧下旋长球时 可采用侧身拉、反手拉、直板反手反面拉、反手搓长、反手削、侧身攻打等方法。

3. 接正手位右侧下旋短球 可采用正手挑、搓长、摆短等方法。

4. 接正手位右侧下旋长球 可采用正手拉、正手削、正手攻打等方法。

（十）发右侧上旋球

1. 直板反手发右侧上旋斜线长球 右脚稍前，左脚稍后，身体向左侧偏斜，当球向上抛起时，球拍向左侧上方引拍，拍面稍后仰，当球回落至网高时，手臂迅速向右前下方挥动，击球中下部，向右侧上方摩擦，同时重心由右脚移向左脚，第一落点在本方球台靠近端线，第二落点在对方球台靠近端线。

2. 直板反手发右侧上旋斜线短球 与发斜线长球基本相同，不同之处是第一发右侧上旋斜线短球时，第一落点在本方球台一侧靠近球网。第二是球拍向右侧上方的摩擦力大于发长球时，从发球的声音上判断发短球时球拍撞击球的声音小于发长球时。

3. 横板反手发右侧上旋斜线长球 站位左半台，身体向左侧偏斜，向左后上方引拍，拍面后仰，手腕适当内屈，拍柄朝下，便于手腕发力，当球回落至网高时，手臂迅速向右前上方挥动，击球中下部，向右侧上方摩擦，同时重心由右脚移向左脚，第一落点在本方球台靠近端线，第二落点在对方球台靠近端线。

4. 横板反手发右侧上旋斜线短球 站位左半台，右脚稍前，左脚稍后，身体向左侧偏斜，当球抛起时，向左后上方引拍，拍面后仰，身体向左侧偏斜，当球回落至网高时，手臂迅速向右前下方挥动，击球中下部，向右侧上方摩擦，身体重心在右脚上，同时左脚踏地，身体向右偏摆，第一落点在本方球台一侧靠近球网，第二落点在对方球台一侧靠近球网。

5. 直板反手发右侧上旋直线长球 右脚稍前，左脚稍后，身体向左侧偏斜的角度要大于斜线发球，当球向上抛起时，球拍向左后上方引拍，拍面稍后仰，当球回落至网高时，手臂迅速向右前方挥动，击球中下部，向右侧上方摩擦，向前的力量要大一点，第一落点在本方球台靠近端线，有利于发出直线长球。

6. 直板反手发右侧上旋直线短球　与发直线长球要领基本相同，不同之处在于摩擦的力量要大一些，第一落点在本方球台一侧靠近球网，有利于发出直线短球。

7. 横板反手发右侧上旋直线长球　右脚稍前，左脚稍后，身体向左侧偏斜的角度要大于斜线发球，当球向上抛起时，球拍向左后上方引拍，拍柄朝下，拍面稍后仰，当球回落至网高时，手臂迅速向右前上方挥动，击球中下部，向右侧上方摩擦，向前的力量要大一点，有利于发出直线长球。

8. 横板反手发右侧上旋直线短球　与发直线长球要领基本相同，不同之处在于摩擦的力量要大一些，第一落点在本方球台一侧靠近球网，有利于发出直线短球。

9. 直板正手反面发右侧上旋斜线长球　侧身站位，身体向右偏斜，重心在左脚上，让够位置，当球向上抛起时，向身体后上方引拍，持拍手臂外旋，握拍手拇指放松，亮出球拍的反面，拍面稍后仰，当球回落至网高时，手臂迅速由右后向前快速挥动，击球中下部，向右侧上方摩擦，第一落点在本方球台靠近端线，第二落点在对方球台靠近端线。

10. 直板正手反面发右侧上旋斜线短球　与发斜线长球基本相同，不同之处在于发短球时，球拍击球的摩擦力大于发长球时。

11. 直板正手反面发右侧上旋直线长球　与发斜线长球相比，侧身站位时向右偏斜的角度相对要小，重心同样在左脚上，当球向上抛起时，向身体右后上方引拍，拍面稍后仰，当球回落至网高时，手臂迅速由右后向前快速挥动，击球中下部，向右侧上方摩擦，第一落点在本方球台靠近端线，第二落点在对方球台靠近端线。

12. 直板正手反面发右侧上旋直线短球　与发直线长球要领基本相同，第一落点在本方球台一侧靠近球网，第二落点在对方球台一侧靠近球网。

13. 乒乓球小知识　右侧上旋球触拍后的反弹方向对接球者来说为左上方。

（十一）接右侧上旋球

右侧上旋球触拍后的反弹方向为左上方，所以在接这种球时，球拍不要过于向左倾斜，接触球的中部。

1. 接反手位右侧下旋长球　接反手位右侧下旋长球时可采用反手攻打、反手拉、侧身拉、直板反手反面拉、反手推挡、反手削技术。

2. 接反手位右侧下旋短球　接反手位右侧下旋短球可采用侧身正手挑、反手挑、侧身撇、反手推挡、反手搓长技术。

3. 接正手位右侧下旋长球　接正手位右侧下旋长球时可采用正手拉、正手攻打技术。

4. 接正手位右侧下旋短球　接正手位右侧下旋短球时可采用正手挑、正手撇技术。

第三节　乒乓球基本战术

乒乓球的打法类型很多，战术运用也不尽相同，仅对快攻类的战术运用作一简单介绍。

1. 发球抢攻战术　发球抢攻是快攻类打法争取主动，先发制人的主要战术，是得分的主要手段。

（1）侧身用正手发左侧上、下旋长球到对方底线，配合近网短球和直线长球后侧身抢攻。

（2）反手发右侧上、下旋到对方中路靠正手近网处，配合发底线长球，侧身抢攻。

（3）反手发急球、急下旋球到对方反手或中路，配合近网短球，迫使对方打对攻或后退削球。

（4）正手发转与不转短球，配合发长球伺机抢攻。

2. 接发球战术 接发球技术是抑制发球抢攻的一种战术。运用推、拉、搓、攻等技术控制对方，不让对方抢攻。

3. 对攻战术 对攻战术是进攻类打法在相互对抗，争取主动时的一种重要手段。

（1）侧身攻 压反手、结合变线、寻找机会抢攻。

（2）调右压左 是对付对方具有推攻和侧身攻特长的主要对攻战术。

（3）加、减力推压中路及两角，是对付两面拉弧圈打法的主要对攻战术。

（4）连续压中路或正手，伺机抢攻，是对付两面攻或横拍反手较强时采用的一种战术。

4. 拉攻战术 拉攻战术主要使用稳拉、配合落点、旋转、轻重等变化，为扣杀创造条件。

（1）拉反手后，侧身突击斜线，再扣杀中路和两角。这是拉攻最常用的战术。也是直拍打法的特长。

（2）拉不同落点突击中路和直线，然后扣杀两大角。中路防守是削球选手普遍的弱点，直线线路短削球手也比较难还击。

（3）长短球和拉搓结合伺机扣杀对付稳削打法，一般站位较远时使用此战术。

（4）搓攻，用搓球的旋转和落点变化，为进攻创造机会。

（5）挡、攻、削结合技术，可运用挡后变削、削后变攻、挡后变攻、攻后变挡，寻找机会伺机扣杀。

第四节 乒乓球主要规则

1. 选择方位和发球权 每场比赛的开始由裁判员组织运动员对发球权和比赛的方位进行选择（抽签）。如中签者选择发球，那么另一方可选择球台的方位。

2. 练球 一场比赛开始前运动员可在比赛球台上练习2min。

3. 合法发球

（1）发球时，球放在不持拍手掌上，手掌应静止、张开、伸平、四指并拢，拇指自然张开。向上抛球时，不能使球旋转，使球从手掌向上直抛，至少抛球到手掌以上16cm。

（2）当球从抛起的最高点下降时，发球队员才可触球，并使球首先触及发球员台区，然后越过或绕过球网，触及接球员台区。双打比赛时，球应先触及发球员的右半区，过网后触及接球员的右半区。

（3）运动员发球时有责任让裁判员看清楚他是否按合法发球的规定发球。

4. 重新发球

（1）发球队员发出的合法球触网、触网柱或触网、触网柱后被接球员拦击或阻挡时，重新发球。

（2）如果裁判员认为由于发生了无法控制的事故而运动员没能合法发球，合法接球时，重新发球。

5. 合法还击 对方发球或还击后，本方队员必须击球，使球直接过网或触及球网装置后，再触及对方球台。

6. 得一分

（1）对方队员没能合法发球或没能合法还击时。

（2）对方队员不持拍手触及比赛台面。

（3）对方击球后，该球越过本方端线没有触及本方台区。

（4）对方阻挡或连击。

（5）对方用不符合要求的拍面击球。

（6）对方运动员使球台移动或触及球网装置。

（7）双打时，对方运动员击球次序错误。

7. 一场比赛

（1）一场比赛由单数局组成。

（2）一场比赛应连续进行，除非是经许可的间歇。

（3）在获得每两分之后，接发球方即成为发球方，依此类推，直至该局比赛结束，或者直至双方比分都达到10分或实行轮换发球法，这时，发球和接发次序仍然不变，但每人只轮发一分球。

（4）在双打的第一局比赛中，先发球方确定第一发球员，再由先接发球方确定第一接发球员。在以后的各局比赛中，第一发球员确定后，第一接发球员应是前一局发球给他的运动员。

（5）在双打中，每次换发球时，前面的接发球员应成为发球员，前面的发球员的同伴应成为接发球员。

（6）一局中首先发球的一方，在该场下一局应首先接发球。在双打决胜局中，当一方先得5分时，接发球方应交换接发球次序。

（7）一局中，在某一方位比赛的一方，在该场下一局应换到另一方位。在决胜局中，一方先得5分时，双方应交换方位。

8. 胜负评定 在一局比赛中，先得11分的一方为胜方，10平后先多得两分的一方为胜。

第五节 双 打

双打是在单打技术的基础上，两人配合的项目，是乒乓球比赛中的一个重要项目。

1. 发球区的规定 乒乓球台面的中间，有一条与边线平行的直线宽3mm将球台分为左右两半区，中线把它视为右半区的一部分。右半区是双打各方的发球区。发球方必须从本方的发球区发到对方的发球区，否则就判失分。

2. 发球和接发球的次序　发球和接发球次序如下。

第一次二个球甲 1 发→乙 1 接发；第二次二个球乙 1 发→甲 2 接发；第三次二个球甲 2 发→乙 2 接发；第四次二个球乙 2 发→甲 1 接发。依此类推，一直进行下去。打到 10 平时轮换次序不变，每人只发一个球，直到这局比赛结束。以后每一局的开始由上一局接发球一方先发球，先发球的一方可以任意确定谁先发球，接球队员应是前一局发给他球的发球队员。

第十五章 羽毛球

第一节 羽毛球的起源与发展

据有关资料表明，最早出现有关羽毛球运动的文字记载是法国著名画家乔丹（1699～1779）所画的一幅题为"羽毛球"（The shuttle coack）油画。画中的一名少女，手握穿有网弦的羽毛球拍，球由球托插有七根不同颜色的羽毛所制成。

传说日本早在14～15世纪时，已出现了一种两个人用木制球拍，将插上羽毛的樱桃核当做球来回对击的游戏。这种运动很快传到了欧洲和亚洲其他国家。但因这种球不坚固耐用，飞行速度又太快，所以虽风行一时却很快就又销声匿迹了。

此后，又有类似羽毛球的游戏方式相继在印度和俄国出现，印度称此游戏方式为"普那"，它是用绒线缠成球形，上插羽毛，用木拍对击。俄国称其为"伏朗"。用球和我们现在的毽子非常相似。

由此可见，羽毛球运动的起源与类似"毽子板"的游戏有着密切的联系。由于国家、民族、文化以及语言的差异，对原始羽毛球运动名称的称呼就有所不同。所以，目前世界上对于这项究竟始于何时何地仍众说纷纭。但对于现在羽毛球运动名称的说法却基本一致。1873年，在英国格洛斯特郡的伯明顿镇（Badminton）有一位叫鲍弗特的公爵，一次在家中宴请宾客，恰逢下雨，客人只得聚在客厅，时间一长，大家都感到乏味，当时，有位从印度退役的英国军官，将其在印度孟买见到的"普那"向大家作了介绍，于是大家就在大厅内进行这种羽毛球的游戏。因这项活动极富趣味性，很快就风行起来。由于这项活动诞生在伯明顿，有人就提议以这个庄园的名称命名了这项运动，所以，英语中羽毛球叫做"Badminton"。原来鲍弗特公爵的庄园现在也改名为"羽毛球馆"以示纪念，并陈列着19世纪中业最初的羽毛球拍和球。那时的活动场地是葫芦形，两头宽中间窄，窄处挂网，直至1901年才改作长方形。

1877年，第一本羽毛球比赛规则在英国出版。

1893年，在英国成立了世界上第一个羽毛球协会。1899年，该协会举办了第一届"全英羽毛球锦标赛（All England Badminton Championships）"这就是自1899年起在英国伦敦温布利体育中心举行的传统性，非正式世界羽毛球锦标赛。

此后，羽毛球运动从不列颠诸岛流传到斯堪的纳维亚和英联邦各国，20世纪初流传到亚洲、美洲、大洋洲，最后传到非洲。

随着这项运动在世界上开展的国家越来越多，1934年成立了"国际羽毛球联合会"，总部设在伦敦。1939年国际羽毛球联合会通过了各会员国共同遵守的《羽毛球竞赛规则》。

第二节　羽毛球基本技术

1. 握拍法

（1）正手握拍法　张开右手，手掌下部靠在拍柄底托处，虎口对准拍框侧面拍柄的棱角，小指、无名指和中指并握，食指稍分开，拇指和食指相对。握住后，拍柄后端稍露出。

（2）反手握拍法　反手握拍法与正手握拍法不同之处是拇指从向下部位改为横贴在拍的侧面，其他四指除部位稍移动外，握法大体与正手握拍法相同。

2. 发球

（1）发高远球（图15－1）　左脚在前，右脚在后，左手将球举在身体的右前方，右手开始向前摆动，腕部仍保持后屈，待球落到适当高度时，向前摆臂击球。当球与球拍接触的一刹那，要把拍子握紧，闪击式击球。击球时，身体重心由右脚移到左脚。

图15－1　发高远球

（2）发平高球　多用前臂带动手腕发力，拍面稍向前推进，其仰角小于45°。

（3）发平快球　站位应稍后，击球的瞬间，拍面的仰角一般小于30°。击球点在腰部以下的最高处，挥拍时要利用前臂带动手腕，闪击式击球。

（4）发网前球　发网前球与发高远球的姿势一样（图15－2），但挥拍的幅度要小，当球与球拍接触的一刹那，利用小臂摆动和手腕的力量由右向左横切推送，把球击出。

图15－2　发网前球

（5）发旋转飘球　当球与球拍接触的一刹那，利用小臂摆动和手腕的力量，由右向左切削，使球产生旋转。

3. 接发球　以右手持拍为例，接发球时左脚在前，膝微屈，身体重心保持在两腿之间。接高球时，用平高球、吊球或扣杀球还击；接网前球时，用平高球、高远球、放网前球、平推球还击；接平快球时，可用平推球、平高球还击。

4. 击球

（1）高手击球　①高远球（图15-3）。用较高的弧线把球击到对方底线附近叫高远球。高远球可以迫使对方退离中心位置，到底线去击球，削弱对方进攻威力，消耗对方体力。

图15-3　高远球

高远球飞行时间长，易于争取时间，摆脱被动局面。②吊球。把对方击来的球从后场轻巧地还击到对方的网前地区叫吊球。它是调动对方，打乱对方阵脚，组织配合战术的一种击球技术。在后场进攻中，常和高远球、杀球结合运用。③杀球。用力扣杀高球叫杀球。杀球击球力量大，弧线直、下落快，是一种主要的进攻技术。杀球技术有正手、反手和头顶扣杀球三种。

（2）网前击球　①放网前球。用球拍将对方的吊球或网前球轻轻地一抛，使球一过网顶就向下坠落。②搓球。摩擦球托底部，使球改变在空中的正常飞行轨道，球体沿横轴翻滚或纵轴旋转过网顶，给对方回击造成困难，为自己创造进攻的机会。③推球。在引诱对方上网时，突然将球快速推到后场底角。④勾球。在网前回击对角线网前球叫勾球。常和搓球、推球结合起来运用。⑤抛高球。将对方击来的吊球或网前球抛高，回击到对方后场上去。

（3）低手击球　①抽球：抽球是应付对方长杀和半场球以平球对攻的反攻技术，抽球点在肩以下，以躯干为轴发力、作半圆式的挥拍击球动作。②接杀时，有挡网球、推后场球和高抽球等技术。

5. 步法

（1）上网步法　由中心位置起动，根据来球的远近可采用一步、二步或三步上网击球；但最后一步总是要求右脚在前、重心落在右脚上。

（2）后退步法　由中心位置后退，根据来球的远近，也采用一步、二步或三步后退击球。最后一步是右脚在后，重心在右脚上。反手击球时左脚退一步后，身体需向左转，右脚再向左跨出一步。

（3）两侧移动步法　向右侧移动，若来球较近，用左脚掌内侧蹬地，右脚同时向右侧转跨一大步：若来球较远，左脚可向右垫一小步再起蹬，右脚同时向右侧转跨一大步。向左侧移动，右脚掌内侧起蹬，左脚同时向左侧跨一大步。若来球较远，左脚可先向左侧移半步，上体向左转身的同时右脚向左跨出一大步。

（4）起跳腾空步法　移动到位后，用单脚或双脚蹬起跳。

第三节　羽毛球基本战术

1. 单打战术

（1）发球抢攻战术　从发球的第一拍起，争取控制对方，以攻杀得分。这种战术，一般为发网前低球结合平快球、平高球，争取第二拍的主动进攻。用这种战术对付应变能力较差的对手，或实施于比赛的关键时刻，效果往往很好。实施这一战术时，应有高质量的发球予以保证，否则很难成功。

（2）攻后场战术　此战术是通过击高球，重复压对方的底线两角，造成对方的被动，然后寻找机会进攻。用它来对付初学者，或后场还击能力较差，或后退步子较慢以及急于上网的对手是很有效的。

（3）攻前场战术　对网前技术较差的对手，可运用此战术先将其吸引到网前，然后再攻击其后场。采用此战术，自己首先要有较好的网前击球技术。

（4）打四方球战术　若对手步子移动较慢，体力较差、技术不全面，可以用快速、准确的落点攻击对方场区的四个角落，寻找机会向空当进攻。此战术的主要目的是通过打落点，逼迫对方前后奔跑、被应付，并在其加球质量下降或露出破绽时进行攻击得分。

（5）杀、吊上网战术　对对手打来的后场高球，本方先以杀球配合吊球把球下压，落点选在场区的两条边线附近，致使对手被动回球。若对手回网前球时，本方迅速上网搓球、勾对角球或平推球，创造在中场大力扣杀的机会。这种战术必须能很好控制杀、吊球的落点，在使对方被动回网前球时，主动迅速上网攻击。

（6）打对角线战术　对付身体灵活性差、转体较慢的对手，不论是进攻还是防守，均应以打对角线球为主。这样，对方会因移动困难而被动，为本方进攻创造机会。

2. 双打战术

（1）攻人战术（二打一）　集中攻击对方中有明显弱点的人，并伺机攻击另一人因疏忽而露出的空当，或对此人偷袭。双打比赛中的配对选手的技术，一般总有一人好，另一人稍差些，即便两人水平相差不多，但若能集中力量攻击其中一人，也可给其造成很大的心理压力，从而使其出现失误。

（2）攻中路战术　当对方分边站位防守时，将球攻击到对方两人的中间；当对方前后站位时，可将球下压或平推两边半场。这样可使对方防守时互相争抢或互让而出现失误。

（3）攻后场战术　对方后场扣杀能力差，本方可采用平高球、推平球、接杀挑底线，把对方一人紧逼在底线两角移动。当对方回球质量不高时，则抓住机会大力扣杀。如另一对手后退支援时，即可攻网前空当。

（4）后攻前封战术　当本方处于主动进攻地位时，站在后场的队员见高球就杀或吊网前，迫使对方接球挡网前，这为本方前场队员创造了封网扑杀的机会。前场队员要积极封锁前场，迫使对方被动挑高球。一旦对手挑高球达不到后场，就为本方创造了再进攻的机会。

第四节　羽毛球竞赛规则

一、挑边

赛前，采用挑边的方法（抛硬币）来决定发球方和场区。挑边赢者将优先选择是发球或接发球，还是在一个半场区或另一个半场区比赛。输者在余下的一项中选择。

二、计分方法

羽毛球世界联合会于 2006 年 5 月在日本东京举行的年度代表大会上，正式决定实行 21 分的新赛制。2006 年 5 月在日本东京举行的汤姆斯杯和尤伯杯赛上率先试行三局 21 分的赛制。这一赛制将成为今后所有羽毛球国际大赛的通用赛制，第 29 届奥运会也将采用这一赛制。21 分的赛制对于提高运动员的积极性、减少运动员受伤以及电视转播等方面较 15 分制有更大的优势。

世界羽联 21 分制实行每球得分制，所有单项的每局获胜分皆为 21 分，最高不超过 30 分。每场比赛采取三局两胜制，先到 21 分的一方赢得当局比赛。如果双方比分为 20 比 20 时，获胜一方需超过对手 2 分才算取胜；直至双方比分打成 29 比 29 时，那么先到第 30 分的一方获胜。首局获胜一方在接下来的一局比赛中先发球。

三、站位方式

单打：当发球员得分数为 0 或偶数时，双方运动员均在各自的右发球区发球或接发球；当发球方的分数为奇数时，双方运动员均在各自的左发球区发球或接发球。

双打：比赛中，当比分为 0 或偶数时，球由右发球区对角发向对方场地的右接发球区；当比分为奇数时，球由左发球区对角发向对方场地的左接发球区。比赛中，只有当一方连续得分时，发球员必须在右或左发球区交替发球，而接发球方队员的位置不变。其他情况下，选手应站在上一回合的各自发球区不变，以此保证发球员的交替。

双打比赛无论是在开始还是在赛中，皆为单发球权，也就是说每次一方只有一次发球权。发球方失误不仅丢失发球权也将丢失 1 分，如果这时得发球权的一方得分为奇数时，则必须是位于左发球区的选手发球，如果此时得发球权的一方得分为偶数时，则必须是位于右发球区的选手发球。

双打比赛只有接发球队员才能接发球，若其同伴接发球或被球触及则"违例"，判发球方得分，当发球被回击后，球可由二人中任一人击回，不得连击，如此往返直至死球。双打比赛发球时，发球队员和接发球队员必须站在规定的发球区和接发球区内发球和接发球，他们的同伴站位可以不受限制，但不得妨碍对方。运动员发球和接发球顺序有误，已得比分有效，纠正方位或顺序。

四、赛中间歇方式

每场比赛均采用三局两胜制。当任一方在比赛中得到 11 分后，比赛将间歇 1min；两局比赛之间的间歇时间为 2min。

五、比赛中常见的违例

过手违例——发球时，在击球的瞬间，发球员的拍杆应指向下方。否则，将判违例。

过腰违例——发球时，在击球的瞬间，整个球应低于发球员的腰部。否则，将判违例。

挥拍有停顿——发球开始后，挥拍动作不连贯，将判违例。

脚移动、触线或不在发球区内——自发球开始至发球结束，发球员或接发球员的两脚都必须有一部分与球场地面接触，不得移动，且都必须站在斜对面的发球区内，脚不得触及发球区或接发球区的界线。否则，将判违例。

最初击球点不在球托上或发球时未能击中球，将判违例。最初击球点不在球托上是指发球时，球拍先触及羽毛或同时击中羽毛和球托。

发球时，球没有落在规定的接发球区内，将判违例。如：发出的球没有落于对角的场区内或不过网，或挂在网上、停在网顶等。球从网下或网孔穿过或触及天花板或触及运动员的身体或衣服，将判违例。

球触及球场或其他物体或人，将判违例。击球点超过网的向上延伸面，即在对方场区上空击球，将判违例。

运动员的球拍从网上、网下侵入对方场区导致妨碍对方或分散对方注意力或妨碍对方、阻挡对方靠近球网的合法击球，将判违例。

同一运动员连续两次挥拍击中球，或双打的同方两名队员连续各击中球一次，将判违例。

球停在球拍上，紧接着被拖带抛出，将判违例。

运动员严重违反或屡次违反比赛的连续性的规定或运动员行为不端，将判违例。如：擅自离开比赛场地喝水、擦汗、换球拍、接受场外指导等，或故意改变球形或破坏羽毛球或举止无礼等。

六、重发球

重发球时，原回合无效，由原发球员重新发球。

除发球外，球过网后，挂在网上或停在网顶，判重发球。

发球时，发球员和接发球员同时被判违例，将重发球。

发球员在接发球员未做好准备时，将球发出，判重发球。

球在飞行时，球托与球的其他部分完全分离，判重发球。

裁判员对该回合不能做出判决时，将判重发球。

出现意外情况，判重发球。

七、交换场区

第一局比赛结束时，双方应交换场地。

若局数为 1:1 时，在第三局比赛开始前，双方应交换场地。

在第三局比赛中，领先一方比分达到 11 分时，双方应交换场地。

若应交换场地而未交换时，一旦发现应立即交换，已得分数有效。

八、发球注意事项

1. 球员和接发球员应站在斜对角的发球区内，脚不触及发球区和接发球区的界线。

2. 从发球开始，直到球发出之前，发球员和接发球员的两脚必须都有一部分与球场接触，不得移动。

3. 发球员的球拍应首先击中球托。

4. 在发球员的球拍击中球瞬间，整个球应低于发球员的腰部。

5. 在击球瞬间，发球员的拍杆应指向下方，使整个拍头明显低于发球员的整个握拍手。

6. 发球开始后，发球员必须连续向前挥拍，直至将球发出。

7. 发出的球，应向上飞行过网，如果未被拦截，球应落在规定的接发球区内（即落在线上或界内）。

8. 如果发球不合法，应判"违例"。

9. 发球员发球时未能击中球，应判"违例"。

10. 一旦双方运动员站好位置，发球员挥拍时，发球员的球拍头第一次向前挥动即为发球开始。

11. 发球员应在接发球员准备好后才能发球，如果接发球员已试图接发球则应被认为已做好准备。

12. 发球开始后，发球员的球拍击中球或者未能击中球均为发球结束。

13. 双打比赛，发球员或接发球员的同伴战位均不限，但不得阻挡对方发球员或接发球员的视线。

第十六章　网　球

第一节　网球的起源与发展

网球起源应追溯到 12~13 世纪，法国的传教士常常在教堂的回廊里，用手掌击打一种类似小球的物体，一次来调剂刻板的教堂生活。渐渐地这种活动传入法国宫廷，并很快成为当时贵族的一种娱乐游戏。当时，他们把这种游戏叫"掌球戏"。开始，他们是在室内进行这种游戏，后来移向室外，在一块开阔的空地上，将一条绳子架在中间，两边各站一人，双方用手来回击打一种裹着头发的布球。

网球运动起源在法国，成熟于英国。1873 年，英国军人温菲尔德少校在羽毛球运动的启示下，进一步改进了早期网球的打法，并将场地移向草坪地，同年出版了《草地网球》一书，提出了一套接近于现代网球的打法。1874 年，又规定了球网的大小和高低，在英国创办了简易的草地网球比赛。1875 年，英国板球俱乐部修订了网球比赛规则后，于 1877 年 7 月举办了第一届温布尔登草地网球锦标赛。后来这个组织又把网球场地定为 23.77m×8.23m 的长方形，球网中央的高度为 99cm（在此之前，球网的高度是 2.1234m），并确定了每局采用 15、30、40 平分的记分方法。1884 年，英国伦敦玛丽勒本板球俱乐部又把球网中央的高度定为 91.4cm。至此，现代网球正式形成，很快在欧美盛行起来，成为一项深受欢迎的球类运动。

国际网球联合会（ITF）成立于 1913 年 3 月，最初只有 12 个会员国，现已发展为一百多个会员国。主要负责有关网球的一切事务；修改制定网球规则；开设教练员培训班；组织世界青年比赛；负责组织、指导戴维斯杯、联合会杯世界两大团体赛以及"四大网球赛"。

国际职业网球联合会（ATP）负责组织各级的大奖赛、排名赛等，并负责出版《世界网球排名表》，每周公布一次最新的男子排名，两周公布一次女子排名。

世界主要网球大赛：澳大利亚网球公开赛、法国网球公开赛、温布尔顿公开赛、美国公开赛、戴维斯杯赛、联合会杯赛、奥运会网球赛。其中，戴维斯杯赛和联合会杯赛分别为男、女团体赛。

第二节　网球基本技术

（一）准备姿势和移动步伐

1. 准备姿势　面对球网，两脚分开与肩同宽，身体前倾，双膝微屈，重心落在前脚掌上，右手握拍，左手轻托拍颈，拍面垂直地面并指向对方，注意力集中准备迎击来球（图 16-1）。

2. 移动步法　移动步法主要有跑步、滑步、交叉步、跨步、踮步等组成，其步法有关闭式和开放式两种。准备击球时的移动应是向来球方向斜插跑动，做到接近来球时，已完成引拍动作。

（二）握拍法

为了能更清楚地说明各种握法与拍柄的关系，现将拍柄上各部位名称介绍一下。网球拍是多边形的，有八个边，球拍在垂直地面时，拍柄的八个边可分别名为：上平面、下平面、左平面、右平面、左上斜面、右上斜面、左下斜面、右下斜面（图16-2）。

在所有的网球技术中，最基本的是握拍法，它能直接影响球拍面接触球的角度。目前世界上流行的握拍法有3种：即东方式、西方式和大陆式。不同的握拍法产生了各种不同的击球效应和打法，不同的打法在世界网坛上都获得了较好的成绩。在学校开展网球运动中，以东方式握拍法为主，下面就简单介绍一下。

1. 正手握拍法 左手先握住拍颈，使拍子与地面垂直，然后手掌也垂直于地面，手握拍柄好像与人握手。故亦称"握手式"握拍法。准确地说，用右手掌根与拍柄右上斜面贴紧，拇指垫握住拍柄的左垂直面，食指微离中指，食指下关节压住拍柄右垂直面。由此拇指与食指成"V"形，对准拍柄的右上斜面和左上斜面的上端中间（图16-3）。

2. 反手握拍法 从正拍握法把手向左转动（即把拍子向右转动），使拇指与食指成"V"形，对准拍柄左上斜面与左垂直面的中间条线。用手掌根压住拍柄的左上斜面，拇指贴在左垂直面上，食指下关节压在右上斜面上（图16-4）。

图16-1 准备资势

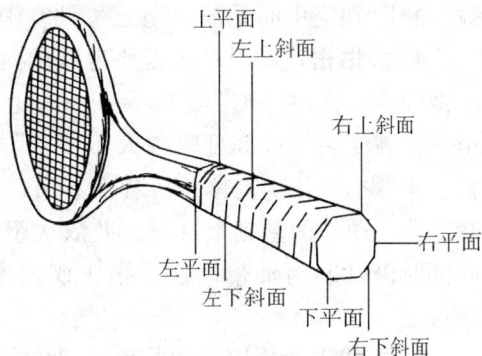
图16-2 网球拍

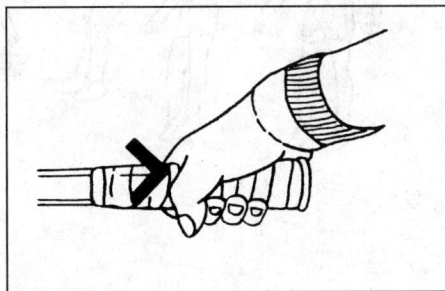
图16-3 正手握拍法

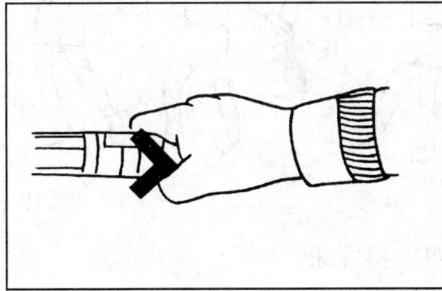
图16-4 反手握拍法

（三）发球

发球是进攻、得分的开始，而稳定情绪又是发球必不可少的前奏，在现代网球运动中，发球技术是很有威力的武器，它具有较强的攻击性，能够控制对手，占据主动，有利于进攻。

1. 握拍法　东方式反手或大陆式握拍。

2. 准备姿势　双脚自然分开站立，两脚的连线根据球员中不同的习惯可与底线相垂直，也可以保持另外一个合适的角度；身体自然前倾；最好只持一个球，球自然着落在持球手拇指、食指及中指三指上，无名指和小指自然屈于球的后部，切忌用力将球握在手里或捏在手里。

3. 抛球　在准备动作的基础上，持球手的肘部渐渐伸直并向下靠近持球手同侧的大腿，然后从腿侧自下而上将球抛起。在整个动作过程中，手臂保持伸直的状态，其走势与地面垂直，掌心向上，以拇指、食指、中指三指将球平稳托起，尽量避免勾指、甩手腕等多余的手部小动作，以免影响球的平稳走势，球在空中的旋转越少越好。球脱手的最佳点在手掌走势的最高点，脱手过早容易造成球在空中旋转或晃动，出手过晚则会令球"走"向脑后失去控制。脱手时托球的三手指已最大程度地展开，球不是被"扔"到空中而是被"抛送"到空中去的。

4. 挥拍击球　以准备姿势为基础向持拍手一侧转身，同时持拍手引导球拍贴近身体像钟摆一样将球拍摆至体后（不一定要直臂后摆但掌心一定要朝向身体）。球拍后摆至一定高度后（此高度因各人习惯而异，至少大臂不应紧夹在体侧），以肘为轴，小臂、手、拍头依次向体后、背部下吊，同时屈双膝并伴随身体后展呈"弓"状。在屈膝、背弓动作的基础上自下而上依次蹬直踝部、膝部，反弹背弓并向出球方转体，与此同时仍以肘为轴带动手、拍头摆向击球点，最后在力的爆发点上击中抛送于空中的球。

5. 击球点的位置　球员手持球拍在空中所能争取到的最高一点就是击球点（图16-5）。

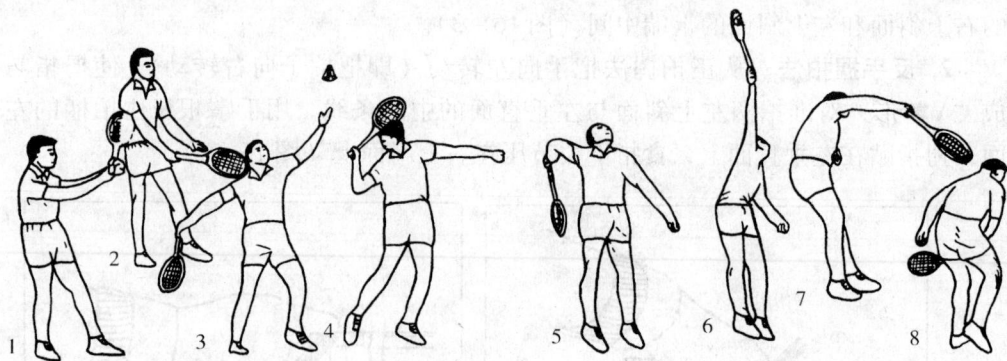

图16-5　发球

（四）接发球

网球比赛首先是从发球和接发球开始的。比赛中，如果接发球不好，不仅会给对方较多的进攻机会，而且更严重的是常会引起自己心理上的紧张和畏惧，并造成失误，甚至导致全盘失败。反之，如果接发球技术好，不仅有时可以直接得分，而且还可以破坏对方的抢攻，成为战术上和心理上的有力武器，为自己的进攻创造有利条件。

1. 正确的握拍法　应根据运动员习惯的握拍法来决定。

2. 准备姿势及站位 接发球的准备姿势只要能以最快的速度还击球就行。当对方发球前,可以膝盖弯曲,两腿叉开;当对方抛球准备击球时,可以重心升起两脚快速交替跳动,并判断来球迎前回击。接发球站位要根据对方的发球水平和自己的接发球水平、习惯、场地快慢和战术需要来确定,一般应站在对方能发到内外角的中角线上,接第一发球时站位稍后些,接第二发球时站位略前。

3. 击球动作 根据对方发球好坏、速度快慢而定。动作一般介于底线正、反拍击球动作和截击球动作之间。对发球差的选手,可用自己的底线正、反拍动作来接对方的发球;而对发球好、速度快的选手,可用网前截击球的动作来顶接对方的发球,这样接出的球很有威胁(图16-6)。

(五)抽击球技术

网球的抽击球技术统分为底线正拍抽击球、底线反拍抽击球、侧身抽击球以及中场抽击球四大部分。包括平击、上旋、下旋和混合旋转等各种抽击法,每种抽击法的特点不同,所起的作用也不一样。

图 16-6 接发球

1. 正手抽击球

(1)**握拍法** 东方式正拍握拍法或东西方混合握拍法。

(2)**准备姿势** 正确的底线正拍击球总是提前进入准备状态。因为正手击球需要较长的挥拍动作。准备时,面对球网,两脚分开与肩同宽,身体前倾,双膝微屈,重心落在前脚掌上,右手握拍,左手轻托拍颈,拍面垂直地面并指向对方,注意力集中准备迎击来球。

(3)**后摆动作** 当发现对方击球朝正拍来时,就开始。后拉拍,转髋的同时转动双肩,带动拍子向后引,做后摆动作;或直接向后拉拍,肘关节弯曲并稍抬起(注意手臂不要伸直),与此同时,左手向前伸出,以保持身体平衡。

(4)**击球时的步法** 击球步法分为"关闭式"和"开放式"两种。关闭式步法是在球拍做后摆动作的同时右脚向右转,约与底线平行,左脚向右斜前方做45°角迈出。"开放式"步法是在球拍向后引做后摆动作的同时,双脚基本与底线平行,只是需要较多的转体动作相配合。这两种击球步法,它们击球前的重心都在右脚上,随着击球和动作的随挥,重心移向左脚。

(5)**击球动作** 从拍子后摆进入向前挥动时,一定要向前迎击球,借助转髋和腰的快速短促扭转,利用离心力大力摆动身体并立即挥出球拍。此时应紧握球拍固定手腕,肘关节微屈,击球点在轴心脚的侧前方。关闭式步法击球点在左脚尖的前方;开放式步法击球点在右脚侧前方。

(6)**随挥动作** 击球后随挥动作的去向意味着球的去向。击球后,球拍沿着球飞行的方向继续向上挥动,肘关节向前上方跟进前伸,转体动作也由后摆时的侧身对网转向正面对网,拍子随挥至左肩上方结束,动作放松,同时马上还原到准备回击下一次来球的状态(图16-7)。

2. 反手抽击球

(1)**握拍与准备姿势** 东方式反拍握拍法,准备动作与底线正拍准备动作相同。当判断出对方来球方向是反拍时,握拍由东方式正拍或东西方混合式正拍握拍法转换成东方式反拍握拍法。

（2）后摆动作　左手轻托球拍的颈部，转动双肩。右肩侧身对网，几乎是背对球网，同时右脚向左侧前方约45°角跨出，全身自然放松，注意力集中，握拍手肘关节弯曲并贴近身体。

（3）击球动作　要把球打得既凶又准，必须要向前迎击球，击球点在轴心脚右脚的侧前方，双手握拍反拍击球点在左脚的侧前方。力争打上升球，因为上升球比下降球有较快的速度和较大的力量可以借助，所以回击球的速度也比较快。当向前挥拍击球时，朝着球网一鼓作气地回身转腰，拍面垂直于地面，肘关节稍屈并外展，手腕紧锁，并由下向上方奋力挥出，在将要击球时刻，身体重心由后脚移向前脚，使身体重心顺畅地移到击球中去。

图16－7　正手抽击球

（4）随挥动作　由于腰的扭转，击球后使身体面向球网。为了控制球，跟进动作时球拍应向上挥到肩或头部的高度，同时保持身体平衡并准备下一拍的击球（图16－8）。

图16－8　反手抽击球

3. 双手握拍反手抽击球

（1）握拍法　双手握拍，两手均采用东方式握拍法（以右手为例），右手以东方式反拍握拍法握球拍，掌根靠近拍柄顶端，左手握在右手前边。以东方式正拍握拍法握拍，双手都是全握法。

（2）后摆动作　两眼注视对手击球动作，要注视来球，当断定来球时飞向反手位时，右脚向前跨出一步，身体转体成侧身背朝网，充分向后引拍，拍面稍放开一点，身体重心在左脚上，两膝微屈，重心稍下降，右肩前探，下颌靠右肩，后引动作靠近身体的腰部。

（3）击球动作　开始向前挥拍击球时要回身转腰，两手从后下方向前上方协调一致奋力前挥，拍面垂直，击球点在右脚侧前方，球拍接触球的部位是中部或中部偏下，以便打出上旋球。球拍击球时，两臂要充分向前伸展，身体重心随之移至右脚。

（4）随挥动作　击球后转动上体，形成面向球网，弧线挥拍，即由下向前上使球拍挥到身体的另一侧在肩部停止（图16－9）。

图16－9　双手握拍反手抽击球

（六）截击球

截击球分为中场截击和近网截击，低球截击和高球截击。由于网前截击球距离短，球速快，在实际比赛中，正、反拍截击球要转换握拍是既困难又不切实际，所以正反拍截击球的握拍法应均为东方式反拍握拍法或大陆式握拍法（图16－10，图16－11）。

图16－10　东方式反拍握拍法

图16－11　大陆式握拍法

（七）高压球

高压球可分为凌空高压球、落地高压球、前场高压球、后场高压球等几种，其动作与发球相似（图16－12）。

图16－12　高压球

（八）挑高球

高压球与挑高球也是互为矛盾的两样武器，但在网球场上，挑高球并非只与高压球成双配对，击球者无论处于什么状态都可以挑高球，因为挑高球本身就既可是防守性的也可是进攻性的（图16-13）。

图16-13 挑高球

第三节　网球基本战术

1. 上网型　积极创造一切机会和条件上网后，在空中截击来球，利用速度与落点变化造成对方还击的困难，甚至失误。网前技术的使用率男子在40%以上，女子在35%以上。这种打法积极主动，富有攻击性，但略带冒险性。果断是这种打法所必须具备的意志品质。上网型打法的常用战术如下。

（1）发球上网　利用快速有力和落点多变的发球，迫对方接发球难于主动发力，然后快速移步上网。

（2）随球上网　对打中，利用一板低而深的球，使对方难于发力，然后快速移步上网。

（3）接发球上网　在判断准确、及时的基础上，接发球即击快深球或空档，使对方失去主动，然后迅速上网。上网型打法应重视高压球技术，要求判断准、反应移动快；下拍坚决果断，落点好；保护后场的能力强。

2. 底线型　基本上保持在底线抽球（包括削球），利用球的速度、力量、落点和旋转变化出现机会时，偶尔上网。网前技术的使用率男子在25%以下，女子在20%以下，此打法原来偏于保守，较被动。近年来，在上网打法的影响下，产生了一种攻击性的底线打法，运用凶狠的底线双手抽球，使对方难以截击。此打法要求：积极快速，能攻善守；正反拍无明显差异，掌握上旋抽击，能连续进攻，具备强有力的破网反击能力；能运用强烈的上旋高球，在快速中有"搏"一板的技术；兼备处理小球和网前的能力；体力好，步法快。

3. 综合型　底线和上网2种打法的综合运用。网前技术的使用率男子约25%～40%，女子20%～35%。这种打法的技术特点和要求是：积极快速，以攻为主；正反拍都能打加力的上旋抽球，有连续进攻能力；能拉开对方，善于截击和高压球威力大、落点好、破网反击能力强。

第四节　网球主要规则

一、网球比赛

1. 胜一局　运动员每胜一球得一分，先得四分者胜一局。但遇双方各得三分时，则为"平分"。"平分"后，一方先得一分时，为"接球占先"或"发球占先"。"占先"后再得一分，才算胜一局；如一方"占先"后，对方又得一分，则仍为"平分"。依此类推，直到一方在"平分"后净胜两分才能结束该局。

2. 胜一盘　一方先胜六局为胜一盘。但遇双方各得五局时，一方必须净胜两局才算胜一盘。

3. 胜一场　正式比赛时，男子单打和男子双打采取五盘三胜制。女子单打、女子双打和混合双打采取三盘两胜制。

二、基本规则

比赛开始前，双方用掷钱币或旋转球拍的方法进行抢先，得胜者有权选择发球或选择场地；选择发球或接发球者，应让对方选择场区；选择场地者，应让对方选择发球或接发球。

（一）发球动作

发球员在发球前，应先站在底线后中点和边线的假定延长线之间的区域里，然后用手将球向空中任何方向抛起，在球接触地面以前用球拍击球。只要球拍与球接触，就算完成了球的发送。

发球时，发球员不得向上抛起两个或两个以上的球，否则判重发。如果是故意的，应判失分。

（二）发球时间

发球员须待接球员准备后，才能发球。接球员做还击姿势就算已做准备，如接球员在发球员做出击球动作后又表示尚未准备好，这时即使发球员所发的球没有落到发球区内，也不判发球失误。

（三）发球位置

每局比赛开始发球时，发球员应先从右区端线后发球。得或失一分后，应换到左区发球。如果发球位置出现错误而未被察觉，比分仍然有效。一旦察觉，应立即纠正。

（四）发球次序

第一局比赛终了，接球员成为发球员，发球员成为接球员。以后每局终了，均依次互相交换直到比赛结束。

（五）交换场地

双方应在每盘的第一、三、五等单数局结束后，以及每盘结束双方局数之和为单数时，交换场地（如果一盘结束时，双方局数之和为双数则不交换场地，须等下一盘第一局结束后再进行交换）。

（六）发球失误

发球时如果出现发球脚误、未击中球、发出的球在落地前触及固定物等现象时，均判失误。

1. 脚误　发球员在发球动作中，两脚只准站在端线后中点和边线的假定延长线之间，不能触及其他区域，不得通过行走或跑动改变原站的位置（发球员发球时如两脚轻微移动而未变更原位，不算行走或跑动）。否则，就会被判为脚误。

2. 击球未中　发球员在发球时由于用力过猛、动作不协调等原因而未击中抛出的球成为击球未中。

如果发球员在向上抛球准备发球时，又决定不击球而将球接住，这不算失误，判重发。

3. 固定物　单打比赛在双打场地上进行时，使用了单打支柱。发出的球如果触及单打支柱后落入了规定的发球区内，应判失误，因为单打支柱、双打支柱以及其间的球网、网边白布均系固定物。

（七）发球无效

当合法的发球触及球网、中心带、网边白布后，仍落到对方发球区内时；当合法的发球触及球网、中心带、网边白布后，在落地前又触及接球员的身体或其正在作准备时，无论发出的球成功还是失败，均判发球无效。重发球时，前次发球不予计算，但原先的第一次发球失误不予取消。

（八）失分

在网球规则中，如果出现以下情况均判失分：在球第二次着地前未能还击过网；还击的球触及对方场区界线以外的地面、固定物或其他物件；还击空中球失败；在比赛进行中，运动员故意用球拍拖带或接住球，或故意用球拍触球超过一次；"活球"期，不论运动员的身体、球拍（不论是否握在手中）或穿戴的其他物件触及球网、网柱、单打支柱、绳或银丝绳、中心带、网边白布或对方场区以内的地面；来球尚未过网即在空中还击，算过网击球；除握在手中的球拍外，运动员的身体或穿戴的物件触球；抛出手中的拍去击球；比赛进行中，运动员故意改变其球拍形状。

1. "活球"期　自球发出时起（除失误或重发外），至该分胜负判定时止，为"活球"期。

2. 触网　在双打比赛中甲乙一队、丙丁一队，甲发球给丁，丙在球着地前触网，而后球落在发球区外。这时应判丙与丁失分，因为球落在发球区外之前丙先触网了。

（九）第二发球

网球比赛规则规定，发球员有两次发球权。第一次发球失误后，应在原发球位置进行第二次发球。如第一次发球失误后，发觉发球位置错误，则应按规定改在另区发球，但只能再发一次球。

（十）压线球

压线球是指落在比赛线上的球，算界内球。

第十七章 棒垒球运动

第一节 棒垒球的起源与发展

据考证，希腊和印度的古代寺庙以及碑石浮雕均刻有持棒打球的图案。

现代棒球运动的起源说法不一，有的认为源于 15 世纪英国的板球，但多数认为始于美国。1839 年美国陆军军官道布尔戴（Abner Doubleday）在纽约州的库珀斯郭举办了首次棒球比赛。1845 年世界第一个棒球俱乐部在纽约成立，并由卡特赖特（Alexander Cartwright）确定正式比赛场地的规格，并制定较细的竞赛规则，其中多数规则条文至今仍在使用。他也是棒球记录的发明人，被人们尊称为"棒球之父"。1869 年美国成立世界第一个职业棒球队。1910 年时任美国总统威廉姆·霍华德·塔夫脱（William Howard Taft）正式批准棒球运动为美国的"国球"。

1873 年棒球由美国传入日本。日本职业棒球队创始于 1934 年。

第二世界大战后，棒球运动迅速在欧洲各国开展起来。现在棒球运动已在世界五大洲的 100 多个国家和地区中开展。目前，棒球最普及的是美国和日本。

垒球运动起源于美国，是由棒球运动演变而来。

第二节 棒垒球运动基本技术

一、进攻基本技术

（一）击球

击球是一项难度大而又极其重要的进攻技术，也是进攻时首先用以对抗对方投手投球的手段。击球员把投手投来的球击向场内并且突破对方的防守是取得上垒的条件，然后才有机会进垒和跑回本垒得分，可以这样说，击球是进攻的开始和关键技术，没有击球就没有进攻。击球也是一项比较复杂和难以掌握的运动技术。这不仅是因为击球是用挥动着的球棒去击打飞行着的投球，是速度与速度的较量，每一个击球者都各有其不同的身体条件，必须探索适合自己的技术技巧；还因为守方的投手利用各种投球方法改变球的速度和飞行路线，来遏止击球效果。近年来投球技术不断发展，球速快，变化多，这就给击球增加了很大的难度。投手投来的球一般只需 0.4s 的时间就可到达本垒，这就要求击球员在瞬间能准确地判断出是好球还是坏球，是内角球还是外角球，是上升球还是下坠球等，并选定击球方位，根据战术的需要及时挥棒将球击出。这些都增加了击球技术的难度和复杂性。击球和投球是一对矛盾，击球员进攻要把球击出，而投手则想方设法使击球员击不到球或者只能击出容易防守的球。因此对击球员来说，要想击出有威力的球，首先要树立敢于拼搏、敢于胜利的信念，对投手的投球不要犹豫、畏惧。应该看到不论投手投出的球有多少变化和多快的速度，最终球总要通过一个小小的好球区才能算是好球。要冷静判断，好球就打，坏球就不打。一次打不中，决不能气馁，要沉着冷静，还要努力在第二次、第三次打出好球。击球员一踏入击球区，就应充满信心，以敢打敢拼的顽强精神，夺取比赛的胜利。

1. 球棒的选择   球棒是击球的工具，也是影响击球效果的一个因素。因此，击球员应该了解球棒的特点，并根据自己的身高、体重、力量强弱、击球的特点和习惯，选用合适的球棒，为击出好球创造条件。

（1）球棒的种类   随着垒球运动技术的提高和现代科学技术的进步，球棒的种类越来越多，各有其优缺点。目前比赛中普遍使用的是木质球棒和金属球棒。木质球棒分为普通木质球棒和压缩木质球棒两种。木质球棒的特点是握棒和击中球时手感舒适，弹性较好。用木质球棒打革制的垒球，由于球棒击中球时的弹性所产生的反作用力，可以把球打得更远些，这是其他种类球棒所不及的。木质球棒要求木材的木纹直而均匀，没有结节，重量及硬度合适。但是木质球棒容易折断，保管不善时也容易变形。金属球棒是用铝或镁的合金材料制成的，特点是坚固耐用。用金属球棒打革制球的效果不及木质球棒，且手感和弹性较差，在击中球的位置不佳时更明显。

（2）球棒的形状与结构   球棒因用途不同可以分为比赛棒、准备活动用棒和教练棒，比赛中不准混用。球棒因外形不同可以分为圆形球棒、三角形球棒和曲角形球棒。不论哪种球棒都是由尾箍、握柄、棒干和棒头四个部分组成，相互对称并保持一定的比例关系。

（3）球棒的重量   球棒的轻重影响挥棒速度和击球效果。如果球的重量、投球的速度和挥棒的速度不变，那么较重的球棒因质量大而会产生更大的惯性，从而把球击出去的速度更快，距离也更远。规则对球棒的重量有明确的限制。为了把球打得更远，一方面应提高挥棒的力量和速度，另一方面应在规则允许的重量范围之内，选择重量适当的球棒击球，但是，并不是球棒越重越好，每个击球员应根据自己的身高、体重、臂力强弱、反应快慢和击球的技术特点选用重量合适挥动自如的球棒。球棒太重会影响挥棒速度，还可能破坏正常的击球动作，得不偿失。

（4）球棒的重心   球棒在设计和制造过程中，已经对它的重心作了仔细的研究和计算，它适合普遍的情况。但是作为个人使用，还应该亲自通过实践进行选择。球棒的重心大约可以分为两类，第一类重心在前，在球棒长度的 2/3 处（靠近棒头的位置），木质棒、胶合棒、教练棒等多属于这一类。第二类重心居中，约在球棒长度的 1/2 处，各种金属棒、玻璃纤维棒、陶瓷棒等多属于这一类。

2. 挥击技术   击球技术分为挥击和触击两类，各有不同的用途，达到不同的战术目的。每个运动员都必须掌握这两种击球方法，但应该首先学习挥击技术，这是最基本的击球技术。

（1）击球时的站立位置和站位方法   站立位置是指击球员进入击球区击球时两脚所站的位置。一般分为远、近、前、后、中五个位置。远位与近位是指击球员两脚站立位置距本垒板中心线垂直距离的远近；前位与后位是指击球员两脚站立位置在击球区内的前后；中位则是指居于两者之间的位置（图 17-1）。站立位置的选择是根据投球的变化和战术的要求而定，一般来说远位便于击内角球，近位便于击外角球，前位便于击慢速球，后位便于击快速球，中位比较灵活。在正常情况下和初学击球者多选择中位。

站位方法是指击球员击球时两脚相对位置的站立方法，一般有三种形式（图17-2）。

平行式站位：两脚与本垒平行的站立方式。从投手的方向来看，击球员采取这种姿势后，从腋部到膝部的线像一块平板。这样可使投手难以发现其漏洞，朝什么地方投球都有可能被打出的感觉。与另外两种站位方法相比，由于这种站位方法身体没有偏向哪一侧，因此没有特别的缺点，是一种比较理想的站位方法。

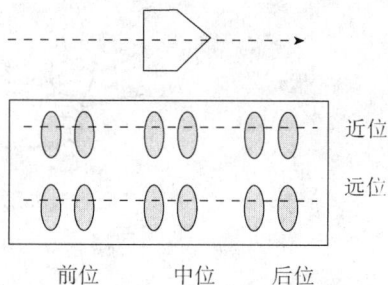

图17-1　站立位置

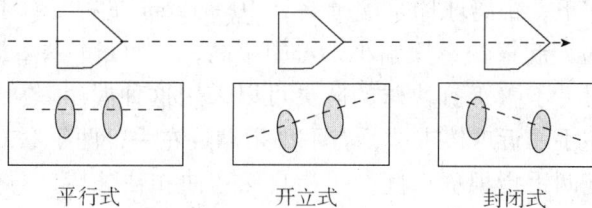

图17-2　站位方法

开立式站位：靠投手一侧的脚向后撤，或只是其脚尖向外展开的站立方式。采用这种站位方法击球员身体的一半是向投手展开的，可以更好地注视来球，对打内角球很有利。转体和挥棒的距离比较短，转体和挥棒所用的时间也比较短，可以有更多的时间判断来球。但是，由于腰部从一开始就有了稍许的展开，所以在击球时几乎没有腰部的转动力量，这很难打远球。此外，对打外角球也很不利。对于腰部力量较弱和需要较多时间判断来球的击球员，这种站位方法是比较适合的。

封闭式站位：靠接手一侧的脚向后撤的站立方式。采取这种站位方法能对投手产生一种威慑感，对于擅长打外角球的击球员有利。击球员转动髋、肩、臂的距离长，可以更有效地发挥向前转动的肌肉力量，击球时能向球施加更大的力。如果击球员的挥棒有足够大的速率，又能在合适的击球位置上击中投球，那么可以使用这种站位方法。以上三种站位方法各有其特点，再加上击球员的习惯不同，很难说必须采取什么样的站位方法，只能根据个人的具体情况来选择适合自己特点的站位方法。

技术要点：根据个人的技术特点和击球习惯选择合适的位置和站位方法。

平行式站位：两脚脚尖的连线与本垒平行。

开立式站位：靠投手一侧的脚向后撤，身体的一半展开，转体、挥棒距离短。

封闭式站位：靠捕手一侧的脚后撤，转体、挥棒的距离长，力量大。

（2）握棒方法　右手比较有力的击球员握棒时左手在下，右手在上，挥棒的方向是自右向左，称为右打者。左手比较有力的击球员握棒时右手在下，左手在上，挥棒的方向是自左向右，称为左打者。握棒的方法根据双手握棒的位置可以分为正常握法、长握法、短握法三种（图17-3）。

正常握法（以下均以右打者为例）：左手在下握棒，离棒端约5cm左右，双手靠拢。这是一般人最多选用的一种握法，故称正常握法。

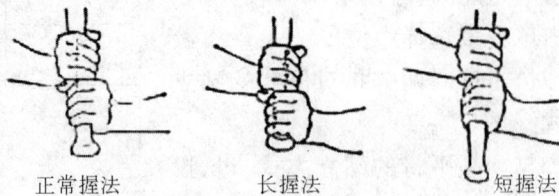

正常握法　　　　长握法　　　　短握法

图 17－3　握棒方法

长握法：左手在下接近球棒末端圆头处，右手在上靠拢左手。这种握法由于力矩长，摆幅大，击出的球有力量，打得远。力量大，挥棒快，善于打快球的队员可以采用这种握法。

短握法：左手在下，距离球棒末端圆头处 10～12cm 左右，右手在上，两手靠拢。这种握法由于力矩短，起棒快，摆幅小，击中率高，但力量较差，击球远度不如长握法。力量小，挥棒慢，不善于打快球的队员可以采用这种握法。初学击球握棒时，将球棒斜立于地面，左手靠近球棒末端，右手小指靠近左手，两手紧靠，中间不留间隙，掌心向上，置球棒于两手指根虎口间，手指自然弯曲扣住球棒，再将拇指压在食指或食中指间。然后收肘收腕，形成不同的球棒手型，这样击球时会产生不同的效果。握棒手型可分为以下三种：

①两手第二指关节对齐在一条直线上，这种手型在击球时便于挥摆（图 17－3）。

②左手二、三指关节间的平面对准右手第二指关节，这种手型有利于击球时的翻腕（图 17－3）。

③两手二、三指关节间的平面对齐。这种手型容易控制球棒，但挥击时球棒常出现起伏，棒心偏离"中球点"，准确性稍差（图 17－3）。无论哪种握棒手型，都应用手指握棒，不要用手掌握棒，不要使球棒贴虎口太紧，要象拿雨伞一样轻轻地把球棒握在手中。

技术要领：握棒时保持手和手指放松，犹如拿伞要轻握用小指、中指、无名指紧握球棒，不要用手掌握棒两手靠紧，中间不留空隙。

（3）击球准备姿势　击球员进入击球区，左肩侧对投手，选好站立位置，握好球棒。两脚左右开立约与肩同宽或稍宽，身体重心置于两脚之间，膝关节微屈稍内扣，收腹含胸。两手将球棒置于右肩前上方，左臂稍屈（大于90°角），右臂自然斜垂，双手和肘部离开身体，两肩要平，面部转向投手，下颌收回，两眼注视投手投球。握棒站立时，球棒可成垂直式或折角式（图 17－4）。

垂直式的球棒重心在两手的正上方，握棒比较省力，但击球时转动（从上向下）的角度大，球棒需向下转动约 90 度角才能与球接触。折角式击球时需转动的幅度较小，但由于肌肉必须多做功而紧张些。良好的击球准备姿势应使击球员全身处于稳定、放松、心情镇静、精神高度集中的状态，随时做好击球的准备。

技术要领：保持既平衡又放松的姿势。

两脚的间隔与肩同宽或稍宽于肩，身体重心置于两脚之间。

头部转向投手，两眼正视投手两肩保持水平，手和肘离开上身，持棒静止不动。

（4）引棒伸踏　引棒伸踏的目的是在击球前把身体的重心先向后移，以便加大工

图 17 - 4　垂直式和折角式握棒姿势

作的距离，充分发挥击球的力量，为随后的挥棒动作做好准备。当投手两手分开摆臂时，击球员就要开始将球棒随着腰、肩的转动，稍向右后方伸引，身体重心移向右脚，左脚稍离地面，膝关节内扣，准备伸踏（图 17 - 5）。引棒伸踏的动作要沿着水平的方向移动，尽量避免身体上下起伏。当投手投球出手时，击球员左脚向击球方向伸踏一小步（约 15cm 左右），以脚掌内侧着地，平稳地过渡到全脚掌，左腿自然伸直支撑。伸踏的距离一般应保持较小的幅度，使身体的移动和重心的起伏也较小，容易保持挥击动作的稳定，还能减小头部的起伏，对注视投球的视线影响也小。完成伸踏动作刹那的击球员如同拉满弦的弓，此时身体的重心仍然保持在右脚上，后续的动作是有力而准确的挥击（图 17 - 6）。

图 17 - 5　准备伸踏　　　　　　　图 17 - 6　完成伸踏

技术要点：以后脚支撑身体重心，腰部向右转（右打者），以积蓄力量前脚的伸踏为横向迈出，伸踏幅度在 15cm 左右伸踏出的脚尖与本垒呈直角即使在伸踏后，身体重心也仍放在后脚上头部保持不动，眼睛注视投手投球。

（5）挥棒击球　击球员在准备击球的过程中，眼睛要特别注意投手伸踏脚和投球臂的动作，要集中精神看清投球离手后的旋转，判明来球到达本垒的时间和位置，从而决定是否起棒挥击。

正确的挥击动作是：左脚向前伸踏的同时，右腿用力蹬地，转髋，转肩，挥臂，由下向上逐级拉紧，当两臂伸直，球棒挥摆至本垒板前沿上空时，保持最快的速度将力量集中到球棒与球碰撞的那一点上，用最大的爆发力将球击出。

要想挥棒有速度和击球有力量，必须用脚抓牢地面，以转髋转腰带动挥棒。转髋转腰必须以身体中轴为中心，身体重心在前移、转动中保持不起伏。这样，眼睛能对来球判断得准确，挥棒的轨迹没有起伏。判断球的要点是把投球出手至本垒板上空的飞行成一条线，而不是孤立的球。对于球棒的运用，要能感觉到它是（下位）手的延长部分。

挥击的全部速度和力量集中到棒与球的撞击和前送的一刹那。这时，伸踏脚以脚掌内侧着地蹬直，"顶"稳重心不再前移，使转体、挥臂、双手及全身的力量集中在棒头的中球部位上；将髋部和前肩展开正面对球，两臂及手腕也随前挥展开并前送，两眼始终注视来球。这是挥击的关键。

垒球的投手板与地面齐平，垒球投手只限用低手投法，球出手时必须低于臀部，出手点较低。从出手点到击球员的膝关节上沿、腋部好球区的假想连线来看，投球的轨迹较平，投向好球区上沿的球则稍呈向上的斜线。因此，垒球的击球应该平挥，这对打中球、前送和随挥都有利（图17-7）。

技术要点：利用腰部的转动进行挥棒，用力顺序自下而上。

挥棒时球棒不要远离身体，腋部不要张开。

在击球的瞬间要水平挥棒。

眼睛盯住来球，直至击中球为止。

图17-7　击球

（6）随挥　随挥就是挥棒击球后，挥棒动作不应停止，手臂力量和腰部的转动要自然地进入到随挥之中，球棒、两臂及上体都应随之向前继续推送，然后自然翻腕，身体重心逐渐移向左脚，棒头摆至左肩后上方，然后松开双手，把球棒丢在左侧后（不要甩出），起步跑垒。在随挥的过程中要注意保持身体的平衡，充分的随挥动作，可有利于球的飞行，也有利于向一垒的跑动。

二、防守基本技术

垒球运动中的传球与接球属于防守技术，也是传、接、击、跑四大基本技术中的两项。垒球的全部防守配合都是通过传球和接球来完成的。只要从事垒球游戏或比赛，就必须先掌握正确的传球和接球技术。

1. 传、接球的特点和重要性　在防守时，遏止对方进攻的第一道防线是投球，第二道防线就是传、接球。防守队员在垒球比赛中首先要把击球员击出的球接牢，再以迅速、准确的传球作纽带，把场上的防守位置和防守队员的全部活动联系起来，封杀、触杀或夹杀进攻队员，完成防守任务。接球通常是结束对方进攻的最后环节。传、接球是限制对方进攻，阻止对方上垒、进垒和得分的重要手段，是防守战术配合的基础。

垒球比赛是时间与距离的拼搏，它要求在任何情况下都能把传接球做得恰如其分，速度、力量恰到好处，而且能准确及时到达目标。

快和准是传球的基本要求，要在"准"的基础上发挥大胆传快球的风格。传得"快"和传得"准"的关键，在于充分发挥手臂、手腕、手指的爆发力和掌握好出手的时间、位置和方向。在比赛中还必须熟悉规则，了解战术的要求，这样才能当机立断，运用自如，以最快的速度将球传准，完成防守任务。与其他球类运动项目不同的是，垒球比赛场上的防守队员不是徒手接球，而是在非习惯手上戴上一只专用的接球手套，这只手称为接球手，另一只手称为传球手。垒球比赛中的接球主要用于两个方面，一是接对方击球员击出的球；二是接同队队员传的球。每个防守队员首先要力争把对方击球员击出的腾空球在未落地前接住，这样该击球员就会被判出局而失去继续进攻的机会。如果击球员击出的球在落地后被接住，防守队就得依靠队员之间的传接配合，来阻止跑垒员继续跑垒或使跑垒员出局。"稳"是接球的基本要求，而接球前及时准确地判断和快速的移动是"稳"的保证。

2. 怎样戴手套和使用手套　接球的作用就是用手把正在运动着的球停住。根据测速仪对部分女子运动员传接球速度的测定，25m 距离的平均球速为 88.2km/h。要把速度这么快的球接住，需要两手对球施加阻力，使球速减到接近于零，这就要借助于特制的器具。垒球手套不但可以保护手，把来球的冲击力减小，而且增大了接球范围可以取得好的接球效果。

手套戴得正确，才能使手移动时不累赘，接球牢而且稳，传球手取球方便。手套不要戴得太深或太浅，太深影响动作的灵活，太浅容易脱落或被球打掉。一般来说，手掌根部与手套的下沿齐平比较合适，食指可以放在手套背层的外面（图 17-8）。

图 17-8　手套的戴法

接球时手指自然张开，拇指与中指相对，无名指和小指贴近中指，虎口、拇指、食指和中指及相连的手掌就形成了一个凹兜，它就是接球的部位。接球时用这个部位对准来球，两臂及手要放松并保持正确的手型和身体姿势。根据来球的高低或左右，接球者要移动接球的位置，变换手指和手套的方向，使人和手套的接球部位对准来球。

3. 正手接球和反手接球　接球时身体以腰部为高低分界线，以人体中轴线为左右分界线，接球的方法有所不同。如果在接球手这一侧接球，通常称正手接球。接腰部以上的来球时，两手拇指相并靠，手指向上，戴手套的一手前伸对准来球的线路，传球手在手套的侧后，手指自然伸展或屈指半握（图 17-9）。接低于腰部的球时，两手应以小指并靠，手指向下，但传球手不要半握拳（图 17-10）。

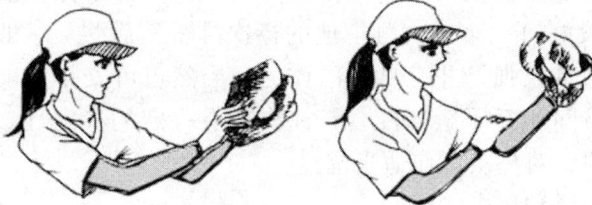
图 17-9　正手接球

图 17-10　接低球

如果接传球手这一侧的球，通常称作反手接球。接球手必须先翻转手套使接球部位对准来球的路线，往往脚也要先移动到接球的恰当位置。反手接球时，球分别在腰部以上或以下部位（图17-11）。

图17-11 反手接球

不论接高低左右的球，都要尽可能双手接球，以便迅速传球。决不能使手指对着来球接球。

第三节 棒垒球运动基本战术

一、编排击球次序

每场比赛前，双方教练员应向裁判员提交本队的上场队员名单。队员姓名的顺序就是击球的先后次序，编排击球次序是一个比较复杂的问题，是按队员的击球能力、特点和中球率以及双方的实力等情况来考虑安排的，是战术的组成部分，其中充满了战术意义。一个球队队员的进攻能力（其中包括击球技术），是有差异的，有的善于长挥而触击不力，有的击球技术较好而跑垒较差或进攻意识不强等，如果击球次序排列得当，就可以避短扬长或以长补短，而排列不当，那就不仅长处不能发挥，反而处处被动。所以编排击球次序是进攻战术中比较重要的一个部分。

集中优势兵力，是组织进攻的基本原则。一个击跑员上了一垒成为跑垒员之后，还得依靠后面击球员的有力击球和相互配合才能扩大战果，获得继续进垒和跑回本垒得分的机会。反之，跑垒员即使已进占三垒，如后面击球员的进攻力量很弱，就会贻误战机，影响战果。因此，一个队的击球次序安排（简称"排棒次"）是十分重要的。安排击球次序时，考虑要周密，要充分发挥本队的特长，既解决好每一棒次的进攻作用，又要相应地集中优势兵力，争取扩大战果。在编排击球次序时，为了保证投手在防守中具有充沛的精力和体力，投好每一个球，可把他的棒次排得稍后些。一般可安排在第八、九棒。如投手的击球力量较强，并有良好的体力，当然也可安排在前面一些，发挥其进攻作用。为了使队员间相互了解与配合，棒次要有一定的稳定性。但在比赛前根据双方的情况和战术需要，对棒次可作适当调整。

击球次序的排列，一般有分散法和集中法两种。

分散法就是把全队中强有力的击球队员分为两或三组，其他队员分别适当地安排在各组，在对方防守力量较弱或势均力敌的情况下，这种排列方法可以使本队的弱打者在强打者的协助和掩护下安全进垒或得分，各组前呼后应，使对方防不胜防。

集中法是集中本队优势兵力，把击球跑垒能力最强的队员排在一起，充分发挥他们的特长，最大限度地扩大战果，不至于形成孤军作战。这种排法是在对方防守力量较强情况下，为本方争取先得分的一种策略。安排击球次序的一般原则，是将击球命中率较高、战术意识较强、临场经验较丰富而又善于跑垒的队员排在第一棒和第二棒，击球力量较强又善于将球击得较远的队员排在第三、四、五棒，第六、七、八、九棒可根据队员的击球力量的强弱依次安排。其具体编排方法和各棒次队员的要求如下：

应选择临场经验比较丰富，击球比较有把握，能自己上垒，还善于跑垒，战术意识较强的队员担任第一位击球员。如果他第一个击球就能成功，就会给对方一个很大的威胁，对下面的击球员会有很大鼓舞作用。

然后按进攻能力的强弱，把其余四名队员分别编排在后面，使他们能在前面几位队员所取得战果的基础上，也能乘胜发挥自己的技能，争取上垒，或完成一定的战略任务，比如牺牲自己，掩护其他跑垒员进垒或得分。

有时把进攻能力最弱的队员排在第八位而不排在最末位，以便让第九位击球员能和第一位击球员衔接。另外，为了保护投手的体力，经常把投手的击球次序排在末尾，纵然投手是强打者，也不要排在前五位。

下面列出一组最常用的击球次序排列方法，可供参考：

第一棒，选中球率高、跑速快又灵活、冷静的队员；

第二棒，条件同第一棒，触击打得好的队员；

第三棒，选安打率最高的队员；

第四棒，选安打率高，常打出多垒打的队员；

第五棒，全队第三号强打的队员；

第六棒，类似第二棒又善于打各种投球的队员；

第七棒，击球稍弱，有时能打出好球的队员；

第八棒，击球最差的队员；

第九棒，击球能力较差、防守任务重的队员，如接手或投手。

第二位击球员的条件，基本上与前者相同，但要战术意识强，善于用触击法击球，以便掩护前位击球员进占二垒。把队里击球技术最好，进攻能力最强，既能长挥，又善于打各种变化球的队员，分别排在第三、第四、第五位，期望一鼓作气，一气呵成，能连得数分。

二、击球战术

1. 击球战术的一般原则　击球虽是个人行为，但也是影响全队胜负的主要因素。所以击球员应熟知自己的好球区范围和最好的击球点，还要熟知自己心理上和技术上的弱点，并加以克服。击球前要认真了解对方投手的投球特点与习惯，如投球方法、出手点和手型、常投什么变化球等。平时要积累对付各种投手的经验，找准自己的击球规律。

击球时要冷静，判断准每个投球，选打自己击球点的球，要有耐心等球和选球。投手投出的是自己击球点的球，第一个球也不放过，不是自己击球点的球不要急于挥棒。

"三坏球"时，仍做好击球准备，促使投手更紧张。但两人出局前，三垒有跑垒员，自己有把握击出外场高飞牺牲打时，可争取一分。

看到等球暗号，仍要做击球准备动作或假做触击引诱守队近守，造成更多空当和投手跑动补位，这对击球有利。

不要让投手看出你的击球意图，以及掌握你的击球节奏。而要想法扰乱和破坏投手的投球节奏。

如投手连续投快速好球，击球员可向击球区后部站；相反时，可稍向前站。

"两击"后力求避免被投杀，可稍短握球棒并使两手之间稍有空隙，便于快速挥棒。还应做好打快球的准备，即使是非击球点的好球也要打。

"两击"后，对似好似坏的投球或稍偏外点的坏球也要打，即使打成界外球也打，不要造成"三击不中"。

比赛进入后几局，攻队比分落后时，要用等球战术消耗投手体力。要会根据比赛局势决定击球战术。如无人出局二垒有人时，可用触击使球滚向一、二垒之间，送跑垒员上三垒。如果跑垒员在三垒，击球员不要打投来的高球，等自己击球点的好球；如投来较低的球，可挑棒打得高远些。

当场地不平时，要打成地滚球，因球弹跳不规律，守队容易失误或延误，这对击球员和跑垒员都有利。

2. 击球方法的选择　击球方法有挥击法和触击法两种，挥击法又有重击（长挥）和轻击（短挥）的区别。其中重击的威力最大。通常把善不善于重击看作是一个球队或一名队员击球力量强弱的标志之一。但是只会重击而不善于轻击或触击，重击的威力也发挥不好。必须轻重结合，把挥击和触击搭配起来，才有真正的威力。什么情况下选用重击，什么情况下选用轻击，这要根据对方投手的技术，对方防守阵形部署的情况，击球员自己的击球特点，垒上的跑垒员和下一个击球员的情况以及整个战局变化等各种条件来决定。

一般来说，当重击成功后，守队必然会向深广扩大防区。这时，就可以考虑用触击法把球击在近处，使对方远近难防，顾此失彼。当对方外场手后撤而内场手逼前，形成前后断线，中场出现空当时，就可选用轻击法，把球击到内外场之间，争取上垒。如左打击球员击球时，守队通常要加强右场区的防御而放松左场区的守备。这时，击球员就可在左半场选择空当击球，乘虚进垒。

有时也可采用"假触真挥"或"假挥真触"等隐蔽性战术迷惑对方。总之，击球贵在多动脑思考问题，积累临场经验，善于发现和分析对方弱点，灵活机动，多谋善断，击球就会成功。

三、触击战术

现今垒球比赛中，运用触击战术者越来越多，其威力也越来越大。触击战术可分为"上垒触击"战术、"牺牲触击"战术和"抢分触击"战术。下面对比赛中经常采用的这三种触击战术分别进行介绍：

1. "上垒触击"战术　上垒触击是击球员乘守队不备，突然运用触击法击球，使自己达到上垒目的的一种进攻战术。当垒上有其他跑垒员时也可采用此法。"上垒触击"战术的目的，在于击球员自己能上到一垒，所以触击要非常隐蔽，不能预先暴露自己的目的，以免被对方识破而失败。当对方防守站位较靠后或思想上和布防上没有防守触击的准备，或投手球速较慢，或内场手不善于处理触击球，或者队员之间的配合意识较差时，选用这战术比较容易成功。

选用"上垒触击"战术时，要求击球员触击动作隐蔽快速，触击后的起动速度要快，决不能过早暴露自己的意图。为了达到上一垒的目的，触击球的落点最好是靠近一垒线或三垒线，要使球向一垒或三垒沿垒线方向滚动。如能把球击向一垒垒线附近，迫使对方一垒手跑上来接球，投手或二垒手又没能及时补守一垒时，击球员就可乘虚进占一垒。上一垒时，要注意在跑垒员限制线内跑进，以免妨碍守队传球。如果对方三垒手的站位较远，没有防触击球的准备，或者他是左手传球者，或者当二垒有跑垒员他不敢远离三垒时，就把球触击到三垒方向。只要时机选择适当，这种触击球战术就容易成功。采用"上垒触击"战术时，要选择好球触击，但千万不可把球击向投手。

2. "牺牲触击"战术　"牺牲触击"战术是击球员使用触击，准备牺牲自己而掩护跑垒员进垒的一种进攻战术。当一垒或二垒有跑垒员，他们偷进二垒或三垒都比较困难，要求在击球员的配合下才能前进一垒时，就可以考虑选用这种战术。运用"牺牲触击"时，要求击球员有为了全局而自我牺牲的精神，可提早做好触击准备姿势，选择一"好球"触击。触击后，再起动跑垒，不要边跑边触击，以免触击不成而丧失战机。这种战术要求跑垒员待击出地滚球后才快速进垒。

"牺牲触击"战术多半是在守队接手臂力较强，跑垒员偷垒没有把握，以及击球员的击球能力又较差的情况下运用。它是以一个人出局来换取跑垒员的进垒（到达得分垒），然后待下一击球员击出安打来得分的战术。

在运用"牺牲触击"战术时，可根据守队的防守情况，采用多样的跑垒方法。示例一：守队内场手之间相互补位能力较差时，击球员可先向一垒跑垒员发出暗号，暗示他在投手出球后迅速跑垒。当投手投出一般好球，击球员可向三垒方向触击地滚球，使三垒手上前接球传杀一垒从而构成三垒垒位空虚。这时一垒跑垒员可在投手投出球后，快速奔向垒。在即将到达二垒前，可先向右转弯，为进三垒做准备。如发现三垒无人补位时，即可乘机继续抢进三垒（图17-12）。在运用这种跑垒方法时，要求击球员必须触击成地滚球，以免造成双杀出局。这一战术也称为"跑而触击"战术。

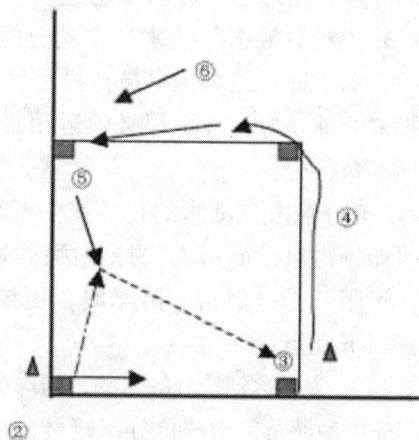

图 17-12　示例一

示例二：三垒有跑垒员，击球员使用"牺牲触击"战术时，应根据击球的落点来跑垒。如击向一垒方向时，三垒跑垒员即可快速回本垒得分；如击向投手或三垒方向时，三垒跑垒员应在三垒前起牵制投手或三垒手传杀击跑员的作用。如投手或三垒手不受牵制的影响而传杀击跑员时，则三垒跑垒员可根据情况迅速跑回本垒得分或返回原垒。三垒跑垒员要预防投手或三垒手使用虚晃假传动作来诱杀自己（图17-13）。

示例三：一人出局，一垒有跑垒员，已有一"击"两"球"，击球员的挥击能力不强，这时选用牺牲触击战术，把球触击到一垒方向，沿一垒垒线缓缓滚动，一垒手跑前接球，击跑员中速跑进，诱使对方持球触杀，牺牲自己，使一垒跑垒员安全进占二垒（图17－14）。

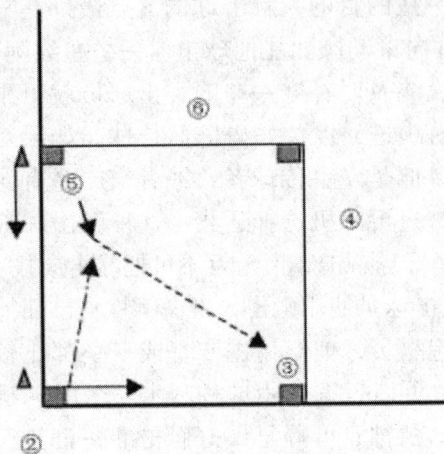

图17－13　示例二

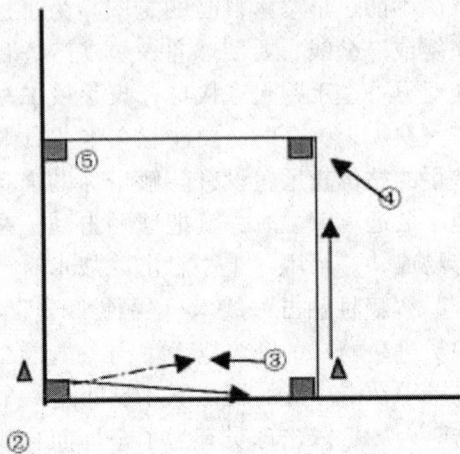

图17－14　示例三

　　选用"牺牲触击"战术时，要强调队员之间的配合意识，击球员和跑垒员之间要有默契，要求跑垒员在对方投手投球离手后立即起动，不能犹豫。击球员必须在两人出局前和两击前选择好球去触击，并且要触击成地滚球，如果击出小飞球，就有被双杀的危险。击球后，起动要迅速，把对方的注意力吸引到自己这里来。

　　3. "抢分触击"战术　　"抢分触击"是三垒跑垒员与击球员相互配合强取一分的一种战术。即：三垒跑垒员待投手投球离手后，立即离垒直冲本垒；而击球员不管投手投来的球是好是坏，都必须运用触击将球击出，使三垒跑垒员在守队传杀之前强行跑回本垒得分。

　　"抢分触击"战术的目的在于配合三垒跑垒员抢回本垒得分，自己争取上到一垒，也可能牺牲自己而形成"抢分牺牲触击"的局面。

　　运用"抢分触击"战术时，更要强调同跑垒员的配合，因此选用这战术时，必须注意以下几点：

　　（1）为了达到抢分的目的，击球员与三垒跑垒员应事先通过暗号联系。联系的方法通常是先由教练员发出"抢分"暗号，然后两队员再以暗号回答，表示已明确任务，并做好准备。击球员要用暗号同三垒跑垒员取得默契，并约定好哪次投球时触击。约好之后，彼此就要严格执行，不论投来的球是好是坏，击球员都要击球，并力争把球触击在界内。

　　（2）击球员为了保证触击成功，在投手摆臂时即可做好触击准备动作，并使用最简易的触击方法来击球。触击时，不管投手投来"好球"或"坏球"，都必须将球轻轻地击向本垒两侧（地滚球）。这一点是抢分成败的关键。如果触击不中，球被接手接住，则直冲本垒的三垒跑垒员就会在本垒前被触杀出局。

　　（3）跑垒员起动和跑垒速度要快，跑垒员要不管击球员能否击中或击成什么样的球，绝对不能犹豫，只要投手投球离手，就要果断离垒，奋勇向本垒冲刺，并随时准备用滑垒的方法强行进本垒得分。

从以上三点来看，抢分触击的关键是在击球员。教练员在运用这一战术时，必须考虑击球员的触击能力、比赛作风和心理负担承受能力。击球员接到"抢分"暗号后，应沉着冷静，坚决完成战术要求。

抢分触击战术一般在双方比分较为接近时运用。如运用适当，可以突破相持局面，强取一分用以扰乱对方的阵脚，使守队转入被动局面。在运用时，最好与"牺牲触击"战术结合起来，这样可收到较好效果。

此外，还有一种假触击战术。如二垒有跑垒员，防守队游击手的防守位置比较靠近二垒时。击球员可向二垒跑垒员发出偷垒暗号。投手投球后，击球员向三垒方向做一假的触击动作，故意击球不中，诱使三垒手上前防守，造成三垒空虚。由于游击手不能及时补位，而接手接球后又不能向三垒传杀，这样跑垒员就能乘虚偷入三垒（图 17 – 15）。

四、"跑而打"战术

当一垒跑垒员向二垒偷垒之际，如防守队的二垒手移向二垒准备接球时，击球员可乘机向一、二垒间的空当击出快速有力的地滚球。这样击球员可以自己上一垒，又能使跑垒员进占二垒，甚至可能进到三垒。这种战术多半在投手投球数是"一球、二球"或"一击两球"、"一击三球"等局面下，投手不得不投好球且击球员的击球技术较强的情况下使用。如遇到上述机会，教练员可发出"跑而打"的暗号，暗示一垒跑垒员偷垒，而击球员可用短挥击球方法向一、二垒间的空隙击出地滚球。在上述情况下，如投手的投球过偏，击球员可以放过不击，决不能勉强击球，因为万一击出腾空球，即有被双杀的可能（图 17 – 16）。

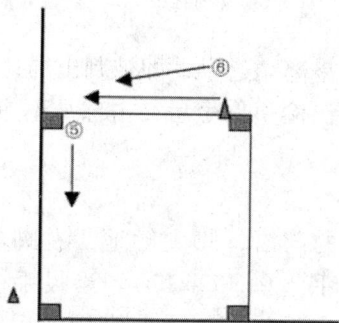

图 17 – 15　"抢分触击"战术

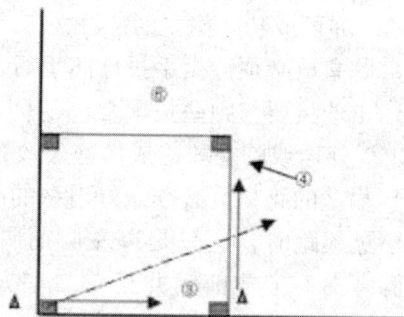

图 17 – 16　"跑而打"战术

五、跑垒战术

击球员完成击球任务后，就要向一垒跑进，如能安全进占一垒，就要利用一切有利时机继续跑垒，争取跑回本垒得分。至于如何跑垒和怎样才能得分，这就是跑垒的战术问题了。

垒上跑垒员在投手投球离手瞬间抢进前面一个垒叫做"偷垒"。常用于一垒偷二垒，有时也用于二垒偷三垒，由三垒回本垒一般不采用这种直接偷垒的方法，而是乘接手漏接投手的投球时偷回本垒得分。偷垒时事先要与击球员用暗号联系，密切配合，一定要掌握投手投球出手时机，以最快速度离垒，到垒前做好滑垒准备。这种偷垒战术在对方接手接球技术或向垒上传球技术较差时，或传杀跑垒员的意识不强，同守垒员的默契不够时，很容易获得预期效果。比如一垒跑垒员跑垒能力较强，跑速快，预先不要暴露自己要偷垒的意图，当投手投球离手后，急速离垒向二垒冲刺，一旦接手发现跑垒员偷向二垒，由于原来没有准备，反应不及，仓促间传向二垒，必然贻误时机，或传球失误。假如二垒手或游击手预先也没有回垒接球触杀的准备，这个偷垒战术就能成功。

跑垒员在垒上随时都应做好偷垒的准备，当投手投球时对投手每一次投球，都要离垒数步，随时准备偷垒，一旦场上出现接手接球失落或有其他可乘之机就要偷垒。但也要做好随时返垒的准备。

二垒又叫"得分垒"，因为跑垒员一经进入二垒，只要击球员击出一个安打（击球员击出的球，守队无法接获，击球员能安全上垒叫做安打。安打有一个垒安打、两个垒安打、三个垒安打和本垒打），一般都能回本垒得分。如果跑垒员停留在一垒，即使击球员击出安打，跑垒员也不一定能进入本垒得分，而且万一击出内场地滚球，还有被双杀的危险。所以击跑员进入一垒后，教练员总是先让他抢入二垒后再叫击球员击球。这样即使击球员击出内场地滚球，不但没有被双杀的危险，跑垒员还可以牵制防守队员，帮助击跑员安全上垒，自己又有返回本垒得分的机会。这并不是说在任何情况下都可以偷垒，具体情况应作具体分析，要防止不讲战术的蛮干。

采用偷垒战术，事先要考虑跑垒员的速度、投手与接手的传球速度和准确性，以及内场手的配合情况等。偷垒时，还要隐蔽偷垒的意图，使守队难以防测。偷垒要乘其不备，突然发动，这样就比较容易成功。跑垒员有时虽然速度稍差，但偷垒突然，起动迅速，亦可成功。偷垒时应注意三点：

（1）跑垒员必须待投手投球离手后才能离垒，如果离垒过早，即被判出局；

（2）击球员要与跑垒员配合，跑垒员或教练员发出偷垒信号后，击球员不应击球，以免击出界外球或腾空球造成偷垒失败；

（3）偷垒的跑垒员必须做好滑垒的准备。

跑垒员起跑时，一般是以左脚前脚掌踏触垒包的前沿，脚尖触地，右脚前出半步，两膝弯曲，上体前倾并正对二垒方向，眼看投手（图17-17）。当投手向前摆臂时，跑垒员身体重心逐渐移至右脚上。在投手球出手的同时，右脚用力后蹬。等球离手时，左脚即离垒包向前跨步，两臂摆动要协调有力。跑出几步后，上体可逐渐抬起并恢复正常快跑的姿势。在到达二垒前，要根据守队队员接球情况，可采用触踏或滑垒方法进占二垒。另一种起跑方法是以右脚踏在垒包的前沿，而左脚后出半步（图17-18）。在投手摆臂的同时，左脚向前跨出第一步。待球出手后，右脚恰好离开垒包跨第二步。这种方法能提前一步起动。但如果投手摆臂时间快慢不一时，容易造成离垒过早。

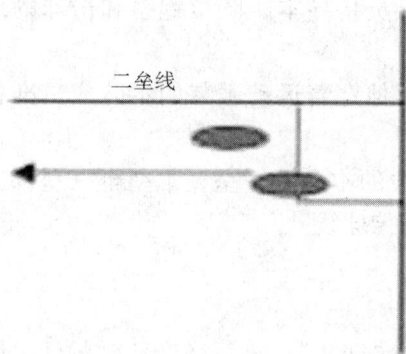

图 17 - 17　正手接球

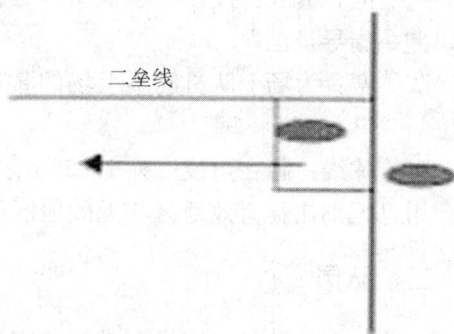

图 17 - 18　接低球

第四节　棒球规则

棒球运动规则并非人们想象的那么复杂，简单地说，就是投球，击球，接球。棒球比赛在两队之间进行，轮流进攻与防守。在 9 局比赛中，得分最多的队获胜。一队的三名投手都出局后，两队交换进攻与防守。如果两队在 9 局比赛中打平，还有加一局比赛，直到分出胜负。

攻方队员击球后跑垒，依次踏触一、二、三垒，最后安全踏触本垒的进攻得一分。棒球比赛中的得分大部分都是击球手先到一垒、然后依次跑垒到本垒得分的，但也有非常令人激动的本垒打情况。所谓本垒打就是击球员将球击出后（通常击出外野护栏），击球员安全回到本垒叫本垒打。击球员无失误安全上垒的击球叫安打，击球员在投手投出四个坏球后可自动上垒。主要棒球术语如下：

一、场地

界内地区：从本垒经一、三边线及其延长线直到挡墙或围网（包括垂直的空间）以内的区域叫"界内地区"。

界外地区：从本垒经一、三垒边线及其延长线直到挡墙或围网（包括垂直的空间）以外的区域叫"界外地区"。

内场：连结四个垒位所形成的正方形的界内场区为内场。

外场：内场以外的界内地区，即内场以外至连接两条边线末端的弧线所形成的扇形地区为外场。

边线：本垒至一垒及其延长线和本垒至三垒及其延长线叫边线。

垒线：连接垒间的线叫垒线。

垒位：跑垒员为得分而必须按顺序踏触内场四角的四个位置叫"垒位"。

投手区：直径为 5.49m，高出地面 0.25m，四周成斜坡，供投手投球的土墩为投手区。土墩正中稍后为一平台，中置投手板。

击球员区：击球员击球时端立的区域叫"击球员区"。

接手区：接手准备接投手投球时必须站立的区域叫"接手区"。

跑垒指导员区：设在一、三垒外，供跑垒指导员指导本队队员跑垒和击球的地域叫"跑垒指导员区"。

队员席：为场上队员和不上场的替补队员及其他穿着运动服装的本队成员准备的座位叫"队员席"。

野传球线：画在边线以外 18.29m，至少与边线的本垒至一垒、本垒至三垒部分平行，用以区别比赛有效地区与无效地区的线叫"野传球线"。

二、队员

守队、守队队员：在场上进行防守活动的队员"守队"；进行防守活动的任一队员叫"攻队队员"。

主队或先守队：某队在本队球场或本地球场进行地，该队即为"主队"。按惯例先守，又叫"先守队"。

守场员：进行防守的任一队员都叫"守场员"。

内场手：在内场各位置进行防守的队员都叫"内场手"。

外场手：在外场进行防守的队员叫"外场手"。

投手：向击球员投球的守队队员叫"投手"。

击球员：在击球员区内击球的攻队队员叫"击球员"。

击跑员：击球后向一垒跑进的攻队队员叫"击跑员"。

跑垒员：安全到达一垒后继续进行进垒、偷垒、得分等进攻行为的攻队队员叫"跑垒员"。

跑垒指导员：站在跑垒指导员区指导击球员击球和跑垒员跑垒的同队队员或教练员叫"跑垒指导员"。

替补队员：未列在上场队员名单内、替换场上队员参加比赛的非开局队员叫"替补队员"。

三、投球

投球：投手投给击球员的球叫"投球"。

正面投球：投手以身体正面对着击球员进行投球的姿势叫"正面投球"。

侧面投球：投手用身体一侧对着击球员进行投球的姿势叫"侧面投球"。

投手的轴心脚：投手踏触投手板投球时作轴的脚叫"投手的轴心脚"。

投手的自由脚：投手投球时不作轴而做伸踏的脚叫"投手的自由脚"。"自由脚"也叫"伸踏脚"。

不合法投球：违反规则的投球叫"不合法投球"。下列投球均判"不合法投球"：①投手的轴心脚没有踏触投手板而向击球员投球时；②突然向没有准备好的击球员投球时；③违反有关正面投球和侧面投球的规定投球时。投球无效：不判好球或坏球，攻守也无效的投手投球叫"投球无效"。

投手犯规则：垒上有跑垒员时投手牵制跑垒员或投球的不合法行为叫"投手犯规"。这时，判各跑垒员安全进一个垒，但不判击球员"一球"。

好球区：在本垒板的垂直上空，高度在击球员击球时自然站立姿势的膝盖上沿至腋部之间的立体空间，这个区域叫"好球区"。

坏球：投手合法投出的球没有进入"好球区"或在进入"好球区"前已落地，而击球员又未击的投球叫"坏球"。

暴投：偏离本垒板致接手无法接住的投球叫"暴投"。注：球滚出野传球线或后挡网以外时判跑垒员安全进一个垒。

漏接：接手失接经过正常努力可以接住的投手投球，致使跑垒员多进一个垒的行为叫"漏接"。

突然急投：击球员尚未作好击球准备，投手突然急速向其投球的行为叫"突然急投"。这是不合法投球。

责任失分：由投手负责的失分叫"责任失分"。

四、攻守活动

"比赛开始"或"继续比赛"：裁判员宣布开始进行比赛或遇死球局面时宣布恢复比赛的命令。

局：比赛双方各因三个出局而互换攻守条一次为"一局"。只有一方三人出局而未交换攻守时为"半局"。

安全：裁判员对跑垒员合法取得欲占垒位的判定叫"安全"。

得分：攻队队员击球后跑垒并依次踏触一、二、三垒，最后安全踏触本垒的进攻行为叫"得分"。

出局：攻队队员被取消击球、跑垒或得分的权利叫"出局"。

击球：击球员站在击球员区用球棒击投手投球的进攻行为叫"击球"。

不合法击球：击球员采取下列任一行为击出的球为"不合法击球"，①一脚或双脚全部落在击球员区外的地面上或一脚全部或一部分踏触本垒板挥击而将球击中时；②用不合规则规定的球棒将球击出时。

击：击球员击球未中、好球未击、两击前击成界外球、触击成界外球、击球未中而球触及身体、触及身体或击成"擦棒球"时都判为一"击"。

球：击球员坏球未击或投手不合法投球时判为一"球"。

界内球：合法击出的球如遇下列任一情况时均判"界内球"。①停止在本垒至一垒之间或本垒至三垒之间的界内地区时；①地滚球越过一、三垒垒位从垒位后面的界内地区滚向外场或滚出界外时；③触及一垒、二垒或三垒垒包时；④先落在一、三垒垒位后界内地区时；⑤在界内触及裁判员、比赛队队员身体时；⑥从界内地区上空直接越出本垒打线时。

注：在边线上接球时，应按守场员手套触球时与地面的垂直线来判定，而不应以守场员触球时是站在界内或界外地区来判定。腾空球落在第一、三垒上或落在一、三垒后面的外场界内地区，然后弹出界外地区时仍为"界内球"。

界外球：合法击出的球如遇下列任一情况时判"界外球"。①停止在本垒到一垒之间或本垒到三垒之间的界外地区时；②内场地滚球经过一、三垒垒位，从垒位后界外地区滚人外场或继续滚出界外时；③落在一、三垒位后的界外地区时；④在界外触及裁判员或比赛队队员的身体或其他障碍物时。注：击出的球直接击中投手板，从本垒到一垒之间或本垒到三垒之间反弹出界外地区时判"界外球"。

腾空球：击向空中的高飞球叫"腾空球"。

地滚球：在地面滚动或弹跳的击球叫"地滚球"。

平直球：异常快速，既不着地又不上升而直接飞向守场员的击球叫"平直球"。

擦棒球：碰触球棒后迅猛而直接地到达接手手中并被接住的击球叫"擦棒球"。

触击球：有意等球碰棒或用棒轻触来球，使球缓慢地滚入内场的击球叫"触击球"。

抢分触击：在二出局前，三垒有跑垒员抢进本垒得分的进攻战术叫"抢分触击"。

牺牲打：击球员牺牲自己安全上垒的权利而使跑垒员进垒得分的击球叫"牺牲打"。"牺牲打"根据击球方法不同又分为"腾空球牺牲打"和"触击球牺牲打"。

安打：凡守场员并无失误而安全上垒的击球叫"安打"。"安打"按安全到垒的多少分"一垒安打"、"二垒安打"、"三垒安打"、"本垒安打"（简称"一垒打"、"二垒打"、"三垒打"、"本垒打"）。

四球上垒：击球员击球时得了四"球"而安全进到一垒的判定叫"四球上垒"。

滑垒：跑垒员身体贴地滑动的占垒动作叫"滑垒"。

滑出垒位：攻队队员除从本垒进入一垒外，凡因滑垒过头而离开垒位的行为叫"滑出垒位"。

再踏垒：跑垒员按规定合法返回并踏触原占垒位的行为叫"再踏垒"。

离垒过早：跑垒员在守场员接触腾空球前离垒的跑垒行为，叫"离垒过早"。

被迫进垒：跑垒员由于击跑员上垒被迫放弃原占垒位而向下一垒位前进的跑垒行为叫"被迫进垒"。

偷垒：跑垒员在投入起动投球时迅速抢进下一垒位并获得成功的跑垒行为叫"偷垒"。

接杀：守场员把击球员击出的腾空球或平直球在落地前合法接住，或接本队守场员的传球而使击跑员或跑垒员出局的防守行为叫"接杀"。

接住：守场员没有用帽子、护具或运动服装的任一部分来接球，而是在球落地前牢固地把球握在手套或手中的防守行为叫"接住"。

投杀：击球员被判三"击"而取消其继续击球的权利的投球行为叫"投杀"。

触杀：守场员用手套或手牢固地将球握住，同时以所持的球或持球的手或手套碰触跑垒员的身体使其出局的防守行为叫"触杀"。

传杀：守场员传球以协助本队其他守场员完成接杀击跑员或跑垒员的任务的防守行为叫"传杀"，也叫"助杀"。

封杀：守场员对击跑员进行传杀或对由于击跑员击球上垒而被迫进垒的跑垒员进行传杀的防守行为叫"封杀"。这种攻守局面叫"封杀局面"。

守场员选杀：守场员在处理界内地滚球时，不传杀击跑员而传杀前位跑垒员出局的防守行为叫"守场员选杀"。

牵制传杀：投手踏触投手板对跑垒员进行牵制和传杀的行为叫"牵制传杀"。

夹杀：守场员对跑在两个垒位之间的跑垒员进行传杀的防守行为叫"夹杀"。

双杀：守场员防守出色而使攻队两名队员连续出局的防守行为叫"双杀"。双杀有：①双封杀，封杀造成的双杀。②封触双杀，先用封杀再用触杀造成的双杀。

三杀：守场员防守无失误而使攻队三名队员连续出局的防守行为叫"三杀"。

身体：指攻守队员或裁判员的身体、衣服及其用具的任何部分。

接触：接触场上队员或裁判员的身体、衣服及其用具的任何部分叫"接触"。

失误：凡守场员经过正常努力可以接好或传好的球，但没能接住或传好致使攻队队员安全上垒或得分的防守行为叫"失误"。

野传球：守场员传、接球失误致使球滚出野传球线或滚出前碰触障碍物或滚入看台、队员席等而成"死球"的传球叫"野传球"。

妨碍：凡影响比赛队员进行正常攻守的行为叫"妨碍"。

阻挡：守场员没有持球，也不是在接球而阻挡跑垒员进行垒的行为叫"阻挡"。

活球：继续比赛，攻守有效的击球、传球、接球或投球叫"活球"。

死球：暂停比赛的击球、传球、接球或投球叫"死球"。这种暂停比赛的局面叫"死球局面"。

暂停：裁判员为暂时中断比赛所宣布的口令。此时场上成死球局面。

申诉：守队队员对攻队队员的犯规行为要求裁判员判以出局的行为叫"申诉"。

提出抗议：比赛队对裁判员执行规则上的错误向裁判员提出改判要求的行为叫"提出抗议"。

五、裁判与记录

判定：裁判员做出的判断叫"判定"。

合法：与规则的规定相符合叫"合法"。

不合法：与规则的规定相违背叫"不合法"。

中止比赛：由于某种原因由主裁判员宣布结束的比赛叫"中止比赛"。

平局比赛：主裁判员宣布的两队得分相等的有效比赛叫"平局比赛"。

弃权比赛：因一方违反规则由主裁判员宣布另一方以9:0获胜而结束的比赛叫"弃权比赛"。

改期续赛：主裁判员因故宣布提前中止并定期继续将其赛完的比赛叫"改期续赛"。

连赛两场：在一日内连续参加两场比赛叫"连赛两场"。

罚则：根据规则裁判员对比赛队队员和教练员的犯规则行为进行处理的规定叫"罚则"。

正式记录员：由比赛主办单位指派担任比赛记录和技术统计工作的人员叫"正式记录员"。

六、比赛场地

比赛场地是一个直角扇形区域，直角两边是区分界内地区和界外地区的边线。两边线以内为界内地区，两边线以外为界外地区。界内和界外（野传球线以内）地区都是比赛的有效地区。界内地区又分为内场和外场。内场呈正方形，四角各设置一个垒位。在尖角处的垒位是本垒，其余依逆时针方向分别为一垒、二垒和三垒。内场以外的界内地区为外场。比赛场地必须平整，不得有任何障碍物。

注：如果在规定的比赛有效场地内有观众和障碍物，或比赛有效场地不足规定的距离时，应由裁判组根本情况定出临场规定并通知比赛双方。

内场各个垒位之间的距离为 27.43m。投手板的前沿中心和本垒尖角间的距离为 18.44m。在本垒后面和两边线以外不少于 18.29m 处画野传球线，在此范围内为界外的比赛有效地区。两边线至少长 76.20m。两边线顶端连结线的任何一点距本垒尖角都应不少于 76.20m。

七、球

棒球是用圆形软木、橡胶或相似的物质作球心，绕以麻线，再用两块白色马皮或牛皮包紧平线密缝而成。球面应平滑。重量为 141.70g 至 148.80g。圆周为 22.90cm 至 23.50cm。弹性为：自 4.12m 高处自由在厚 6cm 的大理石板上能反弹起 1.43m 至 1.50m 的高度。

八、球棒

球棒可用整块金属或硬木或几条木片胶合制作，呈酒瓶形。棒面必须平滑无截面接头。金属棒的两端必须密封。几条木片必须按直线纹路合而成。棒长不得超过 1.07m，最粗处直径不得超过 7cm。为便于握棒，从握棒的一端起至 45.70cm 的长度内可用布条、胶布带或橡胶包缠。注：用几条竹片胶合而成的球棒，只要符合以上规定，安全耐用，也可视作合法球棒。

九、服装

比赛时，同队队员应穿着式样和颜色整齐一致的比赛服装（包括内衫的外露部分、球帽和球袜等）。服装上面不得有闪光纽扣或附饰物，上衣背面应有长度不小于 15.20cm 的明显的号码。上衣和裤子的号码要一致。如队员穿着与同队队员不一样的服装，就不得参加比赛。每队应有深浅不同的两套服装。每场比赛的先攻队穿浅色，后攻队穿深色。

队员可穿有平扁铁钉或橡胶头的棒球鞋，但不得是圆锥形的金属钉。平扁铁钉长不得超过 1.50cm。注：教练员、跑垒指导员均应穿着与本队队员同样的运动服装。

第十八章　散打运动

第一节　散打的起源与发展

散打是一项徒手搏击格斗的技术。它的母体是中华民族传统体育瑰宝——武术运动。散打是武术运动的对抗性形式，更是武术运动的最高表现形式，是武术的精髓之所在。

散打又称为散手，在中国历代有许多种称谓，如相搏、手搏、白打、对拆、技击等。由于多种对抗都采用擂台的形式，因此在中国民间还有"打擂台"之称。然而，现在的散打与传统的散打有着本质的区别。

现在的散打是两人按照一定的规则，运用武术中的踢、打、摔和防守等方法，进行徒手对抗的现代体育竞技项目，它是中国武术的重要组成部分。1989 年，国家体委将武术散打确定为国家正式竞赛项目，同年 10 月在江西宜春市举行了第一届全国武术散打擂台赛。标志着散打从表演进入了正规化的武术散打比赛时代，这为散打的发展开创了新的历程。

目前，散打和世界各地许多拳术，如：跆拳道、泰拳、拳击等都有着广泛的交流，并且产生了巨大的影响，深受大家喜欢。散打运动经过近 20 年的总结、改进和发展，目前，不仅在国内，而且在世界五大洲的 70 多个国家和地区开展和普及。

第二节　散打的基本技术

一、实战姿势

实战姿势通常也叫做预备式或格斗式，是格斗前所采用的临战运动姿势。它不仅能使身体处于强有力的状态，而且有最佳的快速反应能力，利于快速移动发起进攻和防守，并且暴露面小，能有效的保护自己的要害部位。

实战姿势分为左实战式和右实战式。下面以左实战式为例：两脚前后开立，前脚跟与后脚尖距离约同肩宽。左脚全脚掌着地，右脚跟稍抬起，前脚掌着地，两膝稍弯曲，自然里扣，身体重心右移，上体含胸收腹扭臀，左臂内曲约 90°，拳眼与鼻尖平行。右臂内曲约 45°，拳置于脖前，两肘自然下垂并稍向里合，下颌内收，目视对方上体。

二、步法

（一）步法的种类

步法是散手格斗中身体向前后左右移动的方法。灵活而敏捷的步法，不仅是调节重心维持身体平衡的关键，也是进攻和防守占据有利位置、发挥最优攻势的基础步法，认真学习和演练是提高实战能力的重要环节。以下步法均以左实战式为例。

1. 进步 左脚提起，向前进步，右脚迅速蹬地，跟进同样距离。

2. 退步 右脚向后退一步，左脚用力蹬地，迅速后退同样距离。

3. 侧跨步 左脚向左侧横跨一步，右脚脚脖内侧蹬地，迅速向左侧横跨跟进同样距离。

4. 内步 左脚前脚掌原地拧动或向左跨步，随即身体左偏，右脚向左前方迅速跟上一步，身体右转约90°。

5. 盖步 右脚经左脚前上步，脚尖外摆，两腿成交叉状，随即左脚向前上步，还原成实战式。

6. 插步 右脚经左脚后向前上步，脚跟离地，两腿略成交叉状，随即左脚向前上步，还原成实战式。

7. 垫步 右脚蹬地向左脚并拢，同时左脚屈膝提起向前落步，还原成实战式。

8. 击步 双脚蹬地起跳，随即左脚落地，右脚稍后提膝落步，还原成实战式。

9. 换步 前脚与后脚同时蹬地并前后交换，同时两拳也前后交换成右实战式。

（二）步法的实际用途

1. 步法的单独练习 学完一种步法以后，必须通过自己的反复练习揣摩，才能找到要领，熟悉技术并由单独练习逐渐过渡到连续练习。各种步法的综合练习，在步法的单独练习熟练后可以把几种步法组合起来进行综合练习。

2. 结合信号练习 教练员应用掌心掌背的朝向或规定的某一信号，要求练习者信号做出相应的步法，这种练习既可以巩固步法技术，又可以提高反应能力。两人配合练习，规定一方运用多用步法，移步闪退等，而另一方做出相应的移动，使双方距离尽量保持不变。

3. 结合攻防动作的练习 ①把步法和各种攻防动作结合练习，提高整体协调配合能力以适应实战的需要；②配对练习，规定一方单招或组合连招进攻，另一方移动摆脱，并寻机予以反击，提高步法的实效性。

三、拳法

拳法技术在散打运动中常用的有直、摆、勾、劈、鞭拳等五种。在实战中具有速度快和灵活多变的特点，它能以最短的距离，最快的速度击中对手。拳法益于结合进行训练，并且能任意配合其他技术使用。掌握的好，利用的巧妙能给对手造成很大的威胁。

1. 直拳 以左直拳为例，左势站立，右脚微蹬地，身体重心稍向左脚移动，同时转腰送肩，左拳直线向前击出，力达拳面，右拳自然收回额前。

实战范例：左右直拳抢攻对方头部。当对方侧弹腿进攻时，左手外挂防守，同时右直拳反击对方头部。

2. 摆拳 以左摆拳为例，左势站立，上体微向右扭转，同时左臂稍抬起时，前臂内旋向前里弧形出击，力达拳面，大小臂夹角约130°，右拳自然收回额前。

实战范例：左拳虚晃，右摆拳抢攻对方头部。当对方右蹬腿攻击我中盘时，左手里挂防守，随即用右摆拳反击对方头部。

3. 勾拳　以左上勾拳为例，左势站立，上体稍向左侧倾，重心略下沉，左拳微下落，随即左脚蹬地，上体右转，挺腹前送左髋，左拳由下向上曲臂勾击，力达拳面，大小臂夹角约 90° 左右，右拳自然回收于颌前。

实战范例：假动作虚晃，忽然上部靠进对方用上勾拳击其下颌。当对手以下前抱摔时，迅速后退用左勾拳反击其头部。

4. 鞭拳　以右鞭拳为例，左势站立，以左脚前脚掌为轴，身体向后转 180°，右脚经左腿后插步，身体继续右后转，同时以腰带动右臂向右侧横向鞭击，力达拳轮，左拳自然收于颌前。

实战范例：左直拳假装进攻，随即突然用右鞭拳抢攻其头部，对手用左侧弹腿攻我中盘时，左手里挂防守同时以右鞭拳反攻其头部。

四、散打中的假动作

（一）假动作的种类

散打中的假动作在千变万化的散打中，运动员都高度集中，你稍有一些进攻动作都会使对方做出反应，或者注意力移到你出击的手、脚上，这一瞬间正是你进攻的良机。善于用假动作欺敌者大部分都是经验丰富的运动员。假动作可使对方眼花缭乱，不知虚实，被击中后还会使其"心慌意乱"。假动作方法很多，有的用腿，步、手、眼、身法等部位作出不同的假动作来迷惑对方。

1. 眼　通过眼睛喷出逼人的凶光来指挥对方。在散打中你视对方的眼睛，当对方也目视你的眼睛时，你突然目视对方腿，同时向前进步。当对方注意力下移时，两个人的距离已经缩短，此时你突然发拳击打对方面部会收到良好的效果，即使拳没有击中，也能为你使用腿法和摔法进攻创造有利的条件。眼睛虽然不能打人，但它作出的假动作，能使对方上当受骗，它能起到领神、分散其注意的作用，为诸进攻招法创造有利的条件。

2. 步　在散打中利用步法来做假动作是常有的事，例如：提膝接直拳。步法中的垫步提膝是为腿法进攻创造有利的条件，它也叮以起到迷惑对方的作用。你垫步提膝对方必防你腿，此时你提起的腿突然向前落地，同时用拳击打对方便可击中。又如你后退步，同时上体稍后仰，如对方跟进时，你又突然向前进步，同时迎击对手，会使对方措手不及而被击中。再如，你向左前移动脚步，对方向右移动脚步，此时正是你起右边腿的最佳角度。总之，通讨不同的步法做出真假虚实的动作来迷惑和指挥刘方，最终击打对方。假动作做出要真实，真动作要没有预动。

3. 手　通过各手法的真假动作来指挥对方，指上打下就是一个简单的例子。当你用利掌刺对方眼睛时，就要做好起腿的准备，对方做出防上动作时，你马上起腿攻击对方中、下盘，会收到良好的效果。打拳时从肩发力，一些老运动员都善于用余光注意对方的肩关节，在散打中距离调整好后，你的右肩突然前伸，看对方做出什么样的反应，如果对方不理睬，你第二次或者第三次突然发拳直击其面部，如果对方做出错误的防守动作，待其拳防守后下落时，你第二次进攻要快而没预动，直取对方上盘。手比较灵活，假动作做得要真实，在连做两次假动作后要有一个真动作，做到真真假假。手法的假动作可为腿法、摔法做开路先锋。手法的假动作没有成功，也不会造成自己的失误，所以手法的假动作要多做，尤其是前手。

4. 腿 做好腿法的假动作，能把对方的注意力引向下方，便于拳法的发挥，腿法假动作还可以为各种腿法服务。例如，右腿稍提。同时向左侧转髋，做发右边腿的动作，待对方防右边腿时：又向右转髋，同时踢出左边腿。又如，左腿提起向前，做出发左腿的动作，待敌做出防守左腿时，左腿向前落地，用右腿或者用拳攻击对方。腿法攻击的威力较大，尤其是腿法好的运动员。对方十分怕你起腿，所以对腿法的假动作十分敏感。腿居身体下方，距离对方眼睛较远，假动作做的稍大一些为好。

5. 身 身法的假动作也十分重要，它可以迷惑对方、接近、远离或者躲闪对方，它可以为踢，打、摔做掩护。例如，上体前伸做发拳击头的动作，待敌上体后仰躲闪时，突然下蹲抱其双腿将其摔倒。又如，上体左转做出打右摆拳的动作，待其防右摆拳时，上体又突然右转，同时左边腿攻击其身体右侧。身法在散打中运用好，能迫使对方暴露出空当处，使对方攻防不得。身法的前，后、左、右摆动，还能为腿的攻防制造有利的条件。但身法比较难练，需要长期的练习和运用。如果身法运用呆板，重心移动迟缓，腿法运用自然也不会灵活。

（二）假动作的实际效果

假动作在散打中十分必要，没有假动作的进攻，速度必须特别快，反复、连续进攻命中率会下降，对方也比较容易防守。假动作后的一瞬间可引对方暴露其空当，或者观其习惯防守动作，便于第二次进攻。要根据本人的技术水平和对方的技术特点，用各式不同的假动作试探其暴露空当的位置。倘熟知何种虚招欺敌可产生何处空当，则攻击的最好时机是能既快又准又利落地出击。倘若两人速度一般快，力量与技术又堪匹敌，那么善用假动作的人，总是会占到上风的。假动作必须做到快捷、多变、真实，再加上干净利落的一击会使对方无法防御。但同样的虚招用得过于频繁，常会被人看破，并伺击反击，使得虚招的效果全失。自己对对手的虚实亦需辨识清楚。虚招较常用来对付技术较优的对手。此外，尤需练习各种不同虚招，并且互相配合适用，动作才能至纯熟、自然、连贯。

五、散打的节奏

节奏的运用主要是干扰、压制、调动、迷惑等对手，并且调整自我的心理状态和体能。在双方对峙中有意识的用肢体动作、身法变换、步法、调整距离、情绪、动作速度等给对方加大心理干扰，扰乱他的实战节奏（控制权的问题），使对方心态不静，技术变形，形成被我方控制调动的局面。另外要控制好自己，同时还要破坏对方的控制反控制对方。其实这就是进攻和防守反击最重要的前提条件，没了它的实战绝对不会是高水平的对抗。

稍微具体一些：节奏是运动员的技术、战术、智能意识的综合体现。它是为实战中进攻和防守反击创造和捕捉战机服务的。

（1）进攻转入防守，防守转入进攻，攻防比例灵活掌握是运用好节奏的表现之一。

（2）会使消极性的战况向积极性转化，掌握不好也会由好变坏。

（3）还会体现在干扰、调动。等控制手段运用时，突然进攻和反击对手。

（4）调节心理，在领先时不轻敌，在落后和受重击时不慌不躁。保持心平气和。

（5）体力合理分配，动作轻重疏缓，快慢有致。

（6）具体到技术运用；根据对方的攻防技术，应变相应的技术动作扬长避短，抑长击短等。

第三节　散打的基本战术

散打比赛的战术种类是指运动员在临场复杂多变的比赛中，根据比赛的规律和各方面的情况随机应变，有判断、有目的有预见，决定自己对付对手的策略思维活动。符合自己特点的战术容易掌握和运用，并可以达到有效使用的目的，而要切实提高战术的质量。战术要先进，充分了解战术本身的优点和缺点和对方的适应情况，挖掘发展潜力大的战术，来不断的创新战术。

1. 技术战术　利用技术全面、熟练、有效果的特点，变化运用各种技术，发挥自己的得意技术，掌握比赛的主动权，抑制对手，达到以取胜对手的目的。

2. 利用假动作或假象战术　用逼真的假动作或假象欺骗对手，引其上当，分散其注意力，使其露出破绽，利用这个机会猛烈攻击而得分。

3. 心理战术　比赛开始前，利用情绪、动作和表情等震慑对手，比赛中用气势压倒地手，或利用规则允许和基本允许的各种手段，干扰对方情绪，给对方造成心理负担，使对手技能战术发挥失常，挫伤对方的锐气，发挥自己的优势，在气势上战胜对方。

4. 破坏战术　使用黑招重招使对手先受伤，失去正常比赛能力，或用技术破坏对手技术，控制其动作发挥，使对方进攻无效并且消耗体力，丧失信心，导致比赛的失败。

5. 先得分战术　比赛时利用对方立足未稳或未适应比赛的机会，主动先得分，然后，立刻转入防守，以静制动，利用防守反击战术与对方对抗，既节省体力，更保住得分，更保住得分。

6. 防守反击战术　利用防守好的特点，在防守的基础上利用反击技术打击对方。

7. 抢分战术　比赛中得分落后的情况下，利用各种手段有效的组织进攻力争得分。这种情况下，要主动出击，不能与对方静耗或纠缠，要打破以方的保分意图，以动制静。

8. 体力战术　对于耐力好的运动员来说，要充分发挥体力比对方要好的优势，让对手和自己一直处于运动之中，与对方比拼体力，耗掉对方的体力而战胜对手。

9. 规则战术　在竞赛中，有对攻击部位和攻击方法的限制，但也有规则限制模糊的地方，可以利用规则允许或基本允许使用的各种的制胜办法攻击对手，也可以胜利规则的漏洞。

10. 击倒战术　利用自己的得意技术或对方失误的机会，重击对手头部，使对方被击倒不能继续比赛，自己获得比赛的胜利。

11. 体格战术　同样级别内，不同运动员有身材高矮和粗壮之分，你可以利用身材高或矮、粗或壮的优势，发挥自己的特长，抑制对手而取胜。

12. 语言战术　教练员和运动员达成默契的配合，用语言引诱对手上当受骗；但要注意语言的隐蔽性和合理性，即能够使对方上当，又不要触犯规则。

13. 乱打战术　在得分落后而且比赛时间不多的情况下，乱打偶然得分。但一定要注意利用技术和战术，注意防守；在乱打中偶然有机会击倒对手，利用这种偶然性得分或取胜。

14. 步法战术　利用自己步法灵活和动作敏捷的优势，围绕对手游斗，引对手上当或扰乱其情绪；待对方反击时又迅速撤退或逼近对手，扰乱对手的情绪和攻防意图，破坏对手进攻而战胜他。

15. 优势战术　在比赛平分的情况下，利用规则上允许的技术，主动进攻次数或使用主难技术而取胜，规则中规定，在比赛平分的情况下，裁判员根据双方主动进攻的次数和使用高难技术的多少判定对方，进攻次数或使用高难技术多的一方为胜方。

16. 特长发挥战术　即利用自己的特长、优势技术不断得分的战术。

17. 空间战术　充分利用赛场的空间，攻击对手不同的得分部位或同一部位，或故意露出某一部位引诱对手进攻，实行反击。

18. 接近比分战术　在比赛中得分落后的情况下，利用各种有效技战术争取把比赛接近，或反超对方。

19. 迫使对方失分战术　比赛时规则限制，给对方制造陷阱，迫使对方犯规而失分。比如引诱对方到场地边缘（警戒线或限制线），然后利用猛攻迫使其出界，使对方被警告被扣分。

第四节　散打的基本规则

一、竞赛性质

团体比赛、个人比赛。

二、竞赛办法

（1）循环赛、单败淘汰赛、双败淘汰赛。
（2）每场比赛采用三局两胜制，每局净打3min，局间休息1min。

三、资格审查

（1）运动员必须携带运动员注册证及本人15天以内县级以上医院的包括脑电图、心电图、血压、脉搏等指标的体格检查证明。
（2）运动员的年龄限在18～35周岁。

四、重量级别

（1）48kg（＜48或48kg）
（2）52kg（48kg～52kg或52kg）
（3）56kg（52kg～56kg或56kg）

（4）60kg（56kg～60kg 或 60kg）

（5）65kg（60kg～65kg 或 65kg）

（6）70kg（65kg～70kg 或 70kg）

（7）75kg（70kg～75kg 或 75kg）

（8）80kg（75kg～80kg 或 80kg）

（9）85kg（80kg～85kg 或 85kg）

（10）90kg（85kg～85kg 或 90kg）

（11）90kg 以上。

五、比赛中的礼节

（1）介绍运动员时，运动员向观众行抱拳礼。

（2）每场比赛开始前，运动员互相行抱拳礼。

（3）宣布结果时，交换站位，宣布结果后，先互相行抱拳礼，再同时向台上裁判员行抱拳礼，裁判员回礼；然后向对方教练员行抱拳礼，教练员回礼。

六、禁击、得分部位

1. 禁击 后脑、颈部、裆部。

2. 得分 头部、躯干、大腿、小腿。

七、禁用、可用方法

1. 禁用方法

（1）用头、肘、膝、和反关节的动作进攻对方。

（2）用迫使对方头部先着地的摔法或有意砸压对方。

（3）用腿法攻击倒地方的头部。

（4）用拳连击对方头部。

2. 可用方法 除禁用方法外的武术各流派的攻防招法。

八、得分标准

1. 得 3 分

（1）在一局比赛中，一方第一次下台，对方得 3 分。

（2）用转身后摆腿击中对方躯干部位而自己站立者。

（3）用主动倒地的动作致使对方倒地，而自己即刻站立者使用勾踢将对方踢倒而自己站立者。

2. 得 2 分

（1）一方倒地（两脚以外任何部位支撑台面），站立者得 2 分。

（2）用腿法击中对方躯干部位者。被强制读秒一次，对方得 2 分。受警告一次，对方得 2 分。

3. 得 1 分

（1）用腿法击中对方得分部分。

（2）用手法击中对方得分部位。

（3）主动倒地超过 3s 不起立，对方得 1 分。

（4）运动员消极 8s，被指定进攻后 8s 内仍不进攻，对方得 1 分。

（5）受劝告一次，对方得一分。

（6）使用方法双方先后倒地，后倒地者得 1 分。

4. 不得分

（1）方法不清楚，效果不明显。

（2）双方下台或同时倒地。

（3）双方互打互踢。

（4）用方法主动倒地，对方不得分。

（5）抱缠时击中对方。

九、犯规与罚则

（一）犯规

1. 侵人犯规

（1）在场上裁判员口令"开始"前或"停"后进攻对方。

（2）击打对方禁击部位。

（3）用不允许的方法击中对方。

2. 技术犯规

（1）消极搂抱对方。

（2）处于不利状况时举手要求暂停。

（3）比赛中大声叫喊。

（4）处于不利状况时要求暂停。

（5）比赛中对裁判员有不礼貌的行为、语言或有其他不服从裁判的行为。

（6）有意拖延比赛时间。

（7）上场不戴或吐落护齿，有意松脱护具。

（8）比赛中场外进行指导。

（二）罚则

（1）每出现一次技术犯规，劝告一次。

（2）每出现一次侵人犯规，警告一次。

（3）一方受罚失分达 6 分时，判对方为胜方。

（4）运动员故意伤人，取消当场的比赛资格，判对方为胜方。

（5）运动员局间休息时吸氧，取消比赛资格。

第十九章　健美操

第一节　健美操的起源与发展

健美操的起源应追溯到 2000 多年前。古希腊人对人体美的崇尚举世闻名，他们提出了"体操锻炼身体，音乐陶冶精神"的主张。

现代健美操实际上是从 20 世纪 60 年代开始萌芽的，作为一项独立的体育运动项目始于 70 年代，其明显的标志就是"简·方达健美操"的出现。作为现代健美操运动的发起人之一。简·方达根据自己的体会和实践编写了《简·方达健美操》一书，并制作了录像带，自 1981 年首次在美国出版以来，一直畅销不衰，并被译成 20 多种文字，在世界 30 多个国家出售，对健美操运动在世界范围内的流行与发展起了巨大的推动作用。健美操以它强大的生命力迅速在世界流行起来，各种健美操俱乐部、健身操中心和健美操培训班如雨后春笋般到处涌现。

目前，国际上共有 7 个健美操组织。其中最有影响的是 IAF（国际健美操联合会），总部设在日本；SAF（国际健美操健身联合会），总部设在美国。1994 年 FIG（国际体操联合会）这个资格最老的体育单项联合会成立了专门的健美操委员会，并于 1995 年 12 月在法国巴黎举办了首次比赛。

第二节　健美操基本动作

一、健身健美操基本动作概念

健身健美操基本动作是指动作中最主要最稳定的部分，所有动作都以此为核心加以扩展。基本动作是掌握其他动作的基础。健身健美操基本动作包括基本姿态动作、基本难度动作、基础动作三大部分。

健身健美操中的基本姿态动作是指身体在静态和动态时的各部位姿势，它可以通过舞蹈的姿态进行训练；基本难度动作是指与竞技性健身健美操中规定的难度动作相应的具有一定难度的动作；基础动作是根据人体结构活动特点而确立的具有代表性的动作，共分为 7 个部位的动作，即头颈部位动作，肩、胸、腰、腿部动作以及上、下肢动作。

二、健身健美操基本动作特点

（一）基本动作是健身健美操中最典型、最核心的部分

健身健美操中所有动作的变化和创新都是在基本动作的基础上产生和发展的。身体某个部位的基本动作即具有该部位的共性特征，其最具代表性和典型性。例如，健

身健美操中髋的动作为：提髋、顶髋、绕髋、三角髋、圆髋几种，掌握了这些练习，配合身体其他部位动作，可以做出千姿百态的髋部动作。

（二）基本动作是发展健身健美操难度和组成复合动作的基础

在初学健身健美操时，首先应掌握身体各部位的基本动作。只有掌握了这些部位的基本动作，才能抓住健身健美操的特点，加速发展动作难度，更好地掌握组合练习。

（三）基本动作是健身健美操动作中最重要而又是最稳定的部分

健身健美操突出的特点之一，就是全面地影响身体，使练习者更加健美。例如，踢腿的基本动作抓住正、侧、后三个面就能较全面地影响身体，在此基础上还能发展出各种各样的踢腿动作，而这些动作都离不开这三个基本面的踢腿，因而它是最重要、最稳定的。

正因为这些基本动作是健身健美操动作的核心、基础，所以正确、熟练地拿捏这些基本动作不仅能在系统练习健身健美操之前，对身体各器官的功能产生适应性的训练影响，还可以为成套健身健美操动作的练习打下技术基础。同时，通过这些基本动作的练习还可以抓住健身健美操动作的本质特点和规律，培养美感和在动作中学会表现姿态美、动作美、精神美。

三、健美操基本技术

健身健美操的基本技术主要有落地技术、弹动技术、半蹲技术和身体控制技术。所有这些技术要求都是从保证练习安全性的角度出发的。其中落地技术、弹动技术和半蹲技术实际上是紧密联系在一起的。

（一）落地技术

落地缓冲的主要目的是使身体尽可以地保持稳定，同时减少地面对关节以避免造成运动损伤。

健身健美操的落地技术为：落地时，由脚跟过渡到全脚掌或由前脚掌过渡到全脚掌，然后迅速屈膝——屈髋缓冲。所有动作在瞬间依次完成，用以分解地面对人体的冲击力。同时躯干与手臂保持良好的姿态，肌肉用力以保持动作的稳定与控制。

在整堂课中每一个动作都要有一个"全脚掌"落地过程的要求，这可以使练习者小船肌肉得到放松，避免小腿始终紧张，从而减少了由于小腿局部负担过重而引起的肌肉过度疲劳或拉伤的可能性。

（二）弹动技术

健美操的弹动技术是健美操最重要的基本技术之以区别其他运动项目的重要因素之一，是体现健美操的最基本特征，也是用健美操的弹动主要依靠踝关节、膝关节、髋关节的屈伸缓冲而产生。它的主要作用是减少运动对关节的冲击力，从而减少运动对人体造成的损伤。值得注意的是，在屈伸的过程之中，腿部的肌肉要协调用力才能有效地防止损伤与产生流畅的弹动动作。在练习弹动动作时，我们可以先从练习踝关节的屈伸动作开始。练习方法为：双腿并拢伸直，身体正直，提踵，落地。在充分掌握了踝关节的屈伸之后，是膝关节的弹动练习。练习方法为：双腿原地并拢伸直，身体正直，屈膝半蹲，膝关节不要超出脚尖的位置，髋关节稍屈。当这两部分的动作已经熟练，我们可以把两部分连起来，使之形成完整的弹动动作。在踝关节的弹动过程中最主要的肌群为小腿的后部肌群，而膝关节、髋关节的运动主要由大腿肌群、臀部肌群、腹部肌群和腰部肌群参加运动。

在做弹动练习的时候，参与运动的肌群在整个运动过程之中要有控制，使动作变得流畅。

（三）半蹲技术

在健美操练习的过程中，每一个动作都需要半蹲的出现，因为无论是落地和缓冲技术，还是弹动技术实际上都是和半蹲动作联系在一起的。一些常用的力量练习动作，如分腿半蹲、弓步等，也和半蹲动作有很大的关系。因此，半蹲技术的掌握对健美操练习的完成质量具有重大影响。

半蹲时，身体重心下降，臀部向后下45°方向用力，膝关节不应超过脚尖，腰腹、臀部和大腿肌肉收缩，上体保持正直，重心在两腿之间，起落要有控制。分腿半蹲时，脚尖自然外开，应特别注意膝关节弯曲的方向要与脚尖的方向一致，保持自然关节的正确位置，避免脚尖或膝关节内扣或过分外开，以及膝关节角度小于90°的深蹲。

在有氧操练习中，分腿半蹲一般采取宽蹲的姿势，即两腿开度大于肩。而持有轻器械操练习中，尤其是在负重的情况下一般都采用窄蹲的姿势，即两腿开度同肩宽。这一差别主要是因为宽蹲有助于加大动作幅度，有效地提高运动负荷和无负重状态下的练习效果，同时动作也更好看、更流畅；而窄蹲则更有利于负重，提高在负重状态下的练习效果，同时避免运动损伤。

但无论是宽蹲还是窄蹲，都应遵循同样的技术要求。

（四）身体控制技术

健美操的身体姿态是根据练习的安全性和现代人体与行为美的标准而建立的。首先在整个非特殊条件下的运动过程中，身体应该保持自然挺拔，头部稍稍昂起的姿态，颈椎、胸椎、腰椎处于正常生理曲线的位置，并始终保持腰腹和背部肌肉收缩，避免因腰腹部位的摆动和无控制引起的腰部损伤。四肢的位置根据具体的动作要求和练习者的个体情况而定，但无论肢体的位置如何变化都应有所控制，避免"过伸"，因为无控制的"过伸"是造成运动损伤的重要原因，总之，健美操练习过程中的身体姿态取决于肌肉用力的感觉和程度，总的动作感觉应是有控制但不僵硬、松弛而不松懈。

四、基本动作

健美操基本动作主要由下肢动作、上肢动作和躯干动作所组成。通过基本动作的学习，能够使练习者掌握健美操基础技术。其中，下肢动作包括基本步伐、下肢动作伸展。步伐可按冲击力分为三种：无冲击力动作、低冲击力动力动作和高冲击力动作。上肢动作包括：手势和手型。躯干部分是基于一些常见的躯体、肩及腰等动作。

（一）基本步法

根据动作完成形式的不同，将基本步伐分为五类（表19－1）：

表 19 – 1　有氧操常用基本动作体系

类别	原始动作形式	低冲击力形式	高冲击力形式	无冲击力形式
交替类	踏步	踏步 走步 一字步 V 字步 漫步	跑步	
迈步类	侧并步	并步 迈步点地 迈步吸腿 迈步后屈腿 侧交叉步	并步跳 小马跳 迈步吸腿跳 迈步后屈腿跳 侧交叉步跳	
点地类	点地	脚尖点地 脚跟点地		
抬腿类	抬腿	吸腿 摆腿 踢腿	吸腿跳 摆腿跳 踢腿跳 弹踢腿跳 后屈腿跳	
双腿类			并腿跳 分腿跳 开合跳	半蹲 弓步 提踵

1. 交替类　两脚始终做依次交替落地的动作。

2. 迈步类　一条腿先迈出一步，重心移到这条腿上，另一腿用脚跟、脚尖点地或屈腿等，然后向另一个方向迈步的动作。

3. 点地类　屈膝站立，另一腿伸出，用脚尖或脚跟点地后还原到并腿位置的动作。

4. 抬腿类　单腿站立，另一腿抬起的动作。

5. 双腿类　双腿站立、身体重心在两腿之间的动作。

在交替类和迈步类中均有其原始的动作形式，在教初级课时应从原始动作形式开始。

（二）基本动作

以下所介绍的动作均为最常用的基本动作，可以在此基础上发展。创造具有个人风格的独特动作。

1. 两脚交替类

（1）踏步（原始动作）　如图 19 – 1 所示。

动作做法：两腿原地依次抬起，依次落地。

（2）走步　如图 19 – 2 所示。

图 19 - 1　踏步　　　　　　　图 19 - 2　走步

（3）一字步　如图 19 - 3 所示。

动作做法：一脚向前一步，另一脚并于前脚，然后再依次还原。

图 19 - 3　一字步

（4）V 字步　如图 19 - 4 所示。

动作做法：一脚向前侧方迈一步，另一脚随之向另一方迈一步，成两脚开立，屈膝，然后再依次退回原位。

图 19 - 4　V 字步

（5）漫步　如图 19 - 5 所示。

动作做法：一脚向前迈出，屈膝，重心随之前移，另一脚稍抬起，然后原地落下；或者向后撤一步，重心后移，另一脚稍抬起，然后原地落下。

图 19 - 5　漫步

（6）跑步　如图 19 - 6 所示。

动作做法：两腿经过腾空，依次落地缓冲，两臂屈肘摆动。

图 19 - 6　跑步　　　　　图 19 - 7　并步

2. 迈步类

（1）并步（侧并步为原始动作）　如图 19 - 7 所示。

动作做法：一脚迈出，另一脚随之并拢屈膝点地；再向反方向迈步。

（2）迈步点地　如图 19 - 8 所示。

动作做法：一脚向侧迈一步，经屈膝移重心，另一腿在前、侧或后用脚尖或脚跟点地。

图 19 - 8　迈步点地

（3）迈步吸腿　如图 19 - 9 所示。

动作做法：一脚迈出一步，另一腿屈膝抬起，然后向反方向迈步。

图 19 - 9　迈步吸腿

（4）迈步后屈腿　如图 19 - 10 所示。

动作做法：一脚迈出一步，另一腿后屈，然后向反方向迈步。

（5）侧交叉步　如图 19 - 11 所示。

动作做法：一脚向侧迈一步，另一脚在其后交叉，随之再向侧迈一步，另一脚并拢膝点地。

19－10　迈步后屈腿

图 19－11　侧交叉步

3. 点地类

（1）脚尖点地如图 19－12 所示。

动作做法：一腿稍屈膝站立，另一腿伸出，脚尖点地，然后还原到并腿姿势。

图 19－12　脚尖点地

图 19－13　脚跟点地

（2）脚跟点地如图 19－13 所示。

动作做法：一腿稍屈膝站立，另一腿伸出，脚跟点地，然后还原到并腿姿势。只可倾向前和向侧的脚跟点地。

4. 抬腿类

（1）吸腿　如图 19－14 所示。

动作做法：一腿屈膝抬起，落下还原。

图 19 - 14　吸腿

（2）摆腿　如图 19 - 15 所示。

（3）踢腿　如图 19 - 16 所示。

图 19 - 15　摆腿　　　　　　　　　　　　图 19 - 16　踢腿

动作做法：一腿稍屈膝站立，另一腿抬起，然后还原。

（4）弹踢腿跳　如图 19 - 17 所示。

动作做法：一腿站立（跳起），另一腿先向后屈，然后向前下方弹踢。

（5）后屈腿跳　如图 19 - 18 所示。

动作做法：站立（跳起），另一腿向后屈膝，放下腿还原。通常以高冲击力的形式出现。

图 19 - 17　弹踢腿跳　　　　　　　　　　图 19 - 18　后屈腿跳

5. 双腿类

（1）并脚跳　如图 19 - 19 所示。

动作做法：两腿并拢跳起。

（2）分腿跳　如图 19 – 20 所示。

动作做法：分腿站立屈膝半蹲，向上跳起，分腿落地屈膝缓冲。

图 19 – 19　并脚跳　　　　图 19 – 20　分腿跳

（3）开合跳　如图 19 – 21 所示。

图 19 – 21　开合跳

动作做法：由并腿跳起，分腿落地，然后，再由分腿跳起，并腿落地。

（4）半蹲　如图 19 – 22 所示。

图 19 – 22　半蹲

动作做法：两腿有控制的屈和伸。可分为并腿半蹲和分腿半蹲。

（5）弓步　如图 19 – 23 所示。

动作做法：两腿前后分开，两脚平行站立，蹲下起来。

（6）提踵　如图 19 – 24 所示。

动作做法：两腿脚跟抬起，落下脚跟稍屈膝。

图 19-23 弓步

图 19-24 提踵

（三）基本手型

基本手型加上上肢动作，既能使动作变化多样，又能改变动作的强度和难度，提高观赏价值。

在有氧健身时，并不十分强调手型，主要把注意力放在大肌肉群上。当表演或竞技健美操练习时，对手的要求较高，这里我们列举了健美操常用的手型以供参考。

1. 并掌 五指并拢伸直，指关节不能屈曲，如图 19-25 所示。

2. 开掌 五指用力分开伸直，如图 19-26 所示。

3. 花掌 又叫西班牙手型。分掌的基础上，从小指依次内旋，形成一个扇面，如图 19-27 所示。

图 19-25 并掌　　　　　　图 19-26 开掌　　　　　　图 19-27 花掌

4. 立掌 手拿用力上屈，五指指关节自然弯曲，如图 19-28 所示。

5. 一指剑 拇指与中指、无名指、小指相叠，食指伸直，如图 19-29 所示。

6. 二指剑 拇指与无名指、小指相盈，中指与食指并拢伸直，如图 19-30 所示。

图 19-28 立掌　　　　　　图 19-29 一指剑　　　　　　图 19-30 二指剑

7. 响指 无名指、小指屈，拇指与中指用力摩擦打响，如图 19-31 所示。

8. 舞蹈手型 引用拉丁、西班牙、芭蕾等手型，如图 19-32 所示。

9. 拳 四长指握拳，拇指第一关节扣在食指与中指的第二关节处，如图 19-33 所示。

图 19-31 响指　　　　　　图 19-32 舞蹈手型　　　　　　图 19-33 拳

（四）上肢动作

1. 举　臂伸直向某方向抬起。

2. 屈臂　前臂与上臂角度不断减小。

3. 伸臂　前臂与上臂角度不断增大。

4. 屈臂摆动　屈臂在体侧自然地摆动。可依次和同时进行。

5. 上提　臂由下至上提起。

6. 下拉　臂由上举或侧上举拉至身体两侧。

7. 肋前推　立掌，臂由肩部向前推。

8. 冲拳　屈臂握拳，由腰间猛力向前冲拳。

9. 肩上抬　立掌，屈臂由肩部向上抬。

10. 摆动　以肩关节为轴，手臂在180°以内的运动称之为摆动。

11. 绕和绕环　以肩关节为轴，手臂在180°至350°之间360°以上的圆周运动为绕环。

12. 交叉　两臂重叠成×形。

（五）躯干动作

在健美操练习中，躯干部位通常起到稳定身体的作用。因此肌肉力量的平衡尤为重要。发展屈躯干肌肉的方法有很多，可徒手、使用轻器械或固定器械。下面只介绍发展躯干肌肉的基本动作和方法。

1. 头颈部

（1）屈　头颈关节角度的弯曲，包括前屈、后屈、左屈、右屈。

（2）转　头颈部绕身体垂直轴的转动，包括左转、右转。

（3）绕　头以颈部为轴心的弧形运动，包括左绕、右绕。

2. 胸部

（1）含胸　直臂或屈臂做内收动作，通常与臂的外展结合进行。

（2）左右移胸　两臂侧平举，胸部左右水平移动。

3. 肩部

（1）提肩　肩胛骨做向上的运动。

（2）沉肩　肩胛骨做向下的运动。

（3）绕肩　以肩关节为轴做小于360°的运动。

（4）肩绕环　以肩关节为轴做360°的圆形动作。

4. 背部　背部肌肉主要有背阔肌、斜方肌、菱形肌和大圆、小圆肌，当其收缩时，可使肩关节下沉，使臂伸和在垂直方向内收。

（1）外展　屈臂或直臂做外展动作，通常与臂的内收结合进行。

（2）上举下拉　两臂由侧上举下拉至腰侧。

5. 腰腹部位

（1）腰屈　腹部不动，上体前屈或后屈。

（2）转腰　下腹不动，上体沿垂直轴的扭转。

第三节　健美操成套动作

健身健美操是一项参与性较强的休闲运动，老少皆宜。所以在健身健美操的创编过程要注意练习对象的基本特征。对练习强度、感受能力、表现能力等方面的不同要求，进行创编，做到有的放矢。在创编风格、技术难度、负荷大小等方面要因人而异，才会收到良好的健身效果。

（一）健身健美操创编应该依据练习者的年龄特征

不同年龄阶段的练习者在生理、心理上有很大的差异，因此健美操的创编上也有很多差异。

1. 儿童少年　为儿童少年创编的健身性健美操要突出儿童的活泼，动作形象生动，力度、运动量不可太大。儿童健身健美操动作要自然、轻松欢快、容易模仿，可多一些蹦蹦跳跳，趣味性强的动作，配以他们熟悉的儿歌等音乐。充分发挥他们模仿与表现能力强的特点、反映天真活泼的个性特征。

2. 青少年人　体力充沛、精力旺盛、动作敏捷，可选择动作幅度大、力度强、速度快、富有动感的动作，配以节奏强劲、变化丰富的音乐，以突出青年豪放与激情。

3. 中老年　中老年人适于选择比较简单、舒展、安全的动作，力度不宜过强。既要突出稳重大方又要让他们感到自己仍然有活力有激情。

由于健美操的表现形式是以体操、技巧、舞蹈、音乐以及造型艺术等姊妹艺术综合而成的，因此，要想编排一套有价值的动作，就必须遵循一定的原则、方法和步骤才行。

（二）健美操的编排原则

1. 根据编操的目的、任务、对象、特点进行编排的原则　健美操总的目的、任务是增进健康，培养正确的体态，塑造美的形态，陶冶美的情操。但具体到某一套操，其具体任务又会有所侧重，创编的要求也不尽相同。例如，健身健美操的创编，不仅要求动作美、结构美、音乐美，而且还要有一定的运动负荷，才能达到强身健体的作用。如果是竞技健美操，除了上述要求，其编排还要符合比赛规则的要求，体现一定的难度和创新性及队形的变化等等。另外，创编任何一套健美操时，都必须考虑使用对象的具体情况，要针对不同对象的生理、心理特点，来确定总体构思的特点、风格和动作内容。

2. 坚持全面发展身体的原则　创编健美操时，必须坚持全面发展身体的原则。为了达到增进健康的目的，编排的动作涉及身体各个部位、各个器官系统的功能，以及身体整体素质，使之能得到全面、协调的发展。因此，在编排整套动作时，要根据人体解剖学原理，把头颈、躯干、上肢、下肢各部位的动作都要编排进去。同时，还要根据培养正确姿态、塑造健美的形体、发展身体素质等要求，编排有助于增强肌肉的力量、关节的灵活性、身体的柔韧性等各种不同方向、幅度、频率、速度、节奏的动作。还要编选一些能加深呼吸、增强心血管系统功能的跳跃动作等。另外，在动作设计上要讲究对称，即动作的结构、身体各部位的活动、练习方式等方面应是对称的，这样有助于身体全面发展。

3. 合理安排动作顺序和运动量　成套健美操的结构一般分为三个部分。第一部分为热身部分，或称准备部分。这一部分主要安排一些伸展练习和加深呼吸的练习，为做整套健美操做好身体和精神上的准备。第二部分为主体部分，也称基本部分。第三部分为结束动作。

（三）健美操的创编方法

创编一套健美操，一般采用两种方法：其一是教师编；其二是教师与使用对象合作创编。一般来说，比较理想的方法还是后者。这种方法可以因人而异，效果较好。采用此种方法时，可由教师先设计动作，让使用对象进行练习，然后根据使用对象自身的体验，提出修改意见。这样不仅教师起到把关作用，使成套动作的可行性既符合健美操的创编原则，而且又可以使健美操符合不同使用对象的需求。经过反复修改，最后即可完成一套健美操动作的创编工作。提请注意的是，在处理选配音乐和创编动作的关系上，一般可以采用以下三种方法：①先创编健美操的成套动作，再根据动作谱写音乐。②先选择音乐，然后根据现成音乐编排成套动作。③根据使用对象的需求选择音乐，然后根据音乐编排动作，最后根据所编的成套动作的需要修改音乐。

一般来说，第一种方法根据动作专门谱写曲子虽然是最理想的，但由于这种专门人才较少，因此目前采用最多、最普遍的方法是后两种。

第四节　健美操竞赛规则

一、对裁判员的基本要求

（1）经常参与和健美操运动相关的各种活动。

（2）对健美操运动的项目特点及技术要求有很好的理解。

（3）明确评分规则的要求并具备一定的评分技巧与经验。

（4）评分态度严肃、认真、公正、准确。

裁判组一般由裁判长1人、裁判员4~5人、记录员1~2人、计时员1人、视线员2人、检录员1~2人、放音员1~2人组成。

可根据比赛规模的大小适当增减裁判员人数。如全国性的竞技健美操锦标赛裁判组一般由高级裁判员即健美操委员会3名指定成员组成；裁判组的成员是：艺术裁判员4人、完成裁判员4人、难度裁判员2人、视线裁判员2人、计时裁判员1人、裁判长1人，共计14人。

二、评分方法

根据规程，比赛可采用公开示分或不公开示分的方法。

大众健美操比赛评分采取公开示分的方法，成套动作的满分为10分制，裁判员各自独立进行评分，评分精确到0.1分。从裁判员的评分中去掉1~2个最高分和最低分，中间3个分数的平均分即为得分，再减去裁判长减分即为最后得分。

（一）健身性健美操比赛的评分

一般中小型健美操比赛以健身性健美操比赛为主，而健身性健美操比赛的主要目的是丰富人们的业余文化生活，促进健美操运动在广大群众中的开展，宣传健美操运动，吸引更多的人加入到健美操运动中来。因此，健身性健美操比赛的评分重点与要求与竞技健美操比赛名所不同。

健身性健美操的评分因素是：热情与活力、能力与技术以及动作的编排。

1. 热情与活力　指参赛者在比赛场上通过自己的表演体现出一种健康向上、充满活力的情绪以及吸引观众、感染观众的能力。这种高度的情感投入和表现能力体现了运动的快乐，这也正是健美操运动所倡导的，因此应该鼓励。

2. 能力与技术　比赛中所表现出来的能力与技术是参赛者平时锻炼情况或训练水平的直接反映。能力包括心肺功能和各种身体素质。技术包括身体姿态、动作的准确性、熟练性、幅度和力度以及动作与音乐的配合。健身性健美操的技术要求是动作自然、协调连贯、节拍准确。

3. 动作的编排　健身性健美操的动作编排首先要体现健身的科学性，不能选择对身体易造成损伤的动作。其次是健身的有效性和全面性，能达到有效和全面锻炼身体的目的。最后是艺术性，动作的设计要新颖、美观，成套动作的连接要合理、巧妙、流畅，动作素材要多样，队形变化要自然清晰，音乐的选择要和动作协调统一。

（二）竞技性健美操评分

竞技性健美操的比赛的评分分为高级裁判组和裁判组。

1. 高级裁判组的评分职责　是监督整个比赛情况，处理影响比赛进程的违纪情况或特殊情况；查看裁判员的评分，对在裁判工作中表现不佳或倾向性打分的裁判员提出警告；根据记录情况，对评分不令人满意或不公平的裁判予以警告；更换被警告后仍表现个性的裁判员。

2. 裁判组的评分职责

（1）艺术裁判的职责是根据下列标准评价成套动作的创编：操化动作、难度、动作、过渡、连接和托举动作的成套创编；音乐的使用；操化动作组合；比赛场地的使用；表现力与同伴的配合。10.0 分的艺术分按照以上 5 项均分，每项 2 分，以 0.1 递增。

（2）完成裁判的职责是对成套动作完成情况的评分，取决技术技巧、合拍与一致性。

（3）难度裁判员的职责是使用 FIG 官方速记符号记录全部成套动作中的难度动作，数出难度动作的数量。对最先出现的 12 个难度动作按照动作分值利最低完成要求给予 0.1～1.0 的分值，对于难度动作的组合形式，每次予以 0.1 的加分，并计入 12 个难度总分之中。对于 12 个难度动作之外的难度动作、难度动作缺类和超过 2 次以俯撑落地的动作给予减分。

（4）视线裁判员的职责是对运动员出现身体任何部位触及标志带线以外的地面进行减分，每次减 0.1 分。

第二十章 瑜 伽

第一节 瑜伽的起源与发展

瑜伽最早出现在5000年前的古印度，那时人类文明刚刚显现。在印度峡谷出土的3000年前的石碑上，绘有修炼瑜伽交姿势的人物形象，是迄今为止最早的关于瑜伽的图形记载。

公元前500年，《薄珈梵歌》被写就并广泛流传，对印度的文化与哲学影响深远，是第一部专门记载瑜咖的文献。

瑜伽的出现和发展，一直与印度的生活方式和认识密切相连。然而从实质上讲，它一直与任何宗教信义或伦理保持分离状态，从不要求任何信仰系统接受它。瑜伽不是一种宗教，它是基于一些行为准则的生活礼仪，它的目的是使身体和精神之间完美平衡地发展，以使得个体和外部之间完全和谐。它是一种超世俗的探求，是出于真诚期望对生活及与其联系在一起的所有现象的深入理解。

19世纪开始，印度瑜伽大师罗摩克里希和他的传入维韦卡南达、奥罗宾多等人把瑜伽与现代科学、医学有机结合起来，建立了现代瑜伽，使瑜伽更加广泛地传播到世界各地。

另一位著名的瑜伽大师希瓦南达于20世纪60~70年代，在美洲和欧洲开办瑜咖学校，他还将现代瑜咖总结为五项原则——正确地休息、正确地练习、正确地呼吸、正确地饮食、正确地思想和冥想，并建立了国际希瓦南达瑜伽韦坦达中心，弘扬自己的主张。

当代在西方流传的瑜伽主要是"现代瑜伽"。与印度古典瑜伽相比，现代瑜伽的特征是：强调就在生活的当下用功夫，练习者不再以现实中的"本体解脱"为目的，更注重于把瑜伽作为一种人生观点或态度，而融入到日常生活体验里。还可以这样表述：古代的瑜伽是注重"修灵"的，欲将"真我"由肉身的"小我"中升华出来，与永恒的本体"梵"合而为一。而现代的瑜伽是注重"修身"的，经过瑜伽体位法的练习和呼吸法及静坐，将身体的肌肉、骨骼、经脉及内分泌系统调节到最佳状态，可使人健康、美体、美容、身心愉快。

公元4世纪前后，瑜伽随着佛教的传播而传入中国。中文"瑜伽"一词早在唐代就出现，是"yoga"的音译，在唐以前意译成"相应"。中国佛教禅观、天台宗的"六妙法门"、法相唯识宗的止观，都是瑜伽静坐冥想的变通说法。另有学者考证，中国南北朝时期传入的《易筋经》、唐朝流行的《天竺按摩法》、宋代的《婆罗门导引法》等都是从印度传入我国的瑜伽术。

如今，各色瑜伽馆遍及中国各大城市的大街小巷。目前中国国内的瑜伽取向，大都是丢弃印度古典瑜伽中深层次宗教哲学理念，取其修心健身功能的一面，成为人们塑身美体、放松身心、调节改善身心状态的一种健康运动。同时当代有眼光的瑜伽学者，力图借助中国传统文化特别是佛、道文化中的相关理念，巧妙地将古典瑜伽真实内涵与体系融于其中，以期望给国人带来真正的瑜伽享受。

第二节 瑜伽基本动作

瑜伽（Yoga）作为当今最经典、最古老的科学养生、健身方法，正越来越多地被希望保持健康状况的人所喜爱。成功人士、时尚女性都渴望成为瑜伽美人，瑜伽已逐渐成为健康、自然、美丽，甚至是保持青春的代名词。

不管你的腿脚有多僵硬，也不管你的年龄有多大，放弃一切顾虑，从今天开始，将练习瑜伽变成您生活的一部分，就像每天刷牙、洗脸一样，那么，你会深切地感到，进入瑜伽的世界是一件多么令人愉快的事情。

1. 深呼吸（图 20-1） 放松精神，吐故纳新，增强神经、呼吸与循环系统功能。

图 20-1 深呼吸　　　　图 20-2 半月式

2. 半月式（图 20-2） 减缓腰病、便秘、腹部脂肪堆积、气管炎、脊椎侧凸与畸形、脊关节僵硬。

3. 尴尬姿势（图 20-3） 帮助减缓膝关节风湿痛与坐骨神经痛。加强股四头肌与肩肌力量，脚与踝关节的柔韧性。

图 20-3 尴尬姿势

4. 鹰式（图 20-4） 增强下肢力量，增大髋关节活动范围与 12 个关节柔韧性，通过对关节施加压力与放松，让更多的新鲜血液流通，增强中枢神经系统与性功能。

图 20 - 4 鹰式   图 20 - 5 站立头触膝

5. 站立头触膝（图 20 - 5）   加强血液循环与柔韧性，改善消化系统功能与注意力集中能力。预防坐骨神经痛与糖尿病，增加腰背肌肉力量与神经控制。

6. 站立弓式（图 20 - 6）   增强心肺血液流通，通过挤压脊椎增加其弹性，减缓腰痛，促进肺与膈肌的运动。

图 20 - 6 站立弓式   图 20 - 7 平衡杆

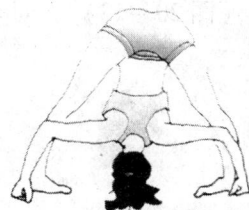

7. 平衡杆（图 20 - 7）   促进全身血液循环，清洁脉血管，加强下肢肌肉力量与胰、脾、神经系统和肾功能。

8. 分腿前弓（图 20 - 8）   增加大脑与肾上腺的流量，改善肠胃功能，避免便秘，消除腹部脂肪。

图 20 - 8 分腿前弓   图 20 - 9 三角式

9. 三角式（图 20 - 9）   增加心血管系统与肾功能，有助于消化吸收，提高免疫系统功能，控制体内化学物质平衡，减缓便秘、腰痛、脊椎炎，以及月经不正常。

10. 站立分腿头碰膝（图 20 - 10）   有助于内分泌消化，提高生殖系统功能。减缓糖尿病、甲状腺病，增进血糖平衡及肾脏的功能，加强腹侧、大腿、肩与臂的肌力，减少腹部脂肪堆积。

11. 树式（图20－11）　　加强髋与膝关节活动幅度，减少腹部压力，对预防腰病与炎症有帮助。

图20－10　站立分腿头碰膝　　　　图20－11　树式

12. 脚趾站立（图20－12）　　有助于提高大脑与身体的平衡能力，增加腹肌，减缓风湿、膝痛与痛风病。

13. 抱膝屈腿（图20－13）　　对大腿有按摩作用，有助于减缓便秘、胃胀气与胃酸过多。

图20－12　脚趾站立　　　　图20－13　抱膝屈腿

14. 仰卧起坐（图20－14）

图20－14　仰卧起坐

15. 眼镜蛇式（图20－15）

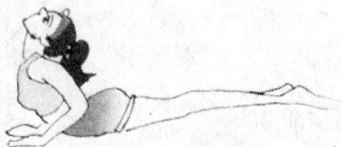

图20－15　眼镜蛇式

16. 禅式（图 20 - 16）

a.   b.

图 20 - 16 禅式

17. 全禅式（图 20 - 17）

图 20 - 17 全禅式

18. 弓式（图 20 - 18）

图 20 - 18 弓式

这一系列的动作（14～18）能增加脊椎活动范围，每个姿势作用与脊椎的一个部分，能减缓腰痛、坐骨神经痛、脊椎炎。

19. 金刚坐式（图 20 - 19） 加强脊椎下部、膝与踝关节的力量与柔韧性。有助于缓解坐骨神经痛、痛风和腿的风湿关节炎与静脉曲张，预防疝气。

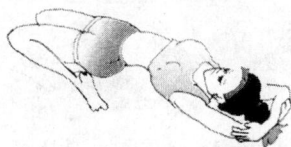

图 20 - 19 金刚坐式

20. 半龟式（图 20 - 20） 充分放松身体，缓解消化不良、便秘、胃胀气、糖尿病。通过牵拉肺的下部可使气喘者受益。

图 20 - 20 半龟式

21. 骆驼式（图 20-21） 加强背与肩部肌肉，通过对脊椎的充分按压，刺激神经系统，增强颈与腰的柔韧性，减缓腰痛，对校正驼背也有帮助。

22. 兔式（图 20-22） 与胃式相反的动作，能给予脊椎另一个方向的伸展。有助于维护背肌力量与脊椎活动幅度，增加大脑血流浪，缓解心理压力。对糖尿病、感冒、鼻炎、慢性扁桃体炎、咽喉痛、甲状腺病有帮助作用。

 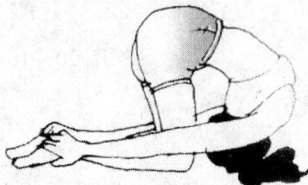

图 20-21 骆驼式　　　　　图 20-22 兔式

23. 坐姿体前屈（图 20-23） 增加血液向内脏的流量，加强免疫系统功能，刺激胸腺。有助于平衡血糖，缓解糖尿病，加强肾功能。

a.　　　　　　b.

图 20-23 坐姿体前屈

24. 脊椎旋转式（图 20-24） 能够通过增加血液循环加强脊椎与髋关节的柔韧性，预防脊椎病与坐骨神经痛，加强消化吸收系统功能，有助于网球肘的恢复。

25. 金刚跪姿呼吸法（图 20-25） 有助于身体排出有害物质，缓解呼吸系统疾病、高血压与心脏病，加强腹肌，增加腹内脏的血液循环。

图 20-24 脊椎旋转式　　　　20-25 金刚跪姿呼吸法

第三节　瑜伽锻炼的基本方法

一、学会独特瑜伽呼吸法，唤醒生命能量

神奇的瑜伽呼吸法，指的是控制自己的"呼"和"吸"，有效按摩内脏，刺激分泌系统。在瑜伽练习中贯穿瑜伽呼吸法，能起到调节神经、激活体内潜在力量的效果。

（一）腹式呼吸

健身功效：腹式呼吸是最常用的瑜伽呼吸法。这种呼吸法主要依靠腹部的收缩和扩张使横膈升降，使大量氧气进入肺部，同时排出肺部的废气。它能够为我们的身体补充能量，唤醒体内沉睡的生命能量，使我们的身体和精神都恢复新的活力。

跪坐在垫子上。右手放在腹部，吸气时将空气深深吸入肺的底部。随着吸气加深，胸腹之间的横膈跟着下降，感觉小腹像气球向外鼓起。呼气时，小腹朝着脊柱方向收紧，横膈便会自然升高，肺部的废气也就跟着排出体外。

（二）胸式呼吸

健身功效：胸式呼吸有助增强胸腔的活力与耐力，增加供氧量，使体内血液得到净化。

跪坐在垫子上，将右手放在胸部，用鼻子慢慢将空气吸入整个胸部区域，感觉肋骨向外扩张并向上提升。吸气，收紧腹部，感觉小腹正慢慢朝脊椎的方向靠近。呼气时，腹部逐步鼓胀，慢慢将体内的废气呼出体外，肋骨向下回落并向内收。

（三）肩式呼吸

健身功效：肩式呼吸又叫锁骨式呼吸，它是胸腔扩张时的最后一步，可以看做胸式呼吸的延续。它的健身功效与胸式呼吸大致相同。

将一只手轻轻放在锁骨上（将注意力引向胸腔）。跪坐在垫子上，先做几次胸式呼吸，然后微微向上耸肩和锁骨，用力吸气。屏息一会儿，然后缓慢的呼气，先放松肩膀和锁骨，再放松胸部，同时将体内的废气排出体外。

（四）完全式呼吸

健身功效：完全式呼吸法是将腹式呼吸、胸式呼吸和肩式呼吸结合在一起的呼吸法。它是对人体最有益的呼吸法，能够增大人体的供氧，增强肺部功能，提高人体免疫力，增强体力，从而减少咽炎、支气管炎、哮喘等呼吸系统疾病的概率。

跪坐在垫子上，右手放在脚部，左手放在腹部；轻轻吸气，胸腹慢慢向外鼓起，从腹式呼吸过渡到胸式呼吸和肩式呼吸。然后呼气，先放松肩膀和胸部，再放松腹部，尽量向内收紧腹肌，使肺部的气体能够大量排出体外。

二、标准瑜伽坐姿，让你的身心更沉稳

打坐是瑜伽入门的基础，许多瑜伽体式都是从坐姿演变而来。标准坐姿，不仅能使练习者更快进入瑜伽状态，还有助于保持身体的稳定，缓解肌肉紧张，增强身体的柔韧性。

（一）简易坐

健身功效：简易坐姿能加强脆关节、膝关节和踝关节的强度和韧性。有减轻和消除风湿和关节炎的功效。能够滋养神经系统，使心灵安定，内心平和。

坐在垫子上，挺直腰背，两腿向前伸直，头部放正，双手分放在两腿上。弯曲左小腿，将左脚压在右大腿下。弯曲右小腿，将右脚放在左大腿下。双手拇指和中指相扣，呈莲花指样，轻轻放在两膝盖处。

（二）雷电坐

健身功效：有促进消化系统的功能，防治胃部疾病。使人心灵平和宁静，有调节情绪的作用。

跪坐在垫子上，上身直立，双臂自然下垂，小腿胫骨与脚背平放在垫子上。两膝并拢，两大脚趾交叉，两脚跟朝外。伸直背部，臀部坐在两脚上，双手分放在两大腿上。

（三）吉祥坐

健身功效：能够缓解膝关节的僵硬，有预防风湿病的作用。促进骨盆区域的血液循环，滋养生殖系统。有定心安神的作用，使人保持良好的精神状态。

坐在垫子上，挺直腰背，两腿向前伸直，双手放在大腿上。弯曲左膝，让左脚脚跟抵在右大腿内侧。弯曲右膝，右脚放在左大腿和左小腿肚之间，双手拇指和中指相扣，呈莲花指样，靠在两膝处。

（四）半莲花坐

健身功效：有滋养脊柱、按摩腹内器官的作用。能够活跃神经系统，安抚情绪。有调节呼吸系统的作用，辅助治疗哮喘和支气管炎等呼吸系统疾病。

坐在垫子上，挺直腰背，双腿并拢向前伸直，双手放在大腿上。弯曲右膝，右脚脚跟抵放在会阴处。弯曲左膝，用双手抱住左脚，将左脚放在右大上，左脚脚心向上，双膝尽量贴在地面上。

（五）英雄坐

健身功效：扩张胸部和肺部，伸展大腿内侧肌肉和膝盖韧带，消除大腿内侧的脂肪。调整身形，有助于改善、纠正驼背、含胸等不良习惯。

膝盖并拢着地，双脚分开，臀部坐在小腿之间的垫子上，脚后跟的内侧与胯部贴合，双手在触前合掌。保持此姿势1min，然后恢复原位。

（六）全莲花坐

健身功效：使血液流向腹内器官，滋养腰椎和髂骨处的神经，调动整个神经系统的活力，使人精神焕发。结实大腿，使双膝和双腿变得更柔软。使人身心沉稳，心灵平和，有助于控制情绪。

坐在垫子上，挺直腰背，双腿向前伸直。弯曲左膝，左脚放在右大腿根部上，脚心向上。弯曲右膝，双手抱住右脚放在左大腿根部上，脚心向上，双手放在膝盖处。调整呼吸几次，尽量将双膝贴在垫子上，双手在脚前合掌，双眼正视前方。

三、标准瑜伽坐姿，让你的身心更沉稳

冥想对我们的身体和心灵都有积极的影响。它有助于放松身体，消除身体不同部位的紧张和疲劳。它还是净化心灵的重要手段，能使人获得精神上的愉悦享受。

（一）语音冥想

健身功效：瑜伽语音冥想是最常用的冥想法，它放松身心的功效是最直接的。

采用感觉最舒适的瑜伽坐姿，闭上双眼，做几次深呼吸。呼气时用深沉的声音念

"噢姆"语音。进入冥想状态后，吸气时在心里默念"噢姆"，呼气时出声念"噢姆"。

（二）烛光冥想

健身功效：有助于集中注意力，缓解眼部疲劳，提高睡眠质量，治疗失眠。此动作必须在幽暗的环境中练习，非常适合睡前练习。

首先取一支点燃的蜡烛，将其放在距离约一手臂远的桌子上。高度与目光水平线一致。先闭上双眼，清除脑海中的杂念。感觉完全沉静时，微张开眼，意识力专注于烛光最明亮的部分。当感觉有眼泪掉下时，闭上眼睛休息，几秒钟后再睁开眼睛，尽可能增加凝视的时间长度。

第二十一章　定向运动

第一节　定向运动的起源与发展

一、定向运动的起源

定向运动起源于北欧的瑞典。"定向"一词最早出现在 1886 年的瑞典，意思是在地圈和指北针的帮助下，穿越未知的地带。

地处北欧斯堪的纳维亚半岛的瑞典，国土崎岖不平，覆盖着一望无际的森林、散布着无数的湖泊、城镇和村庄。人们主要通过隐现在林中、湖畔的小径来住于各地。因而，人们必须学会并且备精确辨别方向的能力，否则将会迷失方向。这样，地图和指北针就成为人们行走和生活的必需品。生活在半岛上的居民、军队便成了定向运动的先驱。

最初的"定向运动"只是一项军事活动，军人们把在山里辨别方向、选择道路和越野行进作为军事训练的内容。后来、在瑞典和挪威的军营中，军人利用军用地图先后进行了最初的定向运动比赛。

1897 年 10 月 31 日，挪威组织丁第一次面向民众的比赛。当时，参赛的仅有 8 人。

定向运动从军营走向社会始于 20 世纪初。瑞典一位童子军领袖吉兰特（Ernst Killander），于 1918 年组织了一次名为"寻宝游戏"的活动，给定向运动赋予了游戏性的特征，引起了人们的极大兴趣。从此，该项活动在北欧广泛开展起来。1919 年 3 月 25 日，一次影响深远的定向比赛在斯德哥尔摩南部 Nacka 的林中举行，当时的参赛人数达 217 人。这场比赛的组织模式与规格，标志着定向运动作为一项独立的体育项目的诞生。时任瑞典斯德哥尔摩体育联合会主席的吉兰特便被人们视作"定向运动之父"。

二、定向运动的发展

到了 20 世纪 30 年代，定向运动已在瑞典、挪威，芬兰和丹麦等国有了较好的发展。1932 年举行了第一次世界锦标赛。

1961 年 5 月，国际定向运动联合会（IOF）在丹麦首都哥本哈根成立。在成立会上确定了正式的比赛项目，制定了一系列的比赛规则与技术规范。国际定联的成立，标志着定向运动进入了崭新的发展时期。现在，国际定联正在为争取特定向运动纳入奥运会的正式比赛项目而努力。

在我国内地，定向运动按国际标准正式作为一项体育活动和比赛项目开展是在 1983 年。

进入 20 世纪 80 年代中期，我国开展的各类定向比赛有所增加。经国家民政部和国家体育总局批准、中国定向运动协会于 2004 年 11 月 10 日在北京宣布成立。这标志着定向运动在中国的发展进入了一个成熟的阶段。

在大中学校中推广定向越野活动，是极具战略意义的选择和决策。1995 年 8 月，原国家教委举办了首届"全国大学生定向越野比赛"，至今这一赛事均定期举行，并逐步形成了制度。同年，首届"高校国防体育节"在吉林举行。参加体育节定向越野比赛的学校达 60 多所，运动员 400 多名。现在，定向运动作为体育课程的拓展内容，已逐步进入大、中、小学的体育课堂。在我国的沿海地区、许多大中学校成立了定向运动队、定向运动俱乐部，吸引了一批批青少年学生参加；培养师资的体育院（校）、系已将定向运动作为新增设的课程向学生推广；各地区各种形式的定向运动比赛、定向运动夏令营、定向运动骨干培训班等活动非常活跃；广大体育教师开始涉足于定向运动科学研究的新领域，发表出版了一批具有相当指导价值与实际意义的科研论文和学术著作。

三、主要国际组织与赛事

（一）主要国际组织

国际定向运动联合会（International Orienteering Federation），简称国际定联（IOF），1961 年 5 月在丹麦首都哥本哈根成立，当时只有 10 个国家的组织为正式会员。截止 2002 年底，其会员已发展到包括中国在内的 62 个国家与地区，其中，正式会员 43 个，准会员 19 个。

1977 年，国际定联获得了国际奥委会承认。

国际定联还是"国际世界运动会协会（International World Game Association，TWGA）"、"国际单项体育联合总会（General Association of International Sports Federations，GAISF）"的成员。2001 年，"定向运动动会（The World Games）"的正式比赛项目。

（二）主要赛事

国际定向运动联合会主办及正式认可的比赛有以下一些。

（1）世界定向锦标赛（WOC）　始于 1966 年，每两年举办一次。

（2）世界青少年定向锦标赛（WJOC）　始于 1990 年，每年举办一次，参赛选手年龄为 19 ~ 20 岁。

（3）世界元老锦标赛（WMOC）　始于 1998 年，每年举行一次，35 岁以上的选手可以参加。该赛事在我国被称为"世界大事锦标赛"。

（4）世界杯赛（WC）　始于 1993 年，每两年举行一次。是允许以个人形式参加的国际赛事。

（5）世界公园定向锦标赛联赛，或称世界公园定向巡回赛（PWT）　每年在世界若干国家和地区的公园巡回举行的职业精英赛，只有世界排名前 25 名的男女运动员才有资格参赛。设总奖金和总排名。

第二节　定向运动基本知识

定向运动是一项健康的智慧型体育项目，是智力与体力相结合的运动。它不仅能强健体魄，而且能培养人独立思考、克服困难以及在遇到意外情况下迅速做出决定、果断采取行动的能力。本节将简要介绍定向运动的概念、形式与分类、特点等内容。

一、定向运动的概念

定向运动一般是指参赛者借助定向地图和指北针，按组织者规定的顺序和方式，自我选择行进路线并到访地图上所标示的地面检查点，以通过全程检查点，用时较短者或在规定时间找到检查点得分较多者为胜。该项运动既有利于增强体质、锻炼意志，又是普及地图应用知识和传播识图用图知识的一种有效方法。

定向运动一词是英语 Orienteering 的汉译名词，目前在我国译法还不统一，如香港译为野外定向，也有译为定向赛跑、定向越野比赛、越野识图比赛、定向越野的。我国主管该项运动的官方组织——中国定向运动协会选用"定向运动"一词作为 Orienteering 的汉译名称。

国际定向运动联合会（International Orienteering Federation，IOF）（以下简称国际定联）将定向运动定义为一项参赛者借助地图和指北针，在尽可能短的时间内到达若干个被分别标记在地图上和实地中检查点的运动。定向运动的参赛者可以是个人，也可以是由两个人以上组成的队。

二、定向运动的形式与分类

定向运动按照不同的方法有多种分类，在这里国际定联按照运动模式将其分徒步定向、滑雪定向、山地自行车定向和轮椅定向四大类。

（一）徒步定向

是各种定向运动中组织方法比较简便，开展最为广泛的一种。由于其比赛成败在于个人识别与辨别能力的强弱，所以适宜参加比赛的人群比较广泛。徒步定向运动形势与比赛方式多种多样，根据其他形式分类还可以细分为以下一些。

按其场地不同可分为：①野外定向；②公园定向。

按时间划分可分为：①白天定向；②夜间定向；③多日定向等。

按性别划分可分为：①男子组；②女子组。

按年龄划分可分为：①少年组；②青年组；③老年组。

按技术水平划分可分为：①初级组——体验组；②家庭组；③高级组；④精英组。

按参加人员划分可分为：①个人项目、包括单项赛、双项赛；②集体项目，包括接力赛、混合接力赛。

按评定名次方法的不同可以分为：①计时赛；②积分赛。

（二）滑雪定向

滑雪定向也是国际定联的正式比赛项目之一，在东欧国家比较流行。许多世界高山运动员、越野运动员和滑雪选手同时又是滑雪定向的高手。

滑雪定向也可以按个人、团体或接力比赛等形式进行。它与徒步定向的区别是选手需要使用滑雪装具（非机动）。供比赛用的滑道，则需要使用摩托雪橇提前开辟。同一比赛路线上的滑道通常不止一条，以便选手自行选择更有利于自己的滑行路线。

（三）山地车定向

山地车定向，顾名思义、就是选手们骑在山地自行车上进行的定向运动。它需要的场地比徒步定向略大，区域内的大小道路要能构成网络，以便选手骑行。由于不便频繁看图、山地车定向的选手比徒步定向的选手更需要培养地图默记的能力。同时，在崎岖地形熟练地驾驶山地车的技术也是必不可少的。山地车定向是 IOF（国际定向运动联合会，International Orienteering Federation）承认的最年轻的专业项目，它已经有了自己的世界锦标赛。从 2002 年起，每隔两年举行一次世界锦标赛，山地车定向也可以按个人、团体或接力赛等形式进行。

（四）轮椅定向

这原来是专为伤残人士设计的定向运动形式。基本赛法是：在野外道路的两侧设置若干"检查点群"（每处 3～6 个点标），选手们需要按照地图与"检查点说明"的提示，在每个"检查点群"处像做选择题那样，挑选出唯一正确的那个点标。这种赛法，既可以让乘坐轮椅车的伤残人士加入到定向运动中来，又可以供新手进行定向基本技术的训练，同样也是一种能让所有参加人都感兴趣的专项技能比赛。

三、定向运动的特点

定向运动发展至今，受到人们欢迎的根本原因在于它具备以下特点。

1. 技术性　指定向运动的知识性。参赛者除了要了解定向运动竞赛规则外，还要掌握军事地形学知识，包括地形图的识别和使用、野外赛跑和找点的基本技能等。

2. 趣味性　指参赛者能从定向运动中得到乐趣。运动员根据定向图上的指示，选择运动路线，寻找各个检查点，独立完成赛程，这比单纯的体育比赛要有趣得多。参赛者在这种环境中享受大自然风光，具有一定的旅游乐趣。

3. 竞争性　指定向运动保持了一般体育运动竞争的特点，具有激烈的竞争形式。定向运动的竞争不仅体现在体能上，还体现在智力上、技巧上。成绩的好坏是靠对地图的使用能力，靠临场的判断和发挥。

4. 群众性　指此项竞赛具有广泛的群众基础。由于定向运动可根据不同的年龄、性别等进行分组，赛程可近可远，程度可难可易，无论男女老幼皆可参加定向竞赛。根据国外有关报道，参加定向比赛年龄最小者为 8 岁，而最大者为 80 岁。所以，它是一项全民性的体育活动。

但定向运动特别是野外定向运动，由于对场地要求较高，可观赏性受到制约，对定向运动的普及和发展产生了一定影响。目前，国际定联正在努力增加定向比赛的可观赏性，争取早日使定向运动加入奥运大家庭。综上所述，我们还可以看到定向运动有如下好处。

首先，它是一项非常健康的智慧型体育项目，是智力与体力并重的运动。它不仅能增强体质，而且能培养人的独立思考、独立解决困难的能力。

其次，它既是一个学生体育项目，又是一个家庭体育项目，具有老少皆宜的特点。前者能培养学生的独立分析问题和解决问题的能力，进而拓展逻辑思维能力；后者能使一家人在闲暇之余回归自然，放松身心，自我娱乐，融洽亲人之间的关系，进而增加乐趣，有力地推广全民健身运动。同时，它也是一项广交朋友的社交性体育活动。在我国香港及国外发达国家的家庭中开展此项活动是较为普遍的。

再次，定向运动是一项较为经济的体育运动项目。组织者、参赛者都不需要过多的经费。所以，便于在群众中推广和普及。

第三节　定向运动基本技术

一、地形图

地形是地貌和地物的总称。地貌是指地面高低起伏的状态，如山地、平坦地、谷地等。地物是指地面上的固定物体，如居民地、道路、江河、森林等。

任何一定范围的地形都是由地貌和土质、居民地、交通网、水系、植被及其他独立的地物所构成的。如果将地貌和土质、居民地、交通网等称为地形要素，那么地形就是诸要素不等量的自然组合。

地形图就是按照一定的数学法则，用规定图示符号、颜色和文字注记，并采用制图综合原则，科学地特地球表面自然地理要素（如山地、河流等）和社会经济要素（如居民地、道路等）测绘于图纸上的一种图形。地形图的种类很多，分类方法也不一样。通常按比例尺、内容、制图区域、范围、用途和使用形式等标志去划分。

按内容分为普通地图和专题地图。普通地图是综合反映地表物体和自然、社会现象一般特征的地图。地形图是普通地图的一种。专题地图是根据专业方面的需要，实际反映一种或几种主要要素的地图，例如军事交通图、军事部署图、野战医院分布网、公安局派出机构位置图等。

二、地形图比例尺量读

地形图的比例尺是说明该图所表示的地面被缩小的程度，亦称"缩尺"。比例尺不仅是测图、缩图的依据，也是用图时进行点与点之间量读及把图距量算成实际距离的依据。

地形图上有两种比例尺：数字比例尺和直线比例尺。数字比例尺是以数字显示比例关系的比例形式。如：1∶5000；1∶5万；1/5000∶1/5万。直线比例尺是一种图解比例尺。它是将尺上的图上长按比例尺关系直接注记成相应实地水平距离的比例尺形式。

1. 用直尺量读　用直尺量读图上任意两点间的距离时，先用直尺量取所求两点间的图上长度（厘米数），然后通过换算求出相应实地水平距离（米数）。如，在1∶5万地图上，量得两点间隔为5cm，实地距离为 $5 \times 500 = 2500$m。

2. 依直线比例尺量读　直线比例尺一般绘制在地图中央下方，可以用它直接量读距离。依直线比例尺量读时，选用两角规（或直尺等）量出两点间的长度并保持此长度，到直线比例尺上比量，即可直接读出两点间的实地水平距离。

3. 曲线距离量读　在图上量取较长的曲线距离时，可使用指北针上的里程表。里程表由表盘、指针及滚轮三部分组成。里程表上有不同比例尺分划圈。

量取距离时，先使里程表朝向大拇指一侧，并使指针归零，然后手持里程表，把滚轮放在零点上沿着要量的线段平稳地滚至终点，此时照读指针在相应比例尺的分划圈上所指的分划数，即为所求实地距离。当没有里程表时可用线绳沿弯曲线段比量，然后拉直，到盲线比例尺上量读。

4. 用手量读　就是提前测量好并熟悉自己的手指（骨节或指甲等等）的宽度、长度或厚度等，在比赛中替代厘米尺的作用。此方法有不够精确的缺点，但使用中方便快捷。类似的还有对自己的头发的粗度的测量，熟悉它的尺寸对判断图上的细微距离更是有用。

5. 估算法　估算法又叫心算法，这种方法在定向越野比赛中最有实用价值。要掌握它，就要具备以下能力。

（1）能够精确地目估距离。包括图上的距离和现地的距离。在图上，能够辨别0.5mm以下尺寸的差异；在现地，目估距离的误差不超过该距离总长度的1/10。如果两点间的准确距离为100，目估出的距离应在90~110m之间（国际定联对测图人测距的要求是误差在5%以内）。

（2）熟知图上几种常用的单位尺寸与相应实池水平距离的对应关系，如，在1:1.5万图上，1mm相当实地15m；2mm相当实地30m，1cm相当实地150m。

三、比例尺的特点

（1）比例尺只是一种纯粹的比值，因此相比的两个量须取同样的单位，单位不同不能成比。

（2）"大比例尺图"、"小比例尺图"的区别按比例尺的比值衡量。比值的大小，可依比例尺分母来确定，分母小则比值大，比例尺就大；分母大则比值小，比例尺就小。如：1:1万大于1:1.5万，1:2.5万小于1:1万。

（3）幅地图，当图幅面积一定时，比例尺越大，其包括的实地范围就越小、图上显示的内容就越详细；比例尺越小，图幅包括的实地范围就越大，图上显示的内容就越简略。

（4）比例尺越大，图上量测的精度越高；比例尺越小，图上量测的精度也就越低。

四、图上量算距离应注意的问题

从图上量得的距离，不论是直线还是曲线，都是两点间的水平距离。如果实地的地形平坦，图上所量距离接近于实地水平距离；如果实地两点间的地形起伏，则两点间的实际距离大于图上量得的水平距离。因此，当需要精确计算图上两点间的距离时，必须根据地形的起伏情况进行具体分析，将图上量得的距离加上适当改正数。下表是根据在不同坡度的道路上经实验得出的改正数。在有些地区（如沟壑纵横的地形），实际改正数可能会大于该表中所列的数据。

五、定向地图的符号注记颜色及识别

定向越野地图是专门为在野外进行运动的人测制的精确、详细的地形图。为了有利于使用者比较、判别地面的障碍程度，同时保持地图在运动中的清晰易读，定向地图在尽可能多地表现出各种地物地貌特征、特别是根被状况的情况下，使用了较多的鲜艳色彩来表现地图中的内容。地图符号是地图与用图者对话的语言，是我们获取现地地绘出。

六、地貌识别

（一）山的各部分形态

地貌虽然千姿百态，千差万别，但它们都是由某些基本形态所组成。这些基本形态是山顶、凹地、山背、山谷、鞍部、山脊和斜面等。不管地貌多么复杂，均可将其分解成基本形态加以认识。

1. 山顶、凹地　经周围地面突高隆起的部分叫山。山的最高部位叫山顶。山顶依其形状可分为尖顶、圆顶和平顶三种。

比周围地面凹陷，且经常无水的低地叫凹地。大面积的凹地称盆地。图上表示凹地的等高线是一个或数个小闭合环圈。为了区别凹地与山顶，表示凹地的环圈都要加绘示坡线。示坡线是指示斜坡降落方向的棕色短线，它与等高线垂直相交，与等高线不相接的一端指向下坡方向。除凹地一定加绘示坡线外，对于独立山顶、不易识别的山顶、不易辨别斜坡方向的等高线，也要加绘示坡线。

2. 山背、山谷　山背，是从山顶到山脚的凸起部分，很像动物的脊背。下雨时，雨水落在山背上向两边分流，所以最高凸起的棱线又叫分水线。图上表示山背的等高线以山顶为准、等高线向外凸出，各等高线凸出部分顶点的边线、就是分水线。

依山背的外形分尖的、圆的和平齐的三种山背。尖山背，等高线依山背延伸方向呈尖状回头；圆山背，等高线依山背延伸方向呈弧状回头；平齐山背，等高线依山背延伸方向呈平齐状回头。

山谷，是相邻山背、山脊之间的低凹部分。由于山谷是聚水的地方，所以最低凹入部分的底线叫合水线。图上表水山谷的等高线与山背相反，以山顶或鞍部为准，等高线向里凹入（或向高处凸出），各等高线凹入部分顶点的边线，就是合水线。

3. 鞍部　鞍部是相连两山顶间的凹下部分，其形如马鞍状。是由一对表示山背和一对表示山谷的等高线表示。其表示两山脊的一对等高线高程相等，表示两山谷的一对等高线高程相等。

4. 山脊　山脊，是由数个山顶、山背、鞍部相连所形成的凸棱部分。山脊的最高棱线叫山脊线。

5. 山脚、山腰　山脚，山体最下部位，下接平地或谷地。图上山脚是等高线由密变疏的明显部位。山腰指山顶到山脚的中间部分。

6. 斜面和防界线　斜面是指从山顶到山脚的倾斜部分，又叫斜坡或山坡。军事上以敌对双方占领地区为准，把朝向对方的斜面称为正斜面，背向对方的斜面叫反斜面。斜面按其起伏纵断面的形状分为四种。

（1）等齐斜面　实地斜面的坡度基本一致，全部斜面均可能通视，便于发扬火力。在图上，等高线间隔大致相等，又有陡坡和缓坡之分。陡坡等高线密，间隔小；缓坡等高线稀、间隔大。

（2）凸形斜面　实地斜面的坡度上缓下陡，斜面部分地段不能通视，形成观察、射击的死角。在图上，等高线间隔上面稀下面密。

（3）凹形斜面　实地斜面的坡度上陡下缓，全部斜面均可通视。在图上，等高线间隔上面密下面稀。

（4）波形斜面　是上述三种斜面的组合斜面，实地斜面的坡度交叉变换，陡缓不一。斜面的若干地段不能通视，形成观察、射击的死角较多，但便于组织多层火力配置。在图上，等高线间隔疏密不一。

防界线通常是斜面上凸起的倾斜变换线。在防界线上能展望其下方的部分或全部斜面，利于构筑射击阵地和观察所。在面上，防界线一般位于山顶下方、等高线由稀变密的地方。地貌的每一种形态都有一个独有的等高线图形。等高线上任何一个微小的弯曲都可以像符号那样，向我们表示地貌的特征。

（二）地貌符号

用等高线表示地貌的方法虽然比较科学，但它毕竟是一种相当简化的曲线图形。由于地貌形态复杂多变，不论等高距选择得如何正确，描绘得又如何精细，它都不可能逼真地反映地形的全貌，在等高距之间总有落选的微小地貌，这是等高线本身无法克服的缺点。因此、还必须采用地貌符号，才能弥补等高线的不足。

1. 微型地貌符号　微型地貌符号有以下几种。

（1）山隘　是道路通过鞍部隘口的地方。重要的隘口除给以符号外，还注有能通行的时间。

（2）山洞（溶洞）　是石灰岩地区的主要标志之一。由于地下水的溶蚀作用而形成地下洞穴，虽然洞口不大，但洞内容积一般都很大，在军事上具有重要的价值，可作为天然大仓库，也可作为防原子、隐蔽兵力的重要场所。地图上以山洞符号的点表示洞口的真实位置，同时还注有洞口的最短直径和洞深。

（3）溶斗　是石灰岩地区受水溶蚀而形成的漏斗式小凹地。底部有透水窟窿的才用该符号表示。黄土地区的溶斗也用些符号，但均注记有"土"字。

（4）岩峰　是高耸于山岭、山坡或增地上的柱状岩石，是良好的方位物。孤立的用"孤峰"符号表示，成群的用"峰丛"符号表示。峰丛的比高注记是指其中最高的岩峰。

2. 变形地符号

（1）冲沟　是在土质疏松、植被稀少的斜坡上由暂时性流水冲蚀而成的大小沟空。它是黄土地形的典型地貌。根据符号在图上的宽度，可分为单线冲沟、双线冲沟（依比例）和陡壁冲沟（依比例，用陡壁符号或加等高线表示）三种。

（2）陡崖　是坡度在70度以上难以攀登的陡峭崖壁。有土质和石质之分，实线表示陡崖的上缘，齿线表示斜坡降落方向，一般都注记比高。

（3）陡石山　是岩石大部或全部裸露在外、坡度大于70°的山地。陡石符号是按照光线法则，以断续的山脊线表示岩顶，以纵横交错的短线表示陡岩。

（4）崩崖 是山坡受风化作用后，岩石碎屑从山坡上崩落下来的地段。图上用密集的小圆点表示沙土质崩崖，用三角块加小圆点表示石质崩崖，大面积的崩崖用等高线配合表示。

（5）滑坡 是斜坡表层因地下水（或地面水）的影响，在重力作用下沿着斜坡下滑的地段。滑坡的上缘用陡崖符号绘出，范围用点线描绘，内部用断续的等高线表示。

3. 土质特征特号 土质特征符号有以下几种。

（1）沙地地貌 是干燥气候区形成的风积地貌。因地表形态多种多样，所以又分为平沙地、多小丘沙地、波状沙丘地、多垄沙地和沙窝地。总的起伏与走向用等高线表示，以符号显示沙地地貌的种类。

（2）沙砾地 是沙和碎石混合分布的地段或是地表面几乎全为砾石覆盖的戈壁滩。

（3）石块地 是碎石分布的地段，呈现白色、草木很小的地段。

（4）小草丘地 是在沼泽、草原和荒漠地区长有草类或灌木林的小丘成群分布的地段。

（5）残丘地 是有风蚀或其他原因形成的成群石质的土质小丘。

（6）龟裂地 是荒漠地区，低洼地段。在干燥季节龟裂成坚硬的块状，下雨后则一片泥泞。

七、现地使用地图与指北针

（一）走向运动专用指北针的使用方法

指北针在定向运动中的作用主要有：辨别方向地图、确定站立点和辅助按图行进。

在定向越野指北针的分度盘上，可有360°制角度数值，每一小格2°，当0°（N）刻画与磁针北端（即磁北方向）对正之后，相应的90°处为东，180°处为南，270°为西。基于指北针的这一构造特点，我们就可以根据磁方位角的原理图上或现地量测出站立点至任意一个目标的准确方位。在线地测定磁方位角，利用指北针进行，在定向越野中是一种补充利用地图行进之不足的有效方法，它适合在山林地中使用。

（二）标定地图

标定地图就是为了使定向运动图的方位与现地方向致，这是使用定向运动图的重要前提。

1. 概略定向 定向运动图间其他地图一样，也是上北、下南、左西、右东。在现地判明方位后，将地图上方对向现地北方，地图即为概略标定。这种方法简单实用，在定向运动中经常使用。

2. 利用磁北线（MN 线）标定 先使透明式指北针圆盒内的定向箭头转向地图上方，使箭头两侧的平行线与定向运动图上的磁北线重合（或平行），然后转动图，使磁针北端对正磁北方向，地图即为标定。

3. 利用直长地物标定 利用直长地物（指道路、河渠、土堤、电线等）标定地图，应先在图上找到这段直长地物符号，对照两侧地形，使地图和现地的关系位置概略相符，再转动地图，使地图上的直长地物符号与现场直长地物方向一致，地图即为标定。

（三）现地对照地形

对照地形就是判明图上所显示的地形在现地的情况，判明现地地形在图上的相应位置，使地图上各种符号、等高线图形及注记与实地相应的地物、地貌"对号入座"。

对照地形的一般方法是：先对照主要方向，后对照次要方向；先对照明显易辨的地形，后对照一般的地形；先对照地物，后对照地貌。下面介绍几种主要地形的对照。

1. 站立点周围地形的对照　为准确确定站立点，对照地形时，一般在标定地图后，以站立点为中心，按先控制、后缩小的顺序，由点到线，由线到面逐步对照。

控制是指将站立点图上位置控制在一定范围内。缩小是指在控制的基础上进一步仔细对照地形，使站立点的图上位置缩小到较小范围。

2. 行进中对照地形　定向运动行进时，要随时准确判明所处位置，保证正确行进方向。为此，出发时应明确行进资料（图上道路、方位物、通过点、目的地等）和各种起始数据（出发时间、里程、方向等），判明现地前进方向和路线；行进中要使图上和现地道路方向相同，始终保持地图和现地方向一致，不断研究沿途地形特征，向前寻找方位物，边定边对照，随时明确所在位置和前进方向，直至终点。

无论在什么情况下，对照地形前应特别注意：一是要有发展变化的观点；二是要有比例尺和立体概念；三是以地貌为难，地物、地貌相结合对照；四是主要地形要对照准确。

（四）确定站立点的方法

1. 估测法　估测法是在对照了站立点附近地形的基础上进行的。当站立点在明显的地形点上时，从图上找到该地形点，即站立点的图上位置。如果站立点不在地形点上，但附近有明显地形特征时，可先标定地图，对照站立点周围的地形细部，分析站立点与周围地形特征的关系位置，即可判定站立点的图上位置。

2. 后方交合法　当站立点附近地形特征不明显，但周围有两个以上图上和现地都有的地形时，可采用后方交会法确定站立点。

（1）标定地图；

（2）选择离站立点较远的图上和现地都有的2、3个明显地形点；

（3）将指北针直尺（或三棱尺）边分别切于图上两个地形点符号的定位点上（可插细针）；依次瞄准现地相应的地形点，然后分别沿直尺边向后画方向线；图上两方向线的交点，就是站立点的图上位置。

3. 截线法　当站立点在线状地物（如道路、河流）时，可利用截线法确定其图上位置。其作业要领是：

（1）标定地图；

（2）公线状地物的侧方选择一个图上和现地都有的明显地形点；

（3）进行侧方交会。交会时，先将指北针直尺（或三棱尺）边切于图上相应地形点符号的定位点（可插细针）；再瞄准现地该地形点；然后沿直尺边向后画方向线，该方向线与线状地物符号的交点，就是站立点在图上的位置。

4. 磁方位角交合法　在丛林或不便于直接从图上瞄准目标的地区，确定站立点的图上位置时，可用磁方位角交会法。以丛林为例，其作业要领是：

（1）攀登到便于向远处通视的树上，选择地图和现地都有的两个明显地形，并用指北针分别测出至该两地形的磁方位角；

（2）将所测磁方位角图解在地图上。图解磁方位角时，先将指北针的直尺依次切于图上被照准的两地形点符号定位点上；再转动指北针，使磁针北端指向所测相应磁方位角分划；然后沿直尺边描画方向线，两方向线的交点，就是站立点的图上位置。也可将所测磁针方位角先换算成坐标方位角，再在地图上过两定位点按相应的坐标方位角图解方向线。两方向线的交点，即为站立点的图上位置。

5. 透明纸法　当在站立点上无法精确标定地图时，采用透明纸法确定站立点的图上位置。其作业要领是：

（1）选择地图上和现地都有的三个以上明显地形点；

（2）在透明纸上描画方向线，描画时，先将透明纸固定在图版上，并在适当位置捅一细针，再以指北针直尺（或二棱尺）边紧靠细针，图版保持不动，依次向三个地形点瞄准，并向前画方向线，然后在各方向的末端注记相应地形点名称；

（3）取下透明纸，蒙在地图上、并转动透明纸，待各方向线均能通过图上相应地形点符号的定位点时，即将透明纸上的针孔刺于图上，该点即为站立点的图上位置。

6. 极距法　当便于测置站立点到已知点的距离时，可采用极距法确定站立点的图上位置。其作业要领是：

（1）标定地图；

（2）选择一个距离较近并在图上和现地都有的明显地形点；

（3）描画方向线，描画时，先将指北针直尺（或三棱尺）边与图上该地形点符号的定位点相切，向现地明显点瞄准端直尺边画方向线（也可测角图解出方向线）；

（4）估测出从站立点到明显地形点的距离，并按比例尺在方向线上定出一点，该点即为站立点在图上的位置。

（五）利用地图行进

利用地图行进是定向越野的基本运动方式，它有赖于参加人对前面所述各种方法的综合运用。换句话说就是，识别定向图、标定地图、确定站立点，都是为了能够熟练地利用地图行进。因此，在实践中要根据地形情况，个人特点，选择下述对自己最适合的各种方法，反复练习，融会贯通，以便在比赛时不降低或少降低运动速度的情况下，始终正确地行进在自己选定的路线上，顺利到达目的地。

1. 拇指辅行法　明确自己的站立点、比赛路线、到达的目标；转动地图，使地图与现地的方向一致；以左手拇指压于站立点上（此时要把左手拇指想象为您自己——缩小到图中了的自己）；开始行进。行进中要根据自己所到达的位置，不断移动拇指，转动（标定）地图，保持位置、方向的连贯性与正确性。即"人在地上走，指在图上移"。直达检查点。

2. 记忆法　按活动的顺序，分段记住前进路线的方向、距离，经过的地形点、两侧的特征物等等内容。通过记忆应使自己具备这样一种能力：现地的情景能够不断地与记忆的内容"叠影"、印证，即"人在地上跑，心在图上行"。这是定向比赛中高级选手经常使用的方法，他们在短短的几秒钟看图时间内，借此方法理解、记忆前方相当长一段距离的比赛路线、以便能在行进中保持较快的奔跑速度。有些专业选手又将此方法称为"超前记图"。

3. 借线法 当检查盘点位于线状地形或其附近时、可以采用此法，行进时，要先明确站立点，尔后利用易于辨认的线状地形，如道路、围栏、高压线、山背线，坡度变换线等，作为行进的"引导"，使自己运动时更具信心。由于沿着线状地形前进犹如扶着楼梯的栏杆行走，因此又称这种方法为"扶手法"。

4. 偏向瞄准法 这是从借线法延伸发展出来的一种技术，采用时需借助指北针精确定向。

第二十二章　舞龙运动

第一节　舞龙运动的起源与发展

舞龙，又称"龙舞"、"玩龙灯"、"龙灯会"等。关于龙舞的起源，当与龙的起源密切相关，但它又有自己的特殊领域。

龙舞的起源，至今仍是一个悬而未决的问题。以目前所有的资料看，龙的起源远远早于龙舞的出现。也就是说，尽管人们认为人类的求雨仪式是最古老的祭祀仪式之一，而龙的形象一直与求雨有十分密切的联系，但无论如何龙舞的历程只是龙之历程的一个后发现象。比龙舞更早的是"假面"、"假形"之祭祀舞蹈。古老的广西花山崖画中已经有明确的假形舞人。我国有着非常古老的"假形"舞蹈传统，借头顶和躯干上的饰物，人们将自己装扮为沟通天地的具有特殊身份的人，于祭祀活动中手舞足蹈，借着身体语言之猛烈的爆发力和生命表现力，对看上苍述说人类的愿望，祈求神灵护佑。在我国古代崖画中几乎没有龙舞形象出现，但"假形"之舞和"不舞不授器"的身体文化观念为龙舞的起源奠定了基础。

汉代时期，出现了形式比较完整的龙舞形象，并有了非常明确的记载。童仲舒的《春秋繁露》载：汉代有舞龙沂雨的祭祀活动，典仪盛大。汉代五行思想的盛行也在龙舞中体现出来，即所谓春舞青龙，夏舞赤龙和黄龙，秋舞白龙，冬舞黑龙。《春秋繁露》中甚至记载了在祭祀时如果日子不同，所舞之龙的颜色也就不同，而且舞者人数也不同。如甲、乙日舞龙，必用青色之龙，用"小童八人，皆斋三日，服青衣舞之"；丙、丁日舞赤龙，"壮者七人，皆斋三日，服赤衣舞之"；依次道理而推，戊、已日则用"丈夫五人"，舞者穿黄衣而舞黄龙；庚、辛日用"鳏者九人"，即采用丧偶独存的鳏夫，穿白衣而舞白龙；壬、癸日则舞黑龙，必用年迈的老者六人，也是"皆斋三日，穿黑衣而舞之"。

在上述求雨活动中的记载中，出现了"舞龙"一语，虽然对舞龙的细节没有详细的描述，但我们从中能够知道的是，舞者的衣服与所做龙的颜色一致，舞者 5 ~ 9 人，人数与龙的长度成正比。

除去求雨之外，龙舞还广泛存在于汉代盛行的"百戏"中。

汉代是龙舞的显性发展时期，龙舞分成两大类型。第一类型是在汉代百戏中出现的"鱼龙蔓延"之表演，其中表演性的龙包裹在幻术的外衣里，内含着羽化升天的仙道思想。第二类型是表演者身穿与龙身一样颜色的服饰而舞龙，这就是董仲舒《春秋繁露》中记载的表演类型。这一类龙舞虽然在汉代还不是表演的主流，但却为后世之龙舞发展奠定了基础。

清代龙舞就从祭祀和娱乐两方面发展，不过娱乐性龙舞越来越多地见于史料。清代的龙灯表演性的"龙舞"已经和汉唐以来的"蔓延"之戏完全不同。《龙灯》诗中描述很细腻而又生动传神，表演时鼓声震天，龙身形象奇特，有"擘天朱鬣"之相，有"照夜火鳞"之身。其舞动飞速，看者如山。表演中还有"琉珠"引导，表演到最后则是"衔曜"而去，引起无数人的感叹。这标志着清代龙舞表演已经达到了相当高的艺术水平。清代"龙舞"是我国龙舞发展史上的高峰，表演上追求形神兼备，特别强调龙舞回旋婉转之态，讲究飞腾冲天之象，具有娱乐性、审美性的特征。

20世纪是一个翻天覆地的世纪，是中国龙舞沉潜、飞扬和广泛普及的世纪。中国舞蹈艺术家曾经以民间龙舞为依据，创造了在舞台上表演的"龙舞"，在国际艺术节上获得大奖。80年代以后，"龙的传人"之说再次深入人心，全国各地的民间龙舞表演再度活跃起来。时至今日，龙舞艺术经过长期发展，形成了形形色色、各具风格的造型和舞姿。按传统民间风俗习惯，在新年佳节和元宵节，各地多以舞龙欢庆。有的民族在二月二耍舞宝龙，三月三舞草龙。广东浦北县在中秋之夜舞蕉叶龙，香港铜锣湾在中秋之夜舞火龙。除了这些传统节目，在别的喜庆日子或庆典时，也常常以舞龙来庆贺。与其他传统表演艺术的节目相比，龙舞以具有象征意义和恢弘气势，更适于盛大的节目或场合演出，并有着更为激动人心的效果。为了推广舞龙运动及其他民族形式体育的发展，1994年5月国家体委将舞龙列入体育竞技项目，当年在福州举办了首届"佐海杯"全国舞龙邀请赛。1995年中国龙狮运动协会在北京成立。1995年2月国际龙狮总合在香港成立，总部设在北京。自中国龙狮协会成立以来，先后出台了《中国舞龙舞狮竞赛规则》和《国际舞龙舞狮竞赛规则、裁判法》，已成功地举办了4届全国舞龙锦标赛、精英赛，3届国际龙狮邀请赛及农运会舞龙比赛，2届世界舞龙锦标赛，3次龙狮运动技术研讨会，使中国传统的舞龙运动逐渐走向规范化、竞技化和国际化，使舞龙运动得到迅速的发展。

第二节　舞龙基本技术

一、舞龙的基本方法

（一）舞龙珠的基本方法

持龙珠者，即为龙队指挥者，在鼓乐伴奏下，引导舞龙者完成龙的游、穿、因、跃、翻、该、戏、缠、组图造型等动作和套式动作，整个过程要生动、顺畅、协调。

目的：①引导出场，认清出场方向；②了解比赛场地的大小，熟悉表演动作的方位，避免比赛时出现方位不正或场地利用不充分；③必须熟悉本队比赛的套式中的各种队形的变化以及场上的应变能力。

要求：①双眼随时注视龙珠，并环视整队及周边环境的情况变化；②与龙头保持1米左右的距离；③与龙头保持协调配合；④龙珠应保持不停的旋转。

（二）持龙头的基本方法

持龙头者身材必须高大魁梧、有力，舞动时龙头动作紧随着龙珠移动，龙嘴与龙珠相距1m左右，似吞吐之势，注意协调配合，时时注意龙头应不停的摆动，展现出龙的生气有力、威武环视之势。

目的：①在龙珠引导下，紧随其后移动，从而带动龙身的摆动；②龙头左右摆动时，一定要以嘴领先，显示出迫珠之势。

要求：①龙头替换时，不能影响到动作的发挥；②因龙头体积较大，在左右摆动时不得碰撩龙身或舞龙者；③与龙珠保持 1m 左右的距离。

（三）舞龙的基本方法

龙身舞者，必须随时与前后保持一定的距离，眼观四方紧跟前者，走定位，空中校手时尽量将龙身抬高，甚至可跳起；舞低时，尽量放低，但千万别将龙身触地，在高低左右舞动中，龙翻瞒之势即展现其中；还有必须随时保持龙身蠕动，造成生龙活虎之势。在跳与穿的动作中，应特别注意，柄的提法，柄下端不可多出，以免刮伤别人。

目的：舞龙身者将龙身舞动起来，展现龙翻腮之势，还有必须随时保持龙身蠕动，造成生龙活虎之势。

要求：①左右舞动时，龙身运动轨迹要圆滑、顺畅；②龙身不可触地，脱节；③龙体不可出现不合理的打结。

（四）持龙尾的基本方法

持龙尾者，身材需轻巧、速度诀，龙尾也是主要部位，因为龙届时常有翻身的动作，龙尾舞动时翻尾要轻巧生动、不拖泥带水，否则容易将龙尾打地，造成器材的损坏，而且会让人感到呆板。龙尾亦是时时成为带头者，因为有些动作必须龙尾引首，明确精练的头脑亦为必备的条件，龙尾亦是整条龙舞动弧度大小的控制者，持龙尾在穿和跳的动作里，更应注意尾部，勿被碰撞或碰撞别人，最重要的是随时保持龙身的摆动。

目的：随着龙身的带动，龙届时刻摆动着，体现出龙的轻巧生动。要求：①龙尾舞动时，不可触地；②龙尾在舞动过程中始终保持左右的晃动；③控制左右舞动弧度的大小。

要求：①龙尾舞动时，不可触地；②龙尾在舞动过程中始终保持左右的晃动；③控制左右舞动弧度的大小。

二、基本技术规格

1. 正常位　双手持把，左（或右）臂轴微弯曲、手握于把位末端与胸同右（或左）臂伸直，手握于把的上端。

要点：挺胸，塌腰，手握把要平稳，把位离胸距离为一拳。

2. 滑把　一手握把端不动，另一手握把上下滑动。

要点：滑动要连贯均匀。

3. 换把　结合滑把动作，在滑动手接近固定手位城固定手位，固定手位变成滑动手位。

要点：换把手位时，要保持平稳。

三、基本步型和步法

（一）步型

1. 正步　两脚靠拢，脚尖对前方，重心在双脚上。

2. 小儿字步　两脚蹬靠拢，脚尖分开，对左、右前角。

3. 大八字步　两脚跟间相距一脚半，其他同小八字步。

4. 丁字步　右（左）脚跟靠拢左（右）脚足弓处。

5. 虚丁步　（前点步）站丁字步点地，大腿外旋。右（或左）脚顺脚尖方向伸出。

6. 虚步　站虚丁字步，左（或右）腿半蹲。

7. 弓箭步　右脚（或左脚）向前迈出，屈膝，小腿垂直，脚尖朝前腿（或右腿）挺直，脚尖稍内扣，重心在两腿中间，上身（或左）脚尖同一方向。

8. 模弓步　当弓步的上身左（或右）转与左（或右）脚尖同一方向。

（二）步法

1. 圆场步　沿圆线行进，左脚上一步地，再移至前脚掌，同时右脚保持在一条线上。

要点：上腿部分相互靠拢，身体平稳。

2. 矮步　脚跟靠在右脚尖前，脚跟先提起。右脚做法同左脚，两脚动，两腿半屈，勾脚尖迅速连续的以脚跟到脚尖波动向前行进。每步大小约为本人的一个脚长。

要点：挺胸、塌腰、身型正直。身体重心要平稳，不要有上下起伏现象。落步时、由脚跟迅速过渡到全脚掌，并注意步幅。

3. 弧行步　两腿稍屈，两脚迅速连续向前行进。每步大小略比肩宽，走弧形路线。眼注视龙体。

要点：挺胸、塌腰，身体重心要平稳，并随龙体上下远行起伏行进。落步时，由脚跟迅速过渡到全脚学，并注意方向转换、转腰。

4. 单碾步　预备势脚站小八字步，手握把位成上举姿势，右脚以脚掌为轴，脚跟微提起，左脚以脚跟为轴，脚掌微提起，两脚同时向右旁碾动，由正小八字步碾成反小八字步，然后右脚以脚跟为轴，左脚以脚窜为轴，同时向右旁碾动，成正小八字步，反复按此进行。

5. 双碾步　预备势站正步，以双脚跟为轴，双脚尖同时向右（或左）碾动，然后再以双脚尖为轴，双脚跟同时向右（或左）碾动，反复按此进行。

要点：重心在双脚上碾动时保持身体平稳。

四、舞龙单个技术分类

（一）按动作的易难分类

可分为：A 级难度动作、B 级难度动作、C 级难度动作。

1. A 级难度动作　是指舞龙的基本动作和技术较为简单的舞龙技巧动作。每个动作分值 0.1 分。

2. B 级难度动作 是指在舞龙基本动作上有所发展、有所提高，具有一定难度，必须经过严格的训练才能完成的舞龙技巧动作。每个动作分值 0.3 分。

3. C 级难度动作 是指必须具备较高的身体专项素质和技能才能完成的高难度舞龙技巧动作，高难度的舞龙组合动作，并有较高的锻炼和审美价值。每个动作分值 0.5 分。

（二）按定向动作、形态特征分类

可分为："8"字舞龙动作、游龙动作、穿腾动作、翻滚动作、组图造型动作。

1. "8" 字舞龙动作 运动员将龙体在人体左右两侧交替做"8"字形环绕的舞龙动作，可快可慢，可原地可行进，也可利用人体的多种姿势，做"8"字形状舞动。

（1）主要内容

①A 级难度动作：原地 8 字舞龙、行进 8 字舞龙、单跪舞龙、套头舞龙、搁脚舞龙、扯旗舞龙、靠背舞龙、横移（跳）步舞龙、起伏 8 字舞龙。

②B 级难度动作：原地快速 8 字舞龙、行进快速 8 字舞龙、跪步行进快舞龙、抱腰舞龙、绕身舞龙、双人换位舞龙、快舞龙磨转、连续抛接龙头横移（跳）步舞龙。

③C 级难度动作：跳龙接一蹲一躺快舞龙、跳龙接摇船快舞龙、跳龙接宣躺快舞龙、依次滚翻单跪快舞龙、挂腰舞龙、K 式舞龙、站脚舞龙、双杆舞龙。

（2）技术要点 龙体运动轨迹应顺、流畅，人体造型姿态要优美。突出速度、力量，每个动作左右舞龙各不少于 4 个。

（3）常出现的错误动作及纠正方法

①动作不够圆顺。纠正方法：加强力量训练及跟进意识训练。

②龙体运动与人体脱节。纠正方法：加强对龙运动规律的训练。

③动作速度不统一。纠正方法：加强队员之间的配合训练。

④上腿、挂腰等配合动作失误或滑落。纠正方法：多练习徒手及持器械的配合。

⑤舞龙力量不足，速度不快。纠正方法：加强力量速度训练及重复训练。

⑥龙体擦地。纠正方法：加强各级别 8 字舞龙动作，控制把位高度。

2. 游龙动作 运动员较大幅度奔跑游走，通过龙体快慢、高低、左右的起伏行进，展现婉转回旋、左右盘翻、屈伸绵延等龙的动态特征。

（1）主要内容

①A 级难度动作：直线行进、曲线行进、走（跑）圆场、滑步行进、起伏行进、单创起伏小圆场、矮步跑圆场、直线（曲线、回场）行进越障碍。

②B 级难度动作：快速曲线起伏行进、快速顺逆连续跑圆场、快速矮步跑圆场越障碍、快速跑斜圆场、骑肩双杆起伏行进。

③C 级难度动作：龙头站肩平盘起伏、直线后倒鲤鱼打挺接擎龙行进。

（2）技术要点 龙体循着圆、曲、弧线的规律运动。运动员协调的随龙体的起伏行进。

（3）常出现的错误动作及纠正方法

①龙体打折塌肚，脱节。纠正方法：加强配合及跟进意识训练。

②龙体各节速度不一。纠正方法：加强节奏训练，与鼓乐（音乐）节奏配合训练。

③人与龙体运动不协调。纠正方法：加强舞龙意识的培养及熟悉动作要领。

④快速度及复杂条件下失误。纠正方法：加强身体素质训练，如速度、弹跳、耐力等训练。

3. 穿腾动作 龙体动作线路呈纵横交叉形式，龙珠、龙头、龙节依次在龙身厂穿过，称"穿越"；龙珠、龙头、龙节依次在龙身上越过，称"腾越"。

（1）主要内容

①A 级难度动作：穿龙尾、越龙尾、首尾穿肚。

②B 级难度动作：龙穿身、龙脱衣、龙戏尾、连续腾越行进、腾身穿尾、穿尾越龙身、穿八五节、首（尾）穿花缠身行进。

③C 级难度动作：快速连续穿越行进腾越行进（4 次以上）。

（2）技术要点 穿越和腾越时，龙形保持饱满，速度均匀，运动轨迹流畅穿越动作轻松利索，不碰龙体，不拖地，不停顿。

（3）常出现的错误动作及纠正方法

①穿越、腾越时龙体变形，不饱满。纠正方法：加强舞龙意识及跟送意识训练。

②队员动作上跟进不一致。纠正方法：加强节奏及配合训练。

③动作不轻松、利索，动作停顿等。纠正方法：加强熟练程度练习。

④碰踩龙体、探地。纠正方法：加强素质训练，提高弹跳等专项素质。

4. 翻滚动作 龙体呈立圆或斜圆状运动，展现龙的跳跃、缠绕的动势。龙体做立圆或斜圆状连续运动，当龙身运动到舞龙者脚下时，舞龙者跳向上腾起依次跳过龙身，称"跳龙动作"。运动员利用滚翻、手翻等方法越过龙身，称"翻滚动作"。

（1）主要内容

①A 级难度动作：龙翻身。

②B 级难度动作：快速逆（顺）向跳龙行进（2 次以上）、连续游龙跳龙（2 次以上）、大立圆螺旋行进（3 次以上）。

③C 级难度动作：快速连续斜盘跳龙（3 次以上）、快速连续螺旋跳龙（4 次以上）、快速连续螺旋跳龙磨转（6 次以上）、快速左右螺旋跳龙（左右各 3 次以上）、快速连续磨盘跳龙（3 次以上）。

（2）技术要点 该翻滚动作必须在个影响龙体运动速度、幅度、美感的前提下完成，难度较大，技术要求也高，龙体运行轨道要流畅，龙形要圆顺，运用翻该技巧动作要准确规范、干净利索。

（3）常出现的错误动作及纠正方法

①动作不协调。纠正方法：多做徒手练习。

②前后速度不一致，动作脱节。纠正方法：加强节奏及配合练习。

③龙形幅度小，不圆顺。纠正方法：加强规范练习，先做大幅度慢速练习。

④碰踩龙体。纠正方法：加强弹跳及手臂力量训练。

⑤翻滚等动作失误。纠正方法：加强翻滚技巧训练。

5. 组图造型动作 龙体在运动中组成活动的图案和相对静止的造型。

（1）主要内容

①A 级难度动作：龙门造型、塔盘造型、龙出宫造型、蝴蝶盘花造型、组字造型项造型、卧（垛）龙造型。

②B级难度动作：上肩高塔造型自转一周、层盘造型、曲线造龙舟造型、螺丝结珠、首尾盘柱、龙翻身接滚翻造型、单臂侧手翻接滚翻造型。

③C级难度动作：大横8字花慢行进、坐肩后仰成平盘起伏旋。

（2）技术要点　活动图案构图清晰，静止造型形象逼真，以形传神，龙珠配合协调，组图造型连接，解脱要紧凑、利索。

（3）常出现的错误动作及纠正方法

①组图造型时方位感不强。纠正方法：多做固定的造型练习，熟悉位置。

②造型解脱速度慢，不利索。纠正方法：熟练造型的做法、路线等练习。

③造型时龙体不饱满，形象不逼真。纠正方法：加强队员之间的配合和位置定位。

第三节　舞龙套路组合动作练习

舞龙运动大部分是在行进动态中完成"龙"的游弋，起伏、翻滚，腾越、缠绞、穿插等动作，利用人体多种姿势将力度、幅度、速度、耐力等揉于舞龙技巧之中，或动或静，组成优美形象的龙的雕塑，展现龙的精气神韵。

套路编排要内容丰富，构思巧妙，结构新颖，风格别致。舞龙技巧难度、创新动作符合龙的盘、游、翻、滚、穿、腾、缠、戏等形态，舞龙动作与动作之间要有机联系，动作与伴奏音乐要和谐配合、完整统一，整个套路既要有观赏价值，又要有锻炼身体、增强体质的作用。

鉴于各地舞龙流派的不同，其动作和套路的编排风格也多种多样、这里将湖南师范大学体育学院舞龙队代表中国，参加在马来西亚吉隆坡举行的第二届世界龙狮锦标赛中的部分舞龙组合动作详细介绍。

一、游龙与穿腾动作组合

动作名称：快速左右起伏行进→纵向曲线快腾进→矮步跑圆场越障碍→越龙尾。

1. 快速左右起伏行进　龙珠引龙体快速左右曲线起伏行进。

2. 纵向曲线快腾进　龙珠引龙体举龙行进，左转穿越第四节龙身；①号队员穿越第五节龙身，紧随龙珠行进：第⑥、⑦、⑧、⑨号队员分别依次腾越第一、二、三、四节龙身，连续反复3次以上。

3. 矮步跑圆场越障碍　龙珠引龙体逆时针方向快速矮步跑团场两周，同时龙体做小幅度起伏；龙珠右侧平端，珠杆做反方向运动，龙头带领各节跳跃龙珠。

4. 越龙尾　全体队员逆时针跑圈，龙珠引龙体依次跨越第八节龙身。

二、组图造型与游龙动作组合

动作名称：首尾盘柱→首尾穿肚→首尾单侧起伏→穿龙民→靠背舞龙。

1. 首尾盘柱　龙头骑在⑦号队员肩上，③号队员顺（逆）时针自转两周，同时⑨号队员骑在⑧号队员肩上，⑧号队员原地逆（顺）时针方向自转两周，③号队员端龙马步站立，龙珠踩在⑤号队员腿上举珠站立，成首尾盘柱状。

2. 首尾穿肚　龙珠引龙头带领②、⑦、④把穿越第五节，龙身队员带领⑧、⑦把穿越第五节龙身。

3. 首尾单侧起伏 龙头龙民并排正队前方，成两直排站立，⑤队员站在队伍的最后，左右两排队员分别同时做左右的单侧起伏。

4. 穿龙尾 龙珠引龙体逆时针方向跑圆场成圆后龙身行进。

5. 靠背舞龙 全体"大八字步"过身体与②、④、⑥速8字舞龙6次以上。成一直排站立，③、⑤、⑦、⑨号队员转⑧号队员成靠背状，龙体在舞龙者两侧快行。

三、翻滚与八字舞龙、穿腾动作组合

动作名称：快速逆向跳龙→快速跑斜圆场→龙舟竞渡→原地快8字舞龙→龙穿身。

1. 快速逆向跳龙 龙头带领龙节在龙珠引导下，举龙把快速行进，逆时针方向连续舞2次立圆；各龙节迅速依次跳越龙身，随龙头行进。

2. 快速跑斜圆场 龙头带领龙节在龙珠引导下，举龙把快速行进，逆时针方向连续舞2次立圆；各龙节迅速依次跳越龙身，随龙头行进。

3. 龙舟竞渡 龙头龙尾重合并高举，⑧、⑦、⑥号队员分别横扛②⑧、③⑦、④⑥把同时站在同一直线上，⑤号队员向后高举龙把、龙珠骑②号队员站于⑧、⑦号队员之间，④号队员骑③号队员站于⑦、⑥号队员之间做划船状。

4. 原地快8字舞龙 全体"大八字步"成一字舞龙6次以上。

5. 龙穿身 龙体在舞龙者两侧快速8，龙头跨越第五节龙身与龙珠呼应，第⑧、⑦、⑧、⑨号队员迅速从第一节龙身下鱼贯穿过；龙珠引龙头做8字舞龙二次，然后带领龙头和⑦、②、①号队员，穿越第五节龙身；紧接着第⑥号队员引⑦、⑧、⑨号队员穿越第五节龙身，随龙头行进。

四、八字舞龙与穿腾、造型动作组合

动作名称：跳龙接直躺舞龙→举龙行进越龙身→尾盘造型→大横八字慢行进。

1. 跳龙接直躺舞龙 全体成一横排，快舞龙中，龙头顺时针方向划一立因，各龙节依次跳跃龙身；落地后，各节队员快速依次仰卧在地，而前一节队员正好躺在后面队员的腹部，随龙头躺地做8字舞龙6次以上。

2. 举龙行进越龙身 龙珠引龙体举龙行进，左转穿越第四节龙身；①号队员穿越第五节龙身，紧随龙珠行进；第⑥、⑦、⑧、⑨号队员分别依次腾越第一、二、三、四节龙身。

3. 尾盘造型 龙体在龙珠的引导下走圆、上，组成层盘造型。

4. 大横八字慢行进 龙珠引龙体左右上下起伏缓慢行进、整个龙体组成明显的大横8字花图案。

五、组团造型与穿腾、游龙动作组合

动作名称：穿尾越龙身→龙门造型→骑肩双杆起伏行进→挂腰舞龙。

1. 穿尾越龙身 龙珠引龙体穿越龙层后转身往回走④、⑥、⑧号队员拾步望前走，②、⑤、龙珠龙头右侧乎端，⑦、⑨号队员跨越龙珠、龙头障碍。

2. 龙门造型 全体队员站一横排，龙珠引①、②、③号队逆（顺）时针方向绕④

号队员两周后，④号队员骑在⑦号队员肩上；同时⑨号队员带领⑧、⑦号队员顺（逆）时针方向绕⑥号队员两周后，⑧号队员驼在⑦号队员肩上，⑤号队员高举龙，成一静态龙门形状。

3. 骑肩双杆舞龙 双数号队员每人拿两招坐在单数队员肩上起伏旋转一周以上。

4. 挂腰舞龙 全体队员成一直排站立，⑦、④、⑥、⑧号队员转身与③、⑤、⑦、⑨号队员面对站立，⑦、⑤、⑦、⑨号队员分别用两腿勾住②、④、⑥、⑧号队员的腰部，身体悬空成挂腰状，龙体在舞龙者两例快速8字舞龙6次以上。

第二十三章　轮　滑

第一节　轮滑的起源与发展

轮滑运动过去叫旱冰运动、以区别"水冰"。旱冰实际上是指脚穿带有四只轮子的轮滑鞋，在坚实、平整的地面上滑行的一项体育运动。

关于轮滑运动的起源，国际上有几种不同的说法。其中以在8世纪，由不知名的荷兰人发明滚轮溜冰一说为最早。其次是说在1815年，一位名叫加尔森的法国人，为了能在夏天进行滑冰练习，而创造了用轱辘鞋"滑冰"。18世纪60年代，出现了两轮（前后）溜冰的记载，但这种鞋很难控制滑行。后来纽约人詹姆士·普利姆普顿于1863年发明了滚轮溜冰运动。它由滑冰演变而成，起初为了在冰上能稳定地滑行，在每只鞋底上镶有四只小冰刀，这样在冰上滑行十分稳定，而到了夏季就用四只小轱辘代替四只小冰刀镶在鞋底上，这就是最早的滚轮溜冰了。

1866年，詹姆斯开办了第一个溜冰场，到1884年，由美国人理查森和雷蒙德发明了滚珠轴承，它对改进滚轮溜冰技术起到了极大的推动作用。在这段时间里，滚轮溜冰运动迅速传到欧洲各国。

1924年4月21日，德国、法国、英国和瑞士四国的代表，相约在瑞士的蒙特勒市成立了世界上最早的国际滚轮溜冰联合会。

随着轮滑运动的发展，1940年4月28日，在罗马举行的第43届国际奥林匹克委员会会议上，正式承认了轮滑项目的国际联合会，从此轮滑运动在世界各地得到广泛的开展，尤其是在欧、美各国更为普及。自1936年，首次在瑞士举行世界轮滑锦标赛以来、国际轮滑联合会确定：每年举行一次世界速度轮滑锦标赛（包括场地赛和公路赛）、一次世界花样轮滑锦标赛、一次世界轮滑球锦标赛。目前，美国、意大利、德国、阿根廷等国的轮滑运动水平，处在世界领先地位。

1952年，国际滚轮溜冰联合会，正式改名为如今的国际轮滑联合会。1980年9月，国际轮滑联合会第36次例会通过决议、正式接纳中华人民共和国轮滑协会为该联合会的会员。目前，国际轮滑联合会有48个成员协会。

轮滑运动在我国北方叫"滑旱冰"，在南方叫"溜冰运动"。在我国已有较长的历史。20世纪30年代初期，轮滑运动从欧、美传入我国，当时它仅为一般的娱乐性体育活动或杂技表演节目。新中国成立以后，轮滑运动在沿海大城市有了开展，但直到1978年后，才进入了蓬勃发展时期，全国各地城乡纷纷开设了"溜冰场"，吸引了广大青少年参加这项运动。1985年，我国首次在河南省安阳市举行了全国轮滑速滑、花样滑锦标赛，至今已举行了7届全国轮滑锦标赛。1988年举办了首届轮滑球比赛，参赛队有广州队、香港队和澳门队，1989年6月，在吉林省白河举行了第一届全国轮滑球锦标赛。

在这段时间里，我国轮滑运动水平有了长足的进步。1989 年 10 月，在我国杭州市举行的第 3 届亚洲轮滑锦标赛中，有 10 个国家和地区的运动员参赛。我国选手获得了男、女花样轮滑个人全能冠军。同时，中国轮滑球队也获得冠军，并且获得总团体冠军而称雄于亚洲。但是我国轮滑运动距世界先进水平还有较大的差距。

第二节 轮滑运动的特点及基本知识

一、轮滑运动的特点

轮滑是一项在运动中灵活变换身体重心、并维持好动态平衡的运动。轮滑需要穿着装有能前后转动轮子的轮滑链在平地上滑行，而在滑行中无法在身体后面像日常走路时一样，找到有效的支点、只能在体侧找到合理而又稳固的支点。也就是说要想使身体向前活动，只有通过向侧蹬地，方能获得使身体向前的动力。

滑轮滑时，一般采用蹲或半蹲的滑行姿势，这样可以通过腿的屈伸动作产生蹬地的力量、初学者要想尽快掌握轮滑的基本滑行技术，就必须养成良好的身体姿势，掌握正确的腿部的蹲姿。正确的姿势的形成，不但可以加速学习轮滑的进程、同时还可以在不慎摔倒时进行自我保护。

二、如何选择合适的轮滑鞋

学习轮滑必须有一双合适的轮滑鞋。而在选购轮滑鞋之前，应对轮滑各个项目需要什么样的鞋有所了解。目前轮滑鞋分为双排轮和单排轮两大类。

1. 双排轮滑鞋 可以分为：速度轮滑鞋、花样轮滑鞋和轮滑球鞋。

2. 单排轮轮滑鞋 单排轮轮滑鞋有速滑鞋和轮滑球鞋两种。国外目前已出现单排轮花样鞋。

目前在国际上速度轮滑无论是公路赛、还是轮滑场地赛，绝大多数人已使用单排轮的轮滑鞋。

3. 如何选购轮滑鞋

（1）根据个人爱好、学习目的不同，先决定选择速度、花样或轮滑球鞋，然后再选探单排轮或双排轮的轮滑鞋。

（2）选购鞋时，首先注意大小，一般情况，脚在鞋里要觉得与鞋紧贴在一起，不前后或左右移动，要有一种鞋与脚长在一起的感觉，但是鞋也不能过紧，过紧会妨碍脚部血液循环，造成脚的过分紧张、导致过早的疲劳或将脚磨破，以至造成脚畸形。

（3）选择鞋时，还要注意轮架与鞋安装的位置是否合适，可以试穿一下体验鞋与轮架、轮轴位置是否合乎（1）和（2）所述。

（4）选购轮滑鞋时，可根据个人是初学，还是准备进一步提高的具体情况以及经济条件去选。要选择鞋的皮子质量、轻便程度、轴承的滑度以及轮子制成的材料好坏。一般情况，皮革质地好，轮架和底板要轻便坚固，轴承滑度性能好，轮子材质以聚氨酯的为好。

第三节　轮滑运动的基本技术

一、陆上模仿练习

陆上模仿练习，是指在正式穿轮滑鞋进行练习前，不穿轮滑鞋在地上做正确轮滑的姿势和滑行动作的模仿练习，可以帮助初学者掌握正确动作、少走弯路，避免在滑行中过多地摔跤。

1. 基本姿势

（1）初学滑行的站立姿势　上体稍前倾，头保持正直，大腿蹲屈成140°左右，小腿稍前弓成80°左右，两脚间距20cm左右，身体重心放在脚心与脚掌之间，两脚均衡用力，全身自然放松。

（2）练习方法　做好基本姿势后，两脚支撑静止蹲至10s。在此基础上，可做重心移至一只脚上静止蹲10s，然后重心移至另一只脚上静蹲10s，两脚交替进行。

2. 侧蹬练习　外始先从站立姿势做模仿练习，然后逐渐屈膝下蹲进行练习。做时，上体向一侧倾倒，同侧的脚随着重心移至脚上时静止站稳、另一腿向侧平行伸出、腿蹬直后收回至支撑脚侧站稳，换另一条腿依上述顺序向侧平行伸出至还原。

二、初步滑行的练习方法

学习轮滑，首先要从站立和维持身体的平衡开始。初学者初次穿轮滑鞋后。往往急于想滑跑、这就不免要摔跤。因为轮滑鞋是由四个小轮构成，穿上它站立时，会因为脚下轮子的前后滚动，使得身体难以维持平衡而前俯后仰，很容易摔跤。所以初学者穿上轮滑鞋后，首先应从正确站立开始，掌握好身体平衡，逐渐提高重心的移动和平衡的能力，随后进一步学习直线滑行、转弯及停止滑行的滑行方法。

1. 基本站立　正确的站立是学习滑行的基础。下面介绍几种正确站立的方法。

（1）丁字站立　两脚成丁字站立、前脚跟靠住后脚的脚弓处，两膝微屈，重心稍偏于后脚上，上体稍前倾，由于两脚成丁字靠住，脚下轮子不能滑动，使得站立较稳定。

（2）八字站立　两脚尖自然分开，两脚跟靠近、上体稍前倾，两膝微屈，两臂自然垂于体侧，重心落在两脚中间，可防止两脚的轮子前后滑动，使站立较稳定。

（3）平行站立　两脚分开与肩同宽，两脚尖稍内扣，保持两脚平行，膝部稍屈，上体稍前倾，身体重心落在两脚中间，平稳站立。

如果以上站立方法是穿双排轮轮滑鞋练习时，比较容易；如果是穿单排轮轮滑鞋练习，则要注意站立时两脚向内侧微倒，即用轮子的"内刃"着地，有利于稳定站立。这是因为一般人踝关节力量不够，内侧韧带力量强于外侧。这种现象随着滑行能力的提高，要逐渐努力使其变为正直站立。

2. 原地移动重心练习　原地移动重心是由站立过渡到学习滑行的一个非常重要的练习步骤，对控制身体重心移动和掌握平衡的能力的提高有着重要作用。

（1）原地左右移动重心　两脚平行站立，上体向一侧移动，逐渐将重心完全移至

—条腿上支撑，待平稳后侧移动；如此反复练习。

（2）原地踏步练习 在八字站立基础上，重心移至左脚上，另一腿微屈上抬，使脚离地 10cm 左右，然后落下站稳。依照上述方法抬起左脚。交替进行，这是向前迈步的基础。

（3）原地蹲起练习 两脚平行站立。做下蹲再起来的动作，开始可先做半蹲，逐渐加大蹲的程度，直到深蹲。由慢至快，注意保持上体直立，伸屈踝、膝、髋三个关节要协调。

（4）两脚原地前后滑动 两脚平行站立，一脚向前，另一脚向后地来回滑动，两臂随其前后摆动。两脚滑动时始终保持平行、两脚距离由小至大到相距一步大小时为止。重心要保持在两脚中间，两腿伸直，由大腿发力做前后滑动。它可以提高对身体重心的控制能力和对滑动的适应能力。

3. 迈步移动重心练习 初学者掌握原地移动重心练习后，就应着手学习向前和向左右移动重心的练习，它是掌握正确滑行的基础。

（1）向前八字走 丁字步或八字步站立，一脚稍抬起向的迈出一小步、脚尖稍向外号八字步落地，同时身体重心迅速跟上、待脚落地重心即落上后，后脚拍起再向前迈出。两脚交替向前迈步走。步幅由小至大，始终注意保持正确的站立姿势，使重心能及时落至迈出脚上，保持好身体的平衡。

（2）横向迈步移动练习 两脚平行站立，左脚向左横迈一步，随之身体重心迅速跟上，然后右脚向右横迈一步。随之身体重心迅速跟上，左脚再向右脚靠拢着地。左右反复做，体会身体重心横向移动的要点，为过渡到滑行打下基础。

（3）横向交叉步移动练习 这是学习压步的基础动作。动作与横向迈步移动相似，区别在于：右脚收回不是与左脚靠拢着地，而是从左脚前上方越过，成交叉步向侧移动重心后着地，然后左脚从右腿后收回来继续向左侧横向迈步着地，接着右脚再收回做交叉步，可练习做多次交叉步。该练习还应做向右交叉步，其要求与向左交叉步相同，只是方向相反。

三、初步滑行练习

1. 走步双脚滑行 在向前八字走的基础上，每次连续走几步就会产生一定的惯性，然后两脚迅速并拢成平行站立、借助惯性向前滑行，体会身体在滑行中的感觉。然后当快要停下来时，再走几步，再做两脚平行站立的滑行，反复练习。如果穿单排轮的轮滑鞋做该练习时，做向前走时双脚心稍向内侧倒，当两脚干行站立做惯性向前滑行时，则应尽力将两脚止立滑行。

2. 单脚蹬地双脚滑行练习 双脚呈八字形站立，右脚用内刃蹬地，将体重推送至向前滑行的左腿上，右脚蹬地后迅速与左腿并拢成两脚平行站立滑行。接着用左脚内刃（此时脚尖稍偏向外）蹬地，将体重推送至向前滑行的右腿上，左脚蹬地后迅速与右腿并拢成两脚平行站立向前滑行，反复进行。

3. 交替蹬地交替滑行练习 双脚呈八字步站立，上体直立稍前倾，膝和踝微屈。开始时，右脚用内刃蹬地，重心迅速移向左腿成左腿支撑滑行，右脚蹬地后迅速收回向左腿靠拢，脚尖稍偏向外侧，落地自然成八字步，同时重心向右腿移，左脚开始向侧蹬地，成右腿支撑滑行。左脚蹬地后迅速收回向右腿靠拢，脚尖稍偏向外侧准备落地重心移动。两脚交替蹬地、交替单脚滑行，依次做连续滑行。

4. 走步转弯练习　做向前八字步或半走半滑时，若想向左转弯，每迈一步脚落地时稍向左转动一点，逐渐会成弧线形，身体也就随之内左转弯了。向右转弯动作方法相同，只是方向相反。

5. 惯性转弯

（1）双排轮轮滑鞋惯性转弯练习　当向前滑行有一定速度后，两脚平行稍靠近，向左转弯时，左脚略靠前，右腿靠后，重心在两腿之间前三分之一处。左腿略弯曲，右腿直立。身体重心向左倾斜，重量压在左腿和右脚的左侧轮处。借助滑行惯性向左滑出一较大弧线。身体就会向左转弯了。向右转弯时，动作方向相反。

（2）单排轮轮滑鞋惯性转弯练习　当向前滑行有一定速度后，两脚平行稍靠近，向右转弯时，左脚在前、右脚在后，重心在两腿之间三分之一处。转弯时身体重心向左倾斜。倒至两脚着地点的左侧。膝、踝成一直线也内左倾，使两只鞋轮的左侧着地，借助惯性就会自然地向左转弯。如做向右转弯时、动作方向相反。

四、停止方法

初学者在掌握了初步滑行能力后，就应学会简单的停止方法。因为，学会停止法就能掌握自己身体的运动方向和滑行速度，可以灵活地适应运动场地实际发生的各种情况，避免冲撞等意外事故的发生。

1. 转弯减速法　这是各种轮滑鞋，在各种场地条件下通用的减速方法，就是用做惯性转弯的动作消耗掉滑行的惯性，减缓速度达到停止的目的。

2. "T"形停止法　当用左脚支撑滑行时，上体抬起直立，右脚外转横放在左脚后面、两脚成"T"字形，用右脚的内侧轮横向与地面摩擦，两腿弯曲、重心下降并逐渐移向右脚成全脚掌着地以加大摩擦，减速到停止。该方法动作简单，但减速较慢，适合初学者在滑速较慢时使用。

第二十四章 台 球

第一节 台球的起源和发展

台球的发源地及其年代有种种不同的说法、就连史学家们也无法详细说明。有人认为台球最先起源于法国，也有人认为最先起源于英国，还有人认为最先起源于西班牙和意大利，因为证据部不太有说服力，所以至今还没有一个国家可以自称是这项运动的绝对创始者。但有一个比较普遍的说法是：台球是在 14～15 世纪由欧洲人发明的一项室内运动。

台球运动最早风行是在 18 世纪的法国。1775 年，法国国王路易十四的御医要求国王每日晚餐后都要打台球，以便在睡觉前作一些适当的锻炼，保持身体的健康。

早期的台球是用黄铜和木材制造的，后来改用象牙。一颗象牙平均可制造 5 个球，当时仅这方面每年就需要上万只大象，而且制造出来的球还需挑选重量和大小相同的，因此象牙球的价格十分昂贵，这自然就使得台球仅成为贵族或有钱人的娱乐。

美国台球运动最早是由西班牙人于 1540 年从北美东海岸的佛罗里达带入的。1607 年，移居到弗吉尼亚州的英国人也带来了此项运动。当时这些移民只是将台球顺便携来，并没有加以发展，这块新大陆台球运动的成长，直到 1800 年才开始繁盛起来。

1868 年，从事印刷业的美国人海亚特（John wesley Hyate），立意要降低台球成本，使之大众化，研制出一种用硝化纤维泰、樟脑、酒精等化工原料混合而成的化学台球。1920 年又出现了一种由石炭酸树脂铸成的台球。这种球在品质和色彩上比以前的球更胜一筹。

台球发展到了 19 世纪，在技术上和球台工艺上都迈进了一大步。绿色台布下原来是木质台面，从 1827 年改为今天所用的石板台面。到了 1835 年，弹性优良的橡胶台边取代了弹性差的木质台边。现在球杆前端所使用的皮革杆头，也是由当时的法国人米加（MinBaud）发明的。

在球技上，当时最杰出的台球手英国人卡尔（John carr）创造了一种"塞球"，他的这项发明开辟了台球球艺的新天地，使得台球更加吸引人了。1860 年，美国举行了第一次职业性的台球比赛。1865 年，纽约又举行了国际性的"法式开伦"台球大赛。1948 年 1 月，"美国台球协会"（Billiard Congress of America）成立。它是美国各种台球运动规则、众多台球手及举行台球比赛等的最高统辖机构。

"英式比列"和"英式司诺克"台球的最高组织机构为"英国台球联辖会"，成立于 1919 年，后改名为"英国落袋和司诺克管理委员会"。国际"开伦"台球的最高组织机构称为"世界台球联盟"，成立于 1940 年。

台球运动传入我国，是在清末民初。当时在"上等阶级"中十分流行，各大城市包括北京都有很多的球厅或台球社，而且日渐兴旺。一直到新中国成立初期，台球在我国体育运动项目中都占据着很重要的地位。1960 年，在当时的国家体委主任贺龙元帅的倡导下，举办了第一届全国台球比赛。当时我国台球名手的水平与世界台球水平相差无几。十年动乱期间，台球被看作是资产阶级的享乐品，各地球场及球社纷纷关闭，使我国的台球运动技术水平一落千丈。

近几年，随着我国经济的复兴和发展，台球运动又重新得到重视，并且从高层次走向民间，各地纷纷成立台球协会，举办各种比赛。特别是 1986 年中国台球协会的成立，标志着我国台球运动进入了一个新时期。它不但组织国内的各种比赛，还组织国内选手与国际强手的技术交流，从而推动了台球运动在我国的发展。

第二节　台球的特点和基本知识

一、台球的特点

（一）台球的健身意义

台球是一种既不像其他球类项目那么强猛，又不像棋类项目那么安静的运动。它不仅静中有动，而且还在动中求静。

大家知道，人在心静时，呼吸会变得轻微而平缓。气功上讲究"人静"，打台球首先要求的也是要"人静"，然后再把注意力集中在球台上。否则，打台球时的呼吸就不会均匀，从而直接影响到下杆与击球的准确程度。可以这样认为，呼吸的自然与否是击球能不能达到预想目的的关键，这就是台球的"心"。所以说，台球中包含着许多气功原理，而我们正是运用这些原理达到健体强身和准确击球的目的。

当然，台球所具有的健身意义还不仅仅是上面所说的。有人曾经统计过，打 1h 台球平均要走 1000 多步，约合 500m，如果每天能够坚持打 2h 的台球，就要走大约 1000m，这对患有慢性病的人来说无疑是一种最恰当的活动。由此可见，年轻人打台球可以修身养性，中老年人打台球可以健体强身。

（二）台球是台物理学、几何学的运动

台球自始至终包含着物理学、几何学的原理。球在台面上的一切运动，都可以用物理学、几何学的原理加以解释。球是圆形的，它在球台上的所有变化，都是依循着物理学中的原理而变比。角度、旋转、距离无一不贯穿在台球中。当计算台球所进行的角度时，我们可以用几何学来加以演算；当计算台球的旋转时，我们又可以使用力学加以说明。所以，我们说台球是一项含有有物理学、几何学的运动。

那么，物理学、几何学原理在台球中的具体体现又在哪里呢？这里试举一例说明。当我们用主球撞击目标球时，主球应向什么方向去，这在打台球时是至关重要的。只有知道主球的进路，才能更有效地控制主球，提高球技。我们从物理学上能量不灭定律及动量不灭定律可以推导出：两个质量相等的球，形体在不受外界的影响下，如果其中一个球原为静止，受到另一个球碰撞后，两个球分开的角度应为 90°。台球虽然不是完全弹性体，但是它的弹性非常好，在它奔跑的时候，虽然受到球台面摩擦力和空气阻力的影响，但这些外力和球的重量及奔跑的动量来比，就显得非常微小，可以忽

略不计。故实际击球时，可以把两个球的碰撞当作物理上完全弹性体的碰撞，因而两球分开的夹角必定是90°。这就可以显而易见地看出主球及目标球的行进路线。

此外还有入射角、反射角、球的被转速度等等，都说明了台球的运动是有着深奥的物理学、几何学原理的。

二、台球的种类

台球大体上可以分为两大类：一类是无袋式台球；另一类是有袋式台球。一般来说，无球袋台球是以击中球来计分，有球袋台球则依据击球进袋来计分。

（一）天袋式台球

天球袋台球是最早出现的台球，称为"开伦球"（Carom）。开伦球流行于法国及欧洲部分地区，故称为"法式开伦"。开伦球在日本及中南美洲也很流行，故又称"日式开伦"。开伦球如果细分的话，还可分为"四球开伦"（four ball game）、"三球开伦"（three ball game）。和"三台边开伦"（three cushion game）。无球袋台球只要主球击中目标球两个或两个以上就能得分。

四球开伦可以说是开伦球的代表。在四球开伦中又有几种玩法，有"四球开伦"、"限区开伦"（balk line game）和"加农开伦"（Canhoh game）。其中"四球开伦"最为基础。

（二）有袋式台球

有球袋台球可分为"英式台球"和"美式台球"。

英式台球又分为两种：一种是"英式比列"（English billiard），这种台球只用3个球，2白1红；另一种是"英式斯诺克"（Snooker），这种台球共有22个球。目前我们在大型台球厅里看到的多数都是这种台球。

美式台球在全世界是最普遍的一种台球。它由16个球组成：1个白球和15个编有号码的彩色球，其中8号是黑色球，统称为"美式16彩球"。按照玩法不同，又分为三种（其实不止三种，只不过这三种是目前最流行的），它们分别是："轮换式"（Rotation game）、"呼唤式"（Call Snot aml）和"8号球式"（eight ball）。

三、台球的器材和设备

（一）球台

打台球所用的球台，仿佛是一张长方形的大桌子，只不过台面是凹进去的，四边有高于台面的边沿，形状如同盘子。台面部分称为"台盘"，边沿部分称为"台边"。球在台盘中滚动，由于台边的阻挡，不会滚下地去。

台球台一般分为以下三种。

1. 开伦式球台 又称"撞击式球台"。标准的开伦式球台从台盘内沿垂直测量，长9.32英尺（约为2.85m）、宽5.15英尺（约为1.56m）、高2.49~2.62英尺（约为0.76~0.8m）之间。

2. 美式落袋球台 美式球台是一种带有球经的台球台，它在边上和角上共有6个网袋。其中，设在球台台盘四角的叫"角袋"，设在球台台盘两腰的叫"腰袋"。标准的美式球台从台盘内沿垂直测量，长 9 英尺（约为 2.75m）、宽 4.5 英尺（约为 1.37m）、高 2.46 ~ 2.62 英尺（约为 0.75 ~ 0.8m）之间。

3. 英式落袋球台 英式球台也是带有球袋的球台，在长边和角上也有 6 个网袋。英式球台的标准尺寸，从台盘内沿垂直测且长 12 英尺（约合 3.65m）、宽 6 英尺（约合 1.82m）、高 2.786 英尺（约合 0.85m）。

台球台的台柜多采用橡木、菲律宾木等坚硬的优质木材制成。台面的呢绒下还有石板。球台是否优良要由台面与橡胶边来决定。台面必须平滑，使球稳定滚动，橡胶边的弹性要均衡。不管球碰到哪个部分都要能毫无阻碍地以相同的力量弹回滚动，并且橡胶台边向台盘突出不能超过 2 英寸。

台面的石板通常要连接铺 3 ~ 5 块，如果按缝不佳，台面就无法呈光滑的水平状态。目前，最好的石板是意大利产的火山青石板。石板上面要紧绷一张特制的台呢，毛的长度必须非常均匀，因为毛的摩擦力对于球的动态会产生敏感作用。所以，台面应该经常维护，要除尘并用熨斗烫平，最主要的是防止潮湿。

（二）球

台球是在台盘上演动的圆形实心球。"开伦球"和"落袋球"的大小是不同的。开伦球的直径一般为 65.5mm，落袋球则是 52.5mm；球的重量开伦球一般为 230g，落袋球为 170g。

过去，生产球的材料多使用印度产的象牙，现在采用化学树脂。在世界公开大赛中，均按规定使用比利时制造的树脂合成水晶球。球的维护方法是要经常擦拭，不使球面沾有手上的汗渍和污垢、擦拭时先要用拧干的湿布擦干净污垢，再用干布擦一次。

（三）球杆

球杆是用以击球的长棍，称为"Q 杆"（这是英语"Cue"的译音，目前，很多国家和地区都把球杆简称为"Q"）。多为木制，以加拿大枫木做成的坚实又有弹性的一种最为优良。

球杆的长度和重量没有什么硬性规定，一般长 15m（4 英尺 10 英寸）左右，重 400 ~ 520g 左右，主要看是否适合自己的身体条件，只要用起来顺手就行。

球杆一头细一头粗，分别称为"杆头"和"杆尾"。杆头直径约为 10 ~ 12mm 左右。杆尾直径约为 25mm 左右。杆头上装了角质的前端称为"先角"，先角的外面装有皮制的圆形"皮头"（又称"撞锤"）。皮头坚韧而有弹力，是球杆上直接撞击球的部分，因此是球杆的重要组成部分。杆尾装有橡胶垫，用以保护杆的尾部。

球杆分前段和后段，有一段式和二段式。一段式的球杆不能拆装，而两段式的球杆中间可拆装。选择球杆最重要的标地是全杆笔直。检查的方法是：把球杆平放在球台面上，眼贴近台面观察球杆与台面接触之处，缓缓波动球杆，看有没有空隙出现。无空隙说明球杆直，有空隙则说明不直。

（四）色粉

色粉是由一种特殊的粉末压制而成的立方体小硬块，以便于给球杆的皮头上粉，颜色有蓝、绿等。打球过程中，一定要经常地，不厌其烦地用色粉给皮头擦粉，以防止击球滑杆。

（五）计分牌

计分牌是专门用来记录击球得分的一种器具。开伦台球的记分牌和落袋台球有所不同，开伦台球记分牌的左侧有 5 个珠子，一个 50 分；右侧有 50 个珠子，一个 1 分，如同算盘一样累积计分。落袋台球的计分牌则用数字表示分数。

（六）杆架

杆架是一种杆头上装有"十"字形或其他形状零件的托架，有人叫它"雷司"，这是英语"Rest"的译音。杆架有长、中、短三种，其中长、中两种配有同样长度的长球杆。杆架是在距离所击之球太远时使用的一种工具，可以代替前手架杆，实际上等于延长了球杆的长度。此外还有一种高脚杆架，是在主球后面另有一球阻挡因而无法放置普通杆架时使用的。

（七）插干架

球杆不用时，必须垂直放置在插杆架上，否则球杆容易变形弯曲，影响击球。

（八）场地和灯光

放置台球台的场地要宽敞，周围至少留有 1.5m 左右的空间，以便击球时有抽送球杆的余地。球台必须放置在结实平稳的地方，以免击球时受到震动而影响球的运行。灯光要均匀全面地照在整个球台上，不要散射在球台的外面。所以照明装置一般应安装阻止灯光散射的灯罩，免得击球者因灯光眩目而影响瞄准。

四、台球基本术语

打台球时有一些普遍使用的专用术语，先把其中一部分介绍如下。

1. 主球 也叫本球，母球。系指总是被球杆杆头所击而在滚动中再去撞击其他球的那个球。

2. 目标球 也叫被打球，子球。它是主球撞击目标的球，主球先撞击着的叫第一目标球，后撞击着的叫第二目标球，以此类推。

3. 贴球、贴岸 两个以上的球紧靠在一起的叫贴球，其中两个球相贴，叫单贴，三个球相贴叫双贴。球紧靠台边的叫贴岸。

4. 一边球 主球击中第一目标球后经过一次台边的叫一边球，也叫"一库心"（Cashion）球；如主球击中第一目标球后经过两次台边就叫"两库心"球，以此类推。

5. 偏球、厚球、薄球 主球撞击被打球的侧部叫偏球。其中，多于半个球体者为厚球；少于半个球体者为薄球。

6. 塞球 把球杆对准主球的侧面，撞击后使主球产生旋转的一种球。

7. 侥幸球 与原来击球计划相违背而侥幸得分的球。

8. 障碍球 击球时，目标球被另一个球阻塞的简称。

9. 自落 主球击中红球或其他球后自己也落入腰带或角袋的简称。

10. 击点 薄杆击打到主球的触点。

11. 一击球 指击球者用球杆击打主球一次。

12. 一杆球 指击球者连续得分直到失误为止的一个轮次。

13. 出台 球静止后不在台面上，也没有落入球袋，而被打出台面以外。

14. 手中球 指主球落入球袋或出台。

15. 局中球 主球不是手中球即是局中球。

16. 活球 指任何根据规则能够首先被主球撞击的球。

17. 指定球 指击球者事先声明或向裁副明确示意他将要使主球首先撞击的目标球。

18. 入袋 系指在不犯规的情况下，目标球受到主球按击后而落入球袋。

19. 死球 如果主球直线行进时能够直接撞击到任何活球的任何部分的线路都被阻挡住了，这主球就被称为死球。

20. 占据 占据是任何球按照规则所规定的置球点被其他球所占据，这个置球点就被称为占据。

21. 跳球 主球从任何球的乙面跳过去都是跳球，但主球首先撞击一个目标球然后再跳过其他球则不算跳球。

22. 空按球 主球先撞击台边而后撞击目标球。

23. 会遇球 指主球撞击第一目标球后，第一目标球再去撞击第二目标球，使第二目标球反弹回来与主球相遇。

24. K 球 主球撞击第一目标球后，还未碰按到第二目标球又被第一目标球碰掉称为 K 球（kiss 球），它有着一触即离的含义。当两个或两个以上的球紧靠在一起时，也称为 K 球，俗称"吻球"。

25. 开球区 落袋球台盘上专为开球之用的半圆形区域。

26. 内区、外区 内区、外区在落袋式球台中，沿着半圆形区域的宣径没有一条界线，在界线外的区域称为外区，在这条线内的区城称为内区〔包活半圆形的开球区在内）。也有人称它为"波克区"（Banlk）。

27. 双着 主球接连撞击两个被击球称为双着。著击中的两个球都是红球称"双红"，如击中的两个球颜色不同，先幢红的称"红白"，先撞白的称"白红"。双着又可称为"开仑"。

28. 送红 把红球送入红袋的简称。

29. 跟球、拉球 跟球是指球杆击打主球上部击点，使之产生顺旋转，撞击目标球后跟着目标球一起前进的一种击法；拉球是指球杆击打主球下部击点，使之产生逆旋转，撞击目标球后倒退回来的一种击法。二者均以撞击目标球厚球为前提。

30. 安全击法 一种防止对方有好球可击的击球方法。

31. 滑杆 指球杆没有击中主球，或者击中了但由于杆头太滑没使上劲的现象。

32. 劣杆（捅杆） 指主球撞击目标球时，球杆捅了两次球。

33. 上记录 一杆球连续得分到某种程度才失误时可在记录簿上记上一笔称为上记录，英语称"勃雷克"（break）。

34. 失误 击不到球的简称。简称称"密斯"（miss）。

35. 冻结 击球时犯了非一般性的失误而将台面上的球予以冻结不再继续击球，必须把球重新布置另行开球。

36. 分离角 指主球与目标球相接后，各自朝某个方向跑开时所形成的两条奔跑路线之间的角。

37. 球形、球况 指台面上所有的球处于平静状态时所形成的总体状况。

38. 偏杆、上偏杆、下偏杆、左偏杆、右偏杆 偏杆是指球杆对准主球中部以外的其他击打点；球杆击打主球的上侧部击点称上偏杆；球杆击打主球的下侧部击点，称下偏杆，左侧部击点称左偏杆；右侧部击点称右偏杆。

39. 入射角、反射角 台球撞到球台的橡胶台边上会马上反弹回来，射向台边的角度叫入射角，弹离台边的角度叫反射角。

40. 倒顶 指主球击目标球，目标球碰台边后反弹入袋。

41. 定球 指主球正面击目标球，把动力全部传给目标球，停在目标球原占根的点上不动。

42. 击球者 比赛中正要击球和正在击球的人叫击球者。在一击球或一杆球结束之前，这个人保持击球者的地位。

43. 僵局 指裁判员认为双方球员的比赛不能正常进行时他应提出警告，如果不尽快改变这种状况，这盘比赛将判无效而要重新摆好开球的球况。

台球的术语很多、这在后面还会接触到，这里介绍的仅仅是比较基本的一部分。

第三节 台球的基本技术与技巧

在台球厅里，我们经常能够看到很多人打台球时，无论从姿势还是从手法上看，使人感觉不是在打台球，而是从事一项重体力劳动。有的人竟把打克朗棋的姿势用到打台球上来了。这些都是不对的。在本章中，我们将详细介绍怎样架杆、怎样持杆、如何运杆、怎样站立、如何瞄准、怎样击球等方面的基本知识和技巧。这些知识和技巧，学打台球的人都必须反复练习并牢固掌握，才能为以后的进步打下良好的基础。

一、架杆方式

架杆方式是指两手与球杆形成的姿势，这是打好台球很关键的一个环节。

（一）前手的架杆

前手的架杆也叫"架台"，打台球时如架台稍有浮动，就很难掌捉住对主球击点的瞄准。目前世界上有很多种架杆手法，这里只介绍最基本的几种。

第一种，首先应将做架台的前手五指轻轻分开摆于台盘，然后食指弯曲，指尖按在中指第二指关节的侧部，拇指再轻轻接触食指的指尖；其余两指如同掌中握有一个小球而适度分开。这样，球杆就可以架在由食指与中指、拇指做成的空当里。空当与球杆所成的角度应接近90°。

第二种，先将手掌紧按在台盘上，然后把拇指以外的其他四指分开，手背弓起，拇指翘起利手指的背峰形成一个夹角，球杆就架在这个夹角里。

以上两种架杆手法是架杆中最基本的方法。很多世界台球名将，例如日本最著名的开仑台球高手高木正治就是使用第一种架杆方法。但也有很多著名台球高手喜欢采用第二种手法的架杆，如早期世界职业斯诺克台球王史·戴维斯以及现代司诺克台球王史蒂夫·戴维斯等用的都是第二种架杆手法。

此外，还有几种架杆方法，不过这些架杆手法部是在特殊的情况下使用的：

当主球和一个目标球相距较近时，架杆就需要四指立起，食指几乎与球台面垂直，其他三指依次倾斜。这是一种不容易做好的架杆方法，但这种架杆方法如果能够练习纯熟，那么在遇到这种球况时便可以得心应手地对付，对于提高台球的技艺很有帮助。

当主球紧贴台边时，架杆通常需要将四指压在台边上，手背微微隆起，球杆从食指和中指间的夹缝中穿出。当主球和台边还有一点距离时，架杆可以采用这种方法：四指紧缩在台边上，掌心压住台边沿，拇指、食指和中指略微张开，球杆从拇指和食指的中间穿出。

在一般情况下，架杆的前手和主球的距离大约在15cm左右，这最适合球杆的抽送动作。如果架杆的前手与主球相距太近或太远，则都会影响球杆的正常抽送动作。

（二）后手的握杆

首先要选择一支适合自己情况的球杆。宁可只习惯于使用一支球杆，也不要随便拿起一支就用。当然，这是指在有条件的情况下，比如你去买一支球杆，或者在台球厅打球时挑选一支等。这样才能掌握怎样控制力量去击球。球杆不要太重或太轻，也不可太长或太短，否则用起来会不自由，力量控制也容易产生误差，导致失误情况的发生。所以，选择球杆时应注意长度、轻重要合适。一船地说，合适的球杆长度是将球杆竖起稍高于肩就可以了。至于球杆的粗细，不能一概而论，因为粗细不同各有好处，只要自己握起来顺手，没有不自然的感觉也就可以了。

初学者可以使用稍重一些的球杆，这样比较容易稳定力量。若使用太好的球杆、则不容易控制好力量。当你选择好适合自己使用的球杆后，就要学会怎样使后手把握好球杆。如果是右手握杆的话，右手首先应垂直下垂，用中指与拇指的腹部接受球杆的重量，其他三指轻附于中指包围住球杆，决不可紧握，然后握杆的右手务必接近右腰部并与右腰保持一定的间隔，以便保证球杆作前后水平运动。

通常击球时，握杆子提在球杆重心后40cm左右的地方为标准位置。那么球杆重心在哪里呢？它就在离杆尾大约50cm处，当然，这也不是一成不变的，要根据不同的球杆、主球的位置、力量的大小和身高等灵活运用。下面试举几例加以说明，供初学者参考：

（1）当主球在较远处时，要据球杆靠近杆尾的部分。

（2）当用大力量击球时，要伸长杆尖握球杆的杆尾部分。

（3）当主球在较近处或轻击时，要握接近球杆重心处。

以上例子说明，握杆的位置是以球杆重心来决定的。总的来说，击近球时，要握接近重心处；击远球时，则要握接近杆尾处。

（三）抽打动作的练习

前手搭好架台、后手按要求握好球杆后，接下来既要将球杆向前轻击做抽打动作了，也就是人们常说的"遛杆"。在灯台球中，抽打动作是至关重要。这是在实际击球前所做的相当于其他运动项目的准备活动。做抽打动作时，球杆一定要向水平方向移动，千万不可上下左右摇动，否则就会将主球击到意外的路线上。

击球前，要先把球杆轻轻送出接近主球的击点，再有节奏地轻轻抽送3～4次球杆。注意，抽送动作要连贯、自如，不能把一个整体动作分成几段，以免影响后手的自由运动，妨碍腕力的发挥。然后判断球杆方向，看准主球的击点。果断、利落地送出球杆。除了特殊球以外，后手逐出球杆时都要保持水平、笔直，手臂不能左右晃动，前手离主球的距离也不要变。此外，只要是在球杆不接触主球、杆尖不从前手架台中脱落的范围内，可以做较大的抽打动作，快速、小幅度的动作是没有什么实际效果的。但在弱击时动作不宜太大。拍打动作后的击球瞬间，利用手腕的爆发力出杆，才能使球跑出较远的距离。因此，抽打击球时，手腕关节要灵活富有弹性，这是抽杆瞬间的要诀，在这里，我建议初学者进行一个拍打动作的基本练习：把主球放在开球区的侧部，向斜对面长台边击出，看一看你击出的主球走了多少个台边。6 个以下台边说明你的抽打动作没有练习好。要达到 6 个台边以上才算合格。

（四）如何使用杆架

杆架是当主球距离自己太远，前手的架台无法靠近时所使用的一种专用工具。我们在前面介绍的架杆方式是一种基本的架杆姿势，但在实际击球中，这种基本的架杆姿势在很多场合会失去效用。比如说当主球停留在台盘中央部分，而目标球又远在底边时。人的手臂不可能伸得那么长，基本的架杆姿势就失效了。在这种情况下，只有依赖特制的杆架来击球。杆架的使用方法没有固定的要求，只要动作合理、不勉强就行。但一般的架杆姿势是这样的：身体直立，上身稍向前弯，左手按住杆架，右手抓握球杆瞄击。

杆架有长、中、短之分。长、中两种杆架备有和杆架相配合的球杆，击球者可随球况的需要来选用适当的杆架。杆架虽有长、中、短三种，但站立姿势和使用方法都是相同的。

在实际击球中，还常常遇到主球后面另有一球阻挡的情况，以致无法安放普通的架杆，此时必须使用特备的高脚架杆。

二、击球姿势

（一）正确的击球姿势

无论从事哪一项运动，姿势都极为重要。台球也是一样，必须有合理的姿势。所谓合理，就是合下身体各部分的协调配合之理。一般初学打台球的人，往往不注意自己的击球姿势，久而久之就成了一种习惯，等需要纠正的时候已是很难改正了。许多人打不准球，其中很重要的一个原因就是姿势不对。错误和不自然的姿势，是绝对不会使自己的台球技术有所进步的。此外，如果你在打台球时姿势不好，不但打不好球，还会失去你的高雅之态，使旁观者产生一种不舒服的感觉。所以，我们一定要在一开始学打台球时，就十分重视击球姿势。现将目前球界公认的姿势分述如下：

第一，先朝将击打的主球行进方向站立，用眼睛准确测定主球的进路。

第二，左脚向前移一小步，距离主球正下后方约 40～46cm、左侧方约 10～15cm 的地方，使左脚与球杆平行，左膝关节稍弯，轻轻踏在地上。

第三，右腿直立不得弯曲，右脚向右撇，与左脚成 70°～80° 的角度分开站稳，以支撑住身体的后半部体重。

第四，架台的左臂稍弯，左手置于主球后方约 15cm 之处并固定好，上体尽量压低，球杆的中轴线在两眼中间。

第五，握杆的右手臂肘部向上拾起，前臂垂直下垂与上臂成90°。击出球时，右手切不可过胸部，身体应根据两脚的位置和架杆的位置取一个自然的姿势，使球杆沿水平方向做前后抽打动作。

以上是打台球时的最基本的击球姿势。不过它仅限于主球在比较易打的地方使用。如果主球在台球中央附近，就很难完全按照上述姿势去做，但也是以此为基础的。

（二）不正确的击球姿势

下面我们再介绍几种不正确的击球姿势，以此为戒。

1. 握杆靠近杆内侧，肘与身体过于贴近结果不便于球杆的前后自由运动。
2. 握杆的后手抬起过高，影响球杆作水平前后抽送。
3. 两脚分得太开，影响身体重心位置。
4. 双脚过于靠拢，使身体站立不稳。

三、练习击球

掌握了架杆方式和击球姿势之后，就可以练习击球了。这里要着重提醒的是在练习击球时，一定要始终注意以下几点：一是身体的站立位置要正确；二是持杆手应符合要求；三是必须进行抽打动作；四是进行抽打动作时，要使球杆保持水平运动，避免上下被动。

初步练习击球动作时，最好的方法是先练习将球直线击出，并使其经台边再直线弹回。具体做法是：将主球放在开球区中心点上，击球正中部，从对面短台边的中心点击出，看球弹回来后能否经过摆在开球区中心线的两个球之间。如果能，说明击球正确；如果不能，则还需进一步练习，直至能从两球中间弹回。这种练习，在刚开始时最好在两个长台边上进行，因为两长台边间的距离短，容易打得准。在短距离能够正确击打后，再在短台边上练习走长距离。这是一种比较行之有效的练习，它除了能使初学者进行正确的击球练习外，还可以使技术较熟练的人及时发现自己的缺点。

四、如何瞄准

掌握落袋式台球的初级技术，除了要学会平稳的架杆和正确的击球姿势外，最重要的便是学习如何把目标球打进球袋。对于和球袋角度不同、远近不同的各种目标球，应该瞄准它们球面上的哪一点，才能把它们打进球袋里，这就是本节要讨论的问题。

从击打球的次序上来说，首先应该是主球，也就是说球杆应该击打在主球的哪个击点上；其次才是主球撞击目标球的问题。

在实际学打把目标球送入球袋的时候，有不少人觉得很难找到这个点的位置。在这里，我们介绍给大家一种找准击球点位置的方法，希望对你有所帮助。方法是这样的：在球袋里随便拿一个球，把这个球的一端用白色粉笔涂成白色，再将这个球白色朝下小心地放在所要打进球袋的目标球的边上，并与目标球紧靠在一起，使两个球球心连线的方向刚好对准要将目标球打进那个球接口的中心。然后将这个涂有白粉的球拿起来，此球便会在球台面上留下一个白色粉点，这个白点就是所要找的撞击点的位置。初学者可以多练习摆放，参观看几次。经过多次体会后，就可以不需要再经过摆放的试验，就能够仅凭视觉直接感觉出那个点来。对那一点的感觉越明确，学打撞击目标球的准确度也就越高。

让我们再来举一个图例：除了主球超过对目标球所能炮击的薄球限度范围以外，只要能将主球射打上目标球旁边的瞄准点，就必定可以使被碰撞的目标球落入所要打进的球袋里。

还有一种常见的球况，目标球紧靠球台边沿，主球向瞄准点打去与目标球相接时，两个球的球心连线方向和球台边沿线平行。从几何学上我们知道，两平行线之间各处距离都相等，所以这时这点与台边沿的距离和目标球球心到台边沿的距离相等，都是一个球的半径，主球在和目标球碰撞的同时也碰撞球台边沿，如此就能把紧靠在台边沿上的目标球送入球袋。

但是，在击球的一瞬间，常会发生眼睛应该注视哪一个点的问题。而人眼在生理上是不能同时凝视两物的，主球上的击点，往往因为"遛杆"偏离预想的地方。初学者一般都把注意力集中到找那一点上而忽视主球的击点，致使击球达不到目的，这是要引起注意的。

以上为瞄准的基本方法。对于初学者来说，应加强练习，掌握其规律。开始时反复检查正确与否是必要的，一经熟练就能自然而然地养成习惯，也就不会出现意外的结果了。

五、主球击点击运动速度

（一）主球上击点

如果我们从正面看主球，也就是从视线平行于球杆击打方向去看，主球是一个圆面，这个圆面上的任意一点都是击点。这就是说，主球上的击点是无数的。但是，有九个击点是主球上所有击点中最基本的击点。它们分别是：正中点、中上点、中下点、左上点、左点、左下点、右上点、右点、右下点。主球的各种基本行进路线都是由这九个基本击点决定的。同时，球杆击打在主球上这九个不同的击点还会产生不同的旋转运动。因此，初学打台球者，要把这九个基本击点熟记在心，以便在击球中正确地使用。

当然，击打主球左击点靠边一点和靠中心一点，其结果也是不太一样的，但其间的差别较小，一般是看不出来的，只能靠从实践小多观察、多练习来掌握。击球时要以圆的球杆皮头击圆的主球，如果球杆击打的击点过于靠近球边，就会造成球杆滑脱。我们假设把球分成十个等份，如果球杆击打主球时击到了 6/10 以外的部分，就很容易滑杆。所以，只有击打在 6/10 以内的部分，才是主球的有效击打部位。如恰好击在 6/10 部位，主球将获得最大的旋转效果。

开始练习击打主球击点时，最好先学打正中击点。可别小看了这个五个点，它看上去觉得很容易，其实并不简单。击打正小点时，如果主球能撞中目标球的正部，则主球就全定在目标球原来停留的地方不动。你可以打一下看能不能定位？初学的入恐怕不大容易做到。这是因为你在准备下杆击打主球时，由于视线上的误差，往往按照自认为的正小点去击球，但从侧面看，你所击打的击点并不是正中点，而是正中点稍上部。也就是说，映入击球者眼睛的球体半面（甲乙），与实际应该击球正面的半面不同，常把实际正小点的稍上部误认为是主球的正中点。所以，初学者如果想准确击中主球球心，可先按自认为的正中点下杆，然后再把球杆尾部略微抬高一点，就可以打到主球的正中点了。

（二）主球的运动速度

会打台球的人都知道，打好台球最困难的就是如何控制用力的大小（即击打出去的主球速度的大小）。有些人即便是能非常准确地击打主球的击点，非常明白主球的行进路线，但却不能控制好击球用力的大小。击球用力的困难，说实在的，就连许多台球高手也不敢保证能使发出的力量恰到好处，虽说用力的大小是这样不好体会，完全要靠打球中积累起来的经验感觉来掌握它的分寸，但我们对其中所包含的原理还是可以作一个大概的分析的，这对指导实际练习击球用力的大小将会起到一些帮助作用。

在物理学上，物体的运动量是以其速度乘以质量，如果球杆的质量与球的质量相等的话，那么球杆的速度与球的初速度也应该相等。但我们知道，在多数情况下球杆的重量要比球的重量大一到二倍，所以球的初速度就会较大于球杆的击出速度；在球杆与球的重量不变的情况下，它们二者之间自然保持着正比的关系。由此可见：重杆比轻杆给予球的速度要大，轻球比重球所受的初速度要大。通过以上的分所，我们既能够清楚地了解用球杆击打主球后的主球运行速度了。当然，这种分析纯粹是理论上的，要在实际中把握住击打主球的力量用得恰到好处，还要靠平时的勤学苦练才能得以领会，这也正是打台球的乐趣所在。

六、主球击点与其运动方向的关系

主球的运动方向是指主球在碰撞目标球之前所走的前进路线。主球的前进路线与主球的击点关系密切，只有了解了它们之间的关系，才能掌握主球被击打后的行进方向。

主球运动方向千变万化，但有两种最基本的情况。这两种基本情况是主球一切运动方向的根本：第一，如果球杆沿水平方向击打主球的正中击点，那么主球的运动方向就会与球杆中轴线的运动方向在同一条直线上。第二，如果球杆沿水平方向（不包括垂直竖杆击法）击打主球的侧部击点，那么主球的运动方向就会与球杆中轴线的运动方向平行。

上述两种最基本的主球运动方向在实际击球中至关重要。很多初学者打台球，开始时把球杆对准主球的正中点，计划按击目标球的一部分，但还没打又觉得不对，改击主球的侧部，想使主球产生旋转。在这一过程中，由于他们不明白上述道理，只移动了前手架台，而没有进行整体移动，因此主球被击出后自然和击球者预测的路线完全不一样。当主球与目标球相距较近时，这种感觉还不很明显；一旦主球距目标球较远，就会明显地感觉出主球偏离了预想的路线。

七、目标球被控部位与主球运动方向的关系

当我们击打主球去撞击目标球的时候，如果仅仅注意撞击目标球入袋是不够的。因为，在主球与目标球相碰撞的瞬间，主球自己原来的行进路线也会发生变化。如果我们不能预见变化后的主球运动方向，便有可能造成在目标球被控入球袋的同时主球

自己也滚进同一或另一球袋里去的局面。要想预见主球在撞击目标球后的运动方向，应先了解一下什么是偏球以及厚球、薄球的问题。

（一）偏球

1. 偏球　凡是主球不正面撞击目标球，均称为偏球。撞击的是目标球的正面，不是偏球；撞击的是目标球的侧朗，才叫偏球。

2. 厚球、薄球　所谓厚球、薄球，是指主球这击目标球时侧偏的程度。也有人称它为侧偏几分之几。一般地说，主球撞击目标球二分之一以上的称为厚球，这击二分之一以下的称为薄球。这几分之几的说法、就是指主球撞击目标球时相重叠的部分。厚球和薄球是实际比赛中经常使用的击球技术和战术，因此在平时练习中必须熟悉各种厚、薄球的球形。偏球的厚薄，大体上可分为以下几个类型。

二分之一：将目标球分为二等份，主球撞击目标球的二分之一。

三分之一：将目标球分为三等份，主球撞击目标球的三分之一。

三分之二：将目标球分为三等份，主球撞击目标球的三分之二。

四分之一：将目标球分为四等份，主球撞击目标球的四分之一。

四分之三：特目标球分为四等份，主球撞击目标球的四分之三。

无论打什么厚薄的偏球，瞄准点都应该是目标球横向半径延长线与主球纵向运动方向延长线的交点。要打各种偏球，一定要熟悉这些瞄准点的所在位置。

（二）主球击点与目标球被撞部位的关系

1. 击主球正中击点撞目标球正面　如果球杆击主球的正中击点撞目标球的正面，主球和目标球相碰撞后会立即停止不动，也既是台球术语中的所谓定球击法。这是因为被击正中点的主球，既没有向前的旋转也没有向后的旋转，只是由于台面的摩擦而向前进，当其正面撞击同质量的目标球时，便将所有的动力全部传给了目标球。而自己在目标球原滞留处停了下来。

2. 击主球正中击点撞目标球侧面　如果球杆击主球的正中击点撞目标球正面以外的地方，那么主球和目标球相碰撞后无论目标球被撞部位是薄还是厚，两球都会呈直角分离行进，一个偏左，一个偏右。假定主球撞击目标球二分之一的厚度，通过两球撞击，但由于没有向前旋转而不能前进，只能将其力量，一部分传于目标球，主球则以剩余的力量行进于平行的方向。这里我们可以看出，甲乙线与目标球的行进方向之间是直角，所以主球与目标球的分离角也是直角。

由于是主球以二分之一的厚度撞击目标球，故目标球行进方向与球杆中轴线的夹角为30°，而主球行进方向与球杆中轴线的夹角是90°－30°＝60°。由此可见：主球撞击目标球越薄，主球行进方向与球中轴线所夹的角度就越小，极薄之时主球会与球杆中轴线行进于同一方向；反之，如果主球撞击目标球越厚，主球与球杆中轴线所夹的角度就越大，同时主球被击后的动力也会明显被减杀。

3. 击主球中上击点撞目标球正面　球杆击主球的中上击点与击正中不同，击打中上击点主球会产生向前的旋转。当其撞击目标球正面时，主球就会跟着目标球行进于同一方向。也就是前面术语部分讲过的跟球击法。这是因为，被击打的主球从一开始就具有向前的旋转、在撞击目标球正面后虽然把自己的一部分动力传给了目标球，仅向前的旋转使它跟着目标球继续向前行进。

4. 击主球中上击点撞目标球侧面 如果球杆击主球的中上击点控目标球的侧面时，主球的运动方向与目标球的运动力向将不是同一方向，二者之间形成一个小于直角的分离角。击点越靠主球上部，这个分离角就越小，主球会越过撞点的切线行进。

如果球杆击主球的左上点或右上点，厚撞目标球的右面，与击打中上点相比，主球就会略偏于左方或右方行进；厚撞目标球的左面，主球就会略偏于右方或左方行进。

5. 击主球中下击点撞目标球正面 击主球令下击点与击主球中上击点在理论上是同一个道理，但击主球中下击点时产生的旋转方向是向后的，和球杆的运动方向完全相反。这样，击打主球中下击点撞击目标球各部位时，就得到与击打主球中上击点相反的结果。当球杆击打主球的中下击点撞击目标球的正面时，主球与目标球碰撞后会立即向后退回，这便是我们前面术语部分提到的拉球击法。

6. 击主球中下击点撞目标球侧面 如果球杆击主球的中下击点撞目标球正面以外的部位时，主球运动方向与目标球运动方向之间的分离角将大于直角，击打主球的击点越是靠下，分离角越大。

总结以上诸点，我们可以得出这样的结论：击主球正中击点多用于定球；击主球个上击点多用于跟球；击主球中下击点多用于拉球。值得注意的是：不管是击打主球的中上点还是击打中下点，如果撞击目标球过薄，主球与目标球撞击后的运动方向部不能产生上述结果。这是因为，无论是跟球或拉球，在撞击目标球过薄时其效力都会很微弱。特别太薄时跟球和拉球的效力也就全等于零。因此，跟球和拉球击法是有前提的，即必须在撞击目标球一定厚度的条件下去击打主球的中上击点和中下击点。

（三）跟球、拉球的瞄准方法

同跟球击法相比，拉球击法要更难一些。因为跟球击法是使主球产生向前旋转，主球始终行进于球杆前送的方向；而拉球击法是使主球产生向后旋转，主球行进先与球杆前送方向一致，后背向球杆前送方向运动。因此，拉球的向后旋转必须比跟球的向前旋转效力要大，才能克服主球前行的力量而后退。初练这两种球时，把主球放在距离目标球 30cm 左右最为合适，这种距离击打起来比较容易掌握。

此外，若想使主球打完跟球或拉球以后行进到一个自己预想的地点，必须了解瞄准目标球的哪一点，否则就不可能达到预想的目的。下面让我们来介绍一下打跟球和拉球时最基本的瞄准方法。

跟球瞄准方法：假设通过主球和目标球的中心引一条直线，再通过两个目标球的中心引一条直线，这样两条直线就形成一个夹角。击球时，只需把球杆对准主球的中上点，瞄准设定夹角的二分之一目标球上的那一点就可以了。

拉球瞄准方法：假设夹角方法与跟球相同，但击球时球杆要击打主球中下点，瞄准目标球位于设定夹角二分之一的那一点。

上述瞄准方法是以撞击式开伦台球的例子来说明的，在落袋式司诺克台球等打法中，如果想使主球送目标球入袋后走到合适的位置，也要采用这种瞄准方法。同时要不断练习袋握击球力量的轻重，否则主球行进方向虽然正确，但由于击球力量的原因，主球不是走不到位，就是走过了预想的球。

关于拉球，这里还需注意的是：要消除拉球难打的心理障碍，握杆不能过紧，以免影响球杆的前后自然运动和手腕的灵活性；球杆击打动作要得法，必须水平向前击出，千万不可抬高球杆尾部，防止滑杆；击打主球瞬间最忌犹豫，杆头与球的分离干脆。

八、球与台边的关系

现在我们经常能够看到得一些台球台，一般都不是标准球台，它们的规格、材料等，都不符合正规台球台的要求。而台球台的台边，会因台呢质地的不同使球的运动发生某种程度的不同变化。因此，当我们面对陌生的球台练习或比赛时，首先要摸清台边的情况。即使在正规的、标准的台球台上，主球碰到台边后的运动，也会因主球、目标球击撞部位的不同、击球力量大小的不同和主球旋转程度的不同等而各不相同。这些问题，要想从理论上加以严密说明不太容易，但是台边利用的基本规律还是不难说清楚的。

（一）主球碰台边的基本情况

击打主球正中点时，主球对台边的入射角与台边将球弹出的反射角相等。击打主球左、右侧击点时，主球在前进中产生横方向的自旋，击打右侧击点，球产生逆时针横向自旋，我们把它叫做右旋转；击打左侧击点，主球产生顺时针横向自旋，我们把它叫做左旋转。击打主球正中击点，主球碰台边后将按原路弹回；击打主球右侧击点，右旋的主球在碰撞台边的一刹那，由于旋转的摩擦作用而向右后斜方弹出；击打主球的左侧击点，则左旋的主球经台边反弹后格向左后斜方行进，这就是说：逆时针旋转的主球碰台边反弹后偏向右，顺时针旋转的主球碰台边反弹后偏向左。

（二）目标球碰台边后的基本情况

目标球承受主球撞击力量的点为两球相触的那一点，故若以偏杆击主球，就会出现这样的情况：在撞击的瞬间，主球的旋转传给了目标球，使两球像两个咬合的齿轮一样产生反向横旋转。也就是说，如果主球以左旋转控布目标球，目标球将成为右旋转；反之，如果主球以右旋转撞击目标球，目标球则成为左旋转。横向旋转的主球或目标球碰到台边后，它们的入射角与反射角也略有差异。一般地说，入射角稍大于反射角。无论是有袋台球还是无袋台球，依靠直接按击目标球得分，只是其基本技巧的一种，还有很多是利用撞击目标球间接得分的方法。台边球（俗称倒顶）就是间接撞击目标球而得分的技巧。如：主球撞击目标球二分之一的厚度，目标球碰台边后其入射角等于反射角，所以目标球能被倒顶入袋。击打主球左侧击点，撞击目标球二分之一厚度，这种情况其入射角稍小于反射角，目标球被倒顶入球袋。击打主球右侧击点，撞击目标球二分之一厚度，这种情况其入射角稍大于反射角，目标球也被倒顶入球袋。

第二十五章　野外生存

第一节　野外生存入门知识

野外生存即人在食宿无着的山野丛林中求生。

一些世界著名小说，如《鲁滨逊漂流记》、《神秘岛》等，书中的主人公失落在没有人烟的荒野上，食宿无着，但他们以丰富的野外生存知识和项强的毅力战胜了种种艰难险阻，摆脱了困境。

在实际生活中，也有一些事例，说明人们掌握野外生存知识的重要性和必要性。野外生存所包括的知识非常广泛，总的来说是：判定方位、迷途的处置，猎捕动物和采食野生植物充饥，就地取材，构筑简易的露营；识别利用草药救治伤病等。概括起来说，就是走、吃、住、自救四项。

第二节　野外生存的装备

一、着装装备

由于野外生活环境条件的特殊性，对个人着装装备也有一定的要求。野外生存的个人装备主要包括：衣服、鞋、袜子、雨衣、背包、帽子等。

（一）衣服

在野外，穿着的服装应舒适、宽松、柔软，遵循多层原则。应付野外温度变化的方法是反复增减衣服。登山会出汗，穿运动衫即可；但在阴湿、阳光照不到的森林中，就要穿长袖。在炎热的夏天进行野外生存应尽量避免受到蚊虫的叮咬或带刺植物的伤害。衣服汗湿了，应及时更换，保持清爽、暖和。

野外生存个人着装分层的原则和要求如下：

（1）着装分层　多层薄衣服比几件厚衣服更能有效地保持体温。调节体温有多种方法，可以加衣或减衣，也可以解开外套的拉链或纽扣。

（2）内衣　贴身穿的衣服必须是棉质背心成长袖高领衫，贴身但不紧绷。内衣直接接触皮肤，因此要选择触感好、容易吸汗、干燥快的棉质内衣。短袖内衣、揉起来可变得很小，携带方便，夏天野外旅行，可以多带几件。若内衣因流汗湿了，可到河里洗一洗，很快就可以晾干再穿；来不及晾干的，可以挂在背包后面，行走时风一吹，也很快就干了。冬天着装应选择毛质内衣，因其有伸缩性，穿上后可紧贴身体，触感好，即使被淋湿了也不会有寒冷感。选购毛质内衣时，可参考衣服标签，记住：含毛成分越高越保暖。内衣长度以能束进裤内，弯腰时不会露出背部为宜。袖长与手腕齐，才能防止冷风吹入。

（3）第二层衣服　第二层衣服必须宽松，重点是保护颈部和腕关节。可以选择带拉链的高领内衣，或有领的衬衫。衬衫的袖子能卷起，袖口能扣上。

（4）外套　夹克可以当作外套、风衣或雨衣。冬季，必须穿带衬垫的风雪衣以抵御刺骨的寒风。如果觉得热，并且流汗的话，可以把夹克敞开。我国南方地区经常会下雨，因此可以在夹克上罩上一件雨衣。

（5）裤子　要选择有弹性、宽大的裤子，最好是宽松的棉质长裤。多口袋裤子能装地图、指北针等用品，这样可以腾出双手。如果可能的话，可以给膝盖部位打上结实的补丁。除此之外，还可以考虑其他一些因素，例如添加可以放置地图的附加口袋等。在野外恶劣的气候环境里，应该选择一些具有特殊功能的专用裤子，例如沙漠裤、山地裤等。

（6）防水服装　应当首选那些具有"呼吸功能"的防水服装，这样才能够把防水服装套在其他的衣服外面；否则，潮气无法及时排出。另外、防水裤应当具有足够的长度，最好能够盖住鞋子的表面。

（二）雨衣

雨衣分为一件式和两件式。最好的雨衣既能挡雨又通风。一般，穿雨衣前得先脱下一件衣服，以免闷热不堪。下雨时，可在背包、鞋子上蒙上防水罩。

（三）鞋子

在野外生活时，选择适合的鞋是非常重要的。鞋子必须轻、透气、散热性好，鞋底要坚硬耐磨。根据野外生活的计划安排，应选择防潮防寒的短靴，还要尽可能准备一些专用鞋如溯溪鞋、攀岩鞋等。在野外长时间走路，最好不要穿新鞋子。尤其是走石头路、山坡路，穿新鞋特别不易行走。

（四）袜子

野外生存环境以及具体活动范围是选择袜子的主要要素。野外活动，需要随身携带一些备用的袜子，并使之处于清洁干燥的状态，以备每日更换。棉质袜子吸汗，触感好；而毛质袜子保暖。因此，夏天应穿棉质袜子，冬天应穿毛质袜子。穿登山鞋最好把棉质、毛质袜子一起穿。

（五）帽子

人体大约50%以上的热量是从头部散失的，因而在所有的服装装备中，应当把帽子看作是一个非常重要的组成部分。为此，在野外生存生活过程中应当配备一顶非常结实、适用的帽子。在沙漠环境里风沙大，最好用一块浅色头巾把头部包裹起来。

（六）背包

背包是野外出行必备的工具之一，它除了要装宿营用品，还要装食物、衣物以及各种野外要用到的零碎用品。选择背包时以牢固性、舒适性和多功能性为原则。最重要的是背包要适合双肩背的形状，背起来要舒适。使用前要检查背包的面料是否结实，接缝处是否牢固，拉链是否完好等。尽量选择在顶部侧面和底部有多口袋的背包，取放物品比较方便。

外出进行野外生存活动，要选择一个容量适宜的背包，应根据野外活的时间和内容来选择，首先要明确使用目的，然后确定背包容量，容量宜大不宜小。35～50L 容量的背包可放下一个轻型睡袋和一些小型装备。50L 左右的背包还可放进夏天用的小帐篷、过夜的衣物、灶具和炉灶，此容量背包适合在温暖地带进行 1～2 天的野外生存活动。50～70L 容量的背包不仅可以放下睡袋、帐篷等装备，还可以装保暖衣物和公用装备，此容量的背包可应付 3～4 天左右的野外生存活动。70～100L 容量的背包是大多数人首选，它几乎可以装进所有的装备，足以应付 1～2 周的野外生存活动。

　　背包按其功能和用途可以分为多种，按背包装填方式可以分为顶装式、边袋式和混合式 3 种。顶装式背包只能从顶部打开装物。因此，装包需有一定技巧。由于只能从顶部打开，它的防水性牢固性要比边袋式和混合式背包好。此外，很多顶装式背包的袋口围布可以拉长，必要时能够增加背包容量。边袋式背包的特点是在包的前面或侧面附有 2～4 个带拉链的马蹄形侧袋，这种背包的优点在于可以将物品分开放置。缺点是与同样容量的顶装式背包相比，它装的物品要少一些。因为它的顶盖不是活动的，所以装太多的物品可能会将拉链撑裂。混合式背包兼具以上两类包的优点，既有活动顶盖，也有带扁拉链的侧包，方便装取杂物；但由于拉链增多，防水性降低，所以最好再配上防雨罩。在选购时，同样要确认拉链是否牢固，是否有压缩袋。

　　装满时的背包必须保持平衡。为了防止背包向后扯肩部或使肩部前弓，可以将重物放在最上面，使其重力笔直下压。装包时应挑选有用的必需品，避免带过多物品。物品最好一物多用，如雨披，既可当雨衣，又可当临时的遮阳布，还可当作铺在地上的防潮布。背包里所有的物品都必须完全防水、防湿。把背包里的物品分类放置，并用单独的塑料袋包起来放进背包里。把帐篷、睡袋，防潮垫各自放进背包，把自己的衣物塞道这些物品的缝隙里，再把吃的和其他杂物放在上面，常用的物品放在背包的侧兜里，比如卫生纸、手电、水壶等。注意重的物品应放在背包上部，并且装包时不要将睡袋、防潮垫随便放在地上，以免弄脏或让昆虫爬入。

二、宿营装备

（一）帐篷

　　帐篷是野外露营的房子，主要作用是防风霜雨雪、防蚊虫及蛇。帐篷是双层的，外帐是用来防雨、防寒、抗风的。内帐的门也是双层的，里面是纱帘，用来防止蚊虫、蛇的入侵，所以进出帐篷都必须把纱帘拉上；把外层的门拉上，可以制造一个隐蔽的空间，方便换衣服；帐篷里边有一个小兜，方便放一些零碎的物品。

　　1. 小型圆顶形轻便帐篷搭建方法　这种帐篷由篷布、玻璃纤维的骨架和钉、绳构成的。搭建步骤如下：①平整土地后，将帐篷布摊开；②将各组骨架连接起来，并穿过帐篷上缝成的管；③将骨架的末端插入帆布的四角或六角洞内；④用钉子将营帐固定在地面上。

　　2. 临时简易帐篷的搭建方法　临时简易帐篷主要是利用现有的自然条件，借助一些简单设备进行搭建的。常用的方法有：①用插入土里的树棍来支撑帐篷；②利用斜挂的树枝吊起帐篷；③利用树枝干支起帐篷；④利用树枝叶、避风。

　　3. 搭建各种三角形简易帐篷的方法　①用绳子系在两棵距离合适的树上；②在帐篷四周钉上木桩；③系好四角斜拉的绳子；④用塑料布或帆布拦腰搭在横拉的绳上面；

⑤帆布多余部分沿下坡的方向折向内面；⑥再在帐篷里面铺一块塑料布隔潮；⑦帐篷四周用石头压好；⑧根据条件，因地制宜搭成各种形状的三角形帐篷。

支好帐篷后，把装帐篷的黑袋子和地钉，装帐篷杆的袋子都放进帐篷内，以备收帐篷时使用；不要穿鞋进入，保持帐篷内的清洁。尤其注意不要在帐篷里抽烟，帐篷的面料尤其怕火，一个火星就是一个窟窿。因帐内的露水或水汽散发不出去或者遇到下雨，帐篷都会湿，第二天收帐篷前最好能把帐篷晾干，如没有条件也可以等回家后再晾；收帐篷之前把帐篷内的沙子倒干净，把门帘拉好，然后铺平内帐，再放在铺平的外帐上，折叠，同时拍掉帐篷底面的灰土，并将帐篷杆一块儿卷起，装入袋内收好。

（二）睡袋

睡袋是野外露营的被子，主要作用是保暖。根据形状和功能，睡袋可以分为"信封型"、"人形型"和"混合型"3种款式。

"信封型"睡袋呈长方形，开口部分在一旁。把拉链拉上，就有一般棉被的一半大小，可以把整个身收容在里面；而且其脚部的一边也装有拉链，以备在闷热的夜晚，拉开把脚伸在外面透气。

"人形型"睡袋就像包婴儿的襁褓一样，下面渐渐狭小，近似三角形的款式，拉链装在中央，拉上时，全身只有脸部露出。与"信封型"相比，该款式睡袋的活动空间小、保暖效果好。

"混合型"睡袋兼顾了"信封型"与"人形型"款式睡袋的长处。其特征在于进入口像"信封型"睡袋一样宽大，把身体缩进后却会像"人形型"一样，可以把身体包得紧紧的。因为进入口宽大，所以天气转热时可以打开，转冷时可以收紧，调整、操作简单。

（三）防潮垫

防潮垫是野外宿营的褥子，主要用于在野外环境中将潮湿、冰凉的地面与人体隔离，避免受潮。防潮垫小巧轻便，便于携带。自充气或防潮垫较坚固，防潮效果更好。

第三节　野外行进与生活技巧

一旦发现陷入困境，人们首先想到的是赶紧离开，寻找救援。在开始任何行动之前，个人或者整个团队应该坐下来，仔细分析自己所处的环境，而不是惊慌失措，仓促决断。只有在没有明确线路，或者所处位置救援人员很难发现的情况下，才能做出是离开还是主动寻找出路的决定。

一、临时准备

如果主动行进在所难免，那就尽最大可能做好准备，上路出发吧。带上所有有价值的东西，特别是可以迅速搭建简易帐篷的材料。如果放弃原来的交通工具，那就带走交通工具上能拆卸下来的可以用于户外生存的零件。根据不同的性质作雪橇、背囊，以便携带装备，移送伤者。确保小组每个成员了解下一步行动路线，以便迷失时可以自救。在出发点留下信息，以便救援人员知道你们离开的时间和前进方向，特别是在生还者决定放弃交通工具徒步行进的时候。

二、行进方法

1. 行走方法 行走要尽量使整个脚掌平着地姿势要自然，膝关节要富有弹性。

2. 行走速度 身体不要起伏过大，速度节奏要均匀，一般一天步行不要超过40km，步行时，要按照体弱者的速度行进。

3. 休息 出发后约20min时，要进行短时间的休息，目的是检查衣服、装备、鞋并进行必要的调整。之后，大约每走1h左右休息一次，负重行走时可适当缩短休息间隔。为了使旅途更富有情趣，在行走途中可进行一些游戏活动。在同伴之间互相提问树木和花草的名称，也可以组织唱歌比赛、做游戏等，但不能过分影响行进速度，以不十分疲劳为宜。

三、野外行走简易测距的方法

野外行走首先要解决的是方位判断和简易测距。有目测法和跳眼法。

四、行进技巧

出发前最好准备一根手杖，不仅能减少旅途的艰辛，还可以作为防卫武器，用来打草惊蛇，驱赶某些野兽。在平路行走时，应保持匀速。特别是刚开始出发时，应避免走得太快而造成疲劳，使情绪低落，影响后面的行程。有规律地休息，平均每走35~40min应休息5~10min，坐下来观察队友的情况，必要时调整各自的负荷以便舒适一些。

1. 整体行进的技巧 无论是否存在年龄差异和体形差别，是否有伤者，应尽量保持队伍整体前进，恶劣的天气条件，如降雨、降雪、浓雾以及黑暗的夜间环境，都会给队伍整体性前进带来困难。但是有一点必须明确，一旦有成员走失，情况将更加糟糕。

1到2名成员走在队伍前面，距离不要太远，负责探寻最合适的道路，其他成员作为大部队紧跟前面的探路人员，这组人员中由一人负责组织。大部队最后留一名负责的成员，保证没有掉队者。探路人员与大部队的距离应使彼此能够看得见对方，能听得到对方的声音。每个成员应该与前后队员始终保持联系，大部队的组织者要不断地清点人数，每个成员必须知道一旦脱离队伍如何应对。走失的队员如果确定经过的道路，最理智的选择就是循着自己的脚印按原路返回，并在返回途中不断呼喊队友，尽力捕捉任何回应的声音。吹口哨可以帮助别人确认你的位置。如果队伍中有多名成员体格较为健壮，能够快速行动，可以将他们变成一组，与大部队分开，先行探路，寻找水源、食物和栖息地。

2. 借助各种器具行进 短绳拉运是一种很有用的技巧，可以帮助体质较弱的队员在复杂的地形中顺利行进。体格较为健壮的队员，用粗绳帮助体质较弱的队员行进。前者紧握绳子，在后者需要时提供帮助，引领的队员在山坡上侧，与接受帮助的队员距离不要太远。如果绳子过长，可以将多余的部分缠在身上，然后用绳索帮助队友上下降更远的距离。通过一定的训练，短绳拉运可以提高整个小组的行进速度，帮助体弱的人在复杂的地形面前顺利渡过难关。

其次，就是沿途做标记。可以把标记刻在树上，可以在草上打结，用树枝或石头摆一个图案，或者把布料之类的东西绑在特征明显的物体上，如大石头上。还要注意的是，你认为意义清晰的标记对后面跟上来的队员来说可能难以理解，特别是在雨雪天气中，或者后续队员身体条件比较差的时候，所以，最好回过头来检查一下自己做过的标记是否能够清晰辨认，是否便于理解。

3. 热带丛林中行进   在热带丛林中行进，为防止蚊虫、蚂蚁、毒蛇等的叮咬，应穿靴子，并要扎紧裤腿和袖口、领口，最好把裤腿塞进靴子里面，有条件的应戴手套。在鞋面上涂驱避剂和肥皂，可防止蚂蚁上爬。为防止毒蛇的侵袭，行进中可以用木棍"打草惊蛇"，同时，也应注意树下有无毒蛇，休息时，要仔细观察后再坐下。

在野外常常会遇到大小不等的林区和疏密不等的灌木丛，因此必须了解一些林中行走的知识。穿过丛林时应注意以下几点：

（1）应选择林间主干道或小道行走，做好定向，以防迷路。

（2）在浓密的灌木丛中行进刀开路前进。带路者应准备一把砍刀。

（3）穿林时最好穿长袖衣裤，避免和减少草木的树枝刺伤或划破皮肤，同时还可以避免蚊虫叮咬；系好鞋带，可将鞋带围绕踝关节一圈系紧，避免过长的鞋带被树枝挂松而影响行进。

（4）在茂密的灌木丛中行走，推开挡路的树枝时，要注意后续队员的安全，当放开手中的树枝时，应该回头看着，以免树枝打到后面的队友，或喊一声："小心树枝！"提醒队友注意。

（5）行进中注意勿被地面的树桩或藤蔓绊倒。

4. 夜间行进   一般来讲，夜间行进不会是漆黑一片，尽管这样，也不能完全看清一些物体，因此就会偏离方向，这时指北针就会发挥作用。在做出决定时，应慎重考虑。夜间行进有诸多弊端：夜间很难看清各种标志性的地形和事物，容易迷失方向；星座可以指明方向，但是无法一边抬头看星座一边行进；夜间行进很难判断前方是否有悬崖峭壁或障碍物；夜间行进给整个队伍的共同行动带来困难。如果没有有效的照明设备，或者电池电量有限，不要进行夜间行进。因为人的双眼需要半个小时才可以完全适应夜间的黑暗环境。在树林中比开阔的地方会更暗一些，因此应尽可能地沿开阔地行进。夜间观察物体时观察其轮廓和边缘。

黑暗中听觉会更有用，如河中流水的声音，会告知你它的流速。黑夜里应缓慢前进，步幅要放小，重心前移之前要试探一下，如果是下坡，可以便身体重心后移托住脚走。

另外，眼睛对黑暗需要一个适应过程，一旦适应了以后，其能见度会有好转。但注意不要再让眼睛受光亮刺激，否则恢复这种直觉又需要相当长的一段时间。如果一定要用光，可以只用一只眼睛，以保证另一只眼睛的视力不下降。

在夜间行进，更需要探路。首先要确定行进方向。大部队的组织者派一名队员作为引路员，先行进一定距离。组织者再派一名队员作为目标员，赶上并超过引路员，目标员与大部队的距离以彼此看到对方为宜，目标员和引路员要在一个方向。然后大部队在组织者的带领下向引路员行进。这样，原来的目标员成了新的引路员，而原来的引路员则赶上并超过原来的目标员并取而代之。

五、渡河

河流、湖泊是我们在行进中的危险因素。水而看起来平静，水底可能危机四伏，除非万不得已，不要轻易选择渡河。河流是行进过程中的主要障碍，特别是在队员感到疲劳、寒冷、迷失方向的时候。人们往往低估河流的危险并因此而陷入困境。一旦弄湿身体，体温就会迅速下降，对此出现的任何不适症状都应保持警觉。渡河前，应对背包及所带的用品进行防水、防潮处理，保证渡河后能继续前进。不要急于渡河，一定要仔细研究水势过河路线，等待水流平静的时候开始行动并过河更安全。

（一）河流的涉渡

选择最合理的借助结实的绳过河时，一定要用撑竿试试水的深浅。河流三角湾处通常波涛汹涌，河面也很宽，不应在此处渡河。

在宽阔河面，尤其是靠近入海的地方，不要轻易涉水。如果水温过低，不要轻易做出渡河的举动。

因为光线曲折的关系，看起来很浅的河底，实际上相当深，因此，必须先用拐杖探测水深之后再渡过。

（二）个人渡河

单独涉水时，用手杖探测水中的岩石或洞穴，然后把手杖作第三支"撑腿"放在身前，抬腿时身体靠在手杖上，侧身走。

（三）集体渡河

第一个人把绳子（救生索）的一段绑住三人中最强壮的人。第三个人把另一根绳（过河绳）的中央用岩钉钢环固定在河岸上，紧紧地抓住过河绳的一端并把另一端给最强壮的人，他捆着两根绳过河，并用手杖在前面探路。最强壮的人到达对岸后，把救生索固定在一块岩石上，把一个岩钉钢环穿到过河绳上，然后把过河绳缠在自己身上。岩钉钢环沿绳滑到对岸，第一个人把它穿在腰带上。他沿着救生索过河，第三个人慢慢放过河绳，最强壮的人收过河绳，在第一个人滑倒时，可以救助他。第一个人解下岩钉钢环把它穿在救生索上，第三个人用岩钉钢环绑好背包，把背包扯过河去。救生索尽可能拉直以免背包浸入水中。第三个人把救生索解下来绑在自己身上过河。最强壮的人和第一个人拉住过河绳，随时准备帮助第三个人。

（四）不借助绳索过河的注意事项

如果在视野范围内，河流下游有任何危险，则该地点不适合过河。不要正面迎向河流，应斜向上过河流，并自始至终注意上游是否有漂流物顺流而下，以便提前作出判断，防止意外伤害。尽量不要在河流急转弯的地方过河，这里的河水通常流速湍急。河水流过石块和障碍物时表面会产生波纹。河面湍急的河水通到大的石块阻挡时，会产生游涡，十分危险。如果水势湍急，小组成员可以利用木棍相互协助，具体做法是，相邻的两个队员胳膊挽在一起，同时双手紧紧抓住木棍共同行进。

所有成员手握一棍结实的木棍，沿一条直线顺次过河，特别是队伍里有体格较弱的队员时，找一个体重较大的队员站在河流上游，尽量减少河水的冲力。另外一种方法是，所有队员手搭在彼此的肩膀上，脸向内挽成一团，以期慢慢滑行，最前面的队员可以借助木棍保持平衡，并探测水深以及河床上是否有障碍物。

一个人经过流速较慢、河面幅度较宽的河流时，一定要双手抓紧一棍木棍，用以探测水流度和保持平衡。过河时携带的背包较重时，可适当松开腰部系带。一旦水流过急时，可以卸下背包，以防被水流冲倒。

可借助物体的浮力过河，防水背包、充气的长裤、空水瓶、防水帐篷布填入体积较大质量较轻的物体（例如聚苯乙烯、空塑料瓶、泡沫床垫）等，都可以为漂在水面上提供浮力。

六、绳索

有关绳索和绳结的基本知识对于一个野外生存者至关重要，这种基本知识在野外生活的每一天都发挥着重要的作用，如搭建帐篷、捆扎物品、改进工具、抢救伤员、安全保护等。在进行野外活动前，应熟练掌握如何使用绳索和绳结。

绳索主要由植物纤维或尼龙等人造材料制成，使用时应注意：防止受潮或暴晒。如受潮，应洗净风干烤干。避免触及尖锐的物体，防止断裂，在不向条件下用不同类型的绳子别是用于攀登的绳子。不要踩踏绳索。

（一）如何联结绳索

1. 平结 这种打结方法适用于数根相同粗细的绳子打结。在接口左右两端再打上1～2个平结，可以使此结更加牢固。

2. 单层结 这种结用于两条粗结不同的绳子的连接。

3. 双层结 适用于两根潮湿、粗细悬殊较大的绳子的连接。

4. 渔人结 此结适用于两条潮湿、易滑绳子的联结。

5. 带结 此结适用于两根表面平滑如布带、皮带等材料的连接。此种结能承受较大的拉力，可以打在绳子末端或中间，结网或者连接线头时较常用。

6. "8"字结 此结适用于将绳子结在树上、木桩上。这种结打结速度快而且不容易脱开，登山者经常使用此结，比带结牢。

7. 杠杆结 秋千一般使用杠杆结，木棍可以抽开，绳子即可解开。

（二）常见打结方法

1. "8"字套结 此结的特点是能使绳索的两个线头同向平行，运动员登山时经常使用这种结。在日常生活中，也可以用此结将绳子系在树桩上。

2. 绳圈和两个平结 常用于将绳子固定在树桩上力的情况下，打结也比较容易。

3. 卷结 实际操作中经常用此结开始或结束其他复杂的打结。绳索打完卷结后两端都可以承受拾力，如果需要将绳索缠绕在圆柱体上，为了防止绳索打滑，可以在绳索缠绕到一半的时候使用卷结进行加固。

4. 原木套结 施工中需要托拽原木时经常使用此结。物体很重时，可以再加一个平结。

第四节　野外饮食

一、水

相对于别的食物来说，水对人类的生存意义更大。没有食物的情况下人尚可生存几周，如果缺了水，只需几天的工夫，人体的各项功能就会严重衰竭，直至死亡。中等体格的人正常情况下每天大约需要 2 ~ 4L 水。在气候恶劣的户外可能需要更多，往往这个时候你会发现水资源并不充足。

当发现携带的水所剩无几时，不要指望救援人员立刻降临到你的身边，将身边的饮用水做个统计，并妥善保管，计划每天的用水量，并严格按照计划使用。

为了减少用水量，首先要保存体液。保持体液的平衡，使排除量大致等于饮水量。不要吃干燥、危险的食物；由于空气比较干燥，即使在寒冷的环境下呼吸，也会排出一定的水分，所以要用鼻子而不是嘴呼吸；将活动量控制在最低限度，以维持体内的水分；让自己处于"有点儿渴"的状态，可以减少排尿，有助于体内水分的保持。

1. 找水、取水　找水源首选之地是山谷底部地区，高山地区寻水，应沿着岩石裂缝去找，干涸河床沙石地带往往会挖到泉眼。

（1）环境中的水资源

①雨水：火山爆发或者大火之后的雨水带有较强的酸性，除此之外，一般来说雨水是可以饮用的。下雨的时候用所有的容器尽可能多地存水。在地上挖个洞，铺上一层塑料，四周用动土围住，可以有效地收集雨水。

②积雪：冰比雪的融化速度快。如果不得不用雪取水，最好选用下层的积雪，因为下层的积雪颗粒小，密度大。在海上，除了那些经过风化的结冰（如冰山）外，大部分冰块含有很多的盐分，表面因此而呈现出淡蓝色，比较容易辨别。最快的取水方法是将雪挤压成雪球盛在不漏水的容器中，然后放在太阳底下晒，或者放在身旁。如果随身携带有黑色塑料袋，也可将雪球放在塑料袋中，雪球融化后所得到的冰水可供饮用。在海岸边，应在最高水线以上挖坑，很可能有约 5cm 的沉滤水浮在密度较大的海水层上。

（2）丛林和热带地区　大多数丛林和热带地区每天都会降雨，如果身处这些地区，降雨时可用随身携带的容器储存雨水。将几片大叶植物的叶子捆在一起，叶尖朝下冲着容器，雨水会顺着叶子流到容器中。棕榈树和香蕉树的树下中有大量的液体。将一棵香蕉树从树桩处砍断，用锐器在树桩的横截而上凿一个碗大的凹陷，几个小时后，慢慢渗出的汁液会将这个凹陷填满，此清澈的汁液可以饮用。

从竹子中也能获取水。在一段竹节的底部割开一个小口，汁液就会流出来。通常情况下，成熟的竹子比绿色的嫩竹子含有更多可流动的水分。有些树藤中也含有可以饮用的汁液，但是那些乳状的汁液往往是有毒的。还有一些可以饮用的汁液能引起皮肤过敏，对此要多加小心。在树藤中取水时，要在尽量高的地方用刀割一个小门，然后在底部砍断树藤，这样汁液才能流出来。一般来说，含有汁液的树藤是圆柱形的，汁液量多，味甘。丛林中，像大型兰科植物、凤梨科植物的叶子与茎的连接处存有大量的水。将棕榈树枝上花的顶部去掉，然后向下弯折枝茎，如此可以采集棕榈树枝中的汁液。椰子汁也可以饮用，但是成熟的椰子果实中的汁液可导致严重腹泻，不可饮用。

（3）从植物中取水 仙人掌和芦荟中含有较多的汁液。仙人掌的叶片味道鲜美，而且水分很多，吃之前要记得去皮。植物的根部通常存有水，在干旱地区生长的植物尤其如此。取水的方法是，将植物的根部切碎，然后用布裹起来挤压。凝结于植物特别是那些大叶植物上的露水，也是宝贵的水源，你也可以尝试一下澳大利亚土著人收集露水的方法：将一大束草绑在脚上穿过草地，如此脚上的草叶会沾上大量的露水。在一段树叶浓密的嫩枝上套一只塑料袋，叶面蒸发作用会产生凝结水。

（4）跟踪动物、鸟类、昆虫或人类踪迹可以找到水源。

（5）在干旱沙漠地区利用下述方法能较好地收集到水：在相对潮湿的地面挖一大约宽90cm、深45cm的坑，坑底部中央放一集水器，坑面悬一条拉成弧形的塑料膜。光能升高坑内潮湿土壤和空气的湿度，蒸发产生水汽，水汽与塑料膜接触遇冷凝结成水珠，下滑至器皿中。

2. 水的净化和过滤 大部分水源已经被人类活动的产物如重金属、废弃物和其他有毒物质所污染，其中有些有害物质是无法被提取的，长期饮用这种水肯定会危害我们的健康，但偶尔饮用并不会对人们的身体造成太大的影响。另外，一些有害物质如人类或动物的粪便，会迅速导致腹泻。粪便中隐藏着微生物如鞭毛虫等细菌和病菌。

在野外能找到的水源大部分是浑浊的，还可能带有泥沙和动植物的粪便和碎屑，必须经过过滤才能饮用。首先是可以用水质净化药片，浑水加2片，清水加1片；其次，在一罐清水内滴入5滴2%的碘，在比较浑浊的水或冷水中滴入1滴，等待3min即可饮用。什么样的水才是污染水呢？带有异常气味，或者上面漂浮着泡沫、气泡的水源；已经改变颜色或者褪色的水源；沙漠中的水，这种水源要么是一潭死水，要么就是盐水。用过滤器将悬浮物过滤掉。如果没有过滤器，可用咖啡滤纸、汽车空气净化器、手绢甚至旧袜子。如果只能找到泥浆，可以用布将泥浆包起来，把里面的水分挤出来，盛在容器中。找到的如果是含水分的植物，可将植物弄碎，然后包在布里面将水分挤出来。如果是沙地上挖洞取水，为了防止洞穴向里坍塌，可以用植物将洞穴的内壁加固。如果没有任何过滤工具，可以用石头和沙子对水进行简单的过滤处理，这些水可能会给你的健康带来不良影响，但更重要的是先保全生命，获得营救之后，再治疗那些因饮用不干净的水而造成的疾病也不迟。用蒸发的方法可以净化海水和其他液体（如冷凝以及通过其他方法采集的水），但净化效果并不能达到百分之百的纯净，经蒸发净化的水仍可能带有怪味或者带有微生物。

（1）植物蒸腾法 植物在日常吸收养分的新陈代谢过程中会排出一些水分，这就是植物的蒸腾作用。我们可以对此加以利用，以采集水分。

（2）日光照射蒸腾法 取一个容器放在另一个容器中在洞底放置一些植物；用一块塑料布将洞口覆盖；在塑料布的中心位置放一块小石头，是塑料布成漏斗状垂直放置在洞底的容器中。

二、食物获取

平时我们每天都需要补充一定量的食物，以供身体活动之需，但我们的身体极限可以耐受长达数天的禁食。尽管如此，在户外生存的环境下，我们仍然要根据预计的时间制定严格的食物分配计划。一般来说，猴子而不是狒狒食用的东西也适合人类食用。

1. 取食于植物

（1）棕榈树　椰子等植物的水果以及植物嫩枝的芯都可以食用。

（2）松树　松子是美味的坚果类食品，松树叶可以煮水喝。

（3）青苔　青苔食用之前需要用水煮，用青苔做汤也不错。

（4）海带　海藻类通常都是可以食用的。迄今为止还没有发现有毒的海草，但有些海草会刺激肠胃。海带和其他海藻类植物很常见，在世界任何一处海滩上都能找到它们的踪影。海藻类营养丰富、无毒，可以放心食用。食用前先进行清洗，然后用水煮，煮过海带的水实际上是营养丰富的海带汤，不要丢弃。

（5）坚果　很多植物的果实属于坚果类，而仅有极少数坚果会对人体带来副作用。坚果富含人体所需的蛋白质，可以放心食用。

（6）蕨类　蕨类植物的很多品种，特别是那些生长在北半球的蕨类植物都可以食用。除了常见的欧洲蕨的成熟植株外，其他蕨类都是无毒的。为保险起见，最好食用鲜嫩的蕨类。可通过叶片的形状来辨别：鲜嫩蕨类的叶片是略微卷曲的。很多蕨类植物上有细毛，这些细毛对人体有刺激作用，食用前要清除掉。

2. 检验植物　为保证团队的整体安全，团队中只能由一人检验每种植物，并分开检验叶片、茎、根和块茎。

（1）嗅觉测试　如果某种植物碾碎后闻起来有一股杏仁味道（氢氰酸）或桃子味道（氰酸），那么这种植物很有可能有毒，要立刻丢弃它。

（2）皮肤测试　取一块碾碎的植物在较柔软的皮肤处（比如手臂内侧）轻轻摩擦，5min后检查擦过的皮肤是否出现红肿或有灼烧感。

（3）味觉测试　取一小块放在嘴唇上，进而放入口腔的一侧或舌尖上。然后嚼一点儿，但是不要吞咽。每一步之间至少间隔10s，感觉是否出现麻木、针刺或烧灼感。

（4）消化系统测试　取一点植物，咀嚼之后吞咽，3~4h之内不要进食其他东西。经过烹制的植物也要经过上述检验步骤。尤其不能少了消化系统测试，因为烹制过程中可能改变植物中的化学成分。

3. 可食用的动物　食用素食可以让你保持精神愉快，而且素食是最容易获得的食物。在某些情况下，你可能不得不改变饮食习惯，转而食用荤食。小动物（包括昆虫、鱼类、软体动物和爬行动物、海鲜类和鸟类）都是可以果腹的食物，而且比大型动物更容易捕捉。在朽木里蛰伏的幼虫经过煎炸之后，味道与烤花生类似，需要注意的是那些色彩斑斓的昆虫，这些昆虫很多都是有毒的。

第四篇
养生篇

>>>

第二十六章　养生理论

第一节　养生的原则

一、静神养生

静神在传统养生学中占有重要地位。古人认为，神是生命活动的主宰，保持神气清静，心理平稳，可保养元气，使五脏安和，并有助于预防疾病、增进健康和延年益寿。反之则怒伤肝、喜伤心、忧伤肺、恐伤肾，以至诱发种种身心疾病。

二、动形养生

古人认为"人欲劳于形，百病不能成"；诗人陆游说"形要小劳之"，说明了适度运动对健康的积极作用。古人在实践中摸索出了如按摩、气功、太极拳、八卦掌、五禽戏等动形方式，可强身延年。人若贪图安逸，运动不足，或是劳累过度，则容易引起"劳伤"，又称"五劳所伤"，即久视伤血、久卧伤气、久坐伤肉、久立伤骨、久行伤筋。

三、饮食养生

古人认为，合理饮食可以调养精气，纠正脏腑阴阳之偏，防治疾病，延年益寿。故饮食既要注意"博食"即以"五谷为养、五果为助、五畜为益、五菜为充"，又要重视五味调和，否则，会因营养失衡、体质偏颇、五脏六腑功能失调而致病。

四、进补养生

传统医学十分推崇用滋补药物调理阴阳、补益脏腑、滋养精血。合理进补可以强身、防病、祛病。但进补既要辨证，又要适量，还应考虑顺应四时。服用补药时，如系入肺药，在秋季较合适；如系温补药，则在冬季比较适宜。

五、固精养生

古人认为，精血是人体营养物质中的精华部分，是生命的物质基础，五脏六腑得精血的供养，才能保持其正常功能。如性欲无节，精血亏损过多，就会造成身体虚弱、病变百出、减损寿命。而保养阴精则可延缓衰老。

六、经络养生

经络是遍布人体全身的"网络"系统，它控制着血和气的运行流动，以保证各组织系统的正常功能。《黄帝内经》说，经络具有决生死、处百病、调虚实之作用。古代养生学家认为，疏通经络可作为养生的重要措施，而最简便的方法就是经常刺激、按摩、针灸三个重要穴位即合谷穴、内关穴和足三里穴。合谷穴可以防治颜面及五官方面的疾病，内关穴有助于防治心脏疾病，足三里穴则对预防五脏六腑特别是消化系统的疾病最有效。

七、顺时养生

古人认为，天有四时气候的不同变化，地上万物有生、长、收、藏之规律，人体亦不例外。因此，古人从衣食住行等方面提出了顺时养生法。人的五脏六腑、阴阳气血的运行必须与四时相适应，不可反其道而行之。因时制宜地调节自己的生活行为，有助于健体防病，否则，逆春气易伤肝，逆夏气易伤心，逆秋气易伤肺，逆冬气易伤肾。

八、修身养生

古人认为，凡追求健康长寿者首先要从修身养性做起。平日应排除各种妄念，多说好话、多行善事。古医家孟说云："若能保身养情者，常须善言莫离口"，"口有善言，又当身行善事"。孙思邈则说："心诚意正思虑除，顺理修身去烦恼。"养成良好品行，常做有利于他人的事，可使自己心胸开阔、心情愉悦。

九、调气养生

古人认为，人体元气有化生、推动与固摄血液，温养全身组织，抵抗病邪，增强脏腑功能之作用。营养失衡、劳逸失当、情志失调、病邪夹击等诸多因素，可导致元气的虚、陷、滞、逆等症候，进而使机体发生病理性变化。调气养生法主张通过慎起居、顺四时、戒过劳、防过逸、调饮食、和五味、调七情、省言语、习吐纳、行导引等一系列措施来调养元气、祛病延年。

十、减毒养生

古人认为，人若喜怒无常则会导致体内阴阳、气血失调。劳累过度会损伤脾气，伤于饮食则生湿、热、痰浊。冒犯六淫，伤之外邪则百病丛生。这种致病因素被人体视为"毒"，因此提出以"减毒"来保全真气的养生之道。而通过饮食调理、服用药物及其他措施，减少体内积聚之毒，可免生疾病，防止早衰，进而延年益寿。

第二节　养生的基本观点

一、天人合一

天人关系在中国古代哲学史上占有十分重要的地位。所谓"天人关系"，实质上指的就是人与自然的关系。尽管古代思想家对人与自然关系问题的看法不尽相同，但其中大多数人都倾向于认为人与天地万物之间，存在着一种普遍的联系和相互作用关系。

哲学领域关于天人关系的见解势必会对传统养生文化产生深刻影响，这一方面是由于养生学直接以人体作为自己的研究对象，另一方面则在于传统养生文化是以古代哲学作为自己的深厚底蕴。

早在中国传统养生理论的奠基作《黄帝内经》中就明确提到："人与天地相参也，与日月相应也。"

所谓"人与天地相参"强调的正是人与自然界的统一关系。这种统一关系在传统养生文化中，至少可以从以下三个方面得到充分印证：

（1）人体的生理过程与自然界的运动变化存在同步关系。《灵枢》提出："春生、夏长、秋收、冬藏，是气之常也，人亦应之。"

人体的与自然万物同受阴阳五行法则的制约，并遵循同样的运动变化规律。俞琰《周易同契发挥》对此作了详尽的阐述："人身法天象地，悉与天地造化同途。

（2）人与自然万物有着共同的构成物质。《素问·宝命全形论》所说的"人以天地之气生，四时之法成"，正强调了人和万物一样，都是天地之气合乎规律的产物。

（3）考察中国养生文化史可以发现，"天人相应"的观念几乎渗透到了其中的每一个角落。

首先，"天人相应"的哲学观念是古代养生家探讨人体奥秘的理论武器。俞琰在《周易参同契发挥》中就提出："古之修丹者，仰以观于天文，俯以察于地理，中以稽于人心；于是虚吾心，运吾神，回天关，转地轴，上应河汉之昭回，下应海潮之升降，天地虽大，造化虽妙，而其日月星辰之著明，五行八卦之环列，皆为吾摄入一身之中，或为吾之鼎器，或为吾之药物，或为吾之火候。反身而观，三才（日、月、星）皆备于我，盖未尝外吾身而求之他也。"

其次，"天人相应"的观念为传统养生理论的形成提供了哲学依据。我们知道，在传统的养生理论中，阴阳五行学说占有十分重要的地位，而这种学说的产生，恰恰是以"天人相应"的观念作为自己的哲学依据的。所谓"天以阴阳而化生万物，人以阴阳而营养一身"，实质上正是"天人相应"哲学理论在人体阴阳学说中的具体展现。阴阳学说如此，五行理论更不例外。

《素问·天元纪大论》则讲得更为透彻："天有五行，御五位，以生寒暑燥湿风；人有五脏，化五气，以生喜怒忧思恐。"

再次，"天人相应"的哲学观念是传统养生方法创立的认识论基础。以气功养生法为例，它的产生和完善显然与"天人相应"的哲学观念息息相关。俞琰《周易参同契发挥》称："夫天位乎上，地位乎下，二气则运行乎其中，一升一降，往来不穷，犹橐龠也。人受冲和之气，生于天地间，与天地初无二体，若能悟天地之妙，此心冲虚湛寂，自然一气周流于上下，开则气出，阖则气入，气出则如地气之上升，气入则如天气之下降，自可与天地同其长久。"

总之，"天人相应"的哲学观是中国传统养生文化赖以生成的理论基础。把握住了它，就不啻于掌握了一把开启充满东方神秘色彩的养生文化宝库的金钥匙。

二、生命的整体观

中国古代都是从整体观来解释世界和人本身的，认为自然界中的一切现象之间都是相互影响，相互联系，相互依存的。一方面，人类生活在自然界，自然界既是人生存的条件，也是疾病发生的外部因素与条件，人与自然界之间保持着动态的平衡，而这种平衡一旦失调，就会发生疾病。另一方面，人与自然是一个整体，人体自身更是一个整体，注重人体组织的整体性。人体生命的各种活动，主要是通过脏腑的功能反映出来的，人体的脏腑与脏腑、脏腑与形体各组织器官之间的关系是不可分割的，在功能上是相互协调，相互作用的，所以有其统一性和完整性。传统养生理论认为，借助呼吸的感觉，通过膈肌的上下升降，腹部的前后胀缩，可以在人体之正中建立一条冲向丹田部位的兴奋线。这条兴奋线建立后，意识对丹田部位的刺激力量也就加强了。

　　我国的养生方法尽管名目繁多，但从总体上看，都不外乎着眼于维护和修复人体所具有的整体功能系统，而不局限于机体组织某个具体部位的养护。这种实践方法的形成，显然是与古人对人体生命结构的整体认知分不开的。因此，传统养生功对人体进行锻炼，必须站在整体观的角度上来考虑。

三、精气神

（一）概述

　　在中国传统养生理论中，精、气、神占有十分重要的地位，它们是构成古代朴素人体生命学说的基本要素。不少古代医学家和养生家为了阐述精、气、神在人体生命活动中的特殊作用，往往把它与自然界万物赖以生存的一些基本物质共同比喻为"三宝"，这就是所谓的"天有三宝，日、月、星；地有三宝，风、火、水；人有三宝，精、气、神。"

　　正像中国养生文化中的"阴阳"、"五行"等其他重要理论概念一样，精、气、神的出现也与传统哲学存在着密切的渊源关系。管子则认为，万事万物均由"精气"构成，他们"凡物之精，比（化）则为生，下生五谷，上为列星，流于天地之间，谓之鬼神；藏于胸中，谓之圣人。是故此气，杲乎如登于天，杳乎如入于渊，淖乎如在于海，卒乎如在于己（当作"山"）。"（《管子·内业》）在管子的学说中，精气不但是构成客观世界，包括人在内的物质本源，而且作为人体生命活动三要素的精、气、神还具有互相化生的特性。后世的养生学家正是在此基础上，逐渐赋予了作为生命活动的三要素的精、气、神以独特的理论见解。

（二）精气神的实质

　　1. 精的基本含义　在祖国养生理论中，"精"是构成人体和维持生命活动的精微物质。根据"精"的来源、功能和作用又可分为"先天精"和"后天精"。其中"先天精"，又叫"元精"，它是人体生长发育的基础，主要来源于父母的精、血，被视为人体生命活动的原始微观物质。《黄帝内经》称："人始生，先成精。"指的就是这种先天之精；"后天精"又称"脏腑之精"，它主要来源于后天五谷饮食之营养，通过肺的呼吸调节，脾胃的消化吸收，从而将营养物质的精微部分转化到人体的各个腑脏而构成。"精"尽管存在"先天"、"后天"之别，但二者又是相辅相成，互为依存的。"先天之精"要依靠"后天之精"的不断补充，"后天之精"则必须依赖"先天之精"的活力，而且它们还共同储存于人的两肾之中，形成所谓"肾精"。祖国养生学认为，肾精作为人体生命活动的重要物质要素之一，它主要发挥以下三种生理功能：

（1）推动人体生长发育。一个人如果肾脏精气充盈，生长发育就正常；反之则会出现发育迟缓或未老先衰等异常现象。

（2）参与人体生殖繁衍。无论是两性副性特征的发育、性功能的成熟、或者是生殖能力的获得，都与肾精的盛衰盈亏密切相关。

（3）濡养人体脏腑组织器官。人体的肾精在充盈有余的情况下，既可通过正常的生理渠道排泄体外，形成男性的泄精和女性的月经，也可以在必要时转化为其他形式，如气血津液等等，输送到脏腑器官去发挥濡养作用。

鉴于"精"具有上述重要生理功能，所以传统养生理论向来十分重视"养精"、"保精"和"炼精"的养生作用。《黄帝内经》就提出："夫精者，身之本也，故藏于精者，春不病温。"（《素问·金匮真言论》）。在具体的实践中，我国古代养生家也摸索出了一整套以增加饮食营养调补"后天之精"、以节制房事固养"先天之精"的行之有效的养精方法。

2. 气的基本含义　在中国传统文化中，气是构成世界的最基本物质，自然界的一切事物都是气的运动变化而产生的，一切生命现象均被视为"气"活动的结果。这就是晋代葛洪在《抱朴子》中所说的："人在气中，气在人中，自天地至于万物，无不赖以生者也。"作为中国传统文化重要组成部分之一的祖国养生学也持有类似的观点，认为"气"是一种极微小而且处在活动状态的精微物质，它构成并维持人体生命活动的全过程。因而有"天地未生，只有元气"、"气者形之神，而形者气之化"等说法。

中国养生学认为"气"的生成主要与肾、脾胃、肺等脏腑器官密切相关。气在人体内的生成来源，有先天与后天之别，先天之气是禀受于父母的元气，为肾精所化，藏于肾中，有激发、推动人体各脏腑组织功能活动的作用。传统养生中的气多指元气，主要是指先天之气。后天之气是指得之呼吸、饮食所化生的精微部分，脾胃从各种饮食营养物质中汲取水谷精微之气，注入脉中，营运周身，为"营气"，在内濡养五脏六腑，在外充泽四肢百骸，并有统摄化生血液的作用。一源于先天，一源于后天，两者合而成为"真气"。真气为诸气之本。"气"的存在是通过一定的生理功能表现出来的，这些生理功能主要体现在以下五个方面：

（1）推动作用　"气"具有推动脏腑组织活动和促进血脉运行的作用。

（2）温煦作用　"气"具有维持人体正常温度，保持身体与外界环境协调平衡的功能。

（3）防御作用　"气"具有护卫肌表、防御外邪入侵的能力。

（4）固摄作用　"气"具有控制人体血、汗、尿、精不外泄的功能。

（5）气化作用　"气"具有维持脏腑功能正常活动和精、血、津液新陈代谢过程顺利进行的作用。

从"气"所具有的上述生理功能中可以看出，它与"精"一样，也是人体生命活动赖以进行了重要物质基础。所谓"人含气而生，精尽而死"，正强调了"气"和"精"同属构成生命活动的物质要素。祖国养生理论十分强调"养气"、"补气"和气功锻炼，其着眼点正在于此。

3. 神的基本含义　在中国养生理论中，"神"通常是作为人体生命活动现象的总称这样一种基本概念出现的，它包括了在大脑的精神、意识思维活动，以及脏腑、经络、营卫、气血、津液等全部机体活动功能和外在表现。"神"的生成主要以先天之精为基础，以后天的精气为补养培育而成。所以"神"的盛衰与精、气的盈亏密不可分。只有作为生命物质要素的精气充足，作为生命活动功能外在表现的"神"才可能旺盛。至于"神"的生理功能，祖国医学认为主要体现在它是人体生命活动的主宰上。人的整个机体，从大脑到内脏，从五官七窍到经络、气血、精、津液，以至肢体的活动，都无一不是依赖"神"作为维持其正常运转的内在活力。正因为"神"在人体生命活动中占有如此重要的地位，所以《黄帝内经》明确地得出了"得神者昌，失神者死"的重要论断。祖国养生文化也正是在此观念影响下，才逐步形成了"形神兼养、养神为先"的鲜明民族特色。

从以上分析中可以看出，精、气、神在传统养生理论中是作为人体生命活动的三个基本要素出现的。其中精、气是生命活动的物质基础，而神则被视为生命活动的外在表现，或称为生命结构的总体功能信息。三者之间具有互相滋生的内在联系：精充气足则神全，神躁不安则伤精耗气；精气不足，神也易浮躁不宁；只有精、气、神充盈，机体的生命活动才可能在健康状态中运行。

从养生保健的角度来看，正常的生命活动除了有赖于作为生命物质基础的精气充盈之外，同时还要力求精气处于有规则的流通状态之中。《吕氏春秋·达郁》篇指出："血脉欲其通也……精气欲其行也。若此，则病无所居，而恶无由生矣。"传统的养生方法，如气功、太极拳、五禽戏、八段锦以及按摩针灸等等，其主要机制也都在于促进精气流通，以使病体康复。精气流通作为传统养生理论指导原则之一，其本质要义不外乎协调阴阳气血，使机体各种功能处在最佳状态，从而有益于养生长寿。

四、阴阳学说

阴阳，原指日照的向背，向日为阳，背日为阴。后来逐渐发展成为中国古代哲学中的一对重要范畴。它是古人对自然界相互关联的某些事物和现象的对立双方，以及同一事物内部相互对立的两种因素的抽象概括。

后世的哲学家和自然科学家大多因循《易传》的思路，用阴阳学说作为自己的宇宙观和方法论。明代著名医家兼养生家张介宾在《类经·阴阳类》中就指出："道者，阴阳之理也。阴阳者，一分之二也。太极动而生阳，静而生阴；天生于动，地生于静。故阴阳为天地之道。""天地之道，以阴阳二所造化万物；人物之理，以阴阳二气而长养百骸。"（《类经图翼·医易义》）正因为如此，所以阴阳法则就自然而然地成了古人把握和分析人体物质结构、生理功能、病理变化、辨证论治和养生防病的基本纲领。事实上，中国传统养生理论正是在阴阳学说的直接指导下解释生命活动现象，建构祛病延年的理论与实践方法的。

首先，中国传统养生理论认为阴阳是人体生命活动的根本属性。《素问·生气通天论》称："生之本，本于阴阳。"所谓"本于阴阳"，这一方面是指人体生命活动从本质上可以归结为"阴精"和"阳气"的矛盾运动。另一方面则是指人体作为一个有机整体，它的一切组织结构均可划分为既相互联系；又相互对立的阴阳两部分。

其次，祖国养生理论认为阴阳平衡是人体健康的基本标志。《黄帝内经》提出了相应的人体健康标志："阴阳匀平，以充其形，九候若一，命曰平人。"又说："平人者不病，不病者，寸口、人迎应四时也。上下相应，而俱往来也，六经之脉不结动也。上下相应，而俱往来也，六经之脉不结动也。本末之寒温之相守司也，形肉血气必相称也，是谓平人。"（《灵枢·终始》）既然机体阴阳平衡标志着健康，那么平衡的破坏自然也就意味着疾病的发生。

明代张景岳所著《类经》就认为，"人之疾病，或在表，或在里，或为寒，或为热，或感到五运六气，或伤于脏腑经络，皆不外阴阳二气"失去相对平衡所致。

再次，祖国养生理论以协调阴阳为最基本的指导原则。《素问·生气通天论》中谈到："阴阳不和，因而和之，是谓圣度。"所谓"圣度"，实质上就是把协调阴阳当作养生长寿的最高准则。

五、五行学说

"五行"者，金、木、水、火、土也。古人认为，五行是构成宇宙万物的五大基本要素。《国语》有云："故先王以土、金、木、水、火相杂，以成百物。"五行的基本规律是相生与相克。

五行学说就是用上述五种具体形态的基本物质来解释世界构成的一种具有古代朴素辩证法因素的哲学思想。这种这些思想与阴阳学说一样，曾经对中国养生文化产生过重大影响，堪称传统养生学的理论支柱之一。

五行学说所具有的上述特点，使它极易被引入传统医学和养生学领域。事实上，中国养生理论也正是运用五行学说的上述基本观点来揭示人体各部分组织的形态结构和生理功能方面的复杂联系，并从整体上来把握人体生命活动的总规律的。

首先，中国养生理论将人体各种组织器官按五行特性予以归类，用以说明各自的生理功能。以五脏为例。其中肝属木，木性曲直、喜条达，善向外、向上舒展；肝与之相对应，于是也就具备了喜条达舒畅，恶抑郁遏制，善疏通开泄的功能特性。这样，就把人体各种组织器官、生理功能，以及自然界的各种现象联结成了一个相互关联的有机整体，从而为人们的养生实践提供了两条重要思路：其一，养生应该充分考虑到各种组织器官的功能特性，以便采取相应的保护措施；其二，养生应该从整体观念出发，充分考虑到具有同类特性的外界事物对人体组织器官和生理功能的影响，如"五味入胃，各归其所喜攻，酸先入肝，苦先入心，甘先入脾，辛先入肺，咸咸入肾。"（《素问·至真要》）

其次，五行结构中的生克学说是我国养生学关于人体功能整体调控机制的理论核心。五行学说在养生领域的具体应用，正是根据事物间的生克关系，通过五行调控来强化人体自我调节功能，使身体各种功能维持或恢复正常有序状态，最终实现祛病延年的养生目的的。

五行之间，除了正常的生克关系，还常会发生相乘、相侮的异常现象。所谓"相乘"，即按五行相克次序的克制太过，有乘虚侵袭的意思；所谓"相侮"，指与相克次序相反的克制异常，有恃强凌弱的意思。比如，木气溢金，金不能制木，那么，木气就会去乘土，而反过来还会侮金；反之，木气不足，则金来乘木，土反侮木。

可见，五行的生克，要求恰如其分，既要防不足，又要防太过，中医的"辨证"就"辨"在这里。

古人认为，五行的相生、相克及其相乘、相侮，是宇宙万物的组合、生灭、循环、演变的方式与规律的本始，也是人们养生保健的本始，古医学家张景岳说得好："造化之机，不可无生，亦不可无制（克）；无生则发育无由，无制（克）则亢而为害。"因此，我们讲究养生保健，务必遵循五行规律；遵循五行规律，务必辩证有度。

然而，由于时代的限制，古人的五行理念不可能臻至严密的科学体系，而人体的健康则是一个十分复杂的系统工程。因此，我们运用五行理念于保健，应切忌形而上学、牵强附会。

第三节 养生的方法

一、运动养生

俗言"生命在于运动"，道出了运动的真谛。我们都知道能够借助运动来锻炼身体，也就是说运动是养生的重要手段，那么运动究竟怎样作用于我们的身体，基于此，我们又怎样正确的运动，来提高我们的身体素质呢，这些是值得我们探讨的。

（一）运动养生与健康

运动有助于疏通人体经络，从而有利于身体健康。例如随着经济社会的进步，直接从事体力劳动的人和工作都变少了，越来越多的人从事脑力劳动，直接的结果就是许多人体质的下降，处于亚健康状态。其中一个很重要的原因就是机体活动的减少导致人体经络的闭塞，进而气血运行不畅，随之而来的是一些小毛病，时间久了，可能就会生大病。另外经络和身体胖瘦有很大关系。我们经常听到这样的话：我吃这么少怎么长这么胖，而他怎么吃都长不胖。缺乏运动是肥胖的原因之一：一方面，就是缺乏运动直接导致人体热量消耗少，进而热量积累，导致肥胖；另一方面，缺乏运动使人体经络不通畅，气血运行不畅，使得热量无法化为人体所需要的精气神，而是积累成脂肪，导致肥胖。此外，经络的闭塞会导致体内的废物排泄不充分，进而导致体重的增加和疾病的产生。这也就是为什么经络通畅、身体素质过硬的人不容易长胖，即使他们吃得很多。

运动可以提高人体运行效率。如果把人体的五脏六腑和各部分器官比喻为一台发动机，那么运动就能提高这台发动机的功率。这也就是为什么通常情况下运动员的身体素质是强于一般人。当身体处于运动状态时，新陈代谢水平远高于平时，身体各个器官也处于"加力"状态，按照用进废退理论，这些器官的功能就会增强。人体运行效率的提高另一个表现就是身体的消化吸收功能很好，进而气血充盈，能够以气化解治病因子，并且使产生的废物能够充分及时的排出体外。而这些都会在我们身体其他部分表现出来，所谓"其内比形于外"。例如肝功能的提高使眼睛更明亮有神，肾功能的提高使得我们耳聪齿白等等。总之所有内腑器官的功能都和人体外部肤色、头发、眼睛、身材等息息相关。

运动有助于精神状态的改善。我们把人分为有形的身体和无形的精神，只有这两方面都处于正常状态，人体才能健康。在我们身边有这样一部分人：精神分裂的人，因为伤心而郁郁而终的人，经常失眠的人，甚至因为气愤而死的人。这些都说明了精神状态的重要性。当我们运动时，身体的疲劳往往使我们忘却精神的疲劳；当我们运动时，我们会不自觉的抛弃许多烦恼；运动过后，由于身体的疲劳，使我们更容易入眠，睡眠质量得到提高。此外，按照现代生物学的说法，运动时，机体会分泌一种有利于身体健康的激素。所有这些都有利于精神状态的改善。

总之，由于人体是一个整体，运动是可以全方位的作用于我们的身体，以上只是从几个方面分析了运动的作用及原理。虽然运动对养生有巨大作用，但运动也必须得法，因为运动本身是要消耗能量和血气的，对身体有一定的负荷。

（二）运动养生注意的问题

对于运动有两点需要注意：一是运动量方面的把握，二是对自己身体状况的认识。首先，不管你的身体素质怎么样，如果运动超负荷对身体都是有伤害的，就像一台电动机用久了会发热，最后有可能毁坏。其次，当一个人的身体处于亏虚状态时，但本身经络是通畅的，不宜参加一般的体育运动，只能简单的活动身体。这些人应该补充营养和睡眠，增加血气，然后渐渐的去增加运动量，形成良性循环。

那么我们如何正确发挥运动对养生的作用呢？第一，我们以养生为目的的运动应以有氧运动为主，运动量上采取循序渐进的原则。第二，对于身体状况本来就差的人来说，不宜剧烈运动，应该以身体舒适为原则。

明确运动作用于养生的原理，以正确的运动，健康的身体属于你。

二、按摩养生

自我保健按摩要注意以下几点，环境以 20～25℃ 为宜，姿势应以舒服为主，按摩前指甲要剪平齐，以免把自己划伤，按摩结束后应喝些白开水，以调节血液循环，利于毒素的排出。如果皮肤有破损出血，就不要做该部位的按摩，孕妇最好不做腹部按摩。

1. 发宜常梳 延寿书曰发多梳，头不白。常梳发，可疏通血脉，清理头目，去屑止痒，还可以防止脱发，白发，故发宜多梳。

2. 搓 搓又称浴面，每日数十次浴面，可使血脉运行通畅，肤滑肌强，润肤防皱，或使皱纹展平。

3. 运 运指运精，经常运精，能去内障外翳，还能纠正近视远视。

4. 弹 弹指弹击天鼓，又称掩耳弹枕，此法可以防止头晕耳鸣，补益丹田。

5. 舌抵上颚 舌抵上颚指舌尖轻轻抵住上颚，口中唾液即增多，这是增加唾液分泌的方法。

6. 叩叩 即叩齿，能使齿坚不痛，防止发痛和牙周痛，使唾液增多，具体的方法是，摒除杂念，全身放松，口唇轻闭，然后上下齿有节律的互相轻叩。

7. 津宜常咽 又称咽津，胎食。功能补益肾精和灌溉五脏六腑。

8. 浊气宜常呵 又称古呵。作法是，在停闭呼吸片刻后，鼓动胸腹部，待感到胸腹部气满时稍稍抬头缓缓张口呵出浊气，以 5～7 次为宜。功能是消积聚，去胸膈满塞。

9. 清气宜常吸 此法补肺益气，可去肺脏劳热及气拥咳嗽。做法是，缓缓吸气，以意送至丹田。

10. 背宜常暖 背部有督脉循行，而督脉为阳脉之海，总督一身之阳经。

11. 心腹宜常摩 摩心腹又称摩肚脐腹，功能顺其消积。具体做法将两手搓热后重叠，以肚脐为中心，顺时针方向转摩大中小圈，每圈各转 12 次。

12. 谷道宜常搓 搓谷道又叫提肛，功能升提阳气。具体做法是，吸气时，稍用意用力搓提肛门，连同会阴上升，稍凝片刻时放下，呼气 5~7 次为宜。

13. 肢节易常摇 摇肢节是指舒展四肢关节，方法是，两手握固，连同双肩一起，先后左右向前转，左右各转二十四次，接着平稳坐好，提其左脚，向前缓缓伸直，脚尖向上，当要伸直时，脚跟稍用力向前下方蹬出，作五次后再换右脚。

14. 手心脚心腰眼宜常搓 此指要经常揉摩劳宫，涌泉，腰眼处。功能是交通心肾，健腰固肾养精。

15. 沐浴 沐浴能使气血流畅，肌肤润泽光莹，做法是，从头顶百会开始，顺次面部左右肩臂，胸部背部腹部，两胁，左右腿足，以手或毛巾擦干，以皮肤有温热或皮肤发红为度。

16. 大小便宜闭口无言 即大小便时紧闭唇齿，不言不语，两目向上看，功能是固齿宜气，使精气不随二便外泄。

三、饮食养生

"养生之道，莫先于食。"饮食养生首先指的是应用食物的营养来防治疾病，促进健康长寿的。俗话说："药补不如食补。"所谓食补，就是通过调整饮食来补养脏腑功能，促进身体健康和疾病的康复。同时食补能起到药物所无法起到的作用。"饮食生民之天，活民之本。"摄食正确与否，对健康至关重要。饮食能养身治病，亦能伤身致病。正如医圣张仲景所说："若行相宜则益体，害则成疾。"因此，我们必须合理膳食，讲究烹饪，饮食相宜，调养脾胃。为此需要注意"博食"，博食就是对食物原料，以及酸、甜、苦、辣、咸各种味道都去品尝，而不要有所偏嗜。现代营养学要求人们博取食物，营养互补。如果生活中长期对食物原料有所偏嗜，就会使人体的营养失去平衡，导致疾病的发生。

（一）配食

饮食调配，理应与中药的配伍一样，要按规矩、无偏过，方可有益身心。配膳中，应当注意主粮与杂粮的搭配、荤食与素食的搭配、寒性与热性食物的搭配、五味恰当的搭配，以达到营养平衡。而且还要注意烹调方法，否则就有可能降低食物的营养价值。

（二）熟食

高温熟食，可以杀菌消毒，利于消化吸收。熟食还可以增进美味，去除恶味，同时可使食物内部的有效营养成分释放出来，利于营养卫生。现今除部分水果可以生食外，其他食物原料一般都需经过火的加工处理，否则将会危及人体的健康。有人做过试验，蔬菜煮熟，虽然失掉了一部分营养素，但是由于加热分解，利于吸收蔬菜中所含营养成分。

（三）节食

中国古代医书《内经·素问》提出"饮食有节"、"无使过之"的观点。节食要求饮食要控制数量，以不过量为宜。

（四）医食

利用食物预防和治疗疾病，即"饮食疗法"。《本草经集注》中曾将"果蔬米食"列为药物的一个种类，专门加以论述。

四、药物养生

中医学将能够补益正气、改善脏腑功能、增强体质、提高抗病能力、治疗虚证的药物称为补益药，或补虚药。药物养生法，正是指应用补益中药的调养来保养生命的方法。

中药学认为儿童为幼稚之体，正处生长发育时期，应按照人体的正常规律成长。儿童时期如果过多服用补益药，有如拔苗助长，非但无益反而有害，甚至还会产生毒副作用。补益药主要适用于体质虚弱的中老年人。

第二十七章　传统运动养生项目

第一节　五禽戏

"五禽戏"是人们模仿五种禽兽的动作，作为保健强身、祛病延年的一种"动功"功法。"五禽"是指五种禽兽——虎、鹿、猿、熊、鸟，"戏"是指动作无拘无束，自然而活泼如同游戏和玩耍之状。

练五禽戏分三个步骤，第一是肢体动作模仿五禽形象；第二是心意会悟而效其良能，就是深刻体会五禽之动作姿势和这些动作的优良功能；第三是存神（意）养气，在入静后，思想集中于守窍，先练气，然后用"意"想已学会的每一禽兽的姿势动作，肢体便随之自发地运动起来。

一、虎戏

练功开始，先作预备式，也叫开始式，古人叫虚无先天一气式。其姿势如下：立正，面微仰，两眼微合而平视，脊椎骨要直，两手下垂，两脚立正成九十度，思想入静，屏除杂念，脑子似同虚空，神（意）气合一下沉，意到下丹田，气达脚心（涌泉），气沉的不能再沉时，就上提至上丹田静守，当守窍已发动（有感觉），即意想要练之禽象，脑子想什么，就自发的练什么动作，无论练哪一象，皆由此势开始练起。

（一）左右伏虎扑式

自预备式起，两腿向下曲。两手同时攥拳。右脚不动，左脚向前进，两手随之上起与胸相平，两手仍为握拳式，再向前推出抓式，此时，手平于上、下丹田之间，五指分开，曲弯成钩状，两大指相对，两臂曲伸，如抱如撑。肩松开，肘下沉，脊骨与腰挺起，身向前伏，臀后坐，膝坐上提，脚脆直挺，脚趾抓地，右膝向下跪力，两膝裹合，小腹着力于大腿根部，鼻尖与右足膝相顺与一线，头上顶，目似怒视大指之中间，使气下注下丹田。练此象时以慢为妙。接着右脚先向前垫步，两手同时抓力攥拳，于右脚提起时向怀内搂劲，拳心向下，当两拳接近小腹时，右脚再向前进步，中丹田同时绵绵吸气，随右脚着地时，两手扑出，丹田呼气向外充实。怒目摇首，坐胯挺膝，犹如伏虎进退出林的形象。

（二）回身扑式

继上式，遇左脚在前，右转身，右脚在前左转身。右转身：左脚尖微向内移动，随着身从右转，右脚向左脚扣步成八字形。同时两手攥拳抓力向下搂劲，搂到小腹，左脚随转身向前进步，两拳同时顺胸前伸开成掌，向前扑出。左转身法与右身法相同，只是转身的方向和移动扣步的脚不同而已。

（三）左右抓力式

虎爪力步行直径，左脚斜横向前先垫步，脚尖点地，右脚随后大进一步至左脚前边，右手手拳回搂，在右脚前进时随之向前伸出，掌心向下，指尖与肩平，左手抓力成拳，向回往下搂劲至右肘旁，比肘稍下些，头似上顶，脚趾抓地，腰挺直，胯下坐，身腰微向前下伏劲，两臂曲如弓状，用意着力于指尖（不是肢体用力）气充丹田，目似向前怒视。接前势，右脚斜横向前垫步，左脚随同向前大进一步，进到右脚前边，右手随右脚大进步时向回搂劲，抓力成拳至心口前停住。原来的左拳顺右臂旁向前伸开推出，掌心向下，指尖与肩平，精神注意，向前怒视。身体各部位劲，力志前图同左右交替，不拘其数。

（四）爪力回身式

在演上式情况下，如欲转身反向前进，遇左脚在前就向左回身，右脚在前由左回身。右回身法是：左脚回扣与右脚尖对成八字形，身随右脚跟由右向后拧而转回，右脚亦随着向前进步。左手在回身时向怀里搂劲，抓力成拳，拳对右肘下，同时右拳上起看顶，随回身时前伸开扑出，形象与上式同。

二、熊戏

采用熊的动作，就是取其用内在之气力，这种气是其真正的阳气，又名真一祖气。熊象分式操作姿势。

（一）起立拧身式

自预备式起，同肘，两手自前方上举过肩，手心向下半向前，五指分开，虎口（拇指食指之间）要圆。随两手上起时两脚分开，腰挺直，臀下坐，两膝前曲，头向上顶，似熊立起来的形象。同时，意守下丹田，使气充足，便于发动。然后，上身以腰与臀部为重心向右拧转，拧至不能再拧时，依原式再往左拧转，如是演习，其数不拘。

（二）上肢下推式

两脚不动，两膝仍前曲，左后随身腰拧转时向左下方推出，头亦向左，目似手视。当左手已推出时，身腰即向右拧转，右手亦随之而向右方推出，如是两脚不动，两手交替及反复进行。

（三）摇身按手式

依原式正身两脚不动，左手先顺身动而向下按，随左手上起时，右手下按，同时身腰随左右手之起落，而前后左右摇摆。

（四）要物式

仍以原式正身，两脚下动，两手手心向上，右手在上斜伸与头手，左手下在与腹平，随腰身向右拧时，自左向右移动，如画半圆形，仍头上顶；臀下坐，目似注视前方由前式随身腰向左拧转时，左手伸起与头平，右手斜下与腹平，自右向左移动，如画半圆形。如是反复进行，不拘其数。在练功时如愿意随身腰之左右拧转，两手皆向前上伸移动亦可。

（五）抗敌式

两脚仍不动，两手同起，左手在上，右手在下，如抱如撑，随腰身右拧时，两手手心向右，同时向外用劲拍出。继则两手随身腰向左拧转，变为右手在上左手在下，反掌用推劲拍出。

（六）指日式

左脚向前进步，左手同时同左上方伸出，臂半曲半伸，右手掌心向下按劲，臀下坐，腰挺者，头微仰，目顺左手向上注视。继前势，左脚不动，右脚提起，顺左脚内侧提向右进步，同时左手向下按劲，掌心向下，右手上伸向右伸出，摇肩提身。

（七）转身托月式

在上式的运动情况下，遇左脚在前，左转身，右脚在前则右转身，右转身时右脚不动，左脚向右脚斜进步，与右脚成八字形，右脚跟对左脚尖，在向右转身的同时，左手向右推出，掌心向外，右手向下按。左转身时左脚在前不动，右脚提起向左脚旁斜进步，与左脚成八字形，右脚跟对左脚尖，在向左转身的同时，右手向左推出，左手下按。在转身后，（不论左右）向前进时，左或右脚提起，向前进步，左手（或右手）随左脚（或右脚）前进时掌心向上托，右手下按，反复进行。

三、鹿戏

练鹿戏姿势不多，主要在于配合体内之运气。开始由预备式起，左脚向前进。随左脚前进时，两手平肩向前伸出，手心向前，左腿成弓状，但膝不能过脚，左腿向后蹬直，这叫"前弓后蹬"，头上顶，腰挺直，丹田之气放于左腰根部，即尾骨之左边，以意引气按小周天路线循环一周至数周，练此势时，每换步后的定势时间可长可短，气转周天之数亦可多可少，左右换步，亦不拘数。

四、猿戏

取猿象练功夫，就是外练肢体运动的灵活性，内练抑制思想活动，以改变其动乱无定的情况。猿象分式操作姿势如下。

（一）献桃式

自预备式起，右脚不动，左脚向前进步，两手随左脚向前进步，掌心朝上一并上起，向前伸出，左手伸至齐顶，右手在左手腕旁，五指张开，头上顶，臀部下坐、摆尾、摇肩、晃身。演猿戏要注意慢演，凝神聚气，按法动作，以练其神（意）。

（二）左右拧劲式

按上式，左脚不动，右脚向前进步，左右两手阴阳相合，与脚前进的同时，一齐向左拧动，随拧随动，右手拧至手心朝上，前伸与鼻齐，左手后撤拧至手心朝外与眉齐。两臂皆半伸，两股相坳（即凹进去），右肩向左随身腰拧劲。注意动作要慢，肢体动作完毕停止后，再进行下式动作。

右脚不动，左脚向前进，左右两手随左右足前进时，阴阳合一，并一齐向右拧动，拧至左手心朝上，向前与鼻齐，右手回手撤至掌心朝外与眉齐手，两臂半屈伸，两股相坳，左肩向右随腰身拧劲。如是左右交替进行，不拘其数。

（三）转身式

继上式，若左脚在前右转身，右脚在前则左转身。右转身法：右脚不动，左脚向右脚旁移步，脚尖对脚尖，合成八字形，随即从右向后转身，右脚同时前进，左右两手仍依上式向右拧劲，身法神意与上式右拧劲法同，右转身法只手脚和转身方向不同，其余与上式左拧劲法同。

（四）回头望月式

自猿象开始式起，右脚斜左稍后退，左脚尖斜横向右转身进步着地，两股相坳，左右两手亦随转身向后摆动，俟左脚着地，手仍不停顺右膝向前直伸，然后两臂稍回曲，再行以右手臂向左膝前伸，掌心朝下，左手伸至右肘旁，手心也向下，腰身向下伏劲，头向后扭，目似向后上视，如同望月，这是猿象的第二练法。

（五）摘果式

接上式，右脚微向内合成斜横形，左脚后退平衡看，随即向左转身，左脚迈步蹬出不停即落地，成顺势（两脚成丁字步）后转时是身随步转，左右两手臂随左脚落地放顺时，向左横摆过来一齐伸出，左手伸出与头顶相齐，右手伸至左手腕后，两手心皆向下，手指张开抓力，两臂皆半屈，两股相坳，头顶胯坠，臀后坐劲，目顺右手前视。

（六）坠枝式

左右两手不动，随两臂之拧劲，一齐向左拧劲，身腰随之而扭，拧至左手掌心朝外，手与眉齐，肘与肩平，右臂与左膝对正，掌心向下前伸与项平。左脚不动，右脚向前进步，左右两臂同时一齐向右拧，横力伸出，右手心朝下，伸至高与顶平，左手心朝上伸直右手腕后，两臂屈伸，指合抓力，摇肩提身。左右交替，不拘其数。结束时，收归于预备式，休息。

五、鸟戏

鸟戏以鹤为代表。鹤戏分式操作姿势如下。

（一）伏翅式

由预备式起，两手徐徐而起，手心向上，两手中指相对，平脐，稍停。

两手依原式徐徐上起至胸口，同时丹田（指中丹田，以下同）向内绵绵吸气，此时全身毛孔皆开，谓之辟。再将两手渐渐下落至脐，同时丹田也要向外呼气，此谓之阖。这一个姿势，就是以丹田呼吸随手掌之起落上下活动，反复进行，不拘其数。练习纯熟后，再换练下一姿势。

（二）亮翅式

由上式起，两手自胸前自左右分开伸直，两手心仍向上，同时丹田绵绵吸气，两手心翻向下，渐渐下垂至与脐平，同时，丹田呼气并充实，如是上下起落，反复进行，不拘其数。

（三）曲腿展翅式

由上式起，两手心向下，两臂上起伸平，同时两脚心悬起，脚尖点地，两腿弯曲如弓状，两膝向前，臀部下坐至半蹲半坐为正，头似向上顶，腰与脊椎挺直，丹田吸气，练此势时以慢为妙。然后，两手臂徐徐垂下，手与脐平，同时臀腰往上提劲，两脚渐渐由曲而直，两脚复回如，同时将气呼出丹田充实，反复进行。

（四）双翅后摆式

由前式起，两手向后，手心向上而外拧，拧至不能再拧为止。在两手向后的同时，头向上顶，臀部下坐，两腿弯曲成弓状，右脚心悬起，脚尖点地，丹田吸气。

两手由拧劲向左右分开，掌心翻向下，两臂渐渐伸直与肩平，同时，两腿由臀腰提劲立直，右脚由悬起而复原位，丹田呼气充实，反复进行，不拘次数，每次两手动作相同，两脚动作互相替换。

（五）移步前后展翅式

接上式，左脚向前进一步，脚尖点地；屈膝提脚，右膝跪立，两膝里扣，同时左臂向右，右臂向前斜上伸，两手同时向外拧动，身略前俯，鼻尖与左膝相对腰直臀坐，丹田呼气充实，而置于两腿根上。

换步，右脚前进，脚尖点地，屈膝提脚，右膝跪立，两膝里扣，同时右臂向后，左臂向前斜上伸，两手同时向外拧劲，身亦略前俯腰直，臀坐，鼻尖与右膝相对。

（六）转身移步后摆翅式

接上式（如左脚在前即向左转身，如右脚在前则右转身）。右脚在前不动，左脚前进向右斜迈步，与右脚成八字形，随左脚前进眼睛看地时，以拧腰为主，身由右方向后转，两脚亦随之而后转，转身后右脚在前左脚在后，同时两臂向后伸平向外拧动右转身法与此相同。只是转身方向和左右脚前后位置不同而已。左转身以后不必立即再行转身，需换步前进时，可两手左右分开伸平，同时右脚向前进步（如果转身后右脚在前即左脚向前迈步）。如果左脚再行前进，两臂即再后伸两手外拧，如是反复进行不拘其数。

第二节　易筋经

"易"是变通、改换、脱换之意，"筋"指筋脉、筋骨、筋膜，"经"则带有指南、法典之意。《易筋经》就是改变筋骨的方法。按原来的功法要求，须先练一年左右内功，达到内壮后，方可练《易筋经》，进而再练《洗髓经》。在此期间，还要内服外涂佐功药，约三年左右才能大功告成。由于整个练功过程长，按原法修炼者不多，近代流传的《易筋经》多只取导引内容，且与原有功法有所不同，派生出多种样式。而流传较广的是经清代潘蔚整理编辑的《易筋经十二势》。

易筋经是一指禅推拿流派的基本功法，锻炼要求松静自然，刚柔相济。

现代易筋经主要有十二势：韦驮献杵；横担降龙；掌托天门；摘星换斗；倒拽九牛尾；出爪亮翅；九鬼拔马刀；三盘落地；青龙探爪；猛虎扑食；打躬击鼓；摇头摆尾。每个动作相互连接，整套贯通，以下分别介绍。

一、韦驮献杵

[起式] 两脚开立，与肩同宽，两手自然下垂，腰背正直，两眼凝视前方。

[基本动作] ①两臂朝前方缓缓抬起，与身体成90°，掌心向下，手臂保持平直。②翻掌使掌心相对，两肘内旋屈，双手缓缓向胸前收拢，停于胸前约距一拳处，两手指尖相对，掌心向胸，作拱手状。本式为起式，要求做到调身、调心、调息。

图 27 - 1　韦驮献杵　　　　图 27 - 2　横担降龙

二、横担降龙

接上式：①从足趾抓起，同时两手翻掌，掌心向上。②足跟微微提起离地，脚尖点地，同时两手左右分开，两臂横侧平举，掌心向下，随势作升降沉浮的意念。

此式要求手和足的动作同时配合进行，意念集中在掌心和足趾，呼吸自然。

三、掌托天门

接上式：①两臂从左右两侧缓缓向上合抱托举，两臂伸直，掌心朝上，自然作托举天顶状。同时两脚跟再稍提起并外展足尖着地，牙关咬紧，舌抵上腭，呼吸细长，意念集中在两手。②两手握拳，两臂顺原来路线缓缓用力降下，至侧平位，脚跟同时放下。此势与前两势应连贯进行，是连成一律的，各式只做一次。此式要重复进行 3～5 次。注意：眼虽望着上举的手，而意念则集中在另一手背贴着的腰部。吸气时以手背轻压腰部，呼气时放松。

图 27 - 3　掌托天门

四、摘星换斗

[预备] 并步或其他指定步型。

[基本动作] ①右足向前跨半步，两足相隔一拳，成前丁后八式。双手同时动作，左手握空拳，靠于腰眼（十四椎旁），右手垂于右大腿内侧。②左腿弯曲下蹲，右足尖着地，足跟提起离地约2寸，身体不可前倾后仰，不可左右歪斜。③右手五指微握如钩状，屈腕沿胸向上举起，至身体右侧，离右额约一拳，肘向胸前，屈腕指端向下。④指端向右略偏，头同时略向右侧抬起，双目注视掌心，紧吸慢呼，凝神使气下沉，两腿前虚后实，前腿虚中带实、后腿实中有虚。⑤紧吸慢呼，同时还原至预备姿势。

左右交换，要求相同。

　　[动作要领] 动作时身体不可前俯后仰，前腿虚中带实，约负担体重的30%，后腿实中带虚，约负担体重的70%；单手高举，五指必须微握，指端并齐；曲腕如钩状，离前额一侧约为一拳；松肩抬肘，肘部略高于肩部；舌抵上腭，调匀呼吸，目注掌心，气沉下丹田。

　　本动作较其他各势为难，在推拿练功中占重要地位。练时勿使肌肉紧张，以意运气，以气随意，使全身气血得以畅达。这样使身体各部分保持充分潜力，通过增加屈腕肌群、肱三头肌、下肢屈伸肌群及提肛肌的张力，可为临床应用滚法、一指禅推法、击法等手法打下良好基础。练时循序渐进；切勿操之过急。

图 27 - 4　摘星换斗

五、倒拽九牛尾

　　接上式：①右手从腰部抽回，顺势向右前方翻腕展臂，肘微微弯屈，五指撮拢指尖向内，如梅花聚蕊状。同时右腿前跨弯屈，左腿伸直成右弓箭步。右手动作时左手同时放下，顺势向左后方伸出，五指与右手五指相同撮拢，掌心朝下握空拳。②吸气、时意念集中在左手，左手作向前牵牛之意状，在做"倒拉"和"前牵"的动作时，腿、身、肩、肘也随着同时相应地作轻微的颤动。③改换右左方向，左手反抄向左前方，翻掌展臂右手同时收回伸右后方，换脚为左弓箭步，手指握势不变。动作要领相同，重复进行。

　　此式呼吸要自然，小腹放松，但两臂须用力。应反复做 3~5 次。

六、出爪亮翅

　　接上式：①右脚跨前与左脚并拢，成立正姿势，两臂同时内旋，手指张开，掌心向外，屈肘收两手于胸前。②两掌直竖，掌心向外含劲用力逐渐加重推缓缓出，同时全身挺直，两眼睁大凝视前方。③两掌缓缓收回，左右手各贴拢于胸肋两侧。此式应做 3~5 次。前推时呼气，收回时吸气。

图 27 - 5　倒拽九牛尾　　　　图 27 - 6　出爪亮翅　　　　图 27 - 7　九鬼拔马刀

七、九鬼拔马刀

接上式：①右手上提至头后，以掌心贴枕部抱头，手指轻轻压拉左耳，右腋张开，同时头向左转。左手则收回反手至背部，以手背贴于两肩胛间；顺势上身向左侧转动 3 次。②吸气，同时用右手手压拉左耳，头及右肘稍微含力，意念集中在右肘。呼气，放松，如此做 3 ~ 5 次呼吸。③转换动作，左右手相反进行，动作要领相同。此式应做 3 ~ 5 次。上身转动时用力均稳，呼吸自然。

八、三盘落地

接上式：①左脚向左跨出，双脚距离比肩宽，同时两手收回，两臂侧平举，掌心朝下。②下蹲成马步，腰背正直，同时两肘内屈，两手随下蹲动作而缓缓用力向下按压。五指自然分开，虎口朝内，按压至膝盖的正上方约一掌距离。③翻掌，掌心朝上，用力缓缓上提至胸前，如托千斤之鼎，同时双腿随着逐渐伸直。

此式动作缓慢，用力刚稳，全式始终要求舌抵上腭，微微开口，两跟睁大。呼吸悠细，下按时呼气，上提明吸气。应反复做 3 ~ 5 次。

图 27 - 8 三盘落地

九、青龙探爪

[预备] 并步或其他指定步型。

[基本动作] ①左腿向左平跨一步，两足之宽约与肩等宽，两手成仰拳护腰势。身直，头端平，目前视。②左上肢仰掌向右前上方伸探，掌高过顶，随势身略向右转侧，面向右前方，松肩直肘，腕勿屈曲，右拳仍作仰拳护腰势。目视于掌，两足踏实勿移。③左手大拇指向掌心屈曲，双目视大拇指。左臂内旋，掌心向下，俯身探腰，随势推掌至地。膝直，足跟勿离地，昂首，目前视。④左掌离地，围左膝上收至腰，成仰拳护腰势。左右交换，要求相同。

图 27 - 9 青龙探爪

[动作要领] 两手握拳紧护腰，左手从右侧探出、右手从左侧探出，探出同时拳化掌；松肩直肘，仰掌时，目注向上摊平的掌心；身体约转 45°，俯身下推时尽可能触及地面，而膝关节伸直，足跟勿离地面。

[应用] 推拿医生练习本动作可以增加两臂的蓄劲和手指的功夫，是一指禅推法的入门功法之一。

十、猛虎扑食

[预备] 并步或其他指定步型。

[基本动作] ①左足向左跨出一大步，右足稍向左偏斜，前弓后箭成左弓步。②两手向前，五指着地，掌心悬空，后足跟略微提起，头向上抬。③前足收回，足背放于后足跟之上，胸腹微收，抬头。④全身后收，臀部突起，

图 27 - 10 猛虎扑食

两肘挺直，头昂起，向前运行，约离地 2 寸。此时两肘弯曲，右足尖着地，全身向前，然后臀部突出，成波浪形往返动作，势如饿虎扑食。⑤随呼吸徐徐起立。左右交换，要求相同。

［动作要领］练功时，以五指指端或指腹着地；头上抬时，不可过高或过低；两肘和两膝必须伸直，但不可硬挺，应蓄力待发，而不可用力过猛；吸气时，全身向后收缩，臀部向后上方突出，胸腹内收，保持一定的柔和的悬力，呼气时，将身体平衡地向前推送，呼吸往返动作，切勿屏气。

［应用］本动作能强筋健骨，增加手指功夫、上肢屈伸肌肉的力量、脚尖的蓄劲，亦可起到锻炼腰腹肌群的作用。本动作初练时掌心可与五指同时着地，经过一个时期的锻炼后，在臂力增强的基础上，再用五指着地，掌心悬空，并逐渐减为三指着地（拇、食、中指）、二指（拇、食指）着地、一指（拇指）着地。可以为一指禅推法、拿法、托法、拔伸法、弹拨法等手法的练习打下基础。

十一、打躬击鼓

接上式：①立正，两臂自然下垂，两手抱后胸部，掌心掩耳，手指贴枕后，开。②俯身弯腰，头部约垂至膝盖前方，两腿挺直，作躬身状。③在躬身姿势时，掌心贴耳，以食指压中指作挫动滑下，弹 10 ~ 20 下。④缓缓伸腰起身，双手自然放下。

此式练者做 1 ~ 2 次即可，逐渐增加至 3 ~ 5 次。患高血压或脑动脉硬化症不可强做，须慎之。全式动作过程中要轻轻咬紧牙齿，舌抵上腭，闭气，待起立后再自然呼吸。

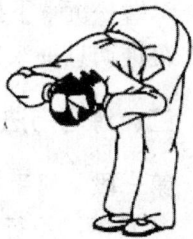

图 27 - 11 打躬击鼓

十二、摇头摆尾

［预备］并步或其他指定步型。

［基本动作］①两手仰掌由胸前徐徐上举过顶，双目视掌，随掌上举而渐移。两脚并齐，身立正直。②由上势十指交叉相握，旋腕反掌上托，掌心朝天，两肘欲直，目向上视。③由上势仰身，腰向后弯，上肢随之而往，目上视掌。④由上势俯身向前，推掌至地，昂首瞪目，膝直，足跟勿离地。⑤随呼吸徐徐收势。

图 27 - 12 摇头摆尾

［动作要领］本动作在手掌上举时，目光随掌而动；十指交叉相握，挺肘伸腕，保持身体正直，摇头摆尾避免挺起胸腹；运动腰部时，身体尽可能后伸或前屈，前屈时，足跟踏实，膝不得弯曲，向下推尽两掌；呼吸始终保持自然。

［应用］本动作能舒松经络，强健筋骨，增强腰和手臂的功夫，为推拿的临床打下基础。本动作为易筋经练习的主要基础功，也是易筋经的结束功法。看起来简单，实际上能使全身十二经脉、奇经八脉通达调和，达到舒通气血的作用，使人练功后有种轻松愉快的感觉。

第三节　八段锦

一、口诀

（一）站式八段锦口诀

双手托天理三焦，左右开弓似射雕。

调理脾胃臂单举，五劳七伤往后瞧。

摇头摆尾去心火，两手攀足固肾腰。

攒拳怒目增力气，背后七颠百病消。

（二）八段锦预备式口诀

两足分开平行站，横步要与肩同宽，

头正身直腰松腹，两膝微屈对足尖，

双臂松沉掌下按，手指伸直要自然，

凝神调息垂双目，静默呼吸守丹田。

二、练习方法

第一段　两手托天理三焦

（1）两脚平行开立，与肩同宽。两臂徐徐分别自左右身侧向上高举过头，十指交叉，翻转掌心极力向上托，使两臂充分伸展，不可紧张，恰似伸懒腰状。同时缓缓抬头上观，要有擎天柱地的神态，此时缓缓吸气。

（2）翻转掌心朝下，在身前正落至胸高时，随落随翻转掌心再朝上，微低头，眼随手运。同进配以缓缓呼气。

如此两掌上托下落，练习4~8次。另一种练习法，不同之处是每次上托时两臂徐徐自体侧上举，且同时抬起足跟，眼须平视，头极力上顶，亦不可紧张。然后两手分开，在身前俯掌下按，足跟随之下落，气随手按而缓缓下沉于丹田。如此托按4~8次。

这一式由动作上看，主要是四肢和躯干的伸展运动，但实际上是四肢、躯干和诸内脏器官的同时性全身运动。

此式以调理三焦为主。目前有关三焦的部位尚无定论，但大多数人认为：上焦为胸腔主纳，中焦为腹腔主化，下焦为盆腔主泄。即上焦主呼吸，中焦主消化，下焦主排泄。它概括了人体内脏的全部。此式除充分伸展肢体和调理三焦外，对腰背痛、背肌僵硬、颈椎病、眼疾、便秘、痔疮、腿部脉管炎、扁平足等也有一定的防治作用。此式还是舒胸，消食通便，固精补肾，强壮筋骨，解除疲劳等极佳方法。用以治疗预防脉管炎时，要取高抬脚跟的做法，每次要反复练习。

第二段　左右开弓似射雕

（1）两脚平行开立，略宽于肩，成马步站式。上体正直，两臂平屈于胸前，左臂在上，右臂在下。

（2）手握拳，食指与拇指呈八字形撑开，左手缓缓向左平推，左臂展直，同时右臂屈肘向右拉回，右拳停于右肋前，拳心朝上，如拉弓状。眼看左手。

（3）、（4）动作与（1）、（2）动作同，唯左右相反，如此左右各开弓4～8次。

这一动作重点是改善胸椎、颈部的血液循环。临床上对脑震荡引起的后遗症有一定的治疗作用。同时对上、中焦内的各脏器尤对心肺给予节律性的按摩，因而增强了心肺功能。通过扩胸伸臂、使胸肋部和肩臂部的骨骼肌肉得到锻炼和增强，有助于保持正确姿势，矫正两肩内收圆背等不良姿势。

第三段　调理脾胃臂单举

（1）左手自身前成竖掌向上高举，继而翻掌上撑，指尖向右，同时右掌心向下按，指尖朝前。

（2）左手俯掌在身前下落，同时引气血下行，全身随之放松，恢复自然站立。

（3）、（4）动作与（1）、（2）动作同，唯左右相反。如此左右手交替上举各4～8次。

这一动作主要作用于中焦，肢体伸展宜柔宜缓。由于两手交替一手上举一手下按，上下对拔拉长，使两侧内脏和肌肉受到协调性的牵引，特别是使肝胆脾胃等脏器受到牵拉，从而促进了胃肠蠕动，增强了消化功能。长期坚持练习，对上述脏器疾病有防治作用。熟练后亦可配合呼吸，上举吸气，下落呼气。

第四段　五劳七伤往后瞧

（1）两脚平行开立，与肩同宽。两臂自然下垂或叉腰。头颈带动脊柱缓缓向左拧转，眼看后方，同时配合吸气。

（2）头颈带动脊柱徐徐向右转，恢复前平视。同时配合呼气，全身放松。

（3）、（4）动作与（1）、（2）动作同，唯左右相反。如此左右后瞧各4～8次。

五劳是指心、肝、脾、肺、肾，因劳逸不当，活动失调而引起的五脏受损。七伤指喜、怒、思、忧、悲、恐、惊等情绪对内脏的伤害。由于精神活动持久地过度强烈紧张，造成神经机能紊乱，气血失调，从而导致脏腑功能受损。该式动作实际上是一项全身性的运动，尤其是腰、头颈、眼球等的运动。由于头颈的反覆拧转运动加强了颈部肌肉的伸缩能力，改善了头颈部的血液循环，有助于解除中枢神经系统的疲劳，增强和改善其功能。此式对防治颈椎病、高血压、眼病和增强眼肌有良好的效果。练习时要精神愉快，面带笑容，乐自心田生，笑自心内，只有这样配合动作，才能起到对五劳七伤的防治。另外，此式不宜只做头颈部的拧转，要全脊柱甚至两大腿也参与拧转，只有这样才能促进五脏的健壮，对改善静脉血的回流有更大的效果。

第五段　摇头摆尾去心火

（1）马步站立，两手叉腰，缓缓呼气后拧腰向左，屈身下俯，将余气缓缓呼出。动作不停，头自左下方经体前至右下方，像小勺舀水似的引颈前伸，自右侧慢慢将头抬起，同时配以吸气；拧腰向左，身体恢复马步桩，缓缓深长呼气。同时全身放松，呼气末尾，两手同时做节律性掐腰动作数次。

（2）动作与（1）动作同，唯左右相反。

如此（1）、（2）动作交替进行各做4～8次。

此式动作除强调松，以解除紧张并使头脑清醒外，还必须强调静。俗谓：静以制躁。"心火"为虚火上炎，烦躁不安的症状，此虚火宜在呼气时以两手拇指做掐腰动作，引气血下降。同时进行的俯身旋转动作，亦有降伏"心火"的作用。动作要保持逍遥自在，并延长呼气时间，消除交感神经的兴奋，以去"心火"。同时对腰颈关节、韧带和肌肉等亦起到一定的作用，并有助于任、督、冲三脉的运行。

第六段　两手攀足固肾腰

（1）两脚平行开立，与肩同宽，两掌分按脐旁。

（2）两掌沿带脉分向后腰。

（3）上体缓缓前倾，两膝保持挺直，同时两掌沿尾骨、大腿后侧向下按摩至脚跟。沿脚外侧按摩至脚内侧。

（4）上体展直，同时两手沿两大腿内侧按摩至脐两旁。如此反覆俯仰4~8次。

腰是全身运动的关键部位，这一势主要运动腰部，也加强了腹部及各个内脏器官的活动，如肾、肾上腺、腹主动脉、下腔静脉等。中医认为："肾为先天之本"、"藏精之脏"。肾是调节体液平衡的重要脏器。肾上腺是内分泌器官。与全身代谢功能有密切关系。腰又是腹腔神经节"腹脑"所在地。由于腰的节律性运动（前后俯仰），也改善了脑的血液循环，增强神经系统的调节功能及各个组织脏器的生理功能。长期坚持锻炼，有疏通带脉及任督二脉的作用，能强腰、壮肾、醒脑、明目，并使腰腹肌得到锻炼和加强。年老体弱者，俯身动作应逐渐加大，有较重的高血压和动脉硬化患者，俯身时头不宜过低。

第七段　攒拳怒目增气力

预备姿势：两脚开立，成马步桩，两手握拳分置腰间，拳心朝上，两眼睁大。

（1）左拳向前方缓缓击出，成立拳或俯拳皆可。击拳时宜微微拧腰向右，左肩随之前顺展拳变掌臂外旋握拳抓回，呈仰拳置于腰间。

（2）与（1）动作同，唯左右相反。如此左右交替各击出4~8次。

此式动作要求两拳握紧，两脚拇趾用力抓地，舒胸直颈，聚精会神，瞪眼怒目。此式主要运动四肢、腰和眼肌。根据个人体质、爱好、年龄与目的不同，决定练习时用力的大小。其作用是舒畅全身气机，增强肺气。同时使大脑皮质和自主神经兴奋，有利于气血运行。并有增强全身筋骨和肌肉的作用。

第八段　背后七颠百病消

预备姿势：两脚平行开立，与肩同宽，或两脚相并。

两臂自身侧上举过头，脚跟提起，同时配合吸气。两臂自身前下落，脚跟亦随之下落，并配合呼气。全身放松。如此起落4~8次。

此式通过肢体导引，吸气两臂自身侧上举过头，呼气下落，同时放松全身，并将"浊气"自头向涌泉引之，排出体外。"浊气"是指所有紧张、污浊病气。古人谓之"排浊留清"或"去浊留清"。由于脚跟有节律地弹性运动，从而使椎骨之间及各个关节韧带得以锻炼，对各段椎骨的疾病和扁平足有防治作用。同时有利于脊髓液的循环和脊髓神经功能的增强，进而加强全身神经的调节作用。

三、作用

1. 前四段作用　治病。

（1）一式，双手托天理三焦作用　上焦心肺，中焦脾胃，下焦肝肾，掌心向上托，小指和无名指有麻的感觉。

（2）二式，左右开弓似射雕作用 向前推出的食指向上，拇指斜向上，做法正确会有麻胀的感觉。

（3）三式，调理脾胃须单举作用 调理脾胃。

（4）四式，五劳七伤向后瞧作用 任督通，病不生，头旋转，手下按，打通任督二脉。

2. 后四段作用 强身。

（5）五式，摇头摆尾去心火作用 健肾（去心火即强身）。

（6）六式，两手盘足固肾腰作用 健肾通过身体前后动两手至命门。

（7）七式，攒拳怒目增气力作用 练内气。

（8）八式，背后七颠百病消作用 血脉通畅，气血充足。

第四节 太极拳

一、第一组

（一）起势

1. 身体自然直立，两脚开立，与肩同宽，脚尖向前；两臂自然下垂，两手放在大腿外侧；眼向前平看（图27－13之1）。

要点：头颈正直，下巴微向后收，不要故意挺胸或收腹，精神要集中（起势由立正姿势开始，然后左脚向左分开，成开立步）。

2. 两臂慢慢向前平举，两手高与肩平，与肩同宽，手心向下（图27－21之2、3）。

3. 上体保持正直，两腿屈膝下蹲；同时两掌轻轻下按，两肘下垂与两膝相对；眼平看前方（图27－13之4）。

图27－13 起势

要点：两肩下沉，两肘松垂，手指自然微屈，屈膝松腰，臀部不可凸出，身体重心落于两腿中间，两臂下落和身体下蹲的动作要协调一致。

（二）左右野马分鬃

1. 上体微向右转，身体重心移至右腿上，同时右臂收在胸前平屈，手心向下，左手经体前向右下划弧放在右手下，手心向上，两手心相对成抱球状，左脚随即收到右脚内侧，脚尖点地，眼看右手（图27-13之1、2）。

2. 上体微向左转，左脚向左前方迈出，右脚跟后蹬，右腿自然伸直，成左弓步；同时上体继续向左转，左右手随转体慢慢分别向左上、右下分开，左手高，与眼平（手心斜向上），肘微屈；右手落在右胯旁，肘也微屈，手心向下，指尖向前；眼看左手（图27-14之3、4、5）。

3. 上体渐渐后坐，身体重心移至右腿，左脚尖翘起，微向外撇（大约45°～60°），随后脚掌慢慢踏实，左腿慢慢前弓，身体左转，身体重心再移至左腿；同时左手翻转向下，左臂收在胸前平屈，右手向左上划弧放在左手下，两手心相对成抱球状；右脚随即收到左脚内侧，脚尖点地；眼看左手（27-14之6、7、8）。

4. 右腿向右前方迈出，左腿自然伸直，成右弓步，同时上体右转，左右手随转体分别慢慢向左下、右上分开，右手高，与眼平（手心斜向上），肘微屈；左手落在左胯旁，肘也微屈，手心向下，指尖向前；眼看右手（图27-14之9、10）。

5. 与3同，只是左右相反（图27-14之11、12、13）。

6. 与4同，只是左右相反（图27-14之14、15）。

图27-14 左右野马分鬃

要点：上体不可前俯后仰，胸部必须宽松舒展，两臂分开时要保持弧形，身体转动时要以腰为轴。弓步动作与分手的速度要均匀一致，做弓步时，迈出的脚先是脚跟着地，然后脚掌慢慢踏实，脚尖向前，膝盖不要超过脚尖；后腿自然伸直；前后脚夹角约成 45°~60°（需要时后脚脚跟可以后蹬调整）。野马分鬃式的弓步，前后脚的脚跟要分在中轴线两侧，它们之间的横向距离（即以动作行进的中线为纵轴，其两侧的垂直距离为横向）应该保持在 10~30cm 左右。

（三）白鹤亮翅

1. 上体微向左转，左手翻掌向下，左臂平屈胸前，右手向左上划弧，手心转向上，与左手成抱球状，眼看左手（图 27-15 之 1）。

2. 右脚跟进半步，上体后坐，身体重心移至右腿，上体先向右转。面向右前方，眼看右手，然后左脚稍向前移，脚尖点地，成左虚步，同时上体再微向左转，面向前方，两手随转体慢慢向右上、左下分开，右手上提停于右额前，手心向左后方，左手落于左胯前，手心向下，指尖向前，眼平看前方（图 27-23 之 2、3）。

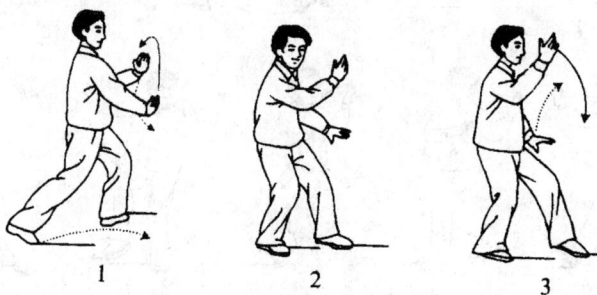

图 27-15 白鹤亮翅

要点：完成姿势胸部不要挺出，两臂上下都要保持半圆形，左膝要微屈；身体重心后移和右手上提、左手下按要协调一致。

二、第二组

（一）左右搂膝拗步

1. 右手从体前下落，由下向后上方划弧至右肩外侧，肘微屈，手与耳同高，手心斜向上，左手由左下向上，向右下方划弧至右胸前，手心斜向下；同时上体先微向左再向右转，左脚收至右脚内侧，脚尖点地，眼看右手（图 27-16 之 1、2、3）。

2. 上体左转，左脚向前（偏左）迈出成左弓步，同时右手屈回由耳侧向前推出，高与鼻尖平，左手向下由左膝前搂过落于左胯旁，指尖向前，眼看右手手指（图 27-16 之 4、5）。

3. 右腿慢慢屈膝，上体后坐，身体重心移至右腿，左脚尖翘起微向外撇，随后脚掌慢慢踏实，左腿前弓，身体左转，身体重心移至左腿，右脚收到左脚内侧，脚尖点地；同时左手向外翻掌由左后向上划弧至左肩外侧，肘微屈，手与耳同高，手心斜向上；右手随转体向上、向左下划弧落于左胸前，手心斜向下；眼看左手（图 27-16 之 6、7、8）。

4. 与 2 同，只是左右相反（图 27-16 之 9、10）。

5. 与 3 同，只是左右相反（图 27-16 之 11、12、13）。

6. 与 2 同（图 27-16 之 14、15）。

图 27 - 16   左右搂膝拗步

要点：前手推出时，身体不可前俯后仰，要松腰松胯。推掌时要沉肩垂肘、坐腕舒掌，同时须与松腰、弓腿上下协调一致，搂膝拗步成弓步时，两脚跟的横向距离保持约30cm左右。

（二）手挥琵琶

右脚跟进半步，上体后坐，身体重心转至右腿上，上体半面向右转，左脚略提起稍向前移，变成左虚步，脚跟着地，脚尖翘起，膝部微屈；同时左手由左下向上挑举，高与鼻尖平，掌心向右，臂微屈，右手收回放在左臂肘部里侧，掌心向左；眼看左手食指（图 27 - 17）。

图 27 - 17   手挥琵琶

要点：身体要平稳自然，沉肩垂肘，胸部放松。左手上起时不要直向上挑，要由左向上、向前，微带弧形。右脚跟进时，脚掌先着地，再全脚踏实。身体重心后移和左手上起、右手回收要协调一致。

（三）左右倒卷肱

1. 上体右转，右手翻掌（手心向上）经腹前由下向后上方划弧平举，臂微屈，左手随即翻掌向上；眼的视线随着向右转体先向右看，再转向前方看左手（图27－18之1、2）。

2. 右臂屈肘折向前，右手由耳侧向前推出，手心向前，左臂屈肘后撤，手心向上，撤至左肋外侧；同时左腿轻轻提起向后（偏左）退一步，脚掌先着地，然后全脚慢慢踏实，身体重心移到左腿上，成右虚步，右脚随转体以脚掌为轴扭正；眼看右手（图27－18之3、4）。

3. 上体微向左转，同时左手随转体向后上方划弧平举，手心向上，右手随即翻掌，掌心向上；眼随转体先向左看，再转向前方看右手（图27－18之5）。

4. 与2同，只是左右相反（图27－18之6、7）。

5. 与3同，只是左右相反（图27－18之8）。

6. 与2同（图27－18之9、10）。

7. 与3同（图27－18之11）。

8. 与2同，只是左右相反（图27－18之12、13）。

图27－18　左右倒卷肱

要点：前推的手不要伸直，后撤的手也不可直向同抽，随转体仍走弧线。前推肘，要转腰松胯，两手的速度要一致，避免僵硬。退步时，脚掌先着地，再慢慢全脚踏实，同时，前脚随转体以脚掌为轴扭正。退左脚略向左后斜，退右脚略向右后斜，避免使双脚落在一条直线上。后退时，眼神随转体动作先向左右看，然后再转看前手。最后退右脚时，脚尖外撇的角度略大些，便于接做"左揽雀尾"的动作。

三、第三组

（一）左揽雀尾

1. 上体微向右转，同时右手随转体向后上方划弧平举，手心向上，左手放松，手心向下，眼看左手（图27－19之1）。

2. 身体继续向右转，左手自然下落逐渐翻掌经腹前划弧至右肋前，手心向上；右臂屈肘，手心转向下，收至右胸前，两手相对成抱球状；同时身体重心落在右腿上，左脚收到右脚内侧，脚尖点地；眼看右手（图27－19之2、3）。

3. 上体微向左转，左脚向左前方迈出，上体继续向左转，右腿自然蹬直，左腿屈膝，成左弓步；同时左臂向左前方绷出（即左臂平屈成弓形，用前臂外侧和手背向前方推出），高与肩平，手心向后；右手向右下落放于右胯旁，手心向下，指尖向前；眼看左前臂（图27－19之4、5）。

图27－19　左揽雀尾

要点：绷出时，两臂前后均保持弧形，分手、松腰、弓腿三者必须协调一致，揽雀尾弓步时，两脚跟横向距离不超过 10cm。

4. 身体微向左转，左手随即前伸翻掌向下，右手翻掌向上，经腹前向上、向前伸至左前臂下方；然后两手下捋，即上体向右转，两手经腹前向右后上方划弧，直至右手手心向上，高与肩齐，左臂平屈于胸前，手心向后；同时身体重心移至右腿；眼看右手（图 27－19 之 6、7）。

要点：下捋时，上体不可前倾，臀部不要凸出，两臂下捋须随腰旋转，仍走弧线，左脚全掌着地。

5. 上体微向左转，右臂屈肘折回，右手附于左手腕里侧（相距约 5cm），上体继续向左转，双手同时向前慢慢挤出，左手心向后，右手心向前，左前臂要保持半圆；同时身体重心逐渐前移变成左弓步；眼看左手腕部（图 27－19 之 8、9）。

要点：向前挤时，上体要正直，挤的动作要与松腰、弓腿相一致。

6. 左手翻掌，手心向下，右手经左腕上方向前、向右伸出，高与左手齐，手心向下，两手左右分开，宽与肩同；然后右腿屈膝，上体慢慢后坐，身体重心移至右腿上，左脚尖翘起；同时两手屈肘回收至腹前，手心均向前下方；眼向前平看（图 27－19 之 10、11、12）。

7. 上式不停，身体重心慢慢前移，同时两手向前、向上按出，掌心向前；左腿前弓成左弓步；眼平看前方（图 27－19 之 13）。

要点：向前按时，两手须走曲线，手腕部高与肩平，两肘微屈。

（二）右揽雀尾

1. 上体后坐并向右转，身体重心移至右腿，左脚尖里扣；右手向右平行划弧至右侧，然后由右下经腹前向左上划弧至左肋前，手心向上；左臂平屈胸前，左手掌向下与右手成抱球状；同时身体重心再移至左腿上，右脚收至左脚内侧，脚尖点地；眼看左手（图 27－20 之 1、2、3、4）。

2. 与"左揽雀尾"3 同，只是左右相反（图 27－20 之 5、6）。

3. 与"左揽雀尾"4 同，只是左右相反（图 27－20 之 7、8）。

4. 与"左揽雀尾"5 同，只是左右相反（图 27－20 之 9、10）。

图 27-20　右揽雀尾

5. 与"左揽雀尾"6 同，只是左右相反（图 27-20 之 11、12、13）。

6. 与"左揽雀尾"7 同，只是左右相反（图 27-20 之 14）。

要点：均与"左揽雀尾"相同，只是左右相反。

四、第四组

（一）单鞭

1. 上体后坐，身体重心逐渐移至左腿上，右脚尖里扣；同时上体左转，两手（左高右低）向左弧形运转，直至左臂平举，伸于身体左侧，手心向左，右手经腹前运至左肋前，手心向后上方；眼看左手（图 27-21 之 1、2）。

图 27-21　单鞭

2. 身体重心再渐渐移至右腿上，上体右转，左脚向右脚靠拢，脚尖点地；同时右手向右上方划弧（手心由里转向外），至右侧方时变勾手，臂与肩平；左手向下经腹前向右上划弧停于右肩前，手心向里；眼看左手（图 27-21 之 3、4）。

3. 上体微向左转，左脚向左前侧方迈出，右脚跟后蹬，成左弓步；在身体重心移向左腿的同时，左掌随上体的继续左转慢慢翻转向前推出，手心向前，手指与眼齐平，臂微屈，眼看左手（图27－21之5、6）。

要点：上体保持正直，松腰。完成时，右臂肘部稍下垂，左肘与左膝上下相对，两肩下沉。左手向外翻掌前推时，要随转体边翻边推出，不要翻掌太快或最后突然翻掌。全部过渡动作，上下要协调一致。如面向南起势，单鞭的方向（左脚尖）应向东偏北（大约为15°）。

（二）云手

1. 身体重心移至右腿上，身体渐向右转，左脚尖里扣；左手经腹前向右上划弧至右肩前，手心斜向后，同时右手变掌，手心向右前；眼看左手（图27－22之1、2、3）。

2. 上体慢慢左转，身体重心随之逐渐左移，左手由脸前向左侧运转，手心渐渐转向左方，右手由右下经腹前向左上划弧，至左肩前，手心斜向后；同时右脚靠近左脚，成小开立步（两脚距离约10～20cm）；眼看右手（图27－22之4、5）。

3. 上体再向右转，同时左手经腹前向右上划弧至右肩前，手心斜向后，右手向右侧运转，手心翻转向右；随之左腿向左横跨一步；眼看左手（图27－22之6、7）。

图27－22　云手

4. 与2同（图27－22之8、9、10）。

5. 与3同（图27－22之11、12、13）。

6. 与2同（图27－22之14、15）。

要点：身体转动要以腰脊为轴，松腰松胯，不可忽高忽低；两臂随腰的转动而运转，要自然圆活，速度要缓慢均匀；下肢移动时，身体重心要稳定，两脚掌先着地再踏实，脚尖向前；眼的视线随左右手而移动；第三个"云手"，右脚最后跟步时，脚尖微向里扣，便于接"单鞭"动作。

（三）单鞭

1. 上体向右转，右手随之向右运转，至右侧方时变成勾手；左手经腹前向右上划弧至右肩前，手心向内；身体重心落在右腿上，左脚尖点地；眼看左手（图27－23之1、2、3）。

图27－23　单鞭

2. 上体微向左转，左脚向左前侧方迈出，右脚跟后蹬，成左弓步；在身体重心移向左腿的同时，上体继续左转，左掌慢慢翻转向前推出，成"单鞭"式（图27－23之4、5）。

要点：与前"单鞭"式相同。

五、第五组

（一）高探马

1. 右脚跟进半步，身体重心逐渐后移至右腿上；右勾手变成掌，两手心翻转向上，两肘微屈，同时身体微向右转，左脚跟渐渐离地；眼看左前方（图27－24之1）。

图27－24　高探马

2. 上体微向左转，面向前方；右掌经右耳旁向前推出，手心向前，手指与眼同高；

左手收至左侧腰前，手心向上；同时左脚微向前移，脚尖点地，成左虚步，眼看右手（图 27 - 24 之 2）。

要点：上体自然正直，双肩要下沉，右肘微下垂，跟步移换重心时，身体不要有起伏。

（二）右蹬脚

1. 左手手心向上，前伸至右手腕背面，两手相互交叉，随即向两侧分开并向下划弧，手心斜向下；同时左脚提起向左前侧方进步（脚尖略外撇）；身体重心前移，右腿自然蹬直，成左弓步；眼看前方（图 27 - 25 之 1、2）。

2. 两手由外圈向里圈划弧，两手交叉合抱于胸前，右手在外，手心均向后；同时右脚向左脚靠拢，脚尖点地，眼平看右前方（图 27 - 25 之 3、4）。

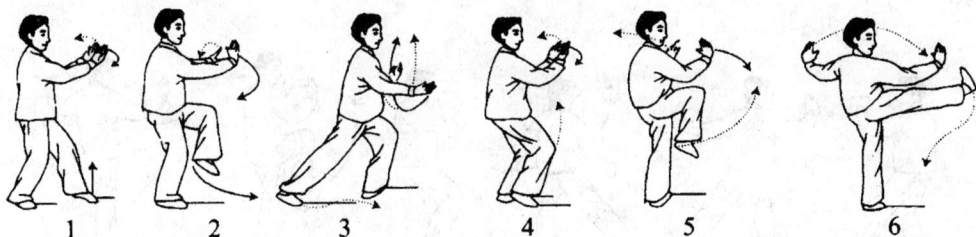

图 27 - 25　右蹬脚

3. 两臂左右划弧分开平举，肘部微屈，手心均向外；同时右腿屈膝提起，右脚向右前方慢慢蹬出；眼看右手（图 27 - 25 之 5、6）。

要点：身体要稳定，不可前俯后仰；两手分开时，腕部与肩齐平；蹬脚时，左腿微屈，右脚尖回勾，劲使在脚跟；分手和蹬脚须协调一致；右臂和右腿上下相对，如面向南起势，蹬脚方向应为正东偏南（约 30°）。

（三）双峰贯耳

1. 右腿收回，屈膝平举，左手由后向上、向前下落至体前，两手心均翻转向上，两手同时向下划弧分落予右膝盖两侧，眼看前方（图 27 - 26 之 1、2）。

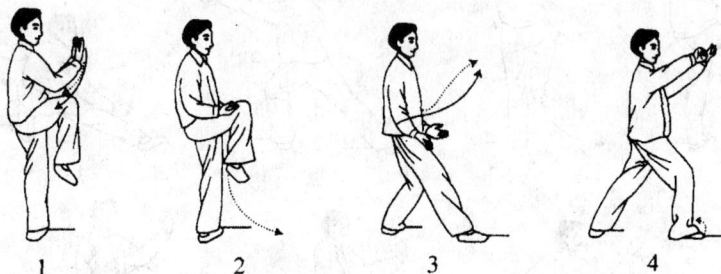

图 27 - 26　双峰贯耳

2. 右脚向右前方落下，身体重心渐渐前移，成右弓步，面向右前方；同时两手下落，慢慢变拳，分别从两侧向上、向前划弧至面部前方，成钳形状，两拳相对，高与耳齐，拳眼都斜向内下（两拳中间距离约 10 ~ 20cm），眼看右拳（图 27 - 26 之 3、4）。

要点：完成式时，头颈正直，松腰松胯，两拳松握，沉肩垂肘，两臂均保持弧形。

双峰贯耳式的弓步和身体方向与右蹬脚方向相同，弓步的两脚跟横向距离同"揽雀尾"式。

（四）转身左蹬脚

1. 左腿屈膝后坐，身体重心移至左腿，上体左转，右脚尖里扣；同时两拳变掌，由上向左右划弧分开平举，手心向前；眼看左手（图27–27之1、2）。

2. 身体重心再移至右腿，左脚收到右脚内侧，脚尖点地；同时两手由外圈向里圈划弧合抱于胸前，左手在外，手心均向后；眼平看左方（图27–27之3、4）。

3. 两臂左右划弧分开平举，肘部微屈，手心均向外；同时左腿屈膝提起，左脚向左前方慢慢蹬出；眼看左手（图27–27之5、6）。

要点：与右蹬脚式相同，只是左右相反，左蹬脚方向与右蹬脚成180°（即正西偏北，约30°）。

图27–27 转身左蹬脚

六、第六组

（一）左下势独立

1. 左腿收回平屈，上体右转；右掌变成勾手，左掌向上、向右划弧下落，立于右肩前，掌心斜向后；眼看右手（图27–28之1、2）。

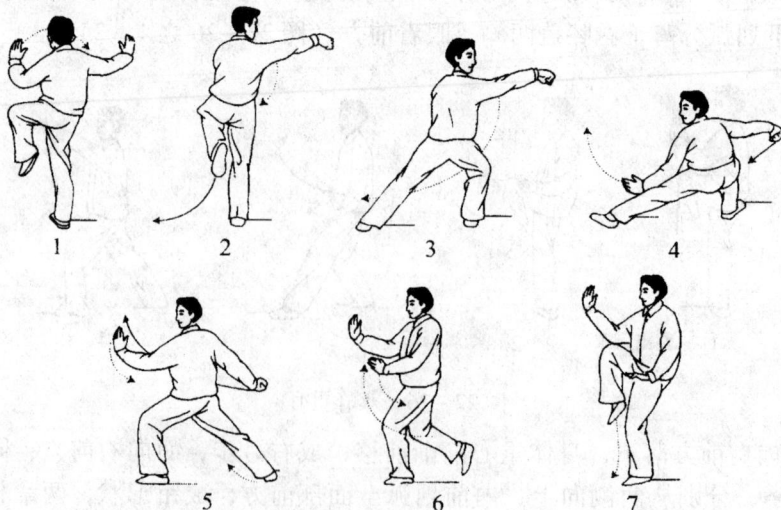

图27–28 左下势独立

2. 右腿慢慢屈膝下蹲，左腿由内向左侧（偏后）伸出，成左仆步，左手下落（掌心向外）向左下顺左腿内侧向前穿出；眼看左手。（图27-28之3、4）

要点：右腿全蹲时，上体不可过于前倾，左腿伸直，左脚尖须向里扣，两脚脚掌全部着地，左脚尖与右脚跟踏在中轴线上。

3. 身体重心前移，左脚跟为轴，脚尖尽量向外撇，左腿前弓，右腿后蹬，右脚尖里扣，上体微向左转并向前起身；同时左臂继续向前伸出（立掌），掌心向右，右勾手下落，勾尖向后，眼看左手。（图27-28之5）

4. 右腿慢慢提起平屈，成左独立式；同时右勾手变掌，并由后下方顺右腿外侧向前弧形摆出，屈臂立于右腿上方，肘与膝相对，手心向左；左手落于左胯旁，手心向下，指尖向前；眼看右手。（图27-28之6、7）

要点：上体要正直，独立的腿要微屈，右腿提起时脚尖自然下垂。

（二）右下势独立

1. 右脚下落于左脚前，脚掌着地，然后左脚前掌为轴，脚跟转动，身体随之左转；同时左手向后平举变成勾手，右掌随着转体向左侧划弧，立于左肩前，掌心斜向后；眼看左手（图27-29之1、2）。

2. 与"左下势独立"2同，只是左右相反（图27-29之3、4）。

3. 与"左下势独立"3同，只是左右相反（图27-29之5）。

4. 与"左下势独立"4同，只是左右相反（图27-29之6、7）。

图27-29　右下势独立

要点：右脚尖触地后必须稍微提起，然后再向下仆腿，其他均与"左下势独立"相同，只是左右相反。

七、第七组

（一）左右穿梭

1. 身体微向左转，左脚向前落地，脚尖外撇，右脚跟离地，两腿屈膝成半坐盘式；同时两手在左胸前成抱球状（左上右下）；然后右脚收到左脚的内侧，脚尖点地；眼看左前臂（图27-30之1、2、3）。

图 27－30　左右穿梭

2. 身体右转，右脚向右前方迈出，屈膝弓腿，成右弓步；同时右手由脸前向上举并翻掌停在右额前，手心斜向上；左手先向左下再经体前向前推出，高与鼻尖平，手心向前；眼看左手（图 27－30 之 4、5、6）。

3. 身体重心略向后移，右脚尖稍向外撇，随即身体重心再移至右腿，左脚跟进，停于右脚内侧，脚尖点地，同时两手在右胸前成抱球状（右上左下），眼看右前臂（图 27－30 之 7、8）。

4. 与 2 同，只是左右相反（图 27－30 之 9、10、11）。

要点：完成姿势面向斜前方（如面向南起势，左右穿梭方向分别为正西偏北和正西偏南，均约 30°）。手推出后，上体不可前俯，手向上举时，防止引肩上耸，一手上举一手前推要与弓腿松腰上下协调一致。做弓步时，两脚跟的横向距离同搂膝拗步式，保持在 30cm 左右。

（二）海底针

右脚向前跟进半步，身体重心移至右腿，左脚稍向前移，脚尖点地，成左虚步；同时身体稍向右转，右手下落经体前向后、向上提至肩上耳旁，再随身体左转，由右耳旁斜向前下方插出，掌心向左，指尖斜向下；与此同时，左手向前、向下划弧落于左胯旁，手心向下，指尖向前；眼看前下方（图 27－31）。

图 27－31　海底针

要点：身体要先向右转，再向左转；完成姿势，面向正西，上体不可太前倾；避免低头和臀部外凸；左腿要微屈。

（三）闪通臂

上体稍向右转，左脚向前迈出，屈膝弓腿成左弓步；同时右手由体前上提，屈臂上举，停于右额前上方，掌心翻转斜向上，拇指朝下；左手上起经胸前向前推出，高与鼻尖平，手心向前；眼看左手（图27－32）。

图27－32 闪通臂

要点：完成姿势上体自然正直，松腰松胯。左臂不要完全伸直，背部肌肉要伸展开。推掌、举掌和弓腿动作要协调一致，弓步时，两脚跟横向距离同"揽雀尾"式（不超过10cm）。

八、第八组

（一）转身搬拦捶

1. 上体后坐，身体重心移至右腿上，左脚尖里扣，身体向右后转，然后身体重心再移至左腿上；与此同时，右手随着转体向右、向下（变拳）经腹前划弧至左肋旁，拳心向下；左掌上举于头前，掌心斜向上；眼看前方（图27－33之1、2）。

图27－33 转身搬拦捶

2. 向右转体，右拳经胸前向前翻转撇出，拳心向上；左手落于左胯旁，掌心向下，指尖向前；同时右脚收回后（不要停顿或脚尖点地）即向前迈出，脚尖外撇；眼看右拳（图27－33之3、4）。

3. 身体重心移至右腿上，左脚向前迈一步；左手上起经左侧向前上划弧拦出，掌心向前下方；同时右拳向右划弧收到右腰旁，拳心向上；眼看左手（图 27 – 33 之 5、6）。

4. 左腿前弓成左弓步，同时右拳向前打出，拳眼向上，高与胸平，左手附于右前臂里侧；眼看右拳（图 27 – 33 之 7）。

要点：右拳不要握得太紧，右拳回收时，前臂要慢慢内旋划弧，然后再外旋停于右腰旁，拳心向上。向前打拳时，右肩随拳略向前引伸，沉肩垂肘，右臂要微屈。弓步时，两脚横向距离同"揽雀尾"式。

（二）如封似闭

1. 左手由右腕下向前伸出，右拳变掌，两手手心逐渐翻转向上并慢慢分开回收；同时身体后坐，左脚尖翘起，身体重心移至右腿：眼看前方（图 27 – 34 之 1、2、3）。

2. 两手在胸前翻掌，向下经腹前再向上、向前推出，腕部与肩平，手心向前；同时左腿前弓成左弓步；眼看前方（图 27 – 34 之 4、5、6）。

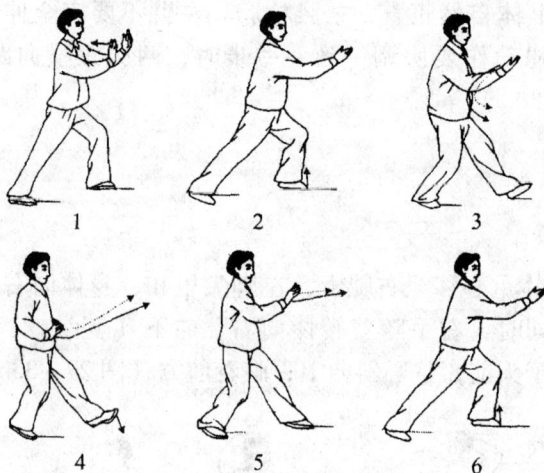

图 27 – 34 如封似闭

要点：身体后坐时，避免后仰，臀部不可凸出；两臂随身体回收时，肩、肘部略向外松开，不要直着抽回；两手推出宽度不要超过两肩。

（三）十字手

1. 屈膝后坐，身体重心移向右腿，左脚尖里扣，向右转体；右手随着转体动作向右平摆划弧，与左手成两臂侧平举，掌心向前，肘部微屈；同时右脚尖随着转体稍向外撇，成右侧弓步；眼看右手（图 27 – 35 之 1、2）。

图 27 – 35 十字手

2. 身体重心慢慢移至左腿，右脚尖里扣，随即向左收回，两脚距离与肩同宽，两腿逐渐蹬直，成开立步；同时两手向下经腹前向上划弧交叉合抱于胸前，两臂撑圆，腕高与肩平，右手在外，成十字手，手心均向后；眼看前方（图27－35之3、4）。

要点：两手分开和合抱时，上体不要前俯；站起后，身体自然正直，头要微向上顶，下巴稍向后收；两臂环抱时须圆满舒适，沉肩垂肘。

（四）收势

两手向外翻掌，手心向下，两臂慢慢下落，停于身体两侧，眼看前方（图27－36）。

图27－36　收势

要点：两手左右分开下落时，要注意全身放松，同时气也徐徐下沉（呼气略加长），呼吸平稳后，把左脚收到右脚旁，再走动休息。